世界の
行動インサイト

公共ナッジが導く政策実践

経済協力開発機構（OECD）編著

齋藤長行 監訳　濱田久美子 訳

Behavioural Insights and Public Policy
LESSONS FROM AROUND THE WORLD

明石書店

経済協力開発機構（OECD）

　経済協力開発機構（Organisation for Economic Co-operation and Development, OECD）は、民主主義を原則とする35か国の先進諸国が集まる唯一の国際機関であり、グローバル化の時代にあって経済、社会、環境の諸問題に取り組んでいる。OECDはまた、コーポレート・ガバナンスや情報経済、高齢化等の新しい課題に先頭になって取り組み、各国政府のこれらの新たな状況への対応を支援している。OECDは各国政府がこれまでの政策を相互に比較し、共通の課題に対する解決策を模索し、優れた実績を明らかにし、国内及び国際政策の調和を実現する場を提供している。

　OECD加盟国は、オーストラリア、オーストリア、ベルギー、カナダ、チリ、チェコ、デンマーク、エストニア、フィンランド、フランス、ドイツ、ギリシャ、ハンガリー、アイスランド、アイルランド、イスラエル、イタリア、日本、韓国、ラトビア、ルクセンブルク、メキシコ、オランダ、ニュージーランド、ノルウェー、ポーランド、ポルトガル、スロバキア、スロベニア、スペイン、スウェーデン、スイス、トルコ、英国、米国である。欧州委員会もOECDの活動に参加している。

　OECDが収集した統計や、経済、社会、環境の諸問題に関する研究成果は、加盟各国の合意に基づく協定、指針、標準と同様にOECD出版物として広く公開されている。

　本書はOECDの事務総長の責任のもとで発行されている。本書で表明されている意見や主張は必ずしもOECD又はその加盟国政府の公式見解を反映するものではない。

Originally Published in English under the title:
"Behavioural Insights and Public Policy: Lessons from Around the World"

© OECD, 2017.
© 世界の行動インサイト──公共ナッジが導く政策実践, Japanese language edition,
Organisation for Economic Co-operation and Development, Paris, and Akashi Shoten Co., Ltd.,
Tokyo 2018.
The quality of the Japanese translation and its coherence with the original text is the
responsibility of Akashi Shoten Co., Ltd.

　本書に掲載する文書及び地図は、あらゆる領土の地位や主権を、国際的な境界設定や国境を、また、あらゆる領土や都市、地域の名称を害するものではない。

　イスラエルの統計データは、イスラエル政府関係当局により、その責任の下で提供されている。OECDにおける当該データの使用は、ゴラン高原、東エルサレム、及びヨルダン川西岸地区のイスラエル入植地の国際法上の地位を害するものではない。

序　文

「行動インサイト（behavioural insights）」とは行動科学および社会科学から得られる教訓のことで、意思決定、心理学、認知科学、脳科学、組織行動、グループ行動などが含まれ、政府はこれらを公共政策の成果を上げるために取り入れつつある。行動インサイトが公共政策の形成と実施にますます寄与するようになり、こうして取り入れられた行動インサイトの一部に対して、その有効性と哲学的基盤に疑問が提示されるようになってきている。小規模での実験を拡大して広く適応してよいのだろうか？　行動インサイトの利用に基づく政策は時間の経過に耐えられるのだろうか？　行動インサイトの非倫理的な利用を防ぐにはどうすればよいか？　行動インサイトは、これまで最も広く適用されてきた消費者政策以外の政策分野にも、利用を広げられるのだろうか？

本書は、行動インサイトの適用について初めて包括的かつ国際的に概観することにより、行動インサイトの活用とその範囲に関する議論を切り拓く。本書では、OECD加盟23か国とパートナー諸国の60の公共機関、および2つの国際機関を対象に実施した調査の回答を活用する。調査では、行動インサイトの適用に関する問題、行動インサイトの利用に関わる機関・障壁・方法について取り上げた。本書で紹介する112の事例研究は、調査回答のほか、OECDに追加で提出された事例から収集したものである。こうした事例研究は、消費者保護、教育、エネルギー、環境、財政、健康と安全、労働市場政策、公共サービスの提供、税、情報通信など、幅広い分野と政策領域に跨がっている。これらは、公共部門の職員や実務者が行動インサイトを適用する際に有益である。また、これらは欧州ナッジング・ネットワーク（The European Nudging Network: TEN）やideas42のB-Hubなど、行動インサイトを扱うオンラインプラットフォームからも参照することができる。事例研究はOECDの公共部門イノベーション観測（Observatory on Public Sector Innovation: OPSI）の質的向上にも寄与するだろう。

本書では、行動インサイトの利用が1つの流行に留まらないことを明らかにする。公共機関の指導者は行動インサイトの利用を支持しており、行動インサイトの適用に対して政府内での抵抗は少ない。反対意見や批判が起こっても、ほとんどは変革に対する組織的な抵抗に関連するものであって、行動インサイトのアプローチそのものに対するものではない。試験や実験を実施するための資源の不足も倫理的問題も、公共機関において行動インサイトの利用を妨げる重大な障壁とはみなされていない。多数の国では、行動情報を活用したアプローチの設計と開発にすでに倫理原則が組み込まれており、それらは公共の利益と選択権の維持に関する基準を満たさなければならない。

行動インサイトは依然として、最初に導入された分野、すなわち消費者保護と種々の領域での選択に適用されることがほとんどである。行動インサイトには、規制対象組織による決定や公共・民間団体による行動変化など、もっと広範に適用できる大きな可能性がある。

行動インサイトの可能性をすべて引き出そうとするなら、指針となる原則と基準を設定して、将

3

来の適用について方向性を定め、公共機関と市民の信頼を維持しなければならない。また、行動イ
ンサイトを健全な政策ツールにするならば、適切または信頼できるデータも必要であり、結果を公
表して共有しなければならない。実験と学術研究結果の利用は、公共政策に行動インサイトを適用
する実務者にとって必須である。

　本書は規制政策に関するOECDの研究プログラムの一環として、OECD規制政策委員会（OECD
Regulatory Policy Committee）、OECD経済的規制当局ネットワーク（OECD Network of
Economic Regulators）の主導の下、OECD公共ガバナンス・地域開発局（Public Governance and
Territorial Development Directorate）規制政策課（Regulatory Policy Division）の協力を得て作
成された。同局の使命は、あらゆるレベルの政府が戦略的でエビデンスに基づく革新的な政策を設
計・実施するのを支援することである。その目的は、各国がより良い統治制度を確立して、経済と
社会の持続可能な開発を導く政策を国および地方レベルで実施するのを促すことである。

謝　辞

　本書の基礎となる研究は、Faisal Naruが主導し、Filippo Cavassiniがとりまとめた。ロンドン・スクール・オブ・エコノミクス（London School of Economics）のMartin Lodge教授が、主要パートナーとして本書の完成まで多大な貢献をされた。

　本書の準備にあたっては、OECD公共ガバナンス・地域開発局（Public Governance and Territorial Development）のRolf Alter局長とLuiz de Mello次長、および同局規制政策課（Regulatory Policy Division）のNick Malyshev課長からの支援と協力のもと、Faisal Naru、Filippo Cavassini、Fatima Anwar、Winona Bolislis、およびJames Drummondが携わった。本書はOECD事務局のほかの多数の部局から情報と支援を受けており、本書の準備の間、多数の事例研究の収集に協力を得て、フィードバックと情報・助言を受けた。特に、金融企業局（Directorate for Financial and Enterprise Affairs）のMichael ChapmanとSean Ennis、科学技術イノベーション局（Directorate for Science, Technology and Innovation）のMichael DonohueとRieko Tamefuji、環境局（Environment Directorate）のWalid OueslatiとElisabetta CornagoとAlexandros Dimitropoulosの各氏に感謝したい。Jennifer Stein氏には編集作業をとりまとめていただいた。Kate Lancaster氏とAndrea Uhrhammer氏には編集にご協力いただいた。

　本書は行動インサイトについて研究する研究・実務組織との緊密な連携の上に成り立っている。フィードバックと支援を欧州ナッジング・ネットワーク（The European Nudging Network: TEN）のPelle Hansen博士とAsbjørn Flyger Lauwersen氏、ideas42のJosh Wright氏とJosh Martin氏からいただいた。本書のために実務者からいただいた支援と励ましはいずれも多大なものであった。ここにお名前を挙げきれないが、ほかにも多くの方々からご支援・ご協力をいただいた。

　OECD規制政策委員会（OECD Regulatory Policy Committee）の委員および本書に詳細なフィードバックとご意見をいただいた学術関係者・実務者にも謝辞を述べたい。ドイツ連邦首相府（Federal Chancellery, Germany）政策立案担当者のSabrina Artinger博士、オーストラリア首相内閣省規制改革部門（Regulatory Reform Division, Department of the Prime Minister and Cabinet, Australia）アドバイザーのDaniel Curtis氏、ドイツ連邦首相府（Federal Chancellery, Germany）規制改革部門代表兼ヘルゲ・ブラウン首相府国務大臣顧問（Counsellor of Minister of State Helge Braun and Representative of the Better Regulation Office）のStephan Naundorf氏、欧州委員会DG共同研究センター（DG Joint Research Centre）予見・行動インサイト（Foresight and Behavioural Insights）担当のJoana Sousa-Lourenço博士、ideas42副代表のDana Guichon氏、マックスプランク人間開発研究所（Max Planck Institute for Human Development）適応的合理性センター（Centre for Adaptive Rationality）代表のRalph Hertwig博士、経済社会研究所（Economic and Social Research Institute）上級研究員のPete Lunn博士、行動インサイトチーム（Behavioural

謝　辞

Insights Team）責任者のOwain Service氏、トロント大学ロットマン経営大学院（Rotman School of Management, University of Toronto）のDilip Soman教授にも大変感謝している。

　本書の草案について、2016年11月にOECD規制政策委員会およびOECD経済的規制当局ネットワーク（OECD Network of Economic Regulators）と議論を行った。

世界の行動インサイト
公共ナッジが導く政策実践

目　次

目　次

序　文 ── 3
謝　辞 ── 5
頭字語・略語 ──────────────────────────────────── 14
要　旨 ── 15

第1章　なぜわざわざ？　背景とアプローチ ──────────── 17

行動インサイト、行動経済学、行動科学とは何か？ ──────── 18
組織内外で行動インサイトはどう扱われているのか ──────── 19
現実：行動インサイトの適用に関する事例研究の収集 ─────── 29

第2章　何が行われているのか？　行動インサイトの事例研究からの洞察 ── 35

機　関 ── 36
介　入 ── 41
結果と影響 ──────────────────────────────────── 47

第3章　次に目指すのは？　政策・研究課題の形成 ─────── 51

どこに行動インサイトを適用すべきか？ ──────────────── 52
行動インサイトを適用するのは誰か？ ───────────────── 56
いつ行動インサイトを適用すべきか？ ───────────────── 57
行動インサイトの基準の設定 ─────────────────────── 59

第4章　行動インサイトの事例研究：消費者保護 ───────── 63

スーパーマーケットの割引クーポン：ガソリン小売市場での競争の維持 ── 64
詐欺を阻止する ───────────────────────────────── 67
請求書をもっと明確でわかりやすく透明性の高いものに ─────── 69
個人ローンの選択 ─────────────────────────────── 71
家庭用電力の価格透明性 ─────────────────────────── 75
広告における不実表示 ──────────────────────────── 79
容器サイズの縮小 ─────────────────────────────── 83
投資家向け情報シートとガイドライン ───────────────── 86
電子商取引におけるドリップ価格付け ───────────────── 89
いくらですか？　給料日ローン市場における最適価格比較サイトの設計 ── 94
比較して増やす：年金比較ツールの設計 ──────────────── 97
高齢市民を対象とした水道料金の減額 ───────────────── 100

第5章　行動インサイトの事例研究：教育 ───────────── 103

放課後プロジェクト ────────────────────────────── 104

成人識字率の向上 ··· 110

第6章　行動インサイトの事例研究：エネルギー ··· 113

より効率的なエネルギー利用のための消費データの改善 ··· 114

消費者による再生可能エネルギーへの切り替え ··· 117

エネルギー契約における透明性 ··· 120

エネルギー効率化プロジェクト ··· 123

移行中の電力市場 ··· 127

スマートメーター ··· 129

第7章　行動インサイトの事例研究：環境 ·· 133

節水のための社会規範とフィードバックの提供についての検証 ··· 134

買い換えから修理へ：電気電子機器廃棄物の削減に向けたデフォルトオプションの変更 ········· 138

エネルギー効率の良い電化製品の購入を促すためのエネルギー効率情報のフレーミング ········· 142

燃料効率・排出量・維持費に関する情報のフレーミング ··· 146

食品廃棄物を削減するための消費者による持続可能性情報の利用 ······································· 151

食品廃棄物と賞味期限／製造日 ··· 156

食品廃棄物削減のための日持ちと真正性に関する情報のフレーミング ································· 160

省エネ大型家電製品の使用に伴う節約に対する認識 ··· 164

取水改革 ··· 168

第8章　行動インサイトの事例研究：金融商品 ·· 171

ハイブリッド証券への投資 ··· 172

清算企業の取締役との意思疎通の改善 ··· 176

ガーナでの金融商品の透明性と情報開示の改善 ··· 179

ガーナにおける苦情解決 ··· 182

投資家教育のためのイニシアティブ ··· 185

クラウドファンディング規制 ··· 190

ケニアでの食料援助に代わるデジタル送金 ··· 193

ケニアでの責任ある小口ローン契約 ··· 197

金融教育に関する全国調査 ··· 201

生徒への金融教育 ··· 203

借り手の過剰債務の防止 ··· 206

メッセージは受信しましたか？　年間取引明細書、メールアラートサービス、モバイルアプリが

消費者の預金行動に与える影響 ··· 209

年金商品のフレーミングは重要か？ ··· 212

貯蓄口座の切り替え ··· 216

保険の更新：払いすぎていませんか？ ··· 219

付帯商品としての保険の販売 ··· 222

目　次

仕組預金について理解する━━━━━━━━━━━━━━━━━━━━━━━━━ 226

顧客に補償請求を促す━━━━━━━━━━━━━━━━━━━━━━━━━━━ 230

手紙の作成：顧客から自身のインタレスト・オンリー・モーゲージへの関与を引き出す ━ 233

お金をお受け取りください：未完了のATM取引に対する補償の請求を消費者に促す ━━ 236

あなた宛です：個人宛にして注意を引く━━━━━━━━━━━━━━━━━━━ 239

注意・調査・切り替え：強制的情報開示に関する預金市場からのエビデンス ━━━━━ 242

退職後の経済的安定の促進━━━━━━━━━━━━━━━━━━━━━━━━━ 246

第9章　行動インサイトの事例研究：健康と安全 ━━━━━━━━━━━━━━ 249

色分けされた測定チャートを用いて意図せぬ見過ごしを減らす ━━━━━━━━━━ 250

臓器ドナー登録を増やす━━━━━━━━━━━━━━━━━━━━━━━━━━ 253

航空マイルを利用した肥満治療━━━━━━━━━━━━━━━━━━━━━━━ 256

「キャロット・リウォード」━━━━━━━━━━━━━━━━━━━━━━━━━ 260

喫煙者をドアから離れさせるためのコペンハーゲン空港のナッジ ━━━━━━━━━ 263

野菜の売上を伸ばす━━━━━━━━━━━━━━━━━━━━━━━━━━━━ 268

より健康的な商品を選択するよう食堂を工夫する ━━━━━━━━━━━━━━━ 271

ヘルススタイル調査：就学児と成人のセグメンテーション ━━━━━━━━━━━ 273

効果的な結核治療━━━━━━━━━━━━━━━━━━━━━━━━━━━━━ 276

ラマダン期間中の糖尿病検査━━━━━━━━━━━━━━━━━━━━━━━━ 278

パソコンでの「HIVリスクゲーム」を利用して健康的なライフスタイルを奨励する ━ 281

健康のために歩く：健康的なライフスタイルのためのパイロットプログラム ━━━━ 285

公衆安全のためのパイロットプロジェクト ━━━━━━━━━━━━━━━━━━ 289

英国で臓器ドナー登録者数を増加させる ━━━━━━━━━━━━━━━━━━━ 293

社会規範を利用して抗菌薬の過剰処方を減らす ━━━━━━━━━━━━━━━━ 296

SMS通知で予約に要する費用を知らせて予約に現れない患者を減らす ━━━━━━ 299

ザンビア農村部でコンドームの使用を促進する ━━━━━━━━━━━━━━━━ 303

第10章　行動インサイトの事例研究：労働市場 ━━━━━━━━━━━━━━ 307

仕事と求職者のマッチング━━━━━━━━━━━━━━━━━━━━━━━━━ 308

仕事と求職者のマッチング2━━━━━━━━━━━━━━━━━━━━━━━━ 312

所得補助への依存を低減させる━━━━━━━━━━━━━━━━━━━━━━━ 316

郵便会社からデータを入手する━━━━━━━━━━━━━━━━━━━━━━━ 319

納期限通りの納税を促す━━━━━━━━━━━━━━━━━━━━━━━━━━ 322

求職者の就職支援━━━━━━━━━━━━━━━━━━━━━━━━━━━━━ 324

中小企業メンターの研修━━━━━━━━━━━━━━━━━━━━━━━━━━ 328

メンタリングに対する中小企業の需要を高める ━━━━━━━━━━━━━━━━ 331

Eメールニュースレターを読んでもらう ━━━━━━━━━━━━━━━━━━━ 335

政府プログラムの利用を促す━━━━━━━━━━━━━━━━━━━━━━━━ 337

調査回答件数を最大限に増やす━━━━━━━━━━━━━━━━━━━━━━━ 340

第 11 章　行動インサイトの事例研究：公共サービスの提供 ……343

オンラインでの運転免許証の更新 ……344

企業登記申請書の不備 ……347

手紙を修正して企業からの回答率を向上させる ……351

政府サービスを提供する一般アクセスポイント ……355

コンプライアンスの奨励：相互会社からFCAへの提出を改善する ……357

ヘルプはここにあります：企業の許可申請をサポート ……360

政府サービスへの信頼を向上させる ……363

第 12 章　行動インサイトの事例研究：税 ……365

非課税貯蓄口座の限度額の遵守を向上させる ……366

オンライン登録を完了させる ……369

未納税金の徴収 ……372

中小企業のコンプライアンスを向上させる ……374

税の徴収に関わる相互作用 ……376

インフルエンザ予防接種プログラムの利用を促す ……379

社会規範を利用して迅速な納税を促す ……382

第 13 章　行動インサイトの事例研究：情報通信 ……385

コロンビアにおける消費者保護 ……386

電話・インターネットサービス契約書の簡略化 ……390

電話番号の請求書：管理費の支払いを期限通りに ……394

情報通信分野における消費者のための価格フレーミング ……396

情報通信市場での消費者による乗り換え ……400

自動更新契約 ……404

ブロードバンドの速度に関する消費者向け情報とインターネット中立性 ……407

消費者に通話料情報を提示する最適な方法 ……411

第 14 章　行動インサイトの事例研究（追加）……415

政府プログラムの報告手続き ……416

学生ローン返済補助の再申請 ……418

学生ローンを期限通りに返済させる ……420

最新の企業データを確保するためのポップアップ・プロンプト ……423

出口の選択肢の最適な利用を促す床面標識 ……427

吸い殻を灰皿に捨てさせるためのナッジ ……431

納期限通りの納税を促す ……433

産業統計調査の回答率を引き上げる ……435

起業の促進 ……438

目　次

　　　慈善事業への寄付を増やす ……………………………………………… 440
　　　学生ローンの無理のない返済 …………………………………………… 443

用語集 ………………………………………………………………………… 447

監訳者あとがき ……………………………………………………………… 451

図の一覧

図1.1	事例研究調査の構造	29
図1.2	事例研究の国別報告件数	31
図1.3	調査に回答したのはどの機関か？	31
図2.1	行動インサイトの利用を中心となって支援してきた組織はどこか？	37
図2.2	行動インサイトの適用は組織の他の優先事項、変革、改革、課題と関連しているか？	37
図2.3	行動インサイトの適用に対して反対や批判はあったか？	38
図2.4	行動インサイトの適用に対する反対や批判の種類	38
図2.5	組織において行動科学者または行動科学の専門家を雇用しているか？	40
図2.6	行動インサイトを活用した介入のコスト	41
図2.7	政策段階別の行動インサイトの利用	42
図2.8	政策分野ごとに報告された事例研究の件数	43
図2.9	倫理的問題への対処	44
図2.10	行動インサイトの適用に用いた手法	45
図2.11	行動インサイトの適用に用いたサンプルサイズ	47
図2.12	行動インサイトの事例研究の公表	48
図2.13	実施された実践や決定に評価を行ったか？	48
図3.1	行動インサイトと政策サイクル	58

頭字語・略語

BEAR	トロント大学ロットマン経営大学院実践行動経済学（Behavioural Economics in Action at Rotman, University of Toronto）［カナダ］
BI	行動インサイト（Behavioural insights）
BIAP	政策への行動インサイトの適用：欧州報告2016（Behavioural Insights Applied to Policy: European Report 2016）［欧州委員会］
BIG	行動インサイトグループ（Behavioural Insights Group）、ハーバード大学ジョン・F・ケネディ行政学大学院パブリック・リーダーシップ・センター（Center for Public Leadership, Harvard Kennedy School）［米国］
BIT	行動インサイトチーム（The Behavioural Insights Team）［英国］
CARR	リスク規制分析センター（Centre for Analysis of Risk and Regulation）、ロンドン・スクール・オブ・エコノミクス（London School of Economics）［英国］
CRC	コロンビア通信規制委員会（Comisión de Regulación de Comunicaciones）
DAF	金融企業局（Directorate for Financial and Enterprise Affairs）［OECD］
ENV	環境局（Environmental Directorate）［OECD］
EU	欧州連合（European Union）
GOV	公共ガバナンス・地域開発局（Public Governance and Territorial Development Directorate）［OECD］
HMCTS	女王陛下裁判所および仲裁廷庁（Her Majesty's Courts and Tribunal Service）［英国］
ISSP	科学・社会・政策のためのイニシアティブ（Initiative for Science, Society and Policy）［デンマーク］
JRC	共同研究センター（Joint Research Centre）［欧州委員会］
NAEC	経済的課題に対する新たなアプローチ（New Approaches to Economic Challenges）［OECDイニシアティブ］
OECD	経済協力開発機構（Organisation for Economic Co-operation and Development）
OPSI	公共部門イノベーション観測会合（Observatory on Public Sector Innovation）［OECD］
RCT	無作為化比較試験（Randomised Control Trials）
SBST	社会・行動科学チーム（Social and Behavioural Sciences Team）［米国］
STI	科学技術イノベーション局（Directorate for Science, Technology and Innovation）［OECD］
TEN	欧州ナッジング・ネットワーク（The European Nudging Network）
UNDP	国連開発計画（United Nations Development Programme）
WDR	世界開発報告2015（World Development Report 2015）［世界銀行］

要　旨

　公共政策には人間行動をよりよく理解し、これまで以上に科学的なアプローチを通じて行動変化を促す必要がある。実務者も研究者も「行動インサイト」を積極的に取り入れ、ハイレベルの政策イニシアティブの創出や複数の学問分野にわたる研究上の関心の変化を引き起こしてきた。同時に、これまでよりも批判的な論文が増えており、行動経済学に向かう動きを支える哲学的基盤に異議を唱え、「行動科学的」と分類されたより広範な介入について批判し、政策立案への行動インサイトの適用範囲を拡大することに疑問を投げかけるなどしている。

　この初期の発見と好奇心という段階を経て、現在、関心は一連の様々な問題へと移りつつある。その中には、行動インサイトを政府機関全体で組織的な意思決定に取り入れることについての問題、行動インサイトに関連した事業の実施に関する問題、政策サイクルの諸段階への情報提供における行動インサイトに関わる経験と潜在的な限界についての問題などがある。行動インサイトの適用について、さらに研究を進められる可能性のある分野には、公共ガバナンス機関による実施と執行のほか、（独立した）規制機関などの公共機関における意思決定などがある。

　これまで行動インサイトが利用されてきたのは、実施とコンプライアンスの微調整や改善など、政策設計の比較的遅い段階であったようである。行動インサイトにはそれ以外にも利用できる可能性がある。政策サイクルの最終段階において、行動インサイトを用いて実施の有効性を評価し、政策の初期設計段階に、何が有効で何が有効ではないのかについての教訓をもたらすことができる。こうした用い方をすれば、政策がいったん実施段階に入った場合に、問題を是正する必要性が低減することにもなるだろう。

　行動インサイトはもはや公共機関が試しにやってみた短期的な流行とみなすことはできない。世界の多数の国において、また幅広い分野や政策領域において、様々な形で定着している。100を超える事例研究が本書の分析の情報源となっており、その中には消費者保護、教育、エネルギー、環境、金融、健康と安全、労働市場政策、公共サービスの提供、税、情報通信などが含まれている。また、現在適用されている以外の分野にも、行動インサイトを適用できる大きな可能性がある。特に、本書では公共機関と実務者に次のことを提言する。

● 公共機関の効率性を強化するために、そうした機関の業務を統治する正式な規則や慣行への行動インサイトの適用を検討する。

● 適用範囲を広げて、規制対象企業の行動、たとえば資本市場／銀行の行動、大規模製造企業のエネルギー消費、大企業の輸送手段などを含める。

● 様々な行動科学的イニシアティブに関わる組織、手法、品質管理、能力支援機能にある程度の一貫性を構築する。

要　旨

- 公共機関内での行動インサイトの理解と適用のために、主流化、研修、情報などを通じて、職員の知識と能力の開発を促進する。

- 政策の実施について設計・評価する際に、行動インサイトを考慮に入れる。

- 行動科学を適用することでうまく対応できる行動上の問題が生じた場合に、それを把握するプロセスを構築する。同様に、行動に基づく介入（行動介入）が不適切になりうる場合についても判断し、その理由を理解するためのプロセスを構築する。

- ステークホルダーとの関係を築くツールとして、行動インサイトの可能性を最大限に活用し、何が有効なのかについてフィードバックを集める。

　行動インサイトを公共機関が継続的に利用する場合、悪用や非倫理的な利用——またはそのようにみなされる利用——が生じる恐れがあるため、指針となる原則や基準が新たに必要である。本書では、公共政策に行動インサイトを適用する実務者に、次の措置を講じることを提言する。

- **戦略**：あらゆる要求に対して種々の支援機能を備えた多段階戦略に基づき、行動インサイトを実践する。

- **データとエビデンス**：入念に計算してから試験と実験を行って、十分に大きなサンプルサイズを確保することにより、効果を検出することができる。データの利用は、適切かつ信頼できるデータが、行動インサイトの適用とデータの整合性の支持に不可欠であるとの認識に基づかなければならない。また、データはエビデンスと同一ではないという認識に基づかなければならない。そして、公共政策に対するデータの限界についても理解する必要がある。

- **結果の妥当性**：試験を繰り返して、観測された結果が同一の状況・設定の下で再現されることを確認し（内部妥当性）、同じアプローチを異なる状況・設定にも適用して検証する（外部妥当性）。

- **セグメント化**：人口の一部に対しては有効だったが、全人口に対してはそうではない適用について検討し、その法的・文化的状況を考慮してそれらの適用が実行可能かどうかを考察する。

- **評価**：継続的なモニタリングを実施して、短期的・長期的効果を明らかにする。あらゆる政策介入同様、行動情報を活用した（behaviourally informed）介入の結果に対しても、一定期間にわたってモニタリングと評価を実施しなければならない。

- **透明性と説明責任**：透明性と説明責任のために、（試験の成功・失敗を問わず）取り組みを公表する。多数の国がそれぞれの活動についてすでに学術誌で発表するか、年次報告書を作成している。こうしたレベルの透明性は良い実践であり、公共政策に行動インサイトを適用するすべての実務者が取り入れるべきである。透明性に関しては、行動インサイトの適用を適切に実施するために、（便益と比較した）実際の費用に関する情報開示と理解を進めることにより、行動インサイトを適用する際の実務にも情報を提供すべきである。

第1章
なぜわざわざ？
背景とアプローチ

　本章では政策への行動インサイトの適用に関する世界の現状について取り上げ、政府内外の実例を紹介する。その後、世界各地の政府・研究者・実務者のネットワークから事例研究を集める際に採用した手法について説明する。

第1章

第1章　なぜわざわざ？　背景とアプローチ

行動インサイト、行動経済学、行動科学とは何か？

　行動インサイトの目的は、健全な実験的手法を用いて得られた、経験的に検証された成果に基づいて策定された政策や規制を通じて、市民と消費者の福祉を改善することである。行動インサイトは1つの学問として行動科学と行動経済学に並び、従来の経済戦略に心理学、認知科学、および他の社会科学から得られた洞察を組み合わせて、意思決定に影響を与える「非合理的な」要素を明らかにしようとするものである（Lunn, 2014、OECD, 2016）。

　政策への行動インサイトの適用は、認知科学、心理学、経済学が結びつき、実験心理学から導入した手法が利用されたことを端緒としている。多くの場合、実験と観察を利用して行動パターンを明らかにし、得られた結果を政策と規制への情報として利用する。また、政策立案に対して帰納的アプローチをとり、その際、実験は市民や企業の合理的行動と考えられているものに基づく既成の前提に取って代わって異議を唱える。このようにして、行動インサイトは政策立案者に対し、政策の立案と実施のために「現実に起こる」行動に関するエビデンスを与えるが、モデルや計算を用いて決定を行う政策立案者の役割や能力に取って代わるものではない。

　OECDは長年にわたり、政府、規制機関、公共機関、および様々な分野での行動インサイトの利用と採用について、詳細な研究を世界的に実施してきた。こうした行動科学の利用は多くの国で一般的になっており、消費者保護、エネルギー、環境、健康、金融、税などの幅広い項目にわたって、行動を加味し実験を取り入れることで、諸機関が市場介入を設計、実施、改善するのに役立ってきた。

　しかし、こうした介入の適用に関する既存の文献はわずかであり、政策立案への行動に基づくアプローチを主流化することの影響について——メリットやリスクを含めて——理解を促すために、実務者間の定期的な交流が必要である。2014年、OECDは『行動公共政策：行動経済学の洞察を活用した新たな政策設計（*Regulatory Policy and Behavioural Economics*)』という報告書を刊行した。同書は規制政策への行動経済学の適用と、OECD諸国におけるその影響力について概要を記している。2016年、欧州委員会は欧州32か国の国・地域・地方レベルにおいて、行動インサイトから黙示的または明示的に情報を得た多様な政策イニシアティブについて明らかにする報告書を発表した。しかし、行動科学の適用に関わる機関、手法、障壁についての詳細な情報は、依然として不足している。また、心理学や他の科学における多様な概念からも、さらに進んだ種々の貢献が得られると考えられる。

　そのため、OECDとロンドン・スクール・オブ・エコノミクス（London School of Economics）は、中央・地方政府、行政・規制機関、および立法者によって個別に実施されていた研究を足掛かりにするため、ideas42および欧州ナッジング・ネットワーク（The European Nudging Network: TEN）と協力して調査を展開し、世界中から一連の事例研究を収集した。調査結果の大部分について本書で取り上げており、オンラインプラットフォームでも特集して各国や各分野の実務者の経験を明らかにするつもりである。

なぜわざわざ？　背景とアプローチ　第1章

組織内外で行動インサイトはどう扱われているのか

これまでよりも効果的で効率的な政府介入を求める要求を受けて、公共政策において行動インサイトを適用する重要性が生じている。とりわけ政府は、規則や罰則を追加することなく、成果の有効性を高めるために、規制に関する簡単で効果的な解決策を求めている。一例として税のコンプライアンスが挙げられ、実験的試験から、期限内に納税申告を行わなかった者と連絡を取る際、文言の表現を変えることでコンプライアンス違反を減少させられることがわかっている。行動経済学は、消費者政策、中でも金融サービスや健康保険のような比較的複雑な商品の市場のほか、サービス契約を伴う他の市場においても導入されてきた。

政府がより効率的な規制措置や非規制措置の設計と提供の改善に注目するにつれて、行動インサイトに関する知識を政策立案にもたらす関係者団体や機関も成長している。OECDは国際パートナーや国際機関と協力して、行動からヒントを得た政策に関して、有効なものとそうではないものについての知識基盤を迅速に構築してきた。OECD、欧州連合（EU）、世界銀行は最近、それぞれ特定の政策分野に対してどのように、またどこで行動インサイトを適用すればよいかを判断するためのマッピング作業に従事した（コラム1.1）。こうした知識基盤が拡大するにつれて、これらの洞察を実際の政策問題に適用するための研究が、さらに多く行われるようになっている。こうした動きを後押ししているのは、政府内外の実務者コミュニティの拡大であり、知識を共有してこの分野を発展させるためのネットワークも構築している。

コラム1.1　動向のマッピング：
OECD、世界銀行、欧州連合（EU）の政策の流れへの行動経済学の適用

『行動公共政策：行動経済学の洞察を活用した新たな政策設計』（OECD, 2014）

2014年、OECDは規制政策への行動インサイトの適用について、最初のマッピングを実施した。この2014年のマッピングから、行動経済学は多数のOECD諸国で政策に影響を与えているものの、最も顕著なのは米国と英国であることが判明した。『行動公共政策：行動経済学の洞察を活用した新たな政策設計（*Regulatory Policy and Behavioural Economics*）』（OECD, 2014）では、こうした規制設計の初期段階での行動経済学の適用例を取り上げて、行動上の問題を明らかにして可能性のある解決策を考案する方が、関連する影響を判断または測定するよりもはるかに容易であることを示している。つまり、これまで行動情報を活用した政策は、比較的議論を引き起こさず一般的と考えられる介入に集中してきたということであり——政策立案者はその政策に要する費用を十分に理解していない場合でも、単純化と利便性、重要な要素の強調を歓迎しがちであるということである。

しかし、行動経済学の研究結果に、個人がかなりの損失を被るような大きな判断ミスを犯す可能性が示された分野はほかにもあり、ギャンブル、金融市場での取引、保険の購入、長

19

期的な健康影響につながる行動への傾倒などがそうした例である。正統派ミクロ経済学は、不確実性や長期的な視野を伴うこうした決定をモデル化するには向いていないと考えられる。大幅な損失の可能性は、そうした影響の規模を判断する困難さと相まって、研究をさらに進めて規制を設計し行動インサイトの適用に特化したエビデンスを生成し政策措置の影響を測定できる実証的アプローチをとる必要性を示している。

その他の国でも、政策への行動経済学の適用が特定の政策分野、特に年金、税、消費者保護の分野で、ますます一般化していることが明らかになった。欧州委員会は行動情報に基づく複数のイニシアティブを実施している。その最も顕著なものが、オンライン販売においてチェックボックスにあらかじめチェックを入れておくことを禁じたEU消費者権利指令であり、デフォルトの設定が選択に大きな影響を与える可能性を示したエビデンスに基づいている。

『世界開発報告2015』（World Bank, 2015）

世界銀行の『世界開発報告2015（*World Development Report 2015*）』は、開発政策への行動インサイトの適用に着目している。同書の目的は、行動に関わる心理的・社会的な基盤についての最近の研究結果を集約して、開発コミュニティの研究者と実務者の双方がより体系的に利用できるようにすることである。同書の基礎を形成している人間の意思決定に関する数百本もの実証論文から、世界銀行は新たに行動インサイトを開発政策の設計と実施に適用するための方向性を提示するものとして、次の3つの原則を明らかにした。

- **自動的に思考する**：人はほとんどの判断や選択を、熟慮の上ではなく自動的に行う。そのため、決定が行われる選択アーキテクチャ（つまりフレーミングやデフォルトの選択肢）に対する小さな変更が、行動に強い影響を与える可能性がある。

- **社会から影響を受けて思考する**：人がどのように行動し考えるかは、周囲にいる他の人々の行動と考えに左右される。社会的な意味や規範、ネットワークが人々に与える影響を理解することは、こうした社会的構成概念がどのようにして人々を特定の集団行動の枠組みやパターンに引き寄せるのかを政策立案者が理解するのに役立ち、より革新的で有効な介入の考案を促す。

- **メンタルモデルを使って思考する**：特定の社会に属する個人は、周囲の世界や自分自身の理解に関して共通の視点を共有している。メンタルモデルは、人々がしばしば文化と呼ぶ社会的相互作用の認知的な側面に由来することが多い。メンタルモデルの一例として知られているのはステレオタイプであり、これは包摂と排除のプロセスに影響を与える。しかし、メンタルモデルは柔軟性を有しているため、開発目的を推進する際、行動インサイトに基づく介入策のターゲットにすることができる。

同書はこの人間の意思決定に関わる3原則について取り上げており、開発政策を改善するためだけでなく、開発専門家自身が自らのバイアスへの自覚を高め、組織がそうしたバイア

なぜわざわざ？　背景とアプローチ　第1章

スの緩和措置を実施するのを促すためにも、この3原則を適用している。

『政策への行動インサイトの適用2016』(European Commission, 2016)

2014年、欧州委員会の共同研究センター (Joint Research Centre: JRC) は予見・行動インサイトユニット (Foresight and Behavioural Insights Unit) を設立した（現在は、予見・行動インサイト・政策設計ユニット (Foresight, Behavioural Insights and Design for Policy Unit)）。その最初の報告書である『政策への行動インサイトの適用2016 (*Behavioural Insights Applied to Policy 2016*)』(European Commission, 2016) では、行動に基づく政策イニシアティブについて、行動に基づき検証した (behaviourally-tested)、行動に基づき情報を得た (behaviourally-informed)、または行動に基づき調整した (behaviourally-aligned) かどうかに基づいて分類し、考察している。イニシアティブの対象は、EUおよび欧州自由貿易連合 (EFTA) 諸国における競争、消費者保護、雇用、エネルギー、環境、健康、金融、税、輸送に及んでいる。同書はEU32か国の900の政策立案者、研究者、NGO、企業と協力して、行動に基づく政策イニシアティブを200以上もまとめ、欧州での組織開発について報告している。

組織開発に関して、同書は政策立案に対する行動インサイトの可能性を利用するための専門チームを創設したEU7か国を分析している。PRECISモデルを利用して、様々な加盟国の行動ユニットの政治的支援 (Political support)、資源 (Resources)、専門知識 (Expertise)、適用範囲 (Coverage)、統合 (Integration)、構造 (Structure) を評価している。同書は行動インサイトに関する実践の組織化でEUをリードしている国として、英国、オランダ、ドイツ、フランス、デンマークを挙げている。

同書では次の4つの結論を導き出した。

1. 能力構築の点で、政策立案に行動インサイトを適用するための大きなダイナミズムと意欲の高まりがある。

2. 政策立案者・学術コミュニティ間の交流と知識の共有を増進する余地があるのは間違いない。たとえば、大きな可能性があるのは、政策に有益な洞察を予測するために大規模なデータセットを分析することである。これに関連して、もっと多くの公的データを研究に利用できるようにするという課題がある。

3. 行動インサイトは、最も効果的な方法で有益なエビデンスを引き出せるように、政策サイクル全体を通して——実施・執行の問題を予測する段階も含めて——適用されるべきである。政策的解決策の影響をより体系的に分析することで得られる洞察に富むエビデンスについては、依然として認識が不足している。

4. 長期的な影響に光を当てて透明性を高めること、つまり市民とのより効果的なコミュニ

第1章　なぜわざわざ？　背景とアプローチ

ケーションとエビデンスの共有を通じて、行動に基づく政策イニシアティブの有効性を改善するためにさらなる行動を起こす余地がある。

資料

Lunn, P. (2014), *Regulatory Policy and Behavioural Economics*, OECD Publishing, Paris, http://dx.doi.org/10.1787/9789264207851-en.

Lourenco, J.S. *et al.* (2016), "Behavioural Insights Applied to Policy", European Report 2016, European Commission Joint Research Centre, EUR 27726 EN, http://dx.doi.org/10.2760/903938.

World Bank (2015), "Mind, Society and Behaviour", *World Development Report 2015*, World Bank, Washington, D.C., www.worldbank.org/en/publication/wdr2015（2017年1月18日アクセス）.

OECD内部では、公共ガバナンス・地域開発局（GOV）がOECDの「経済的課題に対する新たなアプローチ（New Approaches to Economic Challenges: NAEC）」イニシアティブの一環として、行動インサイトの組織的な実践と、政策設計への行動インサイトの適用に関する総合的な実践について、国際セミナーを開催した（OECD, 2015a）。150人を超える中央・地方政府職員、規制担当者、国際組織職員や大学の研究者が集まって、政策立案への行動インサイトの適用に関わる課題と機会について議論した。行動インサイトは強力なツールであり、現在は介入の有効性を高めるために政府によって利用されているという点で、参加者の意見は一致した。しかし、そうした実践を組織化、つまり「主流化」するには、政治指導者および行政の同意のほかに、研究者と実務者が何が有効で何が有効ではないのかを共有するためのプラットフォームの確立が必要である。

しかし、実務者の間には知識の移転が起こらないのではないかという懸念がある。実務者のネットワークは、研究成果を共有することに関して、一部のメンバーから一定の抵抗を経験してきた。この問題を解決することで、国際的で超国家的な組織が優れた実践を普及させ、行動インサイトを適用可能な種々の領域や分野を結びつけるのに役立ち、正の外部性をもたらすことができる。OECDが持つ対等な性質も、成果の実例を介してイノベーションの普及を行う公共部門イノベーション観測（OPSI）を利用するなどして、知識共有のためのプラットフォームを提供することで役立つだろう。また、OECDの「規制政策とガバナンスに関する理事会勧告（Recommendations on Regulatory Policy and Governance）」（2012年）も、規制プロセスへの参加と透明性をはじめとする開かれた政府の原則を遵守するよう要請している。

さらに、OECD環境局（ENV）は、行動経済学が環境政策設計に最大の影響を及ぼしうる領域を特定するためのより広範なプロジェクトの一環として、「環境政策のための行動経済学および実験経済学（Behavioural and Experimental Economics for Environmental Policy）」というデータベースを創設した。その全体目標は、特定の政策課題に最も関連する研究の検索と特定を容易にすることである。このデータベースは、特定の政策課題に最も関連性の高い研究の検索と特定を容易化するために、内容、政策領域、分析した介入のタイプなどを基に、行動経済学の研究を系統立ててまとめている。最も重要なのは、行動への影響と経済効果が追跡されている点である。

機関に関する知識と行動インサイトの適用に関する全般的な実践に加えて、ショグレン（Shogren,

なぜわざわざ？　背景とアプローチ　第1章

第1章

2012）は2つの広範な領域——リスク・対立・協調と、メカニズムの設計——において、環境政策設計のために行動経済学に関して得られた一連の教訓を明らかにした。一方、OECD金融企業局（DAF）競争委員会は、消費者に保護が必要な2つの理由を行動経済学が与えることを明らかにした（OECD, 2012）。1つ目の理由は、消費者は完全に情報を得ているわけではないため、消費者には情報が公開される必要があるということである。2つ目の理由は、消費者は完全に合理的というわけではなく、意思の力が不十分であるということである。その結果、企業はこうした弱点を利用しようと考えるかもしれず、それによって非効率な事態が生じてしまう。こうした2つの理由がもたらす状況については、いずれも標準的な経済モデルでは考慮されていないため、行動経済学は政府による市場介入への新しい理論的根拠をもたらす。

行動インサイトの適用：OECD諸国の実例

　OECDの各局は行動インサイトがどのように政策設計に情報をもたらしうるのかについて論じるほか、行動インサイトに関する具体的な指針を提示すること、およびそれらを実際に分野特有の政策領域に適用することにも重点的に取り組んできた。2016年、公共ガバナンス・地域開発局（GOV）はコロンビア通信規制委員会（Comisión de Regulación de Comunicaciones: CRC）と協力して、コロンビアの通信市場における消費者保護制度の強化を支援した。CRCはコンラート・ローレンツ大学基金（Konrad Lorenz University Foundation）のスクール・オブ・サイコロジー（School of Psychology）と共同で、2013年から2014年にかけてコロンビアの17の地域で25の消費者心理実験を行った。こうした実験から、コロンビアの文化的・背景的特徴に特有の多数のシナリオにおける利用者の意思決定プロセスが明らかになった。報告書（OECD, 2016a）が通信市場における消費者利益の改善を意図して推奨した事例は、情報提供、顧客サービス、消費者の使用量の管理、バンドル型サービスに関するものである。これらの分野で、CRCは行動情報を用いた規制と非規制ツールを組み合わせて利用することで、サービスプロバイダと利用者双方に行動の変化を引き起こしうるインセンティブを形成することができる（コラム1.2）。

コラム1.2　行動インサイトを利用した消費者保護：提言

　OECDはコロンビア通信規制委員会（CRC）と協力して、次の4つの側面で行動インサイトを利用することを提言した。

情報提供

- 情報の「要約」と「完全」開示を定めた制度を実施し、CRCはこれを標準化すべきである。

- エンドユーザーのより良い決定を促すために、チェックリストやファクトシートなどの選択支援ツールの利用を拡大させる。

- 情報は重要な決定時点で適時に提供されなければならない。また可能な場合には、地理

第1章　なぜわざわざ？　背景とアプローチ

的位置、ターゲット層など、類似の状況にある利用者に関する比較情報を含める。

顧客サービス

- 苦情を含む顧客サービス情報は、容易にアクセスでき、かつ適時に作成されるようにしなければならず、可能な場合は抽選への参加や特別通話時間の提供など、それらを利用するためのインセンティブを考案すべきである。

- 購買時点など重要な決定時点で消費者に提供可能なランキング制度や格付けシステムによって、顧客サービスの改善を奨励する。

消費者の消費の管理

- 1）請求書の記載情報を簡略化し、2）機会費用を提示し、3）サービスプロバイダによる最適プランを明確化することで、消費者に彼らの使用パターンについてフィードバックする仕組みを改善する。

- デジタルベースのソリューションを考案して、消費者が個人化されたモバイルアプリケーションにより、販売中の料金プランと自身の使用量情報をリアルタイムで比較できるようにする。

- 現在のプランが消費者にとって最善の利益になっていないにもかかわらず、使用プランに関する案内に応答しない消費者を対象に、デフォルトの「緊急プラン」を奨励または強制する。

バンドル型サービス

- 消費者にバンドルパッケージの主要な構成要素の価格を提示し、利用可能な同等の情報を有する別のバンドル型サービスと比較できるようにする。選択肢過多にならないならば、異なるサービスの料金についても事業者に提示させることを検討する。

資料
OECD (2016a), *Protecting Consumers through Behavioural Insights: Regulating the Communications Market in Colombia*, OECD Publishing, Paris, http://dx.doi.org/10.1787/9789264255463-en.

　OECD環境局（ENV）も、行動情報を活用した具体的な政策介入について検証した研究成果報告書をまとめて発表した。第1にブラウンら（Brown *et al.*, 2012）は、冬の暖房期にOECDのオフィスビルでデフォルトの温度設定をわずか1℃下げた結果、オフィスの平均気温が0.38℃下がった。しかし、大きく（3℃）下げた場合は効果がなく、デフォルト設定を大きく下げると、オフィス内の人々が積極的に対応して温度設定を上げてしまうため、効果が無効になるという結論を示している。第2にヴリンゲルら（Vringer *et al.*, 2015）は、消費者は他人も買おうとしていると思った場合、持続可能な製品の購買決定を厭わないことを明らかにした。したがって、政府は持続可能な製品の

消費を促すために、持続可能性への個人的な貢献という「満足感」の効果を重視し、十分な数の人が持続可能な製品に切り替えつつあることを個人消費者に納得させることで、消費者は「条件付きで協力」するという事実を利用することができる。最後にブラウンら（Brown *et al.*, 2012）は、オーストラリアのヴィクトリア州で保全目的を達成するために利用されている生態系サービスの供給のためのリバースオークション、自発的プログラム、保全補助金など、多様な政策措置について検証した。

OECD金融企業局も、行動経済学が企業に及ぼす影響について分析した報告書を作成している。アームストロングとハック（Armstrong and Huck, 2012）が論じたのは、企業行動に対する非標準的アプローチの説明に行動経済学を利用できる状況であり、そうした状況では企業は標準的な経済モデルで示された利潤最大化というパラダイムから逸脱することがあるというものである。たとえば、企業は最適利益ではなく「納得のいく」利益に満足する場合がある。非合理的行動はほかにもあり、企業は複雑な最適戦略よりも単純な経験則に依存することもあれば、サンクコストを基に価格を決定することもある。また、取られた行動について最高経営責任者（CEO）が過度に楽観的になることも、企業が自社に「不正な」振る舞いをしたと考える競合他社を罰したいと思うこともある。

ストック（Stucke, 2012）は特に独占禁止に関して、行動経済学を競争促進機関に適用する方法について論じている。それによると、競争促進機関は行動経済学の影響を4段階で考慮に入れることができるという。第1段階は、新古典派経済理論では説明できない「実世界」のエビデンスを説明する填隙剤としてである。第2段階は、具体的な独占禁止政策の前提を批判的に評価することである。第3段階は、独占禁止に関わる根本的問題、つまり競争とは何か、競争法の目的は何か、それらの目的を推進するために何を法的基準にすべきか、について再考することである。第4段階は、現在、競争法を有する100以上の管轄体の間で、競争法の一致または相違の程度に行動経済学がどのように影響を与えているのかを評価することである。同書によると、行動経済学はほとんどの場合、競争促進機関によって第1段階で使用されており、取引コストがごくわずかな場合でも、デフォルトオプションを設定している企業はしばしば結果を決定づけることができると主張している。独占禁止法の違反に関していうと、デフォルトオプションは競合他社を締め出すことができる（たとえば、マイクロソフト社は独自のウィンドウズ・メディア・プレイヤーをデフォルトとして設定することで、市場から競合他社を排除していた）[1]。

2010年、科学技術イノベーション局（STI）が公開した消費者政策ツールキットは、市場がどのように発展してきたかを検証し、より良い消費者政策を策定するための洞察を提示している（OECD, 2010a）。同ツールキットは政府介入の中心的な論理として標準的な経済モデルに依拠しているものの、政府によるより効果的な政策の策定・実施に資するよう、標準モデルを補完するものとして行動経済学を紹介している。そして、情報介入、デフォルト設定、選択肢のフレーミングに関する政策介入を、政府が消費者利益に明確な影響を与えうる重要領域として提示している。

行動インサイトは年金制度と金融教育プログラムの改善にも利用されている。タピアとヤーモ（Tapia and Yermo, 2007）は行動経済学に関する文献を検証して、最適な貯蓄額を判断するのに必要な認知能力を欠いている、退職後の貯蓄計画を遂行する意思の力が不十分である、または時とし

第1章　なぜわざわざ？　背景とアプローチ

て自身の財力を過信しているといった様々な理由で、人々が退職後の貯蓄に備えることがあまり得意ではないことを明らかにした。これまでよりも適切でわかりやすい退職後の選択メニューを設計することと、デフォルトの選択肢を設定することは、どちらも可能性のある政策的解決策であることが確認されている。同様にOECD（2013b）は、行動経済学を金融教育プログラムの考案と実施に適用することで、そうしたプログラムの有効性を高めることができると論じている。

　また行動経済学は、OECD諸国で広がりつつある肥満の問題に対処するために、健康政策にも適用されている。OECD（2010b）がOECD諸国およびEU諸国の2007～2008年の国家政策を分析して明らかにしたのは、健康とライフスタイルに関してしばしば個人が様々な情報源からの混乱を招きかねない大量の情報にさらされていることを政府が認識しており、個人に明確な指針を提供して偏りのない信頼できる情報源として機能することが何よりもまず政府の仕事であると主張しているということである。同書は政府がより健康的な生活の促進に有効で、行動に基づく一連の規制と非規制措置を有していることを明らかにしており、例としてより健康的な選択肢の拡張、確立された選好に影響を与えるための情報キャンペーン、健康に良くない選択肢の価格の引き上げ、不健康な行動の禁止などを挙げている。こうした戦略は、予防戦略の効果を高めて必要なコストをより広く分散させるための官民セクター間の積極的な協力から、恩恵を受けるはずである。

　OECD消費者政策委員会（Committee on Consumer Policy: CCP）も過去10年間、OECD諸国の消費者政策における行動インサイトの利用について検証している。報告書の出した結論によると、行動インサイトは消費者政策の立案を、よりエビデンスに基づく有効性の高いものにするのに役立ってきたが、その利用は適用している管轄体の数の点でも、適用される政策分野の範囲においても、まだ限られているという。行動インサイトの利用が主に見られるのは、内容表示や情報開示の分野であり、概して電子商取引での価格表示が対象であった（OECD, 2016b）。

　OECD理事会は2016年3月、CCPが作成した「電子商取引における消費者保護に関するOECD理事会勧告」を改訂した。この改訂版OECD勧告は行動経済学の重要な役割を確認している。そして、情報経済学および行動経済学から得られた洞察に基づく実証的研究を通じて、電子商取引分野の政策立案のためのエビデンス基盤を改善する取り組みをOECD加盟国に促す条項が盛り込まれている。また、ドリップ価格付け（drip pricing）や隠れた費用という慣行への対処を目的とする条項も新たに加えられた（OECD, 2016c）。

政府内外における行動インサイト

　政策立案に対する行動インサイトの導入を支援するため、国際レベルだけではなく政府内外でも、行動インサイトを研究する様々なユニットが創設されている。最初に政府内に設立されたユニットは英国の行動インサイトチーム（BIT）であり、政策への行動科学の適用と、戦略と政策の開発への寄与に関して、英国の政策立案者に助言を行うために設置された。当初、BITは内閣府内に置かれ、2014年に政府の半独立組織となったが、その後も同じ機能を果たしている。BITが採用しているのは実証的アプローチで、地方政策の試験と実験を利用して行動情報を活用したアイディアを検

26

証している。公衆衛生、雇用の活性化、脱税、罰金の回収、消費者政策、省エネルギー、慈善事業への寄付などの分野で、介入の成功事例がいくつかある。

　一例として、BITは女王陛下裁判所および仲裁廷庁（HMCTS）と協力し、裁判所が科した罰金の回収率を改善するために行動インサイトを利用した。得られたエビデンスによると、時間・労力・金銭の面では小さいが差し迫った負担は、伴う罰則に関係なく、人々が罰金を期限通りに納付することを有益とみなすかどうかに大きな影響を与えることがわかった。HMCTSはこの洞察を取り入れて、納付方法を多様化して利便性を高め、文書と電話で督促するという簡単な方法により、早い段階で罰金の回収率を引き上げた。さらに、BITは無作為化比較試験（RCT）を実施して、罰金未納者への個人的なコミュニケーションの有効性を評価した。初期の成果から、メッセージを個人宛てにする方が効果的であることがわかり、規制を増やすことなく政策の有効性を高める2つの方法を実証した。

　米国では、バラク・オバマ大統領（当時）が大統領令第13707号（2015年）によって、行動科学の利用慣行を確立した。この大統領令は、行動科学による洞察を政策やプログラムの設計に適用することを連邦政府機関に指示するものである。この大統領令によって、国家科学技術委員会の下に社会・行動科学チーム（SBST）も創設された。SBSTは応用行動科学者やプログラム担当職員、政策立案者からなる機関横断的なグループで、同大統領令に従って連邦機関に政策に関するガイダンスと助言を提供することを目的としている。SBSTは2015年と2016年に年次報告書を発表し、大統領令に沿って進捗していることを報告した。両報告書は相関しており、退職後の経済的安定の促進や、大学への入学と上昇する学費の改善など、いくつかの問題に関して試験とデータの最新情報を提供している（事例研究については第4～14章参照）。

　オーストラリア政府行動経済学チーム（Behavioural Economics Team of the Australian Government: BETA）は、政策・プログラム・行政の設計への行動経済学の適用を目的として、初めてオーストラリア中央政府に設置されたユニットである。BETAは首相内閣省に置かれているが、オーストラリア公共サービス（Australian Public Service: APS）の17の機関による共同イニシアティブである。BETAはAPS全体で行動経済学に関する能力を構築することを目指しており、RCTを利用して何が有効かを検証することで、そうした能力を政策の設計と提供に活用するよう促進する。そのための手段として能力を構築し、政策とプログラムの改善に行動経済学の専門知識を適用し、具体的なプロジェクトに関してパートナーと協力し、APSとオーストラリア内外の学術界の行動経済学研究コミュニティとの連携を確立し、政府の政策とプログラムへの行動経済学とRCTの適用に適したツールと指針を作成している。同様のユニットは、ドイツなど他国の中央政府にも存在するが、そうした機能やイニシアティブは、南アフリカの西ケープ州政府やフィラデルフィア市などの地方レベルの政府にも存在する。

　政府以外にも行動インサイトに関わる組織はいくつか存在し、公共部門、民間部門、ボランタリーセクター、学界をまとめている。たとえば、「科学・社会・政策のためのイニシアティブ（ISSP）」がOECDおよびHEC経営大学院（HEC Paris）と協力して運営する欧州ナッジング・ネットワーク（TEN）は、欧州およびその他の地域で行動インサイトの適用を科学的および倫理的に責任を持つ

第1章　なぜわざわざ？　背景とアプローチ

て普及させるために、2014年に設立された。TENはこの任務を、主に各種のメンバーの活動とオープンアクセス（OA）可能なオンライン情報源を通じて完遂している。こうしたOA情報源の最も顕著なものがナッジ・データベース（Nudge Database）であり、ステークホルダーや実務家に情報源と検証システムを提供することを目指している。またideas42は——当初は非営利団体として2008年にハーバード大学で結成された——世界初の行動設計のための研究室であった。ideas42は様々な経歴や学問分野の専門家をまとめて、健康、教育、刑事司法、国際開発、政府の効率性の分野で問題を解決するために、世界各地でプロジェクトに取り組んでいる。他にも行動科学・政策連合（Behavioural Science and Policy Association: BSPA）など、多様な全国的ネットワークが数多く存在する。

　学術界では、世界各地で多数のセンターや行動研究室が設立され、行動科学者と連携している。たとえば、行動インサイトグループ（Behavioural Insights Group: BIG）は2013年にハーバード大学に創設され、研究者、行動経済学者、その他の行動科学者を集めて、教育・医療制度の改善、差別の減少、環境保護、個人および組織の金融資産管理の向上について重点的に取り組んでいる。BIGには35人の教職員、学生向けプログラム、700人のメンバーからなる行動インサイト学生グループ（Behavioural Insights Student Group）がある。BIGはまた、政策への行動科学の適用に従事する政府や団体とも協力している。同様に、ロンドン・スクール・オブ・エコノミクスにあるリスク規制分析センター（Centre for Analysis of Risk and Regulation: CARR）は学際的な研究センターであり、その中心的な研究として、リスク管理と規制実施のための組織および制度の設定に重点を置いている。

　カナダのロットマン経営大学院実践行動経済学（Behavioural Economics in Action at Rotman: BEAR）センターは、最初期に設立された最大規模の学術研究グループの1つであり、意思決定における数十年に及ぶ研究を実証的に検証されたツールと融合させて、行動変化を促している。同センターは社会・経済問題について行動科学のレンズを通して考察し、インセンティブや刑罰を用いたり情報を提供したりする従来のアプローチに留まらない解決策を設計する。またフランスでは、パリ政治学院（Sciences Po）のフランス・ナッジ・プロジェクト（French Nudge Project）が、行動経済学の出現を法的・哲学的視点から分析しようとしている。同プロジェクトが結成した学際的チームは、公共政策策定の新たなモデルを提案・設計することに重点を置いて、出所（系図）、概念的枠組み（新たな規範的ツール）、公共政策に対する行動経済学の実質的影響を理解するために研究を行っている。

　本書はこうした研究に基づき、政策立案における行動インサイトの利用という応用的な側面に関して、新たなエビデンスを追加することで、議論を深めることを目指している。OECDの行動インサイト調査（Behavioural Insights Survey）の結果を取り上げ、規制機関および他の政府機関での行動インサイトを重視した思考の国際的な受容と活用に関して、エビデンスを提示する。最後に、収集した事例研究によって、行動インサイトが分野と管轄を跨いで適用されていることを示す。

28

なぜわざわざ？　背景とアプローチ　第1章

現実：行動インサイトの適用に関する事例研究の収集

調査方法

　本書が利用する事例研究調査は、OECD公共ガバナンス・地域開発局（GOV）がOECD環境局（ENV）、OECD科学技術イノベーション局（STI）、OECD金融企業局（DAF）、ロンドン・スクール・オブ・エコノミクスのリスク規制分析センター（CARR）研究者、欧州ナッジング・ネットワーク（TEN）、およびideas42から情報や助言を得て共同開発したものである。この調査は、OECDがこれまでに実施した研究と、この分野での各国の活動に関する報告書のほか、他の政策分野での国家横断的な調査の開発におけるOECDの長い経験をベースにしている。

　調査の目的は、政策立案への行動インサイトの適用に関する2つの重要な側面、すなわち、1）行動インサイトの適用がどの程度政策立案に組み込まれているかを把握することを視野に入れて、行動インサイトの適用の裏付けを目指す機関とプロセス、2）行動インサイトを重視した実践の種類と実践について、理解することであった（図1.1）。収集した事例研究については、第4〜14章で取り上げている。

図1.1　事例研究調査の構造

資料：OECD 2016 Behavioural Insights Case Study Survey。

長所と限界

　調査には長所と限界がある。一般的に、組織の行為と行動について調べる際、調査には解決しがたい点がある。回答率はほとんどの権威組織において低い。誰がどのような基準でこうした調査に回答するのかも不明確である。組織の種類の観点からいえば、回答率がまちまちであることで結果が歪められてしまう。

　こうした限界は、OECDという枠組み内である程度対処することができる。OECDの取り組みと関わりを持つ組織を調査することで、組織からの注目が大きくなるというメリットが生じ、それゆえ高い回答率が期待できる。しかし、調査票がOECD諸国および他の国の組織に送られた後、（少なくとも一部の国では）さらに広く配布されているため、潜在的回答者の範囲を特定するのは困難である。この「雪だるま」効果が、得られた回答の数と多様性の増大に寄与しているのは間違いな

29

第1章　なぜわざわざ？　背景とアプローチ

いが、正確な回答率を突き止めることを実質的に不可能にしている。

OECDという枠組みがもたらすさらなるメリットは、OECDの調査がよく知られているため、調査対象者の「ニーズ」に対応するよう設計されている点である。その一方で、調査回答者が否定的な経験ではなく「肯定的な」経験を記述したり、特定の現象について——報告するよう求められた場合でさえ——存在しないと報告したりする傾向が強くなることもある。

しかし、結局のところこうした潜在的なバイアスは、実のところ調査から導き出される結論を補強することができる。上述したすべての限界があっても、特定の傾向をサンプルに確認することができれば、そうした調査結果の原因と影響について掘り下げて調査する価値があるのである。

調査対象の国と分野

調査票の配布は、行動インサイトの適用の多様性を把握し、各国・各分野にわたって現状の全体像を得るため、OECDの組織的ルートだけでなく、学者・実務者のネットワークも利用して広く行われた。

調査票はOECD加盟国のほか、規制政策委員会、経済的規制当局ネットワーク、消費者政策委員会、競争委員会に参加しているパートナー諸国に送付された。英国ではロンドン・スクール・オブ・エコノミクスを通じて、国内の実務者と規制担当者に直接配布された（初期段階の調査結果については、ロンドン・スクール・オブ・エコノミクスが主催したセミナーで議論された）。また調査票は世界の行動インサイトユニットにも直接送付され、行動科学・政策連合（BSPA）などの実務者や学者のプラットフォームにも共有された。

23か国と国連機関である国連開発計画（UNDP）、国際金融機関である世界銀行から回答を得た。全体で行動インサイトの適用に関する159件の事例研究が提供された[2]。しかし、事例研究の報告の質についてはかなりのばらつきがあった。ほとんどの回答には限られた情報しか報告されていなかったが、一部の回答——特に比較的長期にわたって行動科学というツールを利用してきた経験豊かな機関からの回答——には、政策活動へのより高度な適用が報告されていた（図1.2）。

最も多くの事例研究を報告した国は英国で、オーストラリアとカナダが続いている。2010年以降、英国は行動情報を活用した政策アイディアの検証に、体系的なアプローチをますますとるようになっており、功を奏した結果については、行動インサイトチーム（BIT）の研究などを通じて複数の国で模倣されている。オーストラリアとカナダも地方・国レベルで、公共政策と公共サービスの提供に対して行動に基づくアプローチの利用を順調に推進してきた。全国的には地方・都市レベルの多数の部局でも、行動インサイトの利用を採用し始めており、そうした政策やプログラムを地方の事情に合わせて調整してきた。こうした適用の相当数が、その後、地方・国レベルで順調に拡大されている。

図1.2 事例研究の国別報告件数

事例研究の総数＝159件

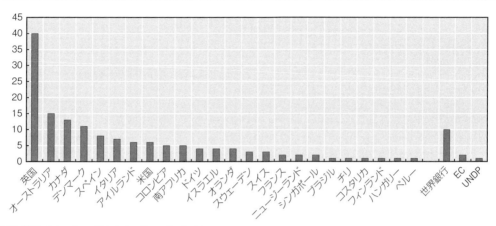

資料：OECD 2016 Behavioural Insights Case Study Dataset。

60の公共機関が調査に回答した。回答者の82％は中央政府の省庁と規制・税務当局（これらの2つのカテゴリーは同数）であった。政府の省庁には医療から社会、金融、経済まで、幅広い省庁が含まれた。規制当局も規制対象分野は多様で、金融規制機関が多かったものの、情報通信、エネルギー、競争を管轄する機関も含まれていた。中央政府の省庁には、英国の行動インサイトチーム（BIT）（当初は英国内閣府の一部として創設され、現在は英国内閣府とイノベーション関連の財団である国立科学技術芸術国家基金（Nesta）とBIT職員が共同所有する社会目的企業になっている）や、米国の社会・行動科学チーム（SBST）（大統領令第13707号によって創設され、国家科学技術会議の下に置かれた）など、独立したユニットも含まれた（図1.3）。米国には地方政府の実例4つのうちの2つ、ボストンとフィラデルフィアの実例が含まれていた。

図1.3 調査に回答したのはどの機関か？

総回答数＝60

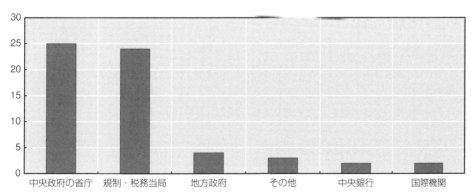

注：その他にはきわめて専門的な目的で創設された政府プログラムや団体が含まれる。
資料：OECD 2016 Behavioural Insights Case Study Dataset。

第1章　なぜわざわざ？　背景とアプローチ

第1章

注

1. マイクロソフト社に関するその後の訴訟に、パソコンのOSであるウィンドウズへのインターネット・エクスプローラー（同社のウェブブラウザ）の抱き合わせに関するものがある。デフォルトが消費者の選択に大きな影響を与えることを示す行動科学的エビデンスが用いられ、競争が促された。その際、ユーザーにウェブブラウザを選択する「選択画面（Choice Screen）」を表示させることを要請し、それによってユーザーに積極的な選択を促し、デフォルトの効果を中和させた。詳細についてはhttp://europa.eu/rapid/press-release_IP-09-1941_en.htm_locale=en、Ciriolo（2011）、Lourenco *et al.*（2016）参照。

2. 調査票は2015年12月に送付され、前述の通り23か国と国連機関である国連開発計画（UNDP）、世界銀行を代表する60の機関から回答を得た。これらの60の機関から、行動インサイトを政策介入に適用した129件の事例について情報が得られた。調査終了後、追加で30件の事例がOECDに提供され、総計で159件の事例が集まった。しかし、追加されたこれらの事例研究の出所は調査票に回答されていなかったので、これらのデータは機関のデータには反映させず、事例研究のデータとしてのみ扱った。

参考文献

Armstrong, M. and S. Huck (2012), "Behavioural Economics as Applied to Firms: A Primer", *Competition Policy International*, Vol. 6/1, www.oecd.org/officialdocuments/daf/comp/wd201211 (accessed 18 January 2017).

BIT (2016), "The Behavioural Insights Team's Update Report: 2015-16", The Behavioural Insights Team, UK, www.behaviouralinsights.co.uk/publications/thebehavioural-insights-teams-update-report-2015-16/ (accessed 18 January 2017).

Brown, Z., B. Alvarez and N. Johnstone (2015), "Tender instruments: programme participation and impact in Australian conservation tenders, grants and volunteer organisations", *OECD Environment Working Papers*, No. 85, http://dx.doi.org/10.1787/5js4k0t30hvc-en.

Brown, Z., *et al.* (2012), "Testing the Effect of Defaults on the Thermostat Settings of OECD Employees", *OECD Environment Working Papers*, No. 51, http://dx.doi.org/10.1787/5k8xdh41r8jd-en.

Ciriolo, E. (2011) "Behavioural Economics in the European Commission: past, present and future", Oxera Agenda, http://www.oxera.com/Oxera/media/Oxera/downloads/Agenda/Behaviouraleconomics-in-the-EC_1.pdf?ext=.pdf (accessed 17 January 2017)

Lourenco, J.S. *et al.* (2016), "Behavioural Insights Applied to Policy", European Report 2016, European Commission Joint Research Centre, EUR 27726 EN, http://dx.doi.org/10.2760/903938.

Lunn, P. (2014), *Regulatory Policy and Behavioural Economics*, OECD Publishing, Paris, http://dx.doi.org/10.1787/9789264207851-en.（『行動公共政策：行動経済学の洞察を活用した新たな政策設計』経済協力開発機構（OECD）編著、齋藤長行訳、明石書店、2016年）

OECD (2016a), *Protecting Consumers through Behavioural Insights: Regulating the Communications Market in Colombia*, OECD Publishing, Paris, http://dx.doi.org/10.1787/9789264255463-en.

OECD (2016b), "Use of Behavioural Insights in Consumer Policy", OECD.

なぜわざわざ？　背景とアプローチ　第1章

OECD (2016c), *Recommendation of the Council on Consumer Protection in ECommerce*, OECD Publishing, Paris, http://dx.doi.org/10.1787/9789264255258-en.

OECD (2015a), "Behavioural insights and new approaches to policy design: The views from the field", OECD Seminar Summary, Paris, 23 January 2015, www.oecd.org/gov/behavioural-insights-summary-report-2015.pdf（accessed 17 January 2017）.

OECD (2015b), *OECD Regulatory Policy Outlook 2015*, OECD Publishing, Paris, http://dx.doi.org/10.1787/9789264238770-en.

OECD (2013a), "Behavioural and Experimental Economics for Environmental Policy database", OECD Environment Directorate, www.oecd.org/environment/toolsevaluation/behavioural-experimental-economics-for-env-policy.htm（accessed 18 January 2017）.

OECD (2013b), "Improving financial education effectiveness through behavioural economics: OECD findings and way forward", OECD, www.oecd.org/gov/regulatorypolicy/Improving_Fin_Ed_effectiveness_through_Behavioural_Economics.pdf（accessed 18 January 2017）.

OECD (2012), "Annex to the Summary Record of the 115th Meeting of the Competition Committee Held on 12-14 June 2012: Summary Record of the Discussion on Behavioural Economics" OECD, www.oecd.org/officialdocuments/daf/comp/m20122/ann5/final（accessed 18 January 2017）.

OECD (2010a), *Consumer Policy Toolkit*, OECD Publishing, Paris, http://dx.doi.org/10.1787/9789264079663-en.

OECD (2010b), *Obesity and the Economics of Prevention: Fit not Fat*, OECD Publishing, Paris, http://dx.doi.org/10.1787/9789264084865-en.

SBST (2016), "Social and Behavioural Sciences Team: Annual Report," Social and Behavioural Sciences Team, Executive Office of the President, National Sciences and Technology Council, Washington, D.C., https://sbst.gov/assets/files/2016AnnualReport.pdf（accessed 18 January 2017）.

SBST (2015), "Social and Behavioural Sciences Team: Annual Report", Social and Behavioural Sciences Team, Executive Office of the President, National Sciences and Technology Council, Washington, D.C., https://sbst.gov/assets/files/2015-annualreport.pdf（accessed 18 January 2017）.

Shogren, J. (2012), "Behavioural Economics and Environmental Incentives", *OECD Environment Working Papers*, No. 49, OECD Publishing, Paris, http://dx.doi.org/10.1787/5k8zwbhqs1xn-en.

Stucke, M. (2012), "The Implications of Behavioural Antitrust", www.oecd.org/officialdocuments/daf/comp/wd201212（accessed 18 January 2017）.

Tapia, W. and J. Yermo (2007), "Implications of Behavioural Economics for Mandatory Individual Account Pension Systems", *OECD Working Papers on Insurance and Private Pensions*, No. 11, OECD Publishing, Paris, http://dx.doi.org/10.1787/103002825851.

Vringer, K. *et al.* (2015), "Sustainable consumption dilemmas", *OECD Environment Working Papers*, No. 84, http://dx.doi.org/10.1787/5js4k112t738-en（accessed 18 January 2017）.

World Bank (2015), "Mind, Society and Behaviour", World Development Report 2015, World Bank, Washington, D.C., www.worldbank.org/en/publication/wdr2015（accessed 18 January 2017）.

第2章

**第2章
何が行われているのか？
行動インサイトの事例研究からの洞察**

　本章では、行動インサイトが広範囲にわたって実践されていること、また
OECD諸国およびパートナー諸国に多様な組織モデルと実践が存在することを
示すエビデンスを提示する。調査結果は、評価と透明性、政策サイクル全体での
行動インサイトの適用に関して、改善の余地があることを示している。

第2章　何が行われているのか？　行動インサイトの事例研究からの洞察

調査から、行動インサイトの広範囲にわたる実践と、行動インサイトの実践における組織のエコシステムに関するエビデンスが、国際的に得られた。また、行動インサイトを行政の日常業務に取り入れるための様々な組織モデルについても明らかになったが、単一のモデルが存在しないため、当該国の行政と文化に関する背景に左右されることもわかった。

介入で主に重点が置かれるのは、市場での個人による個々の取引である。しかし、一部の事例では、行動インサイトは政策や規制の考案にも適用されており、探求を進めるべき未開拓の領域であることが示唆されている。驚くことに、大部分の適用事例が無作為化比較試験（RCT）の利用または文献レビューの利用のいずれかを伴っており、集中的で本格的な適用であるか、初期段階のアプローチであるかが示されている。それを決めるのは、サンプルの範囲とそうしたアプローチの適用における当該機関の経験であると考えられる。ほかに読み取れるのは「消えた方法論的中間層（missing methodological middle）」の存在であり、文献レビューよりも資源集約的で成果が潜在的に豊富な適用事例になりやすいと考えられるが、実験には不十分である。

調査の回答は多数の重要な問題も提起した。こうした問題には、倫理的懸念（驚くほど少ない）、資源（きわめて低コストの介入）、評価、主流化、フォローアップの問題などがあり、とりわけ行動インサイトの適用が初期の実験段階から政策ツールの段階のどこまで進んでいるのかということと、判断・評価・主流化されている適用の有効性が問題であった。

機　関

行動インサイトが日常業務と組織文化に取り入れられている程度に関して、どのようなことがいえるだろうか？　この問題には2つのアプローチが可能である。1つは、誰がどのように行動インサイトを推進しているのか、という点からのアプローチであり、もう1つは、政策過程のどの時点で行動インサイトを用いて意思決定に情報を提供しているのかを明らかにするアプローチである（詳細については次のセクションを参照）。

リーダーシップと行動インサイトの推進

まず推進に関する側面に目を向けると、行動インサイトは主に組織のリーダーシップを受けて導入されており、行動インサイトの利用に関して、組織内で上層部からある程度の支援があったことが調査に示されている。多くの場合、政府内での能力構築に寄与しうる学術機関——行動インサイトチーム（BIT）、ロットマン経営大学院実践行動経済学（BEAR）、行動インサイトグループ（BIG）、社会・行動科学チーム（SBST）など——とのパートナーシップの支援も受けている。20の機関では、こうした支援を機関のトップや上級管理者から、または大臣から直接得ることができる。行動インサイトの適用は、組織内のユニットや部門から進められる場合もあり、経済分析や経済統計を専門にしていることが多い（12の機関）。また、リーダーシップの関与とユニットや部門からの圧力がいくらか組み合わさることもある。4つの機関では、行動インサイトまたはイノベーションを専門とするユニットが推

進していた。リーダーシップや特別に強力な組織的支援がない（4つの機関）場合、適用は個人のイニシアティブか外部からの支援（通常は外部からの資金提供）によって推進されていた（図2.1）。

図2.1　行動インサイトの利用を中心となって支援してきた組織はどこか？

総回答数＝60

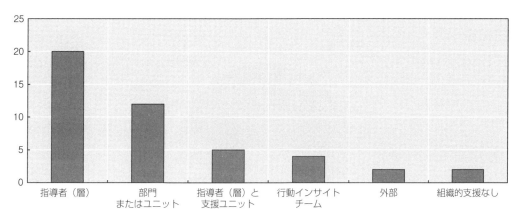

注：行動インサイトを適用していて調査に回答した44機関について分類。6機関からはこの問いへの回答がなく、9機関はまだ行動インサイトを適用していないと回答した。
資料：OECD 2016 Behavioural Insights Case Study Survey Dataset。

大部分の組織では、行動インサイトの適用はより広範な組織改革・変革に関する課題の一部であった（図2.2）。

図2.2　行動インサイトの適用は組織の他の優先事項、変革、改革、課題と関連しているか？

総回答数＝60

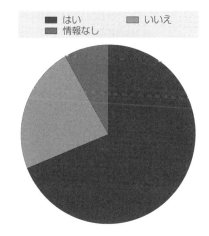

資料：OECD 2016 Behavioural Insights Case Study Survey Dataset。

こうした報告から生じた1つの疑問は、行動インサイトの適用が「一時的流行」に留まらず、よ

り広範な領域の組織的な意思決定に対する行動インサイトの適用可能性を検討することに関心が拡大しているのか、ということである。この点に関して、ひょっとしたら行動インサイトの利用を主流化するための組織的環境が整っていることを示唆しているのかもしれないが、行動インサイトの適用に対して少しの抵抗しか報告されていないのは注目すべきことである（図2.3）。

図2.3 行動インサイトの適用に対して反対や批判はあったか？
総回答数＝60

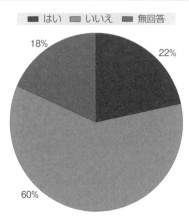

資料：OECD 2016 Behavioural Insights Case Study Survey Dataset。

反対や批判が報告された場合、ほとんどは組織に対する内部からのものであり、ある程度は変化に対する組織的な抵抗に関連していたが、行動インサイトのツールの有効性に関して、また複雑な問題に対処するのに適切かどうかについても懸念が表明された。2つの事例においてのみ、外部から（メディアと関連ステークホルダーから）反対と批判があったことが報告された（図2.4）。

図2.4 行動インサイトの適用に対する反対や批判の種類
総回答数＝60

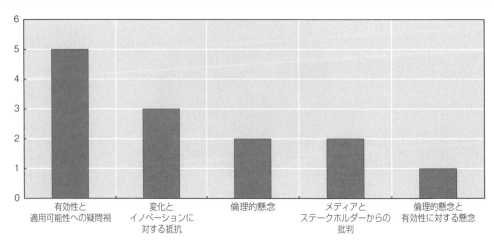

資料：OECD 2016 Behavioural Insights Case Study Survey Dataset。

組織的な仕組み

この調査は、各国が行動インサイトを適用するための様々な組織モデルの実験を行っていた、2015年の「政策設計への新たなアプローチに関するOECDセミナー（OECD Seminar on New Approaches to Policy Design）」などで明らかになったエビデンスを裏付けている。収集した事例研究全体から、3つの組織モデルが浮かび上がった。

- **拡散型モデル**：中央政府・地方政府レベルの省庁または専門機関内の既存のユニットが行動インサイトを適用する。

- **中央主導型モデル**：通常は政府の中心（首相府、大統領府、内閣府など）にある専門ユニットが、政府全体での行動インサイトの利用の実施・支援・推奨に完全または部分的にフォーカスする。通常、行動インサイトと組み合わされる役割は、戦略的洞察と、公共セクター全体でのイノベーションの計画と推進である。

- **プロジェクト型モデル**：行動インサイトは、専門チームによって具体的なプロジェクトやイニシアティブに利用される。

これらのモデルは相互排他的ではない。共存し、時間の経過とともに拡散・（公式および非公式の）協調・中央主導という異なる段階で発展する。たとえば英国は、きわめて広範囲にわたって行動インサイトが利用されており、中央主導型モデルが中央主導で（外部の）支援を得て、拡散型モデルへと発展していると考えられる。中央政府のユニットである行動インサイトチーム（BIT）は、政府全体での行動インサイトの利用を促進するために設立され、政策や戦略の開発に寄与してきた。その後は部分的に政府から独立した存在となり、政府の省庁や機関に支援を提供しているが、そうした省庁や機関も、独自の行動インサイトユニットや専門チームを有している。

オーストラリアは純粋な拡散型モデルから、拡散型＋中央主導型モデルへと発展してきたと考えられる。行動インサイトは、行動インサイトを積極的に試してきた既存のユニットにより、拡散型モデルに沿って様々な省で進化してきた。様々な省が協力して、首相内閣省の行動インサイトユニット「オーストラリア政府行動経済学チーム（BETA）」に支援と資金を提供しており、BETAには政府全体での行動インサイトの利用をさらに支援し、横の結びつきと経験の交換を促進することが期待されている。BETAは現在、最大30件のRCTに取り組んでおり、2件が完了または実施中で、2017年には有用な成果が着々と得られる。

カナダはさらに別のアプローチを報告しており、拡散型と特例のプロジェクト型のイニシアティブが、連邦政府レベルだけではなく地方レベルでも存在する。特にオンタリオ州では、行動インサイトユニット（Behavioural Insights Unit: BIU）がロットマン経営大学院実践行動経済学（BEAR）の支援を受けて創設され、BEARはBIUチーム内での能力構築に尽力した。横の結びつきを形成して行動インサイトの適用を支援するために、連邦政府によって枢密院事務局のイノベーション・ラボ（Innovation Lab）に行動インサイトチームが創設され、連邦機関・州機関双方と協力している。

シンガポールはどちらかというと拡散型とプロジェクト型を組み合わせたモデルであり、別のア

プローチを提供している。現在、中央主導型のユニットは正式には存在しないが、年次会合やフォーラム、継続的な関与などを通じて、活動への支援と協力を行う多様な実務者によるネットワークが1つ存在する。

結局のところ、選ばれる（1つまたは複数の）モデルは、その国の組織や行政に関わる文化（たとえば、強い中央対強い省庁など）や、行動インサイトの利用の程度によっても変わると考えられる。しかし、行動インサイトの利用が進んで、行動インサイトの適用が、政策や決定を形成・策定する際にアナリストや政策立案者の手持ちツールの1つになるにつれて、主導と推奨が横のサポートや助言、協調の必要性に代わって果たしていた役割は重要性が低くなる。

専門知識

組織内で行動インサイトがどの程度制度化されたかを測定するもう1つの基準として、行動インサイトの利用に関する専門知識と能力がどの程度獲得・開発されたかというものがある。

行動科学者や行動科学の専門家がどの程度存在するかは、調査を行った機関によって異なる。機関の約45％は、組織内で行動上の問題に取り組むために、特に心理学、社会科学、人類学、経済学、神経科学の学位を有する専門家を雇用している。その他の機関は、非常勤の専門家を雇用するか、コンサルタント業務ごとに外部の専門家と契約して、行動情報を活用したイニシアティブの研究・調査・実験・試験の助言・設計・開発・実施に力を借りている（図2.5）。

図2.5　組織において行動科学者または行動科学の専門家を雇用しているか？

総回答数 = 60

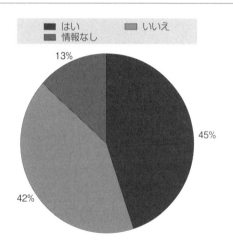

資料：OECD 2016 Behavioural Insights Case Study Survey Dataset。

資　源

　行動インサイトの適用を妨げる主な障壁の1つは、資源の欠如だといわれている。しかし、調査ではこの意見は裏付けられなかった。調査回答者はコストを問題とはみなしていない。121件の事例研究は、コストに関する情報を提供していなかった。25件の介入に関して、コストは問題ではなく、最小コストがいくつか報告されただけであった（数千程度）。11件の事例では、介入にコストは発生しなかったと報告されており、2件の事例のみがコストは大きかったと報告した（約数百万）（図2.6）。

　この回答は問いの言い回しや調査票に記入する職員が入手できる情報に関係があるといえよう。また、政府内で行動インサイトの運用が根付いているものの非公式に運用されているという性質を示すある程度の指標になるかもしれない。政府は衆知のように総経済コスト制度（full economic costing）に耐性がある（いずれにしろしているはずの取り組みの費用をなぜ算定するのか？）。それゆえ、行動インサイトを利用し適用することは、すでにそのための「費用がかかっている」とみなされたのかもしれない。さらに、実際にコストが発生している事例研究は、非常に大規模なイニシアティブがほんの少数であることを示している。

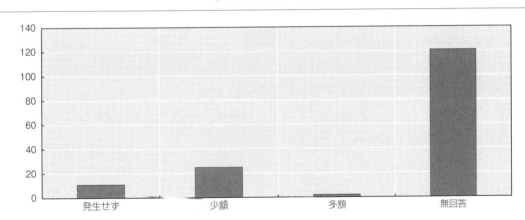

図2.6　行動インサイトを活用した介入のコスト
事例研究の総数＝159件

資料：OECD 2016 Behavioural Insights Case Study Survey Dataset。

介　入

政策段階

　行動インサイトが組織にどの程度取り入れられているかは、行動インサイトの利用を支持する推進活動や機関のほか、行動インサイトが意思決定への情報として政策過程のどの段階で利用されているかを見ることでも、評価することができる。

第2章　何が行われているのか？　行動インサイトの事例研究からの洞察

　行動インサイトが「いつ」利用されているかという点で、調査からいくつかの明確なパターンがわかる。図2.7は段階（研究／分析、決定／介入の設計、実施）に基づく意思決定モデルの重要な傾向に注目している。行動インサイトは主に初期の「研究／分析」段階よりも後の設計と実施の段階で、ある程度の間、利用されているようだ。

　行動インサイトに関して議論を要する1つの重要な問いは、その潜在的な範囲に関するものである。デフォルトの変更または情報・取引コストの引き下げによって、消費者の選択を強化する「通常の」分野以外の分野でも、行動インサイトが利用されていることが、調査からわかるだろうか？

図2.7　政策段階別の行動インサイトの利用

総回答数 = 60

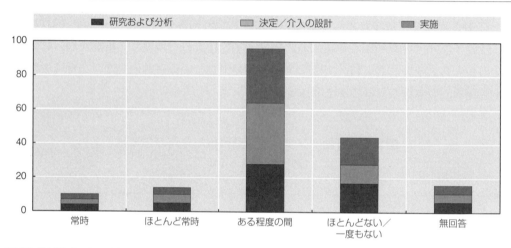

資料：OECD 2016 Behavioural Insights Case Study Survey Dataset。

　調査には、そうではないことが示されている。事例研究では消費者保護と消費者の選択という従来からの分野、すなわち金融市場、エネルギー、情報通信、公衆衛生、税などの多様な分野における消費者の情報と選択の強化に重点が置かれている。ほかに重視されていたのは、行政上の簡略化（認可プロセスでの簡略化など）であった。事例研究のうち、規制対象組織の意思決定と規制対象組織の行動変化をターゲットにしていたものは、ごく少数であった。

　事例研究から金融分野での行動インサイトの利用が明らかになった。これらの大部分は新しい適用であり、消費者の選択に情報を与え、消費者保護を改善することが目的である。行動情報を活用したイノベーションの利用がますます一般化している分野には、ほかに健康分野がある。行動情報を活用した政策やプログラムは、選択や決定に巧妙に影響を与えることで、より健康的なライフスタイルの促進や住民の福祉の改善に利用されてきた。よく知られている実例として、英国で、運転免許証の登録や自動車税の更新を行う個人に対し、臓器提供を促すために行動インサイトを適用したものがある。行動インサイトを利用したもっと従来型の例に、コロンビアでのタバコ消費の規制がある。この取り組みにより、タバコのパッケージに警告を記載し、それが適切な表現だった場合、

タバコの消費を減少させる可能性があることが明らかになった。

税は重要な公共サービスの開発と拡張を促すのに不可欠である。行動インサイトを利用した多数の手法が、徴収業務の改善と課税逃れの減少を通じた税務管理の改善にも利用されている。ニュージーランドの事例研究は、税のコンプライアンスの成果を改善するには、納税者に対する理解が不十分であることを認識して、行動実施者の中でも徴収チームの遂行能力を向上させる重要性を明らかにした。他の事例には、督促状を個人宛てにして手続きを簡略化し、迅速な返済の促進に役立てたものもある（図2.8）。

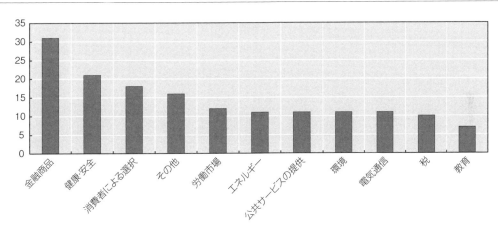

図2.8　政策分野ごとに報告された事例研究の件数

事例研究の総数＝159件

資料：OECD 2016 Behavioural Insights Case Study Survey Dataset。

倫理的問題

行動インサイトの利用を阻む障壁として倫理的問題を挙げた国はごく少数であった。その原因は、調査の回答者が主に、上級または政治指導部から支援を受けて行動インサイトを実施してきた者たちであるからと考えられる。そうした支援を得る際、それまでに多数の倫理的問題に対処してきた結果、可能性を予測して倫理的問題が生じないようにしていると思われる。対処する際には、研究機関で実施されているような既存の倫理的枠組みを利用するなどしたのであろう。それは、行動インサイトに関わる倫理的問題に対処するにはどのような枠組みが適切か、という問いにつながる（図2.9）。

倫理的問題が生じた場合、組織は将来の倫理的問題への対処に役立てるための仕組みや指針を考案してきた（コラム2.1）。たとえば多数の国で、倫理原則は行動情報を活用したアプローチの設計と開発に取り入れられており、こうしたアプローチはコミュニティとその住民の利益にかない、選択の自由が尊重される場合にのみ適用される。

図2.9 倫理的問題への対処
総回答数 = 60

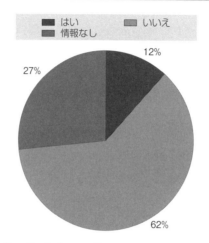

資料：OECD 2016 Behavioural Insights Case Study Surveyデータセット。

コラム2.1　倫理的問題に対処するための仕組みと指針

　調査の回答から、倫理的問題への対処に資するために、またそもそも倫理的問題が生じないようにするために、様々な仕組みや指針が採用されていることが判明した。

- **オーストラリア政府人材サービス省**（Australian Government Department of Human Services: DHS）：DHSは初期計画段階で倫理的問題について考慮することで、倫理的問題の発生を防止している。共同設計アプローチに従って、全関係者がすべての情報を得て、プロセス全体を通して積極的に関与し、倫理的問題が生じた場合には関係者全員で対処するように徹底している。

- **カナダ雇用社会開発省**（Employment and Social Development Canada: ESDC）：試験の間に同等ではない介入が行われ、国民の大規模集団に選択的にメッセージを伝達して検証することは不平等な結果をもたらすという認識から、ESDCに対して政府職員から倫理的懸念が寄せられたことがあった。こうした懸念に対処するため、ESDCは同省が実施する行動インサイト関連の介入について、すべてではなくても大部分の性質が「軽微な作用」であることを（具体例を用いて）明確化するなど、大変な努力を払った。また、完全に実施する前に比較的小規模な集団に対して革新的なアプローチの試験を行うことで、誤ったアイディアを大規模に実施するのを避ける重要性について、省の様々なステークホルダーを啓発することに大きな労力を割いた。

- **オランダ内務王国政務省**（Ministry of the Interior and Kingdom Relations, Netherlands）：これまで倫理的懸念は問題になっていない。当初から、ナッジに対し

てトップレベルから「問題ない」という暗黙の了承があったためである。

- **ニュージーランド内国歳入庁**（New Zealand Inland Revenue）：ニュージーランドの諸機関は、倫理的問題を最小限に抑える立法上・倫理上の制約を強固な指針としている。

資料
OECD行動インサイト調査（OECD Behavioural Insights Survey）。

手法

知識の獲得の点で、行動インサイトが組織の意思決定に影響を与える方法は2通りある。1つは知識の拡散を介した方法であり、文献レビュー（偶然発見したか意図的に検索したかを問わず）などがある。もう1つは、RCTであろうと研究室での研究や調査であろうと、様々な種類の実験を用いた直接的な知識の発生による方法である。すでに述べた通り、倫理に関する分野の懸念を報告した組織はごく少数であった。このような回答が得られた1つの説明として、こうした研究努力が第三者によって実施されているがゆえに、倫理そのものが保護されているとみなされていることが可能性として考えられる。

図2.10 行動インサイトの適用に用いた手法

事例研究の総数＝159件

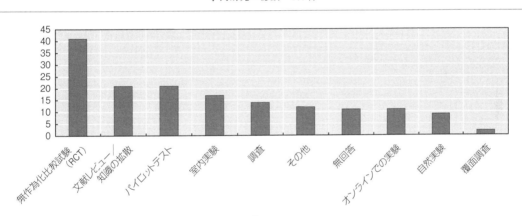

資料：OECD 2016 Behavioural Insights Case Study Survey Dataset。

RCTは、介入の有効性評価に最も実績があり信頼の置ける方法の1つである（コラム2.2）。医療分野では比較的一般的に利用されており、公共政策分野ではごく最近になって利用されるようになった。RCTはプログラムと政策の費用対効果、すなわちコストパフォーマンスを検証するのに非常に適している。経験の豊富な機関の方がRCTの利用が顕著である。RCTを利用した事例研究の大部分は、他の機関や国でこれまでに実施された試験の再現でもある。RCTを用いた41件の事例研究のうち19件ほどは、すでに過去の試験を活用しており、そのうち現地の状況に合わせて調整した

第2章　何が行われているのか？　行動インサイトの事例研究からの洞察

事例は数件で、RCTを新たに利用したのは10件であった（1件に関してはRCTに関する情報が提供されていない）（図2.10）。

　興味深いことに、最も広く利用されている2つの手法は、RCTのように比較的資源集約的で試験的な技術と、それほど資源集約的ではなく、既存の知識を研究室ベースで非試験的に獲得する活動である。これには、報告している機関が行動インサイトの適用のどの段階にいるかが反映されていると考えられ、その大多数は非常に高度な段階にあるか、相対的に初期の段階にあった。

コラム2.2　無作為化比較試験

　無作為化比較試験（RCT）は、ジェームズ・リンドが壊血病の治療法について検証した1747年まで遡ることができる。この手法は医学において効果的な治療および治療法を突き止めるために、その後も利用されてきた。

　RCTは介入つまり治療と効果の間に存在する因果関係を帰納する科学的研究法である。その長所は、被験者を介入群と対照群に無作為に振り分けて、他のすべての変数を両群全体にむらなく割り当てることで、バイアスを削減または排除できるところにある。公共政策では行動科学はRCTを用いて、特定の介入が被験者の利益または向上のために――この場合は人々の福祉に――望ましい行動変化をもたらしたかどうかを判断する。

資料
Dunn, P.M. (1997), "James Lind (1716-94) of Edinburgh and the treatment of scurvy", *Archives of Disease in Childhood-Fetal and Neonatal Edition*, Vol. 76/1, F64-5, http://dx.doi.org/10.1136/fn.76.1.f64.
Kendall, J.M. (2003), "Designing a research project: Randomised Controlled trials and their principles", *Emergency Medicine Journal: EMJ*, Vol. 20/2, pp. 164-168.

　種々の手法の多様な利用法に関しては、今後も調査を進める必要がある。「万能薬はない」ため、手法のタイプは目下の問題をベースにしなければならないだろう。したがって、発展させ応用させることができれば、そうした手法の利用は規模の面でも数の面でも段階的に拡大する可能性がある。つまり、公共機関は行動科学の専門家との初期段階での協議や設計に関するワークショップから始まり、その後、継続的な発見に伴うニーズに基づく所要資源の増加へと、多様な支援活動を利用することになるのだろう。

　サンプルサイズも行動インサイトの適用の程度を表しており、大きなサンプルを使用している方が、行動インサイトの利用に対して大きな投資が行われていると考えることができる。事例の大多数にはサンプルサイズに関する情報が含まれていなかった。その理由は単純に、調査に回答した職員の側に、見落としまたは知識の欠如があったからなのかもしれない。また、拡張可能性と適応規模の拡大に影響を及ぼすにはサンプルサイズが小さすぎるか十分には大きくない場合は特に、サン

プルサイズを報告したり記録したりしないという傾向が反映されていることも考えられる。サンプルサイズが報告された事例では、サンプルサイズは比較的小さい（1000未満）か、大きい（1万以上）かのどちらかであった（図2.11）。

図2.11　行動インサイトの適用に用いたサンプルサイズ
事例研究の総数＝159件

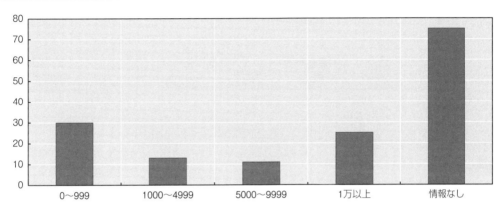

資料：OECD 2016 Behavioural Insights Case Study Survey Dataset.

結果と影響

透明性

　透明性に関する問いには多様な回答が得られた。事例研究の約半数には公表されているとの報告があった。48件については、研究結果を政府または機関による報告書として発表したとの報告があったが、事例研究の結果をどこで閲覧できるかという情報は少なかった（図2.12）。情報が公表された事例の場合、正式な政府報告書という形をとった。14件の事例は内部文書の中で（一般に公開するためではない）発表された。一方、15件の事例はオンラインで発表され、ほとんどはコンサルティング会社や国際機関、学術パートナーによるものであった。そのほか、結果の公表手段としてそれほど一般ではないものに、学術誌やワーキングペーパーによる発表もあった。

　米国大統領府の社会・行動科学チーム（SBST）と英国の行動インサイトチーム（BIT）は年次報告書を作成している。BITは2010～2011年以来、年次報告書を発行している。SBSTとBITの報告書は、チーム内の活動計画についての情報を提供している。省、機関、学術機関、非政府組織など、協力しているパートナー組織についての情報を掲載している。また、実施した試験とその結果についての情報も報告している。重要なのは、どちらの報告書も、有効ではなかった試験や予想外の結果が出た試験についても情報を提供していることである。公共機関にとって、成功した研究と併せてそうした試験についても公表するのは重要なことである。

図2.12　行動インサイトの事例研究の公表
事例研究の総数 = 159件

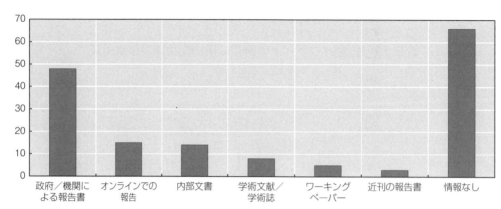

資料：OECD 2016 Behavioural Insights Case Study Survey Dataset。

評価と影響

　行動インサイトの適用に見られる重要な特徴はサンプルを用いて試験を行う点であり、それは公共政策における「標準」への異なったアプローチである。実験の結果と影響を評価することは、何が有効で何が有効ではないのかについて、何らかの仮説を立てるのに非常に重要である。また、ある期間にわたって政策のモニタリングを継続して、介入が1回限りの効果をもたらすのか、習慣の変化を可能にするのかを評価することも重要である。報告された事例のうち、57件は評価が行われていたが、49件は行われていなかった。しかし、大部分に関して、この質問への回答がなかった。調査の結果は、一般的な規則の作成と、新たな規制政策の体系的な事後評価の欠如について、OECDが明らかにした研究結果に一致しているように思われる（OECD, 2015）。行動情報に基づかない政策の場合と同様に、行動インサイトを活用した取り組みについての評価が欠如している場合、行動インサイトの適用の潜在的有効性が弱まる恐れがあるため、事後評価はさらに開発を進める必要がある領域だとわかる（図2.13）。

図2.13　実施された実践や決定に評価を行ったか？
事例研究の総数 = 159件

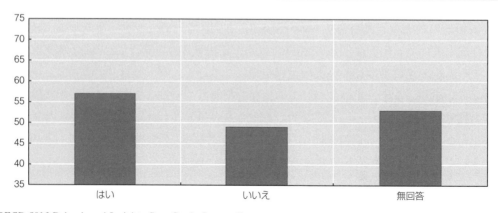

資料：OECD 2016 Behavioural Insights Case Study Survey Dataset。

ところで、実験はどの程度、具体的な政策変更につながっているのだろうか？　それに関するエビデンスは様々である。比較的長く行動インサイトに取り組んできた国は、主に実施の改善の変化に大きな重点を置いてきた（たとえば、納税者に送付する文書、情報へのアクセス、デフォルトオプションなど）。現在では政策設計への重点の移行も見られるが、それほど一般化していない、または少なくともまだ一般化していない。また、行政機関や、公共セクターから規制を受ける外部団体において、行動インサイトを組織改革の促進に利用している例もほとんどないに等しい。

　初期のイニシアティブの活用に関する質問——行動インサイトに結びついた考え方によって、政策はどのように変わったか？——についても同じことがいえる。機関での行動インサイトの適用が初期段階であることを考えると、行動インサイトに関連したイニシアティブが政策思考全般にどこで転写されたのか、またその成果に関してこれまでに評価が行われたことがあるのかについて、実例調査でほとんど情報が得られなかったのは驚くことではない。しかし、こうしたことは今後の調査対象として興味深い領域になろう。

第2章　何が行われているのか？　行動インサイトの事例研究からの洞察

参考文献

Dunn, P.M. (1997), "James Lind (1716-94) of Edinburgh and the treatment of scurvy", Archives of Disease in Childhood-Fetal and Neonatal Edition, Vol. 76/1, F64-5, http://dx.doi.org/10.1136/fn.76.1.f64.

Kendall, J.M. (2003), "Designing a research project: Randomised Controlled trials and their principles", *Emergency Medicine Journal: EMJ*, Vol. 20/2, pp. 164-168.

OECD (2015), *OECD Regulatory Policy Outlook 2015*, OECD Publishing, Paris, http://dx.doi.org/10.1787/9789264238770-en.

第3章
次に目指すのは？
政策・研究課題の形成

　本章では、調査によって生じた重要な疑問と問題について取り上げ、それらを解決するための方法を提案する。政策への行動インサイトの適用に関する最先端の新しい考え方についての提言とともに、公共機関による継続的な利用の指針となる原則や基準の設定についての提言も行う。

行動インサイトの適用が解決に役立つ可能性がある課題や政策問題はどれか？ 政府全体での行動インサイトの利用を支援する最も効果的な機関の仕組みはどのようなものか（中央、地方、分権、独立）？ どのようにすれば行動インサイトの適用への強い関心を、公共機関や規制対象組織に影響を及ぼす政策につなげられるだろうか？ 政策の設計と実施の際、行動インサイトを実験と評価に役立てるにはどうすればよいか？ 行動インサイトの利用が適切な場合、それらを政策立案に取り入れる手法としてどのようなものが有益か？

これらは調査から生じた疑問や問題の一部である。次のセクションではそのうちの一部を取り上げて、今後の道筋についていくつか提言を行う。

どこに行動インサイトを適用すべきか？

行動インサイトの適用は、何よりもまず政策立案に対するアプローチであり、実験を政策と規制の開発に組み込もうとするものである（OECD, 2015b）。そして、個人は合理的選択理論が示す通りには振る舞わないこと、また公共機関は人間行動に対するいっそう現実的で証明された理解に沿って、エビデンスに基づく政策と介入を作成しようとますます努力していることを認識するところから始まる。「実際の人間行動」についてのこうした理解は、公共サービスのエンドユーザーに、そしてもっと広くは消費者に、さらには意思決定者、公共サービス・民間サービスの提供者、規制対象団体に適用することができる。

本書のエビデンスは、行動インサイトが主として政策実施の分野に適用されてきたことを裏付けているが、今では政策設計の方に多く利用され始めていることを示す兆候がある。政策設計への利用は、政策思考における行動科学と社会科学の利用の拡大同様、今後もさらに奨励されるべきである。行動インサイトの適用が必ずしも適切ではない場合もあれば、行動情報を活用した政策が必要であることや、行動科学から影響を受けていない政策よりも適切であることを証明するエビデンスが欠如している場合もある。しかし、対応している問題を理解し、その本質を明確にする際に行動インサイトを適用することは有益な場合もある。

公共機関での行動インサイトの適用には大きな可能性がある。公共機関が、行動情報を活用した活動の利用法をどの程度見いだせるかは様々である。行動科学の適用について適切なガバナンスの必要性を認識することが重要であり、それについては本章で掘り下げる。

エンドユーザーと消費者に対する適用

これまで、行動インサイトの適用は主にエンドユーザーと消費者に焦点を合わせてきた。こうした調査結果は、2014年に実施されたマッピング（Lunn, 2014）とも、欧州委員会と世界銀行が実施した研究ともほとんど一致している。

消費パターンと消費者の選択の改善を目的とする適用が、金融に関する決定、エネルギー消費、

次に目指すのは？　政策・研究課題の形成　第3章

健康的な食品の選択、求職ツールの最大限の活用などの分野で行われていることを調査が明確に示している。これらの分野に関して、中でもオーストラリアやカナダ、英国や米国など、他の国よりも長く行動インサイトを適用してきた国に、高度に発達したノウハウがあるようだ。しかし、こうした分野やそれ以外の分野のノウハウは、そうした国よりもさらに早く具体的な行動インサイトプロジェクトに着手したコロンビア、南アフリカ、ニュージーランドなどの国にも存在する。こうした適用の一部は公表されて広く知られるようになっており、文献レビューと情報の普及を拠り所にして他国で適用が引き起こされている。

　エンドユーザーが対象の場合、通常「ナッジ（nudges）」、つまり選択の自由を維持しながら、人々を特定の方向に導く介入が用いられる（Thaler and Sunstein, 2008）。年金制度や自然エネルギーへの自動加入は、ナッジの例と言える（Ebeling and Lotz, 2015）。ナッジでは、提示された選択肢に基づく消費者による選択の主権が維持される。これらは非規制タイプの介入であることが多い。しかし、一部の管轄体には、選択の複雑性を抑制しうるもっと規制的なアプローチを評価する声もある。これは、どのように情報が提示されようとも、適切な情報とそうではない情報を見分けることが難しくなるため、消費者利益が悪影響を受ける情報過多という状況になるという見解に基づく。

　しかし、行動科学は異なる種類の介入、すなわち「ブースト（boosts）」にも裏付けを与えている（Grüne-Yanoff and Hertwig, 2015）。ブーストの目的は、たとえば教育的な方法で、人々が自分たち自身で選択をする能力を育成することである。そのため、介入は個人の技能と知識を育成し、利用可能な決定ツールのセットを拡張し、決定が行われる環境をターゲットにすることが可能である。例として医療統計の透明性のある設計が挙げられ、それによって患者は、薦められた医学的検査の潜在的なメリットが潜在的なデメリットに勝るかどうかを自分自身で判断することができる。同様に患者は、不透明で誤解を与える医療統計を透明性のある統計に変えるための平易な認知的戦略を習得することができる。これは医療から他の分野へ一般化させることが可能な能力である。人々は、簡単な財務関係規則や、栄養面での健康に役立つように家庭の食事環境を整える容易な方法を身につけることもできる。ブーストは行為主体性の維持を目的としており、個人に自らの行為主体性を発揮させることさえ可能であるため、人々の選好や目的に憶測を立てることを防げるか、必要な場合にはそうした憶測を透明化する。1つの重要な課題は、公共機関がブーストやナッジなどの行動科学的アプローチについて適切に検討できる環境を特定することである（Hertwıg, forthcoming参照）。

　ほとんど未開発のまま残っていて、（少なくとも調査で収集した多数のサンプルでは）適用が行われているとしてもごくわずかに留まる分野は、政府内外での組織行動を変革するための行動インサイトの適用である。これは大きなチャンスである。省庁、部局、規制機関はその組織のみならず、（病院や医師など）官民問わず規制対象である組織の行動に関しても、持続的な改善を促すことができる。問題は、政府や市場とのやりとりにおける個々の市民の行動から、市民へのサービスの提供を日常業務とする専門家の行動にどのように発展させるかということである。

53

第3章　次に目指すのは？　政策・研究課題の形成

政府内外での組織変革に拡大する

行動インサイトを適用できる分野として、1) 公共機関の行動、2) 規制対象団体の行動の2つが考えられる。

公共機関の行動に関して、OECDは加盟33か国の経済規制機関の独立性、説明責任、行動範囲という公的な側面についての調査を利用して、規制機関の独立性を研究してきた。この調査に続いて、公的な独立性がOECD加盟国・パートナー諸国26か国の48の規制機関の間でどのように実践に移されてきたかについて、掘り下げた分析が行われた。その結果、適切な資金調達メカニズム、利害の衝突に関する規則、指導者の採用と任期、説明責任、機関の独立性を守る報告手段など、公的なガバナンスの仕組みの重要性が明らかになった。しかし、いかなる不当な圧力からも規制機関を有効に保護できる独立性の文化が規制機関の内外に存在しなければ、こうした仕組みは弱体化させられる恐れがある（OECD, 2016a、OECD, 2016b）。

OECDは、独立性の文化の出現を支える組織改革のきっかけとなりうる制度的特徴について調査を行っている。たとえば、任命プロセスの透明性を高めると、規制機関の業績の改善に必要な専門的技能や信頼性を有する議長や機関トップの採用に資する可能性がある。そうした制度改革は、不当な圧力から規制機関を守る積極性を示すシグナルにもなるだろう。こうしたシグナルは、規制機関の指導者と職員による独立した行動と活動を可能にする独立性の文化を育むための必要条件である。しかし、最終的には、組織の行動に関するこうした公的な改革の影響は、組織の決定に関するものを含めて検証を行い、組織の行動への予想通りの影響と予想外の影響を明らかにすることが必要であろう。

組織の行動に対する行動インサイトの適用が考えられる別の分野として、執行機関の業務が挙げられる。規制執行機関は、対象とする企業の行動や来歴に基づき、差別化した執行を採用することができるだろう。対応力のある執行は適切に利用すれば、効果的にコンプライアンスを促進しながら、「最良」企業に課される負担を軽減させることになる（OECD, 2014）。

行動インサイトが適用可能なもう1つの分野は、政府内での協調と指揮に関する分野である。その場合、関係してくるのは、取り組みを機関と職員にとって完全に規定された、または負担になる解決策にしてしまうことなく、多様性や開かれた政府、優れた規制慣行などの政府横断的な行動指針の適用に省庁を向かわせる「ソフト」なインセンティブや方法などであろう。実験をメタ分析によって補完すれば、様々な行政・組織の文化に合った適切な解決策を見いだすことができるだろう。

法律、政策、規制、および規制以外の介入の目的は、多くの場合、規制対象団体の行動を管理または変革することである。否定による許容または肯定による許容からアプローチするという別の考え方がある。肯定による許容のアプローチでは、規制対象団体は規定された行動のみ許されると明記されているため、それ以外の行動を取ることができない。否定による許容のアプローチでは、規制対象団体は許されないことについて指示を受けるが、それ以外のことは認められている。イノベーション、迅速な科学的変革、長期的な不確実性の領域では、否定による許容のアプローチが好まれている。行動インサイトを用いて規制対象団体を「管理」できるのは、まさにここである。

次に目指すのは？　政策・研究課題の形成　第3章

　適用の可能性のある関連分野には、規制の虜と、もっと広く見て、公共機関における清廉性の文化の構築がある。これまでは、利害の衝突を事前に防ぎ、利害の衝突が起こった場合に罰するという厳格な規則の作成に重点が置かれてきた。陪審はこのアプローチの実質的な有効性に関しては蚊帳の外である。統制を厳しくすると、正直であろうとする個人の意欲と熱意をそぐ恐れがある。最終的に統制の強化は不信を招きかねない（Schulze and Frank, 2003）。実際には、意思決定の時点で倫理面への注意を喚起すれば、誠実性と関与の意識が誘発されるだろう（Ariely, 2012）。これはアプローチの大きな変化を意味し、そこでは清廉性は厳格な統制の結果ではなく、行われているのは公正なことであるという信頼と信念によってもたらされる。この清廉性の文化を、公共（だけではなく民間）セクターの団体に生み出すにはどうすればよいだろうか？

　未開発の他の分野は、政府または独立機関から直接的に何らかの規制を受ける民間団体の行動変革への行動インサイトの適用である。

　調査には、行動インサイトが雇用主による労働法規の遵守を促すために用いられている事例（シンガポール）や、破産規則の遵守を促すために用いられている事例（オーストラリア）がいくつか見られた。しかし、行動インサイトの適用の主眼が、規制対象団体の行動における大幅な組織的変化を引き起こすことである事例は存在しなかった。規制は傾向として処方的（そしてある程度は事後対応的）である。行動科学的アプローチは、規制対象組織が規定を実行に移すように働きかけ、規制の意図された目的を実現するのに役立ちうる（これは、純然たる処方的アプローチでは実現できないと考えられる）。

　また、行動インサイトの適用が広範囲に行われてきた金融・資本市場でも、重点が置かれていたのはエンドユーザーに対する製品の情報と流通であり、規制対象団体によるそうした製品や情報の提供の引き金となるインセンティブ構造ではなかった。

　ハイス（Haiss, 2010）は銀行の行動に対する可能性のある適用と、ミクロの機能である決定がマクロの機能不全をもたらす決定につながり金融危機を引き起こす恐れがあることを示唆している。今より一歩進んで企業行動に適用することはできないだろうか？　その場合、過度のリスク行動やモラルハザードへの理解と対処などが対象に加わると考えられる。また、エネルギーの消費パターン、安全・健康文化の浸透、特定の貨物輸送手段の利用などに関する企業行動の変革にまで拡大させることもできるだろう。

今後の道筋

● 組織を統治する規則の正式な変更と、それらが公共機関全般の実践行動に与える影響を検証することを検討する。例として、対処できる可能性のある分野に、独立機関や監査機関の行動と実効性、組織の清廉性、汚職防止、政府内での協調と指揮がある。

● ユーザーと消費者に留めず、資本市場／銀行、大規模製造企業のエネルギー消費、大企業の輸送手段など、規制対象企業の行動にまでこの考え方を広げる。組織への影響と公共政策立案者による適用について、今後もさらに研究を深めるべきである。

第3章　次に目指すのは？　政策・研究課題の形成

行動インサイトを適用するのは誰か？

機関と機能

　公共機関において行動インサイトを適用するための単一の組織モデルは存在しない。実のところ、1つの政府内にさえ複数の機関が共存していることもある。また、行動インサイトチームやユニットが政府の中心に存在している国や政府でも、そうしたチームやユニットは他の多数のユニットやイニシアティブと共存している。「組織された乱雑さ」とも思われるようなその水準は、イニシアティブが公共機関において適用され定着しつつあることを示す有機的な性質のある程度の指標と考えることができる。

　行動インサイトを適用するユニットや部局の存在だけが、組織化の程度を測る唯一の基準であるとはいえない。これまで、こうした様々なユニットや組織の役割と機能や、誰が何をより体系的に行うかについて可能性のある類型学は、あまり考察されてこなかった。

　行動インサイトの適用の初期の先駆的段階において、重点はもっぱら「その実施」とその利用の推奨に置かれていたようである。しかし、行動インサイトの利用が政策立案プロセスにますます取り入れられるようになり、能力や分野横断的な支援と同様、特定の適用に適した信頼性と公正さの質の組織的管理の必要性が高まっている。行動インサイトの革新的な特徴を抑制しないように、この役割は現在果たされていないようである。ネットワークを通じて非公式に行われている場合もあるが、ある程度の公的な関与があれば、他の組織にメリットとなり、同様の傾向に留まる後押しになるだろう。こうした状態は、行動インサイトの適用が持つ今なお先駆的な性質による当然の結果といえるかもしれない。しかし、行動インサイトの適用がこれまでになく拡大し、確立されていることから、誰が何をどのように行っているかについて、ある程度の注意を払うべきである。

人材と専門知識

　調査に回答した機関の5分の2以上が、行動科学の知識や資格を有する専門家を雇用している。こうした投資から、専門的な資源を用いて行動インサイトを利用し、行動インサイトを組織の業務へ取り入れることに一定のコミットメントがあることがわかる。

　内部の専門知識は、行動インサイトの適用において公共機関を支援するシンクタンクや大学、研究機関とのパートナーシップからも得ている。アイナッジユー（iNudgeyou）はデンマーク産業庁（Danish Business Authority）と協力しており、コンラート・ローレンツ大学研究所（Konrad Lorenz University Institute）はコロンビア通信規制委員会（CRC）とパートナーシップを結んでいる。ハーバード大学大学院経営学研究科とボストン市長、英国金融行動監視機構とユニバーシティ・カレッジ・ロンドンなどの協力関係も、共同で調査を行っている政府と研究機関の例のごく一部である。

　こうしたパートナーシップが提供するのは必要な専門知識であるが、それらは政府が有しておらず、1）適用の可能性のある分野を特定し、2）その業務を担当するのに政府外部の誰が最適かを判断し、3）結果を評価してそれらを政策立案に反映させることができる限り、政府には獲得する必

次に目指すのは？　政策・研究課題の形成　第3章

要がないだろうものである。実験を設計して実施するための技術的専門知識は、かなり容易に外部から調達できる。政府の役割は次の段階に、とりわけ往々にして小規模な実験から実規模に適用可能な政策の設計に移行する方法に、ますます集中すべきである。

今後の道筋

- 行動インサイトの様々なイニシアティブや全般的な組織化について考察し、手法、質の管理、および能力にある程度の一貫性を備えて、イノベーションといっそうの適用を促す機能を強化する。

- 主流化し研修と情報を提供することで、内部の職員に行動インサイトの理解と適用を奨励する。同時に、関連する専門知識を有し、研究の最前線に位置する外部団体とのパートナーシッや連携を確立することで、内部での専門化を継続する。

- 公共機関は実験の先にある、政策設計を計画し実験結果を政策に反映する際の行動インサイトの活用に目を向けるべきである。

いつ行動インサイトを適用すべきか？

政策サイクルを締めくくる

これまで行動インサイトは、政策と規制の設計の比較的遅い段階で利用されてきたようである。ほとんどの場合、政策はすでに実施されていて、実施とコンプライアンスを微調整し改善するためであった。行動インサイトは政策と規制の有効性を高め、政府によってあまりにも頻繁に見過ごされがちな実施ギャップを埋めるのに役立っている（OECD, 2015b）。

行動インサイトの可能性はそれに留まらない。政策サイクルの最後に、行動インサイトを適用して実施の有効性を評価することができる。そうした適用がすでにある程度行われていることは、調査で収集した事例に示されている。多数の事例が、政策またはその実施が本来の目的に届いていないことを認識することから出発している。次の一歩は、政策実施の評価を設計して実施する際に行動インサイトを考慮に入れることであろう（図3.1）。

もう一歩進めることができる。政策と規制の実施において何が有効で何が有効ではないのかについての教訓を、政策の初期の設計にフィードバックし、それによって完全な知識と合理性に関する従来の前提を和らげることができるだろう。ユーザーによる特定サービスの利用・コンプライアンス・受容に関するデータと情報を、調査や試験と組み合わせることで、政策と規制の効果的な実施と意図した目的の実現を損ねる行動上の障壁を明らかにすることができる。このアプローチは政策がいったん実施された場合に、一部の実施上の問題を是正する必要性を低減することにもなるだろう。

57

図3.1　行動インサイトと政策サイクル

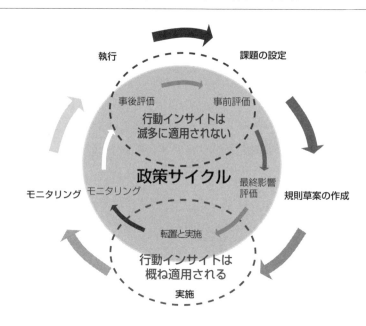

　他のOECDの研究（OECD, 2016c）で収集されたエビデンスや、今回の調査で得られた一部の事例から、そうした適用の大きな可能性が示されている。たとえばコロンビアでは、通信規制委員会が調査と室内実験を利用して、現行の消費者保護の枠組みで消費者に情報を提供する際の問題点を特定した。そうした洞察を活用して規制の再設計に着手しており、明確化された解決策の一部を検証するため、さらに多くの実験が実施されている。

行動インサイトを意思決定ツールに組み入れる

　行動科学を適用することで行動上の問題にうまく対処できる時期を、政策立案者が判断するのに役立つフィルターが必要である。実験と行動情報を活用した解決策は、政策問題に対処するのに必要でも適切でもない。同様に、他のあらゆる試みが失敗に終わった複雑な問題への解決策が、行動科学によって見つかると期待するべきではない。行動科学は解決に寄与しうるかもしれないが、全責任を負わされるべきではない。

　行動インサイトを適用するのはいつが適切かを判断するためのフィルターを、新しい政策や規制の作成に向けた影響評価の準備など、意思決定ツールに組み込むことができる。たとえば米国では、行動インサイトを考慮する必要性は、新しい規制の費用と便益の測定を指示する大統領令に取り入れられている。行動インサイトを適用するための機会を有効に評価するには、対処すべき政策問題を見極めることが特に重要である。この評価を行うのは、意思決定の非常に早い段階の、政策問題の初期のスコーピングとアセスメントの時点でなければならない。ここにはある程度、創造する余地があるため、可能な解決策の費用対効果分析を行う前でも、スコーピングの実施やスコーピング

次に目指すのは？　政策・研究課題の形成　第3章

文書の準備などによって問題を評価し、行動インサイトの利用を検討するとよいだろう。

　行動インサイトの適用可能性について判断するもう1つのフィルターは、ステークホルダーとの関与のプロセスである。ステークホルダーからのフィードバックによって、行動上の問題の存在に関する有益なシグナルを得ることができる。調査とユーザーから提供されるフィードバックは、問題の特定に役立てることができる。たとえば苦情処理制度は、情報不足や情報過多、誤った情報に関する問題を明らかにする一助となりうる。コンプライアンスと意思決定を妨げる行動上の障壁で、行動科学的実験の対象になりうるものが特定される場合もある。実験と試験も、目標を定めたステークホルダーへの関与を行い、「作成中」の政策や介入への情報や助言、フィードバッグを得る効果的な方法になることがある。

今後の道筋

- ●政策実施の評価を設計・実行する際に行動インサイトを考慮する。政策と規制の実施において何が有効で何が有効ではないのかについての教訓を、従来の前提を変革することができる初期の政策設計にフィードバックすべきである。

- ●行動科学の適用によって行動上の問題にうまく対処できる時期を判断するためのフィルターを開発する。特に重要なのは、対処すべき政策問題を評価することである。この評価は意思決定の非常に早い段階の、政策問題の初期のスコーピングとアセスメントの時点で行うべきである。

- ●ステークホルダーと関与するためのツールとして、行動インサイトの可能性を完全に引き出し、何が有効で市民のニーズを満たすのかについてのフィードバックを集める。行動インサイトは目標を絞った関与のためのツールを提供してくれる。関与の範囲に関する明確性、不正な操作や市民への「ごまかし」ではないかといういかなる疑いをも払拭する、ステークホルダーの参加方法に関する透明性、および関与プロセスの結果の透明性が必要である。

行動インサイトの基準の設定

　行動インサイトをもはや公共政策における短期的な流行とみなすことはできない。行動インサイトは世界の多数の国において様々な形で定着している。また、その可能性は現在の適用に留まらないため、本書では公共機関や実務者によって掘り下げることが可能な分野を提示する。

　行動インサイトの活用を続けるには、公共機関による継続的な利用が悪用や非倫理的な利用とみなされたり、実際に悪用や非倫理的な利用が行われたりするのを防ぐ指針となる原則や一連の基準が新たに必要である。本書が情報源としている収集した事例研究は、公共政策に行動科学を利用する実務者に対し、考慮すべき事項をすでにいくつか挙げている。

　あらゆる要求に対して種々の支援メニューを備えた、行動インサイトを実践するための多段階戦略を行う。公共機関は政策の立案と実施を支援する多様な「行動科学的イニシアティブ」メニュ

59

第3章　次に目指すのは？　政策・研究課題の形成

ーによって、行動インサイトを主流化するための戦略を採用することもできる。メニューの一例として、設計ワークショップ・ユーザー検証・室内実験が挙げられる。これに続くのは現地実験であるが、必ずしも可能ではない場合もある。また、この多段階プロセスは、比較的資源集約的ではない活動の中でアイディアを練り上げることにより、現地実験の質も改善する。しかし、必要な場合に、より資源集約的な活動に進むための「行動科学的支援」とコミットメントの程度に関する情報を、適切に認識し提供することに注意を払う必要がある。

適切で信頼できるデータは行動インサイトの適用に不可欠である。実験と学問的な研究成果の活用は、公共政策に行動科学を利用する実務者にとって重要である。行動科学の適用に対する信頼性は、公共の監視に耐えうる信頼できるデータに基づく質の良い活動に依拠する。

データは「エビデンス」とイコールではない。適切で信頼できるデータは不可欠ではあるが、公共政策に対する十分性の点でデータが持つ限界を理解することも必要である。行動科学の洞察や適用は、たとえば介入条件と対照条件を用いるなどして、公共機関が既存のデータ生成システムをより使用性が高く実際のエビデンスとなるように改善するのに役立ちうる。

入念に計算してから実験において十分に大きなサンプルサイズの利用を確保することにより、効果を検出することができる。公共機関による介入は人口のかなりの割合に影響を及ぼすことになるため、試験と実験が対処している問題と影響を受ける人々に関して、統計的に有意であることが重要である。

試験を繰り返して、観測された結果が同一の状況・設定の下で再現されることを確認する（内部妥当性）。行動インサイトでは帰納的な科学的方法を用いて結果を得る。結果の正確性を確保するために、試験を繰り返して結果の信頼性を確認することが重要である。

また、試験を繰り返して、同じアプローチを異なる状況・設定にも適用して検証する（外部妥当性）。再現は特定の状況においてだけでなく、異なる状況においても結果が正確であることを保証するために重要である。行動は社会規範などの要素によって形成されることもあり、それらは状況によって異なるため、ある状況では有効な介入でも、別の状況では有効性が低下する恐れもある。

人口の一部には有効だが、全体には有効ではない適用について考察する。人口の一部には有効だが、住民全般には有効ではないセグメント化の問題が生じることもある。環境と影響は人口の特定の一部には作用するが、それより大きな集団には作用しないこともある。こうした事例と適用の実施について、また法的・文化的背景について、慎重に考察すべきである。

継続的なモニタリングを実施して、短期的・長期的効果を明らかにする。行動介入には1回限りの効果しかないかもしれない、という主張がときどきなされる。しかし実際には、行動介入を継続的にモニタリングすると、人間行動におけるより習慣的な変化や、予想外の影響さえ明らかになることがある。また、介入は解決策をもたらすこともあるが、一方で別の問題が洗い出される場合もある。時間の経過とともに状況は変化し、新たな環境や影響が生じる。あらゆる政策介入同様、行動情報を活用した介入についても、その結果を一定期間にわたってモニタリングし、評価しなけれ

60

ばならない。

透明性と説明責任のために研究を公表する。公共機関が行動科学を適用することについての適切性に関して生じうる倫理的問題には、定期的な活動報告を通じて対処することができる。一部の実務者は、試験やナッジを明らかにすると、介入の潜在的効果が弱まったり損なわれたりする恐れがあると主張してきた。しかし一方で、それは公共機関が行動インサイトの適用において、信頼性と高い基準を維持するための必要経費ともいえる。

多数の国がそれぞれの活動についてすでに学術誌で発表するか、年次報告書を作成している。英国の行動インサイトチーム（BIT）は2010年以来、活動報告書を発表しており、米国大統領府の社会・行動科学チーム（SBST）も活動について公表している。成功した試験についてだけでなく、まったく効果がなかったものや意図せぬ結果が生じたものについても、情報を提供することが重要である。こうしたレベルの透明性は良い実践であり、公共政策に行動科学を利用するすべての実務者が取り入れるべきである。

行動インサイトの適用にかかる実際の費用について情報開示を進める。今回の調査では、行動情報を活用した介入に関わる費用について、十分に報告されていなかった。組織の情報や営利上の機密情報を開示することへの消極性が、その1つの理由である。しかし、行動科学を利用する実務者の間の見解では、政策の設計や実施の変更に関連する費用はゼロまたは最小限であることも明らかになった。その通りなのかもしれないが、行動インサイトの適用に要する費用がわからないことが公共機関にとって障壁の1つであるため、説明責任のためでなくとも、やはり費用を算定するべきである。この費用計算は、行動介入の便益の測定と密接に関連している。評価を行う際、行動介入は他の政策介入と同様の評価基準の対象にならなければならない。

第3章　次に目指すのは？　政策・研究課題の形成

参考文献

Ariely, D. (2012), *The (honest) truth about dishonesty: How we lie to everyone-especially ourselves*, Harper, New York. (『ずる：嘘とごまかしの行動経済学』ダン・アリエリー著、櫻井祐子訳、早川書房、2012年)

Ebeling, F. and S. Lotz (2015), "Domestic uptake of green energy promoted by opt-out tariffs", *Nature Climate Change*, Vol. 5, pp. 868-71.

Grune-Yanoff, T. and R. Hertwig (2016), "Nudge Versus Boost: How Coherent are Policy and Theory?", *Minds and Machines*, Vol. 26/1-2, pp. 149-183.

Haiss, P. (2010), "Bank Herding and Incentive Systems as Catalysts for the Financial Crisis", *IUP Journal of Behavioural Finance*, Vol. 7-1/2, pp. 30-58.

Lunn, P. (2014), *Regulatory Policy and Behavioural Economics*, OECD Publishing, Paris, http://dx.doi.org/10.1787/9789264207851-en. (『行動公共政策：行動経済学の洞察を活用した新たな政策設計』経済協力開発機構（OECD）編著、齋藤長行訳、明石書店、2016年)

OECD (2016a), *Being an Independent Regulator*, OECD Publishing, Paris, http://dx.doi.org/10.1787/9789264255401-en.

OECD (2016b), *Governance of Regulators' Practices: Accountability, Transparency and Co-ordination*, OECD Publishing, Paris, http://dx.doi.org/10.1787/9789264255388-en.

OECD (2016a), *Protecting Consumers through Behavioural Insights: Regulating the Communications Market in Colombia*, OECD Publishing, Paris, http://dx.doi.org/10.1787/9789264255463-en.

OECD (2015a), *OECD Regulatory Policy Outlook 2015*, OECD Publishing, Paris, http://dx.doi.org/10.1787/9789264238770-en.

OECD (2015b), "Behavioural insights and new approaches to policy design: The views from the field", OECD Seminar Summary, Paris, 23 January 2015, www.oecd.org/gov/behavioural-insights-summary-report-2015.pdf (accessed 17 January 2017).

OECD (2014), *Regulatory Enforcement and Inspections*, OECD Publishing, Paris, http://dx.doi.org/10.1787/9789264208117-en.

Schulze, G.G. and B. Frank (2003), "Deterrence versus intrinsic motivation: Experimental evidence on the determinants of corruptibility", *Economics of Governance*, Vol. 4/20, pp. 143-160.

Thaler, R.H. and C.R. Sunstein (2008), *Nudge: Improving Decisions About Health, Wealth and Happiness*, Yale University Press, New Haven & London. (『実践行動経済学：健康、富、幸福への聡明な選択』リチャード・セイラー, キャス・サンスティーン著、遠藤真美訳、日経BP社、日経BP出版センター（発売）、2009年)

第4章

行動インサイトの事例研究：消費者保護

第4章

　本章では、OECD諸国とパートナー諸国において、市場の公正な運用を確保するためのツールとして、また消費者が良い選択をする一助として、行動インサイトがどのように適用されてきたのか、一連の詳細な事例研究を取り上げる。本章で提示する事例研究では、資源集約的な無作為化比較試験から、それほど資源集約的ではない文献レビューまで、幅広い実験的方法が用いられている。何が有効で何が有効ではないのかについてのオープンで透明性のある共有は、質の高い研究と研究結果の広範な共有を確保するのに不可欠である。

第4章　行動インサイトの事例研究：消費者保護

スーパーマーケットの割引クーポン：
ガソリン小売市場での競争の維持

国	オーストラリア
分　　野	消費者保護／ガソリン
機　　関	オーストラリア競争・消費者委員会（Australian Consumer and Competition Commission: ACCC）
介入開始	2009年11月
介入終了	―
目　　的	ガソリン販売を行うスーパーマーケットによるガソリン小売市場の競争制限効果の防止
方　　法	オーストラリアの州都大都市圏で775人のドライバーを対象にした聞き取り調査
適　　用	ACCCは聞き取り調査で得たエビデンスを利用し、スーパーマーケットが提供するガソリン価格の割引率に関して、強制的約束（enforceable undertaking）に合意を得た。

▶問題

　2000年代初頭以降、ウールワース（Woolworths）やコールズ（Coles）などのオーストラリアのスーパーマーケットは、食料雑貨小売業からガソリン小売業へと事業の拡大に乗り出してきた。ウールワースはガソリン小売業への進出を1990年代後半に始めており、カルテックス（Caltex）とウールワースのブランド名で小売り販売を行っている。コールズもシェル（Shell）と同様の提携を結んでいる。その結果、こうしたスーパーマーケットは食料雑貨の売上高とガソリンの売上高を連結させることが可能になった。買い物客は食料雑貨を一定額以上購入すれば、スーパーマーケットの系列ガソリンスタンドで割引を受けられる「クーポン」がもらえる。

　ACCCは、コールズやウールワースなどの大手スーパーマーケットが食料雑貨部門での強みをガソリン小売り部門に利用することで、ガソリン小売市場に競争制限効果が生じることを懸念した。その理由は、「バンドリング」によって消費者に低価格と利便性という誘因がもたらされ、消費者がスーパーマーケットの系列ガソリンスタンドからガソリンを購入する傾向が強まり、スーパーマーケットと提携していないガソリン小売業者が損害を被るということであった。

　ACCCはガソリン割引クーポン（「ショッパー・ドケット（shopper dockets）」）が、燃料小売市場においてその構造に長期的影響と、非割引価格の競争を弱める短期的影響をもたらす恐れがあると懸念した。

行動インサイトの事例研究：消費者保護　第4章

▶介入

ACCCはその懸念を検証するため、オーストラリアのドライバーに聞き取り調査を実施して、ドライバーのガソリン購入習慣について調べることにした。ANOPリサーチ・サービシーズ（ANOP Research Services）に、オーストラリア本土の州都大都市圏のドライバーを対象に聞き取り調査を行い、無鉛ガソリンの価格と購入とショッパー・ドケットの利用に関する様々な問題について、消費者動向情報を収集するよう依頼した。

▶結果と影響

聞き取り調査から次の点が明らかになった。

● ショッパー・ドケットを利用したことのあるドライバーは75％を上回った。

● ドライバーの49％が定期的にショッパー・ドケットを利用していた。

● ショッパー・ドケットの利用者には、価格ではなく必要な場合にのみガソリンを購入する人の方が多い（41％）。

● ドライバーの10人に3人近く（29％）は、他のガソリンスタンドの価格をチェックせずにショッパー・ドケットを使用している。

ショッパー・ドケットが消費者の選択において他のガソリン小売業者に対する優位性を示すことが判明したため、この聞き取り調査で明らかになった消費者行動は、ショッパー・ドケットがオーストラリアのガソリン小売市場に与える潜在的な競争制限効果に関するACCCの懸念の正当性を証明した。ACCCはこの聞き取り調査の結果を用いて、その後の調査の裏付けとすることができた。ACCCによるその調査を受けて、コールズとウールワースはガソリン割引率に関して、違反した場合には裁判所による強制が可能となる強制的な制約をそれぞれ設けた。

▶機関

ACCCはオーストラリア国内の競争を規制し、消費者法を擁護する機関である。競争と公正取引を促進し、オーストラリア国民の福祉のための国家基盤を統制する。

ACCCは特にコンプライアンスプログラムを設計する際、市場参加者の過去の行動と見込みの高い行動、消費者の選択をしばしば考慮し、意思決定に取り入れる。

行動インサイトの適用は執行業務の過程で非公式に行われる。たとえば認可に関して、ACCCは普通なら公共の利益の観点から競争・消費者法に違反するはずの行為に対して認可を行うが、行動バイアスは市場の失敗の原因として認識されているため、相当の考慮を要するとみなされている。この事例では、ガソリン小売市場における行動バイアスが原因の市場の失敗についてのエビデンス

65

を用いて、大手スーパーマーケットが他の小売業者に対して有していた不当な優位性を制限した。

ACCCは行動経済学と行動バイアスの理論に精通した経済学者を雇用している。

資料

OECD（2016), OECD Behavioural Insights Survey: Dataset.

行動インサイトの事例研究：消費者保護　第4章

第4章

詐欺を阻止する

国	オーストラリア
分　野	消費者保護
機　関	オーストラリア競争・消費者委員会（Australian Consumer and Competition Commission: ACCC）
介入開始	2014年8月
介入終了	2015年12月
目　的	詐欺からの消費者保護
方　法	詐欺被害者になる恐れのある人々に警告状を送付する政策を実施
適　用	詐欺被害者になる恐れのある人々にACCCに連絡することを勧め、送金額を失う恐れのある振り込みを防ぐことで、詐欺事件を減らす。

▶問題

　2014年、ACCCが報告を受けた詐欺の件数は9万1,000件を上回り、被害額は8,100万オーストラリアドルを少し超えた。その件数と被害額はこれまでの数年間に報告されたものと変わらない。この数字を減らすことはできないだろうか？

　ACCCは被害者になる恐れのある人々を特定して送金前に警告することで、詐欺事件を未然に防ぐ方法を見つけることにした。

▶介入

　オーストラリアからリスクの高い西アフリカ地域に1,670万オーストラリアドルを送金しており、詐欺被害者になる恐れのある人々に対して、ACCCは5,520通の警告状を送付した。ACCCはオーストラリア取引報告分析センター（Australian Transaction Reports and Analysis Centre: AUSTRAC）のデータを利用して送金を追跡し、詐欺被害者を特定することで、警告状を受けてどの程度の送金が中止されたのかを割り出すことができた。

　プロジェクトには、詐欺被害者にACCCへの連絡を促すのに最も効果的なメッセージの伝え方を明らかにするために、ナッジに関する実験も含まれていた。被害者になる恐れのある人々に送付する手紙は、均等に以下の4種類とした。

●直接的な言葉で損失回避を訴える。

67

第4章　行動インサイトの事例研究：消費者保護

- 直接的な言葉で獲得欲に訴える。

- 間接的な言葉で損失回避を訴える。

- 間接的な言葉で獲得欲に訴える。

▶結果と影響

ACCCの警告状を受けて、被害に遭う恐れのある送金の75％が中止された。6週間後、被害者になる恐れのある人々に2度目の警告状が送付された。

ACCCは送付した4,700通の警告状に対し、233人から連絡を受けた。調査結果から、直接的な言葉を用いた場合の方がレスポンス率がわずかに良いことがわかったが、サンプルサイズが小さいこととそれまでの調査結果から、確固たる結論を導けるほど差異は有意ではないことが示された。時間の経過とともに実際の差異にばらつきはほとんどなくなり、各警告状へのレスポンス率は25％に近づく。このことから、実際に警告状を受け取ることそのものの方が、警告状に書かれた言葉がもたらしたであろうどのような影響よりも重要であったとわかる。

▶機関

ACCCはオーストラリア国内の競争を規制し、消費者法を擁護する機関である。競争と公正取引を促進し、オーストラリア国民の福祉のための国家基盤を統制する。

ACCCは特にコンプライアンスプログラムを設計する際、市場参加者の過去の行動と見込みの高い行動、消費者の選択をしばしば考慮し、意思決定に取り入れる。

行動インサイトの適用は執行業務の過程で非公式に行われる。たとえば認可に関して、ACCCは普通なら公共の利益の観点から競争・消費者法に違反するはずの行為に対して認可を行うが、行動バイアスは市場の失敗の原因として認識されているため、相当の考慮を要するとみなされている。

ACCCは行動経済学と行動バイアスの理論に精通した経済学者を雇用している。

行動インサイトの事例研究：消費者保護　第4章

		請求書をもっと明確でわかりやすく透明性の高いものに

第4章

国	チリ
分　　野	消費者保護／電力
機　　関	チリ消費者庁（Servicio Nacional del Consumidor: SERNAC）／ 電力・燃料監督庁（Superintendencia de Electricidad y Combustibles: SEC）／ 国家研究センター（Laboratorio de Gobierno: LabGob）
介入開始	2015年8月
介入終了	2017年3月
目　　的	電気料金請求書の情報の記載方法と記載内容への消費者の理解を改善するため、電気料金請求書をデザインし検証する。
方　　法	調査、ワークショップ、面接調査、試験
適　　用	電気料金請求書のデザイン変更

▶問題

　チリ政府は2015年、消費者から電力に関して3万件を超える苦情が寄せられ、主に請求書関連の問題が提起されたことを受けて、電気料金請求書の改善を決定した。チリには既存の電力供給者が34社あり、それぞれ消費者が理解しにくい異なる様式の請求書を発行している。政府はこの問題について、**情報の非対称性**と**限定合理性**に関連しており、それが透明性の低下、検針と請求に対する不信、それに消費者に理解しにくい専門用語の使用を招いていると考えた。

▶介入

　このイニシアティブはSERNAC、SEC、およびLabGobが3段階に分けて共同で実施した。第1段階（2015年8〜10月）では、問題の分析と明確化が行われた。SERNACは電気料金請求書に関する知識・理解・利用・満足の程度について基礎調査を実施し、消費者が請求書に書かれている内容をあまり理解していないことを明らかにした。また、消費者が請求書のどの部分に注目するのかを突き止める調査を実施して、「ヒートマップ」を作成した。ヒートマップからは、消費者が最も注目しているのは請求書末尾の支払額であり、それ以外の部分にはあまり注意を払っていないことがわかった。

　調査結果に基づき、チリ政府はこのイニシアティブの目的を、請求書情報の構成を改善し、それによって記載内容への消費者の理解を向上させることと定めた。

69

第4章　行動インサイトの事例研究：消費者保護

イニシアティブの第2段階（2015年10月～2016年4月）では、請求書の試作品のデザインと検証が実施された。担当したのはLabGobで、800人以上の消費者を対象にした消費者調査、複数回のワークショップと試験、消費者団体や企業との面接調査を通じて実施した。第2段階の結果、請求書改善のための30のアイディアが生まれた。新しい試作品第1号の検証と導入は、2015年12月に開始された。

プロジェクトの最終段階である第3段階（2016年5～8月）では、試作品をベースに開発されたパイロット試験が実施された。この試験は2016年6月にサンティアゴの自治体、プエンテ・アルトで導入された。さらに2つのパイロット試験が2つの都市（北部のアリカと南部のコイアイケ）で2016年8月に開始された。これらのパイロット試験に続いて実施された消費者調査から、この新しい試作品は以前の請求書と比較して、請求書に対する信頼性が向上し（十分信頼できるという回答が47.2％）、請求書の明瞭さが改善し（50.6％）、請求書の理解度が向上し（49.3％）、請求書への満足度も上昇している（47.3％）ことが明らかになった。この新しい請求書の全国的導入は2016年12月に予定されている。2017年3月まで、可能な改善点を探るために調査が行われる。

▶結果と影響

第2段階で利用した数々の手法によって明らかになったのは、2つの主要課題（コミュニケーションと内容の不十分さ、電力供給サービスに関する知識の欠如）と、情報の非対称性と限定合理性の影響を緩和する方法であった。

提案された新しい請求書はこのイニシアティブの下で考案され、パイロット試験で検証されたものであり、以前の請求書と比較して次の6つの大きな相違点がある。

- わかりやすい言葉を使用し、請求書で用いられている用語の定義を提示

- 総請求額や支払日など、関連性に基づいて情報を段階的に表示

- 支払額と適用される種々の料金について明確な情報を提示

- 個人のエネルギー消費についての詳細情報を追加

- 電力供給サービスの管轄に関してこれまでより明確な情報を含有

- 省エネ情報を追加

▶機関

SERNACはチリの政府機関で、消費者の権利保護の確保に責任を持つ。

SECはチリの規制機関で、燃料と電力の生産・振興・販売を規制する。

LabGobは政府のイノベーション研究所であり、学際的グループとして2014年にチリ政府によって設立された。

行動インサイトの事例研究：消費者保護　第4章

個人ローンの選択

第4章

国	アイルランド
分　　野	消費者による選択／個人ローン
機　　関	経済社会研究所（The Economic and Social Research Institute: ESRI）
介入開始	2015年夏
介入終了	2016年春
目　　的	個人ローンに関する消費者の意思決定について、価格透明性と価格フレーミングの影響を調査する。
方　　法	室内実験
適　　用	規制政策

▶問題

　ESRIはPRICE Labの資金提供団体[1]と共同で、2つの理由から個人ローン市場を研究対象に選定した。1つの理由は、種々の個人ローン業者が提示する金利の大きな差や、現行の一部の販売キャンペーンの焦点から判断して、一部の消費者が不利なローンを選択している可能性を示す兆候があるからである。もう1つの理由は、消費者が特定の買い物にローンを利用するには、現在の消費と将来の支払いとのトレードオフを解決する必要があるからである。消費者がこの重要なトレードオフをどのように乗り切るかは、関心のある他の市場にも関連してくる。（一定の元金に対して）個人ローンを選択するには、ローンの期間、年率（APR）、毎月の返済額（MR）、金融費用（FC）（つまり、ローンに必要なコスト）の間のかなり複雑な非線形関係を切り抜ける必要がある。プロジェクトのパイロット段階で、こうした関係は、一部の経済学の専門家を含めて、ほとんどの人にとって直感的に明白とはほど遠いものであることがわかった。

　アイルランドのローン事業者はEUと自国の法令の両方が関わる広範な規制の枠組みの対象である。こうした規制は消費者がどのように決定を行い、商品を理解するかについてのエビデンスを受けて発展してきた。消費者行動に関する実証的研究結果を引き続き利用するため、ESRIはアイルランドの消費者のサンプルを対象に、2つのインセンティブ付き室内実験を考案し、消費者保護の観点から重要と考えられる消費者のローン選択への影響を明らかにしようとした。こうした実験では、次の調査質問に従って、**価格フレーミング**と**価格透明性**について検証が行われた。

- 決定の時点で明確にされた情報によって、消費者による個人ローンの選択はどの程度変わるのか？

71

第4章　行動インサイトの事例研究：消費者保護

- MRと期間の非線形関係を考慮した場合、MRとFCの情報を明確化する効果は、ローン期間によって異なるのか？

- 利用可能な情報によって、消費者がどの程度正確に複数の個人ローンの中から選択できるかが変わるのか？

用いられた実験的方法により、ESRIは消費者のローン選択に役立つ可能性のある2つの「**ナッジ**」による介入の影響に的を絞ることができた。具体的には次の2点を検証した。

- 「高コストローン」を警告することが、消費者に金利の高い個人ローンの選択を思いとどまらせるか？

- MRと期間の関係の非線形性を強調する目的で考案された例を参照できることが、個人ローンの選択におけるバイアスの低減に役立つか？

▶介入

実験1は現在の販売慣行を基にした画像を用いて、7,000ユーロの個人ローン商品を2つ組み合わせたものを複数提示した。提示されるごとに、実験参加者は現在の月収から返済金を支払わなければならないとすれば、2つの商品のどちらを良いと思うかを判断しなければならなかった。組み合わされた商品はAPRが異なり、ローン期間も1年か2年の差があった。明示される情報は次の4通りで、選択は4条件のうちの1つの下で行われた。

- 期間＋APR（「APR」条件）

- 期間＋APR＋MR（「MR」条件）

- 期間＋APR＋FC（「FC」条件）

- 期間＋APR＋MR＋FC（「全情報」条件）

実験では、同じ組み合わせのローンを用いて、すべての条件の間で選択に一貫性があったか、それともどの情報が明示され、どの情報が明示されないかによって影響があったかを検証した。さらに、APRが15％を上回るローンを「高コストローン」警告の対象とすることで、選択が影響を受けたかも検証した。参加者は18歳から70歳の成人25人で、4つの条件下で39回テストを受け、合計で156回の決定を行った。

実験2では、個人ローンの期間が延びるにつれて、MRとFCがどのように変わるかを説明した表を確認する機会が、消費者に与えられた。その後、参加者は次の2つのタスクを遂行した。

1. APR、MR、FC条件を用いた、実験1と同様の**選択タスク**

2. 住宅リフォーム資金を検討中で一連の特定の選好を持つ若い夫婦のために、2つのローンから1つを選ぶ作業を繰り返す「**優位性識別タスク**」

行動インサイトの事例研究：消費者保護　第4章

2つ目のタスクは客観的なタスクであり、正しい答えと誤った答えがあった。参加者には夫婦がどのローンを好むかについて、例、練習、フィードバックが与えられた。続いて参加者がその夫婦にとってどちらのローンの方が良いかをどれだけ正確に判断できるかを評価した。その目的は、APR、MR、FCの情報が明示されるか否かで、参加者が情報を決定に取り入れる精度がどの程度異なるかを検証することであった。実験2には48人が参加した。

▶結果と影響

実験1の結果、ローンに関するどの情報が明示され、どの情報が明示されないかによって、選択が大きく左右されることがわかった。つまり、すべての条件の間で選択に一貫性はなかったということである。結果から以下のことが明らかになった。

1. 消費者はAPR条件・全情報条件と比較して、MR条件では期間の長い方のローンを、FC条件では短い方のローンを選択する傾向が強かった。この効果の量は大きかった。特に期間が5年未満の場合、MRとFCの情報の両方またはどちらかが明示的に提示されているかどうかによって、高い割合で決定の方向が変わった。

2. 消費者はまた、決定において第2の（予期せぬ）形の一貫性のなさを見せた。2つの商品のうち、期間の長い方のローンに、2年長い場合よりも1年だけ長い場合の方が消費者はより惹きつけられることが証明された。意思決定におけるこの一貫性のなさはかなり大きい。

3. 実験からは、「高コストローン」の警告が小さいながらも有意な抑止効果を有したことが確認された。

実験1から、個人ローンを選ぶ際、MRとFCの間のトレードオフが持つ非線形性が、消費者にかなりの困難を引き起こしていることを示す適切な初期エビデンスが得られた。主として、決定時点でFC情報が明示されていない場合、消費者は期間の長い方のローンを選択する傾向にあることがわかった。上記の順序効果を分析したところ、消費者にAPRと期間とFCの関係について学ぶ機会がある場合、順序効果は弱まることが判明した。

実験2の結果から以下の点が明らかになった。

● 事例表は消費者の選択をより堅実なものにするのに部分的には効果があり、それによってローンの背後にある重要な関係への理解が改善されたことがわかった。しかし、MR条件の場合、参加者は依然として期間の長い方のローンを選択していた。

● 優位性識別タスクから、消費者が個人ローンの重要な性質についての情報を決定に取り入れようと努力していることが明らかになった。MRとFCの情報を明示することで、決定の正確性がわずかに低下することを示すエビデンスがいくつか得られたが、この効果は小さく、全体的な決定はかなり不正確であった。

● もっと際立っていることとして、フィードバックを得て繰り返し行う客観的なタスクにおいて

73

第4章　行動インサイトの事例研究：消費者保護

も、消費者は明示されない情報とは対照的に、明示された情報を過度に重視しないようにすることができなかったことが結果から確認された。

こうした調査結果から、消費者は個人ローン市場の商品を選択する際、誤った選択をする傾向があることがわかる。さらに、消費者の選択が、いつどのように情報が提示されるかということからも影響を受ける可能性も示されている。

しかし、これらの2つの実験が政策に持つ意味は単純明快ではない。調査結果は、検証された2つの「ナッジ」に伴う潜在的利益を示すエビデンスを提示しているが、こうした介入では大きな効果は見込めないだろう。調査結果はまた、決定プロセスの重要な時点で有益な情報に触れさせることで、消費者がより良い決定を行うのに役立つ可能性のある多数の実行可能な規制介入も示唆している。しかし、起こりうる結果は決して決定的とはいえない。

▶機関

調査結果の発表はESRIが行った。ESRIは新たな国際的状況における経済的・社会的変化の理解に寄与し、アイルランドの公共政策立案と市民社会に情報をもたらす研究をプロデュースしている。

この調査は、PRICE Lab研究プログラムの一環として、アイルランド中央銀行、エネルギー規制委員会、通信規制委員会、競争・消費者保護委員会の共同出資により実施された。

注

1. アイルランド中央銀行（Central Bank of Ireland）、エネルギー規制委員会（Commission for Energy Regulation）、通信規制委員会（Commission for Communications Regulation）、競争・消費者保護委員会（Competition and Consumer Protection Commission）。

行動インサイトの事例研究：消費者保護　第4章

家庭用電力の価格透明性

第4章

国	アイルランド
分　野	消費者による選択／エネルギー
機　関	経済社会研究所（The Economic and Social Research Institute: ESRI）［エネルギー規制委員会（Commission for Energy Regulation: CER）が協力］
介入開始	2016年
介入終了	2016年
目　的	価格透明性と価格フレーミングが消費者の家庭用電力市場における意思決定に与える影響を調査する。
方　法	室内実験
適　用	規制政策

▶問題

　競争市場の根底にあるのは、消費者は利用可能な商品の中から自分に最適な商品を選択できるという前提である。そのため、そして公正さのため、**価格透明性**は消費者保護政策の重要な原則である。実のところ、ある市場において価格が透明であるかどうかは、経験によって立証できる問題である。価格の構成要素が1つも隠されていない場合でも、正規の価格を2つ以上の構成要素に分けるだけで、良い決定を行う消費者の能力を左右できることを、経験的エビデンスが示している。

　これに関連して、アイルランドの家庭用電力市場における特定の価格設定慣行について、2つの実験的調査が開始され、それによって価格透明性に関する懸念が生じている。電力供給者は消費者に切り替えを促す目的で、標準料金からの割引の形で単価を表示しており、それは割引率であることも年間節約額であることもある[1]。しかし、割引は一般的に魅力的に感じられるため、切り替えなどの消費者活動を促すこともあるが、消費者の視点からすると、こうした**価格フレーミング**には潜在的に困難な点が1つある。割引は関係する特定の企業の標準単価に対して提供される。標準単価は供給会社によって異なるため、割引の大きさは、最終的に料金に影響する基本単価の指標として信頼できるものではない。

▶介入

　第1の調査では、このような価格のフレーミングが消費者に問題を引き起こすかどうかを検証した。調査では同じ参加者を対象に、異なる価格表示の下、異なる情報量に直面した場合を想定して、

75

複数の決定タスクを実施した。参加者は年齢・性別・就労状況を代表する18歳から70歳の36人で、消費者による選択実験への参加ボランティアを募集する広告に応えて、オンラインで登録した個人の一覧から選ばれた。

主要なタスクとして次の2種類を利用した。

1. **二者択一タスク**：参加者に24のテストを実施し、2つの架空の電気料金パッケージのうち、良いと思う方を選択させた。それぞれのテストでは、料金と供給者を多様に組み合わせた。テストはパッケージの属性を変更して5段階で繰り返された。パッケージは、オンラインで使用されるマーケティング素材と同様、大きなフォント、明るい色とロゴを用いて、消費者のパソコンの画面に表示された。主に、消費者が単価の低い方のパッケージを選択する可能性について測定し、価格の表示方法を変更すると、単価の低い方のパッケージの魅力がどの程度変化するかについての経験的な指標が得られた。

2. **優位性識別タスク**：優位性識別タスクは消費者の選好のバイアスを検証するのでなく、消費者がどの程度正確に商品情報を集約して、2つの商品のどちらが適しているかを判断できるかを検証した。参加者には、彼らの役目は友人または肉親のためにパッケージを選択することであると伝えた。また、友人または肉親が何を探しているのか、友人または肉親が良いと思うパッケージの種類に関する複数の例、関係する属性間のトレードオフについて説明を行った。その後、参加者はテストに臨んで、友人または肉親のために2つの商品のどちらかを選択し、それぞれの選択後にフィードバックを受けた。

第2の調査はCERと密接に協力して実施されたものであり、その目的はCERが協議を通じて検討中の介入の予備テストを行うことであった。その介入の中身は、マーケティング素材への「年間推定請求額（Estimated Annual Bill: EAB)」の記載の義務付けであり、EABは価格透明性を高める目的でCERが定義した平均的な消費者の使用量に基づいている。第1の調査同様、この調査でも2つの調査事項の検証が実施された。1つは、EABの提示の義務付けが、単価の低い方のパッケージの選択を消費者に促すかどうかということであり、もう1つは、EABが消費者の選択の精度を向上させるかどうかということであった。

第1の調査同様、この調査でも選択タスクと優位性識別タスクを採用したが、もう1つ、広告評価タスクも取り入れた。このタスクでは、参加者は広告で提示された契約の質について、1（非常に悪い契約）から7（「非常に良い契約」）までの7段階で評価した。参加者には、4つの広告（供給者1社に対し1つの広告）を、EAB情報の有無と顕著性を変えた4つの連続した条件で提示した。毎回条件を変えて4段階で提示することを繰り返した。参加したのは、ダブリンに本社を置く市場調査会社が募集・採用した18歳から70歳の消費者40人で、年齢・性別・就労状況を代表していた。

▶結果と影響

第1の調査の結果から、消費者は2つの価格が単純な単価当たりとして表示された場合と比較し

て、標準単価からの割引として表示された場合の方が、単価が低いパッケージを選択する可能性が大幅に低いことがわかった。個々の違いを分析することで、参加者36人中29人という大多数が、価格が割引価格として表示された場合よりも単価当たりで表示された場合の方が、単価が低いパッケージを選ぶことが多いとわかった。その他の属性が追加された——供給者の実際の固定費が追加され、1つの請求方法が各料金メニューに無作為に割り当てられた——第4段階では、36人中26人が、単価当たりで表示された場合、単価が低い方の選択肢を選ぶことが多かった。優位性識別タスクを分析することで、単価当たりで表示された場合、年間請求額（得られる節約額）の差が価格帯のおよそ6分の1に相当するとき、参加者は86％の精度で良い方の商品を特定できることが明らかになった。

　第2の調査の結果は、EABの介入を支持するものである。実験参加者は、EABの情報が追加された場合、広告を良いと評価する傾向が強くなり、実際の単価と相関していた。この効果の量は、EABの情報が目立てば目立つほど大きくなった。4つのうちの1つの段階で提示された選択タスクが示すのは、割引価格による表示と比較して、EABによる価格表示の方が、決定における単価の重要性を増大させることで、単価が低い方のパッケージが選択されやすくなるということであった。最後に、優位性識別タスクによって、EABによる価格表示の方が、参加者が商品の情報を正確に集約できることが判明した。

　こうした調査結果から、異なるが関連性を有する2つの結論が得られた。

1. 供給者によって異なる標準料金からの割引として表示された単位当たりのエネルギー価格は、消費者に問題を引き起こしやすい。このことから、不定の標準料金から単価を割引くマーケティング慣行は、アイルランドのエネルギー市場に普及しているものの、価格透明性を低減させているため、消費者の意思決定にとって好ましくない可能性がある。

2. EABの義務化を導入することで、消費者が利用可能な料金メニューの中から、より安価なパッケージを選択するのが容易になることが見込める。このことから、あらゆることを考慮しても、この介入案が消費者の選択にとって有益なものであると考えられる。

　実験が適用されたのは電力のパッケージのみであるが、この結果の背後にある意思決定の仕組みは、家庭用ガスのパッケージの、そしてひょっとしたら価格が不定の標準料金からの割引として表示される他の市場の選択にも、応用できる可能性を示している。

▶機関

　調査結果の発表はESRIが行った。ESRIは新たな国際的状況における経済的・社会的変化の理解に寄与し、アイルランドの公共政策立案と市民社会に情報をもたらす研究をプロデュースしている。

　この調査は、PRICE Lab研究プログラムの一環として、エネルギー規制委員会、通信規制委員会、競争・消費者保護委員会、アイルランド中央銀行の共同出資により実施された。

第4章 行動インサイトの事例研究：消費者保護

注

1. 広告に掲載する節約金額は、平均的な使用量の消費者に当てはまるものでなければならないと規制に明記されており、年平均使用量は料金メニュー間の比較可能性を確保するため、規制基準によって設定されている。本調査の間、年平均使用量は5,300 kWhであった。

行動インサイトの事例研究：消費者保護　第4章

広告における不実表示

第4章

国	イスラエル
分　野	消費者保護
機　関	消費者保護公正取引局（Consumer Protection and Fair Trade Authority: CPFTA）
目　的	虚偽的広告の効果が事後に相殺可能かどうかを検証
方　法	経済部（Economics Department）が文献レビューを実施
適　用	行動インサイトを適用して建設会社に反対する主張を評価し、CPFTAが執行決定と法的手続きを支持するのに役立てた。

▶問題

　2015年1〜2月にかけて、イスラエルのある建設会社が「ターゲットプライス（Target Price）」という言葉を用いて、同社が建設中のマンションを販売するための広告キャンペーンを開始した。この言葉が消費者の誤解を招いているのは、ターゲットプライスという言葉が、同社のマンションの販売地域と同じ地域で行われている、初めてマンションを購入する者と現在の住宅事情の改善を求める者が、市場価格よりも20％低い割引価格で新しいマンションを購入できるというイスラエル住宅建設省の事業を指すからである。

　この「ターゲットプライス」事業は、イスラエルでは特に住宅が不足していることから、広くメディアで取り上げられており、「ターゲットプライス」という言葉は、住宅建設省が管理する入札条件など、同省による入札を想起させるようになっている。

　建設会社はこの問題について2つの矛盾する主張を行った。まず同社は、「ターゲットプライス」という言葉は、物件が市場価格を下回る価格で販売されていることを意味する一般的な表現であり、特に住宅建設省の事業と同一視されるものではないと主張した。さらにもっと重要なことに、同社は事後に同社のこの物件は政府事業ではないことを消費者に知らせる相当の努力を行ったと主張した。そのため同社は、様々な機会でこの物件が政府事業によるものではないという情報を消費者に伝えたという事実は、広告がもたらすいかなる誤解の影響も相殺するのに十分であると主張した。

　これを受けて、CPFTAは同社のキャンペーンの内容についての調査と、不実の情報に関する分野の既存の理論と研究結果の検証に着手した。もっと具体的には、CPFTAは広告全般の影響と、特に虚偽的広告の影響について調査し、同社が文書であれ口頭であれ、事後に当社の物件が政府事業によるものではないという情報を潜在的購入者に与えたという事実が、「ターゲットプライス」と

79

第4章　行動インサイトの事例研究：消費者保護

いう言葉の使用がもたらすミスリード効果を完全に相殺するのに十分であるかを検証した[1]。この事例研究は、行動インサイトが規制対象分野において、反証の評価と決定に適用された興味深い状況を表している。

▶介入

この建設会社の事例での広告の不実表示に対する対応をまとめるため、CPFTAの経済部（Economics Division）が、まずは意思決定プロセスに影響を与える認知バイアスについて、次に広告が意思決定に影響を与える経路について文献レビューを実施した。

▶結果と影響

古典派の経済理論では、人間は合理的な存在であり、自身に利用可能なあらゆる情報を完璧に処理する能力ゆえに、常に自身の効用を最大化する選択肢を選択すると考えられている（Von Neumann and Morgenstern, 1944）。数十年後、サイモン（Simon, 1972）は、人間は認知的限界（時間、記憶など）が原因で、必ずしも自身の効用を最大化する最良の選択肢を選択できるわけではないと主張した。それゆえ人は認知的限界の範囲内で、合理的選択の規則に従って行動するという。このような合理性の低下は、限定合理性と名づけられた。カーネマンとトベルスキー（Kahneman and Tversky, 1979）はこの結論に異を唱え、実際の意思決定が著しく一貫して経済理論の予測から逸脱しているという事実は、人間の資源（時間や記憶、処理能力など）の限界の結果であるだけでなく、もっと正確にいえば、人間の意思決定の根本にある心理学的プロセスが持つ性質の結果であると提唱した。

その結果、人間が利用するのがヒューリスティクスであり、これはより速くより効率的に情報を受け取り、処理し、抽出することを可能にするある種の心理的ショートカットとして機能する。しかし、こうしたショートカットは認知のバイアスと誤りも生み出すため、非合理的でそれゆえに必ずしも最適ではない決定につながる場合がある。

文献レビューでは、こうした認知バイアスに照らして、広告が非常に大きな影響を持ちうる3つの中心的様式、つまり経路を考察した。

最初に考察したのは精緻化見込みモデル（ELM）である。このモデルによると、説得のプロセスは人間の意識にある次の2つの説得ルートの存在によって説明できる。

- **中心的ルート**：作動するのは人々が広告メッセージとその内容について考察する能力と動機を有している場合である。これによって、蓄積されたあらゆる利用可能な情報に裏付けられた、知識や経験に基づく決定に至る。

- **周辺的ルート**：作動するのは能力や意思、関心が低い場合であり、それゆえ消費者は時間をかけて情報を徹底的に処理しない。消費者は決定を全般的な印象、広告から感じた気分、宣伝し

ている人物などに基づいて行いがちである。したがって、このルートでの意思決定は必ずしも合理的ではない。

このモデルによると、重要な購買決定（銀行や年金基金の選択など）は中心的ルートを用いて行われているという。しかし、実際には、広告主は消費者に重要な購買決定を行うよう説得しようとする際、周辺的ルートも作動させる傾向にあるが、それはこれら2つのルートの分離が実のところ明白ではないからである。したがって、「ターゲットプライス」という言葉は周辺的ルートを作動させるといえるだろう。

次に考察したのはプライミング効果であり、これは特定の刺激や出来事が、記憶や意識にある何らかの情報カテゴリーの利用可能性を引き上げた際に起こる無意識の想起プロセスのことをいう。このプライミングのプロセスは通常、2つの段階を通じて起こる。接触段階では、対象者は刺激や作用に接触し、評価段階では、対象者はその刺激に反応する。「ターゲットプライス」という言葉の使用は、消費者が信頼性を想起するため、物件のプラス評価につながる可能性がある。

最後に考察したのはおとり広告（bait and switch advertising）の手法であり、これは売上を伸ばすために消費者を誤解させる、または欺くことを意図した「一種の」広告・マーケティング方法である。この方法では、消費者にある商品に対して特別価格を提示することで、消費者に店舗まで足を運ばせる（「餌（bait）」）。しかし、店舗にやって来た消費者は、広告されていた商品が販売されていないことを知り、通常は広告の商品よりも高い別の商品を提案される。それは販売者が元々販売しようと考えていた商品である（「switch（ムチで打つこと）」）。販売者と消費者の直接的なやりとりは、販売者に大きな優位性を与えるため、取引をまとめるのを容易にする。

この事例研究に関してCPFTAは、建設会社は「ターゲットプライス」という言葉を用いることで、広告に不当な表示をしていると判断した。また、消費者がいずれかの段階で、当該物件が政府事業と無関係であるとの情報を口頭で与えられても、前記の心理学的な仕組みに照らして、虚偽的広告の効果は相殺されないとの結論に達した。その結果、この事例への行動インサイトの適用は、CPFTAが執行決定と法的手続きを支持するのに役立った。CPFTAは建設会社に114万7,500新シェケルの金銭的制裁を科した。同社は治安判事裁判所に上訴した。審理の間、同社が違反を全面的に認めたため、金銭的制裁は60万新シェケルまで減額された。この減額は、同様の違反や類似する違反を今後繰り返さないことを目的として、同社が内部規制の仕組みを確立したことを受けてのものである。

▶機関

CPFTAは独立した政府間機関であり、消費者保護法第5741-1981号の改正No. 20の一環として、2010年に設立された[2]。CPFTAは同法の条項の施行を監督する権限を有している。CPFTAに属する経済部は市場の失敗、動向、消費パターンを検出する目的で、様々な消費者問題について調査と研究を開始・実施し、市場、現象、人口集団の分析を行っている。

注

1. 建設会社はそのように主張したものの、同社が消費者への情報提供を実際に行ったのか、特にいつ行ったのかについては、明らかではないことを述べておかなければならない。消費者への情報伝達に時間がかかればかかるほど、この紛らわしいメッセージが影響を持ち続けたであろうことはいうまでもない。

2. 消費者保護法（改正No. 20）、第5766-2006号（2006年6月15日）。

行動インサイトの事例研究：消費者保護　第4章

容器サイズの縮小

第4章

国	イスラエル	
分　野	消費者保護	
機　関	消費者保護公正取引局（Consumer Protection and Fair Trade Authority: CPFTA）	
目　的	容器サイズの縮小に関するCPFTAの政策に理論的根拠を提供する。	
方　法	焦点効果の影響について検証するため文献レビューを実施し、経済部（Economics Department）が研究論文を作成した。	
適　用	CPFTAによる執行決定と法的手続きの支援に役立てた。	

▶問題

　2000年代初頭以降、世界中の企業が容器のサイズを縮小するようになった。もっと具体的にいえば、企業は価格を維持したまま商品の中身の量を減らしてきたのであり、それによって事実上、値上げを行っている。経済成長が鈍化した2008年以降、容器サイズを縮小するという慣行は、企業が価格を引き上げることなく収入を増やそうとするにつれて、拡大するようになった。企業は、こうした慣行は原材料費と人件費の上昇を相殺し、規制遵守を改善し、健康問題に対応し、商品の改良による材料費の押し上げに対処するために必要であると主張した。

　しかし、分析と観察により、企業は容器サイズを縮小する際、しばしば誤解を招くような手法を採用し、変更による影響を故意に消費者から隠していることが判明した。容器の高さや幅を小さくするというよくある縮小のほかに、企業はもっと消費者にわかりにくく目立ちにくい量や深さを変更することもある。たとえばボトルの場合、企業は底の形状やボトルの構造を変えることで中身のスペースを小さくして、量を減らすことが多い。あるいは、容器の元々の大きさは変えないが、内容量を減らしている。

　2000年代初頭、イスラエルの消費者保護担当委員（Consumer Protection Commissioner）は、複数のガイドラインを発表して、この容器サイズの変更問題に対応し始めた。こうしたガイドラインには、容器サイズの縮小は誤解を招く行為であり、企業や供給事業者はそうしたいかなる縮小に関しても、容器に明記しなければならない、と明確に述べられている。明記する内容には、商品の元々の重量、変更後の重量、減少率が含まれなければならない。

　最近の行動インサイトがこれらのガイドラインを支持している。研究に示されているのは、消費者は購買決定を行う際、商品の価格については検討するが、重量は一定だと考えるため、商品の

83

重量について検討することは滅多にない、という特有の**情報ギャップ**が存在するということである。そのため、消費者は量ではなく価格に着目するという**焦点効果**が引き起こされる。

CPFTAの経済部は文献レビューを実施して洞察をさらに明らかにし、消費者への正確な情報の伝達を徹底するための実行可能な規制介入を検討した。

▶介入

古典派の経済理論では、人間は合理的な存在であり、利用可能なすべての情報を完璧に処理する能力ゆえに、常に自身の効用を最大化する選択肢を選択すると考えられている（Von Neumann and Morgenstern, 1944）。数十年後、サイモン（Simon, 1972）は、人間は認知的限界（時間、記憶など）が原因で、必ずしも自身の効用を最大化する最良の選択肢を選択できるわけではないと主張した。それゆえ人は認知的限界の範囲内で、合理的選択の規則に従って行動するという。このような合理性の低下は、限定合理性と名づけられた。カーネマンとトベルスキー（Kahneman and Tversky, 1979）はこの結論に異を唱え、実際の意思決定は著しく一貫して経済理論の予測から逸脱しているという事実は、時間や記憶といった人間の資源の限界の結果であるだけでなく、もっと正確にいえば、人間の意思決定の根本にある心理学的プロセスが持つ性質の結果であると提唱した。その結果、人間が利用するのがヒューリスティクスであり、これはより速くより効率的に情報を受け取り、処理し、抽出することを可能にするある種の心理的ショートカットとして機能する。しかし、こうしたショートカットは認知のバイアスと誤りも生み出すため、非合理的で最適とはいえない決定につながる場合がある。

人が用いるヒューリスティクスの手法の1つは、焦点効果と呼ばれる。注意は認知資源としては乏しく（Kahnenman, 1973）、消費者はある商品が持つ多様な特徴を比較する際に困難に直面する。研究から、消費者は商品の顕著属性と呼ばれる1つの特徴に焦点を合わせる傾向があることがわかっている。消費者は購買決定を行う際、他の特徴と比較して、この顕著属性（一般的には価格であるが、状況によって品質や大きさのこともある）を過度に重要視する。消費者は購買決定を行う際、参照点と比較してその商品の顕著属性を評価する。たとえば、顕著属性が価格である場合、参照点は同等または平均的な特徴を有する類似商品の価格であるか、過去または別の店における同一商品の価格であることもある。複数の研究から、そうした参照点と比較して驚くほど上昇した価格を目にしたとき、消費者は購買決定を避けるか、強い反応を示すことがわかっている（Gennaioli and Shleifer, 2013）。

注意力の限界という行動上の問題は、消費者が1つの顕著属性を選択することにつながり、量の変化に対する消費者の認識への妨げとなる。消費者保護法の主要原則の1つが、企業と消費者の間に元来存在する情報ギャップを埋める必要性であることを考えると、規制機関はそうした行動に基づく失敗の事例に介入すべきであると考えられる。介入に際しては、情報の内容と、情報に基づく経済的選択をするのに必要なあらゆる情報を消費者が確実に得られるように情報を提供する方法について、考慮しなければならない。

行動インサイトの事例研究：消費者保護　第4章

理論的背景を検証した後、CPFTA経済部は、価格と量への消費者の注意に関する次の側面を取り上げた4つの具体的な実証的研究のレビューを行った。それらの側面とは、量の減少に対する反応と比較した場合の、値上げに対する合理的消費者の反応（Gourville and Koehler, 2004）、単位価格の計算が消費者の認識に与える影響（Mitchell, Lennard and Mcgoldrick, 2013）、商品重量に対する消費者の認識（Levy and Snir, 2013）、アイスクリーム容器の場合の量と価格の変更に対する消費者の感応性（Çakir and Balagtas, 2014）である。

▶結果と影響

4つの研究のレビューから、全体として以下のことがわかった。

買い物と価格設定の複雑性を見ると、消費者は商品に単位価格が表示されている場合でも、商品重量を意識しない傾向にある。これらの研究は、消費者が量の変更よりも価格の変更に敏感であることを示していた。消費者はいずれにせよ商品の減少から被る経済的損失を評価できず、メーカーが変更を隠している場合はさらにそれが難しくなる。消費者はサイズの変更にはっきりと気づいた場合でも、混乱して価格変化を重視するバイアスを示す。

レビューを行った行動インサイトは、容器サイズの縮小に関するCPTFAの政策に理論的基礎を与えている。こうした洞察の適用は、執行決定と法的手続きを支持している。CPTFAは上述のガイドラインに違反した企業2社に金銭的制裁を科した。1社は上訴し、現在は治安判事裁判所に係属中である。

▶機関

CPFTAは独立した政府間機関であり、消費者保護法第5741-1981号の改正No. 20の一環として、2010年に設立された[1]。CPFTAは同法の条項の施行を監督する権限を有している。CPFTAに属する経済部は市場の失敗、動向、消費パターンを検出する目的で、様々な消費者問題について調査と研究を開始・実施し、市場、現象、人口集団の分析を行っている。

注

1. 消費者保護法（改正No. 20）、第5766-2006号（2006年6月15日）。

第4章　行動インサイトの事例研究：消費者保護

投資家向け情報シートとガイドライン

国	スペイン
分　野	消費者保護
機　関	スペイン証券取引委員会（National Securities Exchange Commission: CNMV）
目　的	スペイン人投資家による金融上の決定を改善する。
方法／適用	投資家向けの情報シートとガイドライン

▶問題

CNMVは金融消費者保護を担うスペインの規制機関である。

金融機関とやりとりして金融サービスを受ける際、投資家に知識とスキルが不足していることを、CNMVは突き止めた。スペイン国民の金融教育の水準は低く、個人による不適切な金融上の決定につながっており、消費者としての彼らの保護に不利に働いている。

CNMVはスペイン中央銀行と協力して、金融教育行動計画（Action Plan on Financial Education）を考案した。その目的はスペイン全体の金融文化の向上であり、それによって消費者保護を強化することである。金融教育の目的は知識と能力を伝達することによって、金融消費者と投資家が私的な経済活動を営む際に情報に基づく判断を行い、適切な決定を下す能力を身につけるようにすることである。なぜなら、市民が下す決定の大部分は、個人と家族の環境に直接影響を及ぼす金融行動に関係しているからである。

この行動計画の一環として、CNMVは最も一般的または重要な投資商品について投資家に精通させるために、投資家向けの情報シートとガイドラインを作成した。その目的は、金融投資家による不適切な行動や、誤った情報または誤解に基づく行動を改善することである。

▶介入

CNMVが作成した教育的な情報シートとガイドラインには、投資家の行動に影響を与える助言も含まれている。その目的は、消費者が知識、経験、経済状態、投資目的に応じて、適切な金融上の決定を行うよう促すことである。

86

行動インサイトの事例研究：消費者保護　第4章

　ガイドラインの作成は、スペイン人投資家が不適切な金融上の決定を下す原因になっているバイアスを特定するために、CNMVが行った広範囲にわたる行動分析を受けて実施された。CNMVはこの分析のために各種の出版物や多様な知識源を利用しており、その中にはCNMVに寄せられた苦情に関する報告、セミナーやワークショップ、プレゼンテーション後、投資家に回答してもらったアンケート、フェアや会議での投資家との面接調査などが含まれる。

　CNMVは、同機関も加盟している複数の国際機関が作成した調査結果も利用した。1例として、証券監督者国際機構（IOSCO）による投資リスク教育に関する報告書があり、CNMVも情報とデータを提供してその研究を構成している。同書で確認されているように、「行動経済学に関する研究は、投資家の行動と理解力がバイアスから大きな影響を受けることを指摘」しており、バイアスは次のような形で決定に影響を与える。

- 小口投資家に、馴染みのある金融商品に投資する傾向を引き起こす

- リスクを負うことに対して投資家を消極的にする

- 場合によっては投資家に証券と金融市場投資の利回りに否定的な見方をさせる

　スペイン国民の行動に関する調査と、行動理論ではお馴染みの投資家のバイアスの種類をまとめた結果に基づき、CNMVはスペイン人消費者の行動変革に適したガイドラインを作成することができた。情報シートに記載された助言の例として、以下のものがある。

- 急がず、急かされず、必要な時間をかけて情報に基づく投資決定を行う

- 噂や機密事項に基づいて投資決定を行わない

- 広告の情報を慎重に読む

- 金融派生商品の投資には理に適った判断が必要であることを忘れない

- 質問や疑問があれば尋ねる

　投資家が未登録金融機関を突き止め、それらを避けるのに役立つ助言と行動パターンを列挙したガイドラインもあるため、そうした機関はその説得的販売手法を利用して新規顧客を獲得することが不可能になっている。

▶ **結果と影響**

　CNMVは投資家向けガイドラインなどの教育イニシアティブの評価を実施し、投資家自身からのステークホルダーフィードバックを受け入れることで、事業の実質的な有効性を検証し、改善の必要な分野を特定しようとしている。また、次の評価手法を用いて、イニシアティブの成否を判断している。

1. 量的尺度——例として、セミナー参加者数、ウェブサイトへのアクセス数など

87

第4章　行動インサイトの事例研究：消費者保護

2. 質的尺度――ユーザー、協力者、フォーカスグループなどからのフィードバックなど

3. 金融理解力と投資家の行動を測定し、またそのようにして投資家の行動の経時的な変化をモニタリングし明確化するための指数と指標

▶機関

CNMVはスペイン証券市場の金融規制を担う同国の政府機関である。独立の機関であり、経済財務省の監督下にある。

CNMVの主要優先事項は金融消費者の保護である。行動インサイトを利用して、消費者が投資決定を行う際に生じる行動に関わるバイアス・先入観・選択ミスを特定し、適切なツールを用いてそうした行動を改善してきた。これは消費者としての金融消費者保護に直接的な影響を与えている。

CNMVはスペイン中央銀行と協力して、行動インサイトを金融教育行動計画の開発に利用している。この行動計画の目的は、投資家の金融能力・知識を向上させる活動を通じて、スペイン国民の金融文化を強化することである。こうした分野のイニシアティブは、金融教育において展開すべき活動を判断するために、金融消費者の理解力と行動傾向を直接的かつ間接的に考察している。

CNMVは金融教育に利用可能な行動科学に関する知識を積極的に模索し、獲得している。またその活動に、OECD金融教育に関する国際ネットワークとIOSCOによる提言や結論を利用している。

行動インサイトの事例研究：消費者保護　第4章

電子商取引におけるドリップ価格付け

第4章

国	英国
分　野	消費者保護
機　関	公正取引庁（Office of Fair Trading: OFT）（競争・市場庁の前身）
介入開始	2010年
介入終了	2013年8月
目　的	価格フレーミングが消費者の決定に与える影響について理解を深め、価格フレーミングが消費者に不利益をもたらす恐れのある状況を明らかにする。
方　法	室内での対照実験
適　用	執行措置

▶問題

　OFTは消費者に価格が提示される方法、つまり「表示される（framed）」方法が、消費者の意思決定と消費者利益に影響を及ぼすかどうかを分析する対照実験を委託した。実験の結果は2010年に公表された。

▶介入[1]

この実験で検証された価格の表示方法は次の通りである。

- **ベースライン処置**：消費者が目にするのはそのままの単価。

- **ドリップ価格付け**（drip pricing）：消費者が前もって目にするのは総額の一部のみであり、購入プロセスを進むにつれて価格に構成要素が追加される（「ドリップされる」）。

- **販売価格（参照価格）**：セール価格と参考としてセール前価格も消費者に提示する。たとえば、「2ポンドの商品が、今は1ポンド」（実際の価格はベースライン処置の価格と同じ）。

- **複雑な価格表示**：単価を出すにはある程度の計算が必要である。たとえば、「2個の値段で3個買えます」。

- **おとり**：販売者は特別価格を宣伝することもあるが、実際にその価格で購入できる商品の数はわずかである。

89

第4章　行動インサイトの事例研究：消費者保護

● **タイムセール**：特別価格で買えるのは所定の短い時間だけである。

　これらの実験はユニバーシティ・カレッジ・ロンドン（UCL）の実験室（Experimental Laboratory）で実施され、UCLの全学生から選ばれた166人の被験者が参加した。各被験者はベースラインに加えて、5つの価格表示のうちの2つの実験に参加した。被験者は3つの表示方法について10回ずつ、合計30ラウンドの実験に参加した。

　実験はこの実験用に作成されたウェブサイトを用いて行われた。実験の基本環境は下記のように設計された。

● 2軒の店があり、どちらも消費者が購買を希望する商品を販売している。商品はどちらの店も同じ品質である。

● どちらの店も一定の価格範囲内の均一分布から無作為で価格を選ぶ。消費者は各店の商品の価格について、店を訪れるまでわからない。

● 各ラウンドの開始時、消費者（被験者）にはホーム画面が表示される。消費者はホーム画面と2軒の店の間を好きなだけ行き来して、店で商品を（合計4個まで）購入することができる。

● 消費者は購入した商品1個につき、一定金額の利得を得る。利得の構造は、限界効用が逓減する消費者の効用関数を表す（つまり、利得は最初に購入した1個に対しては非常に高いが、その後の商品に対しては低くなる）。

● 消費者は店舗を訪れるたびに、いくらかの検索費用／交通費を支払わなければならない。これには、インターネットで検索するのに要した時間費用、つまり実際に店舗を訪れた場合にかかる実際の交通費が反映されている。

● 消費者は広告を受け取らない限り、店に行くまで各店舗の商品の価格がわからない。

● 上記の条件を考慮すると、いかなる行動バイアスにもとらわれず、また計算能力に制限なく、利得を最大化する最適行動／戦略を導き出すことができる。しかし、最適戦略を導き出すのは容易ではなく、実験の間、消費者が導き出すのは実質的には不可能である。したがって、消費者は実世界の場合と同様、直感的に期待を形成し、決断を下さなければならない。

● この実験における消費者利益は、購入した個数の商品に対して支払った価格に対し、消費者が得る利得によって測定される。消費者利益の損失は、最適行動から逸脱した決定を行ったために逃した期待利得の量として定義される。

　実験の結果、ドリップ価格付けは消費者利益の損失の点から、価格フレーミングの最も有害な種類の1つであることが示された。この結果に基づき、OFTは2013年、ドリップ価格付けを含む分割された価格付けに関する調査を実施した。その調査では「ドリップ」のない分割された価格付けの影響を分析し（これについては2010年の調査では取り上げられていなかった）、それらをベースラインとドリップ価格付けと比較した。検証されたのは次の価格表示方法である。

行動インサイトの事例研究：消費者保護　第4章

- ベースライン

- ドリップ価格付け

- 2つの価格構成要素と総額を表示：価格は2つの要素（基本価格とそれ以外の要素）に分割され、総額も表示される（たとえば、7ポンド＋3ポンド＝10ポンド）。

- 2つの価格構成要素のみが表示され、総額は表示されない：価格は2つの要素に分割されるが、総額は表示されない（たとえば、7ポンド＋3ポンド）。

- 文字のサイズを変えて表示する：価格は2つの要素（基本価格とそれ以外の要素）に分割され、それ以外の要素（つまり2つ目の要素）は基本価格の隣に同じ大きさの文字で表記されるのではなく、基本価格よりも小さな文字で「購入」ボタンの横に表記される。

- 3つの価格構成要素のみが表示され、総額は表示されない：価格は3つの要素（基本価格、第1の要素、第2の要素）に分割されるが、総額は表示されない（たとえば、7ポンド＋2ポンド＋1ポンド）。

これらの実験はUCLの実験室で実施され、UCLの全学生から選ばれた145人の被験者が参加した。各被験者は単価が表示されたベースラインとドリップ価格付けに加えて、残りの分割された価格付けから1つの実験に参加した。2010年の調査同様、被験者は3つの表示方法について10回ずつ、合計30ラウンドの実験に参加した。実験の基本環境も2010年と同様である。

▶結果と影響

2010年の調査から次の結果が得られた。

- 価格フレーミングは消費者の意思決定と消費者利益に対して実に大きな影響を持つ。ベースラインと比較検証した価格フレーミングの下では、消費者は選択ミスが増加して、消費者利益が低下した。

- ドリップ価格付けは最大の消費者利益の損失をもたらした。価格表示方法を利益の損失の大きいものから順に並べると、1）ドリップ価格付け、2）タイムセール、3）おとり、4）参考価格、5）複雑な価格表示である。

- ドリップ価格付けとタイムセールは消費者利益の損失が最も大きく、被験者は最も多く選択をミスした。これら2つの価格フレーミングの下で一番多かった選択ミスは、被験者が実施した検索が「少なすぎる」というものである。被験者は検索を続けるべきであるのに、高すぎる価格で最初の店で購入した。

- ドリップ価格付けの場合、損失回避または授かり効果を含む行動バイアスが観察された。消費者にとって、追加料金が発生することを認識している場合でさえ、すでに買い物カゴに入れた商品を手放すのは困難であった。

91

第4章　行動インサイトの事例研究：消費者保護

2013年の調査から次の結果が得られた。

● 2010年の調査同様、「ドリップ価格付け」は全体的に見て選択ミスの回数が他より多く、購買時の選択ミス（被験者が最適量の商品を購入しなかった場合に起こる選択ミス）も他より多く、調査努力は大幅に少なかった。

● 「文字のサイズを変えて表示する」方法は、購買時の選択ミスを増やし、大幅な消費者利益の損失を招いた。

● 実験を繰り返すうちに、被験者の選択ミスは減少した（学習効果）。

● 商品またはサービスの価格構成要素と総額の透明性と明瞭性を変更すると、すべての価格構成要素が消費者に同時に提示されている場合でも、消費者の決定と利益に大きな影響を与える。

こうした調査結果は、ドリップ価格付けと他の多数の価格フレーミングに関する潜在的問題へのOFTの執行措置の土台となった。いくつかの例を以下に記す。

1. デビットカードまたはクレジットカードでの支払いに対して小売業者が課す手数料（2011年）（OFT, 2011）

　　2011年、OFTは旅客輸送部門における支払手数料の利用に関する「スーパー・コンプレイント（super-complaint）」を受けた。そうした手数料は長い取引プロセスの終わり頃になってようやく明らかにされることが多く、当該手数料を避けるための妥当で現実的な選択肢を欠いていることが指摘された。これを受けて、OFTはデビットカード使用手数料を見出し価格に含めなければならないことなど、一定の原則を定めた。

2. 航空業界における支払手数料（2011〜2012年）（OFT, 2012）

　　2011年、OFTはデビットカードでの支払いに課される追加料金など、航空会社の慣行に関する調査に着手した。当該追加料金は見出し価格に含まれておらず、消費者に提示されるのは予約プロセスの最後になってからであった。同様にクレジットカード使用手数料も、はっきりとわかりやすいように表示されてはいなかった。OFTはこうした慣行を「不公正な商取引からの消費者保護に関する規制（Consumer Protection from Unfair Trading Regulations: CPRs）」の、誤解を招くような行動と誤解を招くような省略を含む不公正な商慣行に関する条項に違反しているとみなした。2012年7月、OFTは調査を終了し、航空会社12社はデビットカード使用手数料を見出し価格に含め、クレジットカードでの支払いに対するいかなる追加料金も消費者が容易に認識できる方法で表示することに同意した。

▶ 機関

OFTは英国全土で消費者利益の保護を担当していた。2014年4月、競争・市場庁（CMA）は、消費者の選択を困難にする慣行および市場環境に対処するための消費者保護に関する法律の施行を

含め、OFTの役割の多くを引き継いだ（CMAホームページ）。

　OFT（および現在はCMA）による執行措置は、行動バイアスを誘発する恐れのある商慣行に関する調査を実施するなどして、行動経済学から情報を得てきた。CMAは上級レベルを含む多数のレベルで経済学者を雇用しており、その中には行動経済学に精通し、研究している者もいる。

注

1. OFT（2010）, "The impact of price frames on consumer decision making", May, http://webarchive.nationalarchives.gov.uk/20140402142426/http://www.oft.gov.uk/shared_oft/economic_research/OFT1226.pdf（2017年1月12日アクセス）.
   OFT（2013）, "Partitioned Pricing Research", August, http://webarchive.nationalarchives.gov.uk/20140402142426/http://www.oft.gov.uk/shared_oft/economic_research/OFT1501.pdf（2017年1月12日アクセス）.

資料

OFT（2011）, "Retailers' surcharges for paying by credit or debit card", March, http://webarchive.nationalarchives.gov.uk/20140402142426/http:/www.oft.gov.uk/OFTwork/markets-work/supercomplaints/which-payment-surcharge（2017年1月12日アクセス）.

OFT（2012）, "Airlines to scrap debit card surcharges following OFT enforcement action, July, http://webarchive.nationalarchives.gov.uk/20140402142426/http://www.oft.gov.uk/news-and-updates/press/2012/58-12（2017年1月12日アクセス）.

CMA（2017）, homepage, https://www.gov.uk/government/organisations/competition-and-marketsauthority/about（2017年1月12日アクセス）.

第4章　行動インサイトの事例研究：消費者保護

いくらですか？
給料日ローン市場における最適価格比較サイトの設計

国	英国
分　　野	金融サービス／消費者による選択
機　　関	英国金融行動監視機構（Financial Conduct Authority: FCA）
介入開始	2015年
介入終了	2015年
目　　的	価格比較サイトでの情報提供が消費者の選択に与える影響について明らかにする。
方　　法	オンライン実験に続いて調査を実施し、価格比較サイトでの種々の情報提示方法に対して、消費者が最も低価格の給料日ローン（payday lending）を選択できるかを検証する
適　　用	給料日ローンについて比較する価格比較サイトの基準に情報を提供する。

▶問題

　2015年、英国競争・市場庁（CMA）は特定の事例における給料日ローン業者間での価格競争の可能性について議論した。CMAはこの市場の改善策に、オンライン給料日ローン業者が少なくとも1つの価格比較サイトにローン商品の詳細を公表していない限り、貸し付けを禁止するという命令を加えた。

　この命令と並行して、CMAはFCAに、給料日ローンを比較する価格比較サイトの基準を引き上げて、消費者利益の改善に役立てるよう勧告した。

　この調査の目的は、給料日ローンの価格比較サイトを対象にした見込みのある基準を検証して、CMAの勧告に対するFCAの対応に情報を与えることであった。

▶介入

　FCAは、過去12か月間に給料日ローンを借りたことがあり、今後12か月間に借りる予定がある、またはそのいずれかに当てはまる英国の消費者を8,088人募集し、調査に先立つオンライン実験に参加してもらった。

　参加者は架空の給料日ローンを一覧にした価格比較サイトを3種類閲覧し、いずれの場合も、金額と期間に関してニーズに最も適したローンの中から最も低価格のローン（支払総額が最も低いものと定義）を選択しなければならなかった。全参加者は介入1を閲覧するが、これにはFCAが検証

行動インサイトの事例研究：消費者保護　第4章

を望むすべての基準が網羅されている。続いて参加者は6種類の価格比較サイトの中から無作為に2種類割り当てられ、それらを閲覧するが、そのいずれのサイトも（7を除き）基準が1つ欠けている。

介入は次の通りである。

1. **全基準**：1ページにすべてのローンを支払総額の少ない順に掲載する。バナー広告なし、入力機能あり、市場カバレッジ情報を開示。

2. **注目ローン**：目玉のローンのみを1ページ目に表示し、すべてのローンを見るにはクリックして別のページを開く必要があるが、それ以外は1と同じ。

3. **順序なし**：ローンは支払総額の順に並べられていないが、それ以外は1と同じ。

4. **代表的な年率**：ローンは無作為に並べられていて、支払総額ではなく代表的な年率を表示しているが、それ以外は1と同じ。

5. **広告**：バナー広告がある以外は1と同じ。

6. **入力機能なし**：ローンの金額や期間でフィルターにかける機能はないが、それ以外は1と同じ。

7. **基準なし**：いずれの基準も表示されていない。

▶結果と影響

基準案がすべて掲載された対照用のページ（介入1）を見た場合、消費者の63％が自己の選好に一致した最も安いローンを選択した。

最大の単一効果が観察されたのは、消費者が注目ローンだけでなく、クリックしてすべてのローンを見ること（介入2）を求められた場合である。この場合、ローン商品が2ページにわたる価格比較サイトを見た回答者の3％が最も低価格のローンを選んだが、1ページに全ローン商品が表示される価格比較サイトを見た回答者の場合は63％であった。

2番目に大きな単一効果が観察されたのは、支払総額ではなく代表的な年率を表示した場合（介入4）である。支払総額を明示的に提示されなかった回答者は、13.5％の確率で最も低価格のローンを選択したが、支払総額を提示された回答者の場合は63％であった。

3番目に大きな単一効果が観察されたのは、最も低価格の商品を1番上に表示しないという制約をつけて、ローンを支払総額によって無作為に並べた場合（介入3）であった。無作為に並んだローン商品を見た回答者は、27％の確率で最も低価格の商品を選んだが、支払総額の少ない順に並んだローン商品を見た回答者の場合、63％の確率で最も低価格のローンを選んだ。

FCAによると、残りの介入には有意な効果が見られなかったという。自己報告による給料日ローンの利用に関する差異（たとえば、これまでに給料日ローンを利用したことがあるかどうかなど）は、参加者が最良の商品を選択するかどうかに関して、有意な影響を示さなかった。

95

第4章　行動インサイトの事例研究：消費者保護

結果として、消費者がすべてのローン商品を見るにはクリックして2ページ目を開かなければいけない場合、支払総額を提示しない場合と同様、最低価格のローンを選ぶ消費者が大幅に減少することが、調査結果から明らかになった。これは、クリックして次のページを開く必要があるといった比較的小さな障害や、計算をしなければならないというもっと大きな障害が原因で、人々はしばしば正確性に欠ける選択を行うという行動に関するエビデンスに一致している。また、情報の表示方法を少し変更することで、行動に大きな影響を与える可能性も示されている。

▶機関

FCAは英国の独立した金融規制機関であり、金融サービス産業に従事する事業者に賦課する課徴金を財源としている。市場の健全性の向上、適切な水準の消費者保護の確保、競争の促進を3つの法定目標としている。行動科学を他の規制ツールと併せて研究および政策立案に積極的に活用し、運営目標を達成する。

FCAには経済学者、コンピューター科学者、心理学者からなる専門的なユニットとして「行動経済学・データサイエンス・ユニット（Behavioural Economics and Data Science Unit: BDU）」がある。BDUは独自の研究を実施して、FCAによる行動インサイトの適用を支援している。チーフエコノミストの属する部課や政策部門担当者など、FCAでは行動経済学が他にも広く日常業務に適用されている。FCAが行うすべての試験と研究は、堅牢なレビュープロセスを踏み、その過程で倫理的リスクやその他のリスクが評価され、必要に応じて緩和される。

資料

Smart, L. (2016), "Full Disclosure: a round-up of FCA experimental research into giving information", Financial Conduct Authority (FCA), Occasional Paper 23, https://www.fca.org.uk/publication/occasional-papers/op16-23.pdf（2017年1月12日アクセス）.

行動インサイトの事例研究：消費者保護　第4章

比較して増やす：年金比較ツールの設計

第4章

国	英国	
分　　野	金融サービス／消費者による選択	
機　　関	英国金融行動監視機構（Financial Conduct Authority: FCA）	
介入開始	2015年	
介入終了	2016年	
目　　的	情報の通知が消費者による年金の比較を促すのか、またどの通知方法が促すのかを明らかにする。	
方　　法	1,996人の消費者を対象にした室内実験で、どのように情報を提示すれば年金の比較が促されるのかを5タイプの提示方法を用いて検証する。	
適　　用	実験ではどの通知方法が年金の比較を促す効果が高かったかを特定し、その結果を用いて今後の介入に情報を提供する。	

▶問題

FCAが2016年に実施した年金収入に関する市場調査から、年金市場では競争が消費者の利益になるようにはあまり機能していないことが判明した。特に、現在の年金提供者の年金保険を継続している消費者の大部分（80％）は、他の提供者の商品と比較することでメリットが生じる可能性があるが、多くの人がそうしていないことが明らかになった。

他の提供者の商品と比較しないという消費者の決定は、比較に要する費用と利益に対する消費者の見方にある程度関係しているといえる。多くの消費者は、年金提供者を変更することで、年金収入が増える可能性があるという明確なエビデンスにもかかわらず、他の提供者の商品と比較してもそれに見合うだけの価値はないと言う。また、ずらりと並んだ利用可能な選択肢を評価するのは難しいだろうから、最も単純明快な選択は現在の提供者から変更しないということだと考えている可能性もある。さらに、消費者の中には、将来後悔するような決定を避けたいと考える者もいるため、現在の年金提供者に加入し続けることになる場合もある。

この実験では、現在の年金提供者から年金見積額に関する情報が通知された場合、**惰性を克服**して商品を比較する消費者が増えるかどうかに重点を置いた。こうした問題の調査に室内実験が適していたのは、消費者がある程度の注意を払っていると考えられる購入段階にFCAが関心を持っていたためである。

第4章　行動インサイトの事例研究：消費者保護

▶介入

FCAは55歳から65歳の英国の消費者を1,996人募集して、無作為に6つのグループに分けた。そのうちの5つは、消費者に商品の比較を促すことを意図した様々な情報を掲載した通知書を受け取った。6つ目のグループは情報通知書が提示されず、他のグループの行動と比較可能な対照群として機能した。5つのグループに対して次の介入を行った。

- **個別見積・年額**：商品を比較することで得る可能性のある最大の見積額を参加者に提示した。

- **個別見積・生涯額**：上記に加えて、商品を比較しないために、標準的な個人が生涯にわたって失う増加額も参加者に提示した。

- **一般的見積・年額**：商品を比較することで得る可能性のある見積額（厳密ではない）を参加者に提示した。

- **一般的見積・生涯額**：上記に加えて、商品を比較しないために、標準的な個人が生涯にわたって失う増加額も参加者に提示した。

- **行動誘引**：「現在の年金提供者から切り替えなかった人の80％が、切り替えなかったために損をしている」と参加者に伝え、視覚で表示した。

年金を選択することを含む一連のタスクを通じて、架空の退職収入を最大化するよう参加者に奨励した。「商品の比較」には、実生活同様、ある程度追加で努力する（個人情報を提供し、見積額を求める）必要があった。実験では、**現状維持バイアス**、**不注意**、および**疲労**を引き出すことを目的として、参加者に一度に複数のタスクを行わせて一連の質問に回答させてから選択を行わせた。

▶結果と影響

情報を提供したすべての介入は、商品を比較するという消費者の決定に有意な影響を与えた。実験結果から、介入の効果は介入群と対照群の差として測定され、一般的見積・生涯額を提示した介入の場合の約8ポイントから、個別見積・年額を提示した介入の27ポイントまでであることが明らかになった（すべて統計的に有意）。

さらに、5つの介入の間にも効果に大きな差があり、商品の比較に最大の影響をもたらしたのは個別見積・年額を提示した介入であり、それに行動誘引による介入が続いている。この2つの介入はそれぞれ異なる方法で消費者を動かした。個別見積・年額を提示した介入は、信頼性のある個人に合わせた情報を提供し、行動誘引による介入は単純で容易に理解できる情報とともに、社会的比較の鮮明な視覚資料を提供している。

さらに、一般的見積を提示した介入は、どちらも個別見積・年額を提示した介入と行動誘引による介入ほど商品の比較を引き起こさなかったものの、これは有意ではなかった。これに対しては可能性のある主要な説明が2つある。一般的見積を提示した介入では文章が多すぎた可能性があり、

98

情報過多またはメッセージの希釈が引き起こされ、消費者に現状維持を促すことにつながったと考えられる。もう1つの説明は、消費者は得られる利益を理解していなかった可能性があり、その場合、商品を比較することにそれほど積極的にならなかったというものである。

この実験の結果から、入念に設計した通知には消費者の行動に影響を与え、比較を促す可能性があることを示すエビデンスが新たに得られた。重要なこととして、この実験により、どの通知がとり比較を促すことになるかが明確になった。

▶機関

FCAは英国の独立した金融規制機関であり、金融サービス産業に従事する事業者に賦課する課徴金を財源としている。市場の健全性の向上、適切な水準の消費者保護の確保、競争の促進を3つの法定目標としている。行動科学を他の規制ツールと併せて研究および政策立案に積極的に活用し、運営目標を達成する。

FCAには経済学者、コンピューター科学者、心理学者からなる専門的な「行動経済学・データサイエンス・ユニット（Behavioural Economics and Data Science Unit: BDU）」がある。BDUは独自の研究を実施して、FCAによる行動インサイトの適用を支援している。チーフエコノミストの属する部課や政策部門担当者など、FCAでは行動経済学が他にも広く日常業務に適用されている。FCAが行うすべての試験と研究は、堅牢なレビュープロセスを踏み、その過程で倫理的リスクやその他のリスクが評価され、必要に応じて緩和される。

資料

Smart, L. (2016), "Full Disclosure: a round-up of FCA experimental research into giving information", Financial Conduct Authority (FCA), Occasional Paper 23, https://www.fca.org.uk/publication/occasional-papers/op16-23.pdf（2017年1月12日アクセス）.

第4章　行動インサイトの事例研究：消費者保護

第4章

高齢市民を対象とした水道料金の減額

国	米国
分　野	貧困削減／公共料金
機　関	ペンシルベニア州フィラデルフィア市
介入開始	2015年1月
介入終了	2015年11月
目　的	水道料金を25％減額する制度に申し込む低所得高齢者を増やす。
方　法	無作為化比較試験（RCT）——サンプルは別の減額制度の対象者である6,000人以上の自宅所有者
適　用	革新的な試みは成功したが、コストが高すぎてより多くの人に拡大できなかった。

▶問題

　ペンシルベニア州フィラデルフィア市は、同市で暮らす低所得高齢者を対象に、水道料金を減額する制度を実施している。収入の低い高齢市民の経済的負担の軽減を目指しており、高齢の上下水道利用者は申請して水道料金の25％の減額を受けることができる。

　しかし、低所得の高齢市民にとって利益になるにもかかわらず、フィラデルフィア市は、減額の対象となる多くの低所得高齢者が実際には減額申請書を提出していないことに気づいた。そこで同市は、より多くの低所得高齢市民にこの減額制度の利用を促すことができるかどうか、調査に着手した。

▶介入

　フィラデルフィア市は様々な行動ナッジを利用する効果を検証して、そうした行動ナッジが、市民を水道料金の減額申請に誘導するのにどれだけ有効かを明らかにしようとした。サンプルはフィラデルフィア在住の6,000人を超える低所得の高齢市民であり、彼らはすでに別の高齢者向け減額制度を受けており、様々なメッセージの組み合わせやアウトリーチの順序付けの影響について検証を受けていた。

　アウトリーチは、自宅所有者への**大型または小型の封筒で送付した文書、ハガキ**、および**電話**によって、水道料金減額申請書に記入するよう勧めることであった。メッセージは**損失回避**と**社会規範**という原則の適用を基にした。減額を受けるための申請書も、これまでよりもわかりやすく記入しやすいものにデザインし直された。

調査結果の評価は、アウトリーチを受けた高齢者からの情報要求の件数と返送された申請書の枚数、承認された申請書の数を対照群と比較して実施した。

▶結果と影響

フィラデルフィア市は、検証した試みがいずれもより多くの高齢市民に水道料金の減額を申請させるという所期の目的の達成に成功したことを明らかにした。大型封筒に封入した文書は、返送・承認された申請書の数で対照群を大幅に上回っており、大型封筒で文書を送付された高齢者の約10％が申請に承認を得たが、対照群で承認を得た高齢者は1％未満であった。

しかし、大型封筒を用いる方法では、規模を拡大してより多くの市民を対象に次の試験を行うには、コストがかかりすぎることが判明した。市はこの試験で得た教訓から、今後調査を検討する際、対象とする集団に試験を行う前に規模を拡大した場合のコストと実施について検討することを学んだ。

後続試験では大型封筒の代わりに独特の着色をした標準サイズの封筒を用いて、追加の郵送料を発生させることなく目立たせ、既存の郵送機器を利用できるようにして、大型封筒と同等の効果を得ようとしている。この2回目の試験は現在評価が行われているところである。

▶機関

フィラデルフィア市は米国ペンシルベニア州最大の都市を統治している。同市行政当局は行動経済学を適用して、より効率的かつ効果的で誠実な行政の運営を後押しする制度を設計・実施し、すべてのフィラデルフィア市民に経済的機会を提供しようとしてきた。

フィラデルフィア市が特に懸念する分野には、滞納者に対するメッセージ伝達の改善や納税の選択肢の改善を通じた税の徴収、飲食料の賢い選択を容易化することによる公衆衛生、援助制度の利用者の増大を通じた貧困削減などがある。なかでも行動インサイトは、税の徴収を改善し、資格のある住民に減額の利用を勧めることで貧困を削減するために利用されてきた。

同市には行動インサイトのみを扱う正式な中央ユニットもネットワークも存在しない。しかし、単発のプロジェクトに協力する部門横断的な小規模グループがあり、ネットワークへの成長を考えている。フィラデルフィア行動科学イニシアティブ（Philadelphia Behavioural Science Initiative）（http://phillybsi.org）を通じた大学研究者とのパートナーシップも存在し、政府と学術界を結束させて、より効果的な政策と制度を考案しようとしている。それにはワンデイ・サミットでの行動インサイト研修や、複数の市機関で新たなパイロットプロジェクトのために継続中のパートナーシップなどがある。

制度の設計者や管理者を対象にした行動インサイト研修を継続するための資金も、2016年以降に計画されているパイロットプロジェクトを支援するための資金も準備されている。

第5章
行動インサイトの事例研究：教育

第5章

　本章では、OECD諸国とパートナー諸国において、教育的・社会的成果を改善するためのツールとして行動インサイトがどのように適用されてきたかについて、一連の詳細な事例研究を取り上げる。本章で提示する事例研究では、資源集約的な無作為化比較試験から、それほど資源集約的ではない文献レビューまで、幅広い実験的方法が用いられている。何が有効で何が有効ではないのかについてのオープンで透明性のある共有は、質の高い研究と研究結果の広範な共有を確保するのに不可欠である。

第5章　行動インサイトの事例研究：教育

第5章

放課後プロジェクト

国	南アフリカ	
分　野	教育	
機　関	西ケープ州政府	
介入開始	2012年	
介入終了	2015年	
目　的	MOD（放課後）センターへの参加を改善する。	
方　法	行動インサイトを用いた無作為化比較試験（RCT）・実験・調査	
適　用	MODセンターの指導員の採用に関して西ケープ州政府の政策に情報を提供し、MODセンターへの出席率を引き上げる。	

▶問題

2010年、西ケープ州政府の文化スポーツ局（Department of Cultural Affairs and Sport: DCAS）は社会的に包摂的で、創造的、活動的な西ケープ州作りを目的とした放課後事業として、「みんなで参加・機会とアクセス・育成と成長（Mass participation; Opportunity and access; Development and growth: MOD）」プログラムを創設した。各MODセンターは、コミュニティの学習者向けのスポーツ・娯楽・芸術・文化活動の拠点として機能する。センターは通常、学校にあり、コミュニティ全体にサービスを提供する。学校による教育活動を補完する役割を担い、学習者が「集い」、子どもたちがスポーツや娯楽活動に参加する安全な場所を提供している。そのほか、才能のある学習者を見いだすのにも一役買っており、選ばれた学習者は、スポーツ・芸術・文化の才能と若者の育成に重点を置いた「シャープ・センター（Sharp Centres）」で高度な訓練を受けることができる。

現在西ケープ州には181か所のMODセンターがあり、合計500人の指導員が、恵まれないコミュニティや行政サービスが十分に行き届いていない学校から登録した4万人を超える参加者に、スポーツ活動や娯楽活動を提供している。

MODプログラム創設の強力な追い風となったのは、若者を継続的に参加させ、放課後に宿題のサポートを提供すれば、学問的・教育的・社会的成果の向上につながるだろうという考えである。また、MODセンター内での質の高いプログラム学習の提供が、採用された指導員の質とMODセンターの出席者数の増加を決定的に左右する。

そのため、西ケープ州政府にとって、MODセンターが学習者の成績に与える影響について調査することも、学習者の出席率の引き上げにつながりうる指導員の行動特性と保護者へのメッセージ

104

行動インサイトの事例研究：教育　第5章

を明らかにしようとすることも重要なことであった。そうした問題について研究し、実施すべき解決策を見いだすために、介入では実験的方法と調査を併用した。

▶介入

　4つの政策分野への行動インサイトの適用を研究するために2012年に確立されたパートナーシップの一環として、西ケープ州政府はideas42およびケープタウン大学（UCT）と連携し、行動ナッジによって政策の実施と提供を強化できるかどうかを調査する目的で、行動変化のための一連のパイロットプロジェクトに着手した。

　この介入は2段階に分かれている。第1段階の間、UCTとideas42は学校で2つのレベル、すなわち学校レベルと教室レベルそれぞれでの情報展開を考案・実施した。またDCASと協力して内部のモニタリング・評価制度を改善し、個人レベルの出席情報を適時に収集しやすくした。

　RCTではMODセンターの**顕著性**を高め、センターの独自性を**再構成**するために、行動インサイトから得た情報をポスターやステッカーのデザインや、Eメールによるメッセージの作成に取り入れた。合計で90校の学校がRCTに参加し、無作為に45校ずつ介入群と対照群に分けられた。測定の最も重要な尺度は、MODプログラムに定常的に出席している学習者の人数であった。

　第2段階はUCTが主導し、3つの異なるプロジェクトが検証された。

1. 第1段階に関連して、MODセンターへの出席が学習者の**学問的成果**に与える影響を測定する。

2. 出席率の高さと相関する**指導員の行動特性**を把握して、指導員を新たに募集・採用する際に、こうした特性をうまく見分け、測定する方法について情報を提供する。

3. MODプログラムへの学習者の参加と出席を改善する仕組みとして、**行動に基づく保護者へのメッセージ伝達**の利用について検証する。

　第1のプロジェクトは、2016年に実施した監査、学習者の人口統計、小学3・6年生および高校2年生（南アフリカには日本の中学校に相当する学校はなく、小学校は7年制、高校は5年制）の全体テストの点数から、MODセンターに関する学校レベルのデータを収集することで測定した。MODの出席データはDCASが提供した。監査は181か所のMODセンターすべてを対象に実施されたが、提供された出席データはMODセンター181か所のうち170か所のものであった。全体テストの結果は172校2万5,545人の生徒に関して得られた。しかし、テストの結果をMODセンターの参加者リストと突き合わせる際に生じる問題により、最終的なサンプルは、1回以上MODセンターに出席した114校約9,800人（全サンプルの40％）の学習者となった。

　第2のプロジェクトでは自己報告調査のほか、2015年11月の主任指導員会議で収集した一連の標準的な実験的タスクに関する個人の選択を利用した。各指導員は3時間の間、5つの実験的タスクに参加した後、個別にアンケートに回答した。合計で9つの校区を代表する162人の指導員が実験に参加した。

実験では、指導員は6つのクラスのうちの1つに無作為に割り当てられた。各クラスには25人から30人ほどの指導員がいて、実験は同時に行われた。タスクの目的は、忍耐力、協調性、信頼性、誠実さ、利己性の程度を明らかにすることであった。指導員は次の5つのタスクを実施した。

1. **単純割引タスク**：このタスクでは、個人が将来の選択と比べて現在の選択をどのように考えるかを表す時間選好について、指導員の特性を測定した。推定された割引率が楽しみを後に取っておく意欲について、ある程度の指標を与えてくれる。

2. **囚人のジレンマ／協力ゲーム**：このタスクでは、裏切りとは対立するものとして、他人との協力に対する性向を測定した。共通の壺に"多額"の寄付金を入れるか"少額"の寄付金を入れるかという点で決定を行う。参加者は共通の壺への寄付額に基づいて利益を得る。

3. **信頼ゲーム／互恵性ゲーム**：このタスクでは指導員の信頼性を測定した。まず他者が、利益を受け取れると期待して実験者に資金を預ける。実験者は増えた資金を指導員に渡し、指導員がいくら他者に返すかで、信頼性を測定する。

4. **正直な報告**：このタスクでは、個人の正直さが様々なシナリオの下でどのように変化するか、また、どの程度監視が——監視にはコストがかかるが——効果的かを調査する。このゲームは基本的なワードサーチのタスクからなり、個人は1）監視されている、2）タスクの実績を偽る機会がある、3）1つの賞を巡って仲間と競う、という3つの異なる条件下でタスクを完遂する。

5. **独裁者ゲーム**：このタスクの目的は、指導員の行動における利他精神を測定することである。各人はそれぞれ100南アフリカランドを受け取り、一部または全額を慈善団体に寄付することができる。利他精神は行った寄付の額で測定される。

アンケートでは年齢、性別、学歴、収入、採用方法などの情報を収集した。そうした質問のほかに心理的尺度も取り入れて、特定の性格特性を測定した。

第3のプロジェクトでは、学習者の保護者へのメッセージが、MODプログラムへの学習者の参加に何らかのプラスの影響をもたらすかを検証する。RCTを利用して、学習者を2つの介入群と1つの対照群に無作為に分けた。この実験のために、研究者は「イヤー・ビヨンド（Year Beyond: YeBo）プログラムに参加している生徒を募集した[1]。実験参加者は同プログラムに参加している24校のうちの18校——小学校10校、高等学校8校——から採用された。登録された参加者は1,689人（1校当たり約93人）であった。このグループから保護者の連絡先電話番号が1,363件得られ、そのうち有効なものは1,107件であった。

介入群に割り当てられた学習者の保護者には、2種類の短いメッセージが送付されたが、対照群の学習者の保護者にはそうしたメッセージは送付されなかった。メッセージは米国および文献で実施された実験から得られた行動情報を活用したものであり、西ケープ州の低所得者層に特有の状況に合わせて、家庭で使用する言語に翻訳するなどした。第1の介入群は、学習者の前週の実際の出席記録に注目したメッセージを受け取った。第2の介入群はその情報に加えて、プログラムに参加

する具体的な長期的メリットを明確にした短文を受け取った。

メッセージには以下の行動インサイトを取り入れた。

- **社会規範**：メッセージを1人称で個人宛に書き、メッセージが実在の関係者からのものであるという感覚を生み出すことで、一種の社会的圧力または社会的期待を作り出した。

- **顕著性**：用いられたメッセージはいずれも学習者の前週の出席記録を明示し、「お子様の出席日数は全体の2／3」というような数値で表した。数字と文字の対比はメッセージの中で目につきやすく、受信者の記憶に残りやすくなる。

- **損失回避**：前週、何の活動にも参加していなかったグループに送られたメッセージでは、参加することで得られる機会ではなく、参加しなかったことで失われた機会に重点を置いた。これは、何かを得るよりもそれと同等のものを失うことを重く考える人間の傾向を利用している。

- **アンカリング**：「3つの活動すべて」に参加する、つまり「月・水・金曜日」（すべて予定された活動）に参加するという社会規範を利用することも、行動に対する無意識の「アンカー」を作り出す。

- **有効性とチャネリング**：メッセージの目的は、保護者が出席を促せば効果があるという認識を強化することであった。そのため、比較的すぐに実行できる提案（学習者に参加を促すこと）を提示し、それが出席率の向上に役立つことを強調した。

- **時間選好**：教育を短期費用で将来大きな利益をもたらす「投資財」とみなす。

メッセージは11週間、週に1回の頻度でSMSを利用して同じ時間に送付するように予定された。

▶結果と影響

第1段階では、行動に関するパイロットテストから、介入群の学校での1日の出席率が向上し、MODプログラムに参加する学習者が増加したことから、学習者の出席率にプラスの効果をもたらしたことが明らかになった。介入群の学校は介入期間終了後、対照群の学校と比較して、1日当たりの出席者数が推定で平均25.6人、すなわち39％増加した。しかし、学習者がプログラムに参加する頻度に関しては、評価できるほどの変化はなかった。

さらに、放課後チーム（After School Team）は新しい出席追跡プロトコルを実施して、DCASが学校内および学校間で毎日の出席行動の変化を評価できるようにした。それによって、DCASはプログラムへの出席率を引き上げるために、特定のMODセンターと指導員に的を絞りやすくなった。

第2段階の第1のプロジェクトの結果から、MODセンターの出席率は、特に高等学校の学習者の間で低く、平均参加日数は1か月当たり5〜6日に留まることがわかった。しかし、MODに出席することで、プラスの学問的成果が生み出されているようである。研究者らは以下の結果を得た。

- MODセンターに出席することで、特に小学6年生の学習者に関して、数学の全体テストの点数が2〜4％伸びたことを示すエビデンスが見られた。高校2年生の数学の点数に関して効果は小学6学年より弱かったが、そもそも高等学校の学習者の間で出席率が相対的に低いことを考えると、それも不思議ではないかもしれない。

- 定期的な出席（利用できる活動の15％超への参加）が特に大きな効果をもたらすというエビデンスが見られた。

- MODセンターへの出席が国語の全体テストの点数を改善することを示すエビデンスは示されなかった。

- MODセンターへの出席がテストの成績に与える影響に男女差があるとは言えない。

研究者らは全体的な出席率が依然として低いことと、1か月当たり5〜6日しか出席していない生徒のことを考慮して、MODセンター出席者のテストの点数が伸びたことを心強いものだと特筆している。しかし、もっと多くの学習者——なかでも高等学校の学習者——の出席を促し、さらには定期的な出席を促すには、もっと多くの資源が必要である。また、こうした成果からは、節度や自制心の改善、自己評価の向上など、他の可能性のある行動上のメリットがわからない。報告書作成者らは3つの全プロジェクトの成果に関して、質の高いデータが重大な制約になっていることに言及している。

第2のプロジェクトに関して、MODセンターの指導員がかなりの水準で向社会的行動を示していることが、結果から明らかになった。特に、指導員は概して、楽しみを後に取っておくことに積極的であり、選択の際に互恵性を示し、高い水準の利他／寛大さを備えていると考えられる。さらに、こうした行動特性の多くが、学習者のMOD出席率と在籍継続率に相関していることも判明した。

こうした結果は、今後の募集・採用プロセスにおいて重要な意味を持つ。研究者らは、このパーソナリティ評価のための尺度を採用プロセスに引き続き組み込むことをMODチームに奨励しているが、それはこれらの尺度が、正直さ、誠実性、信頼性など、いずれも学習者のプログラムへの参加にプラスの効果をもたらす重要な特性を、迅速に測定する信頼できる指標を与えるからである。データの品質に関わる問題から、MODセンターにとってよりよいデータを収集する必要性が強調された。

第3のプロジェクトの結果から、介入群の学習者の出席率は対照群よりも平均して6％高いことがわかった。この効果は、第1の介入群（51.9％）と第2の介入群（50.3％）の両方に見られる（対照群は45.9％）。この効果は、小学校の学習者よりも高等学校の学習者の方で大きく、人種や性別による差異は認められなかった。

さらに、メッセージによる介入は、プログラムに参加しなくなった学習者を呼び戻すのに有効であったと考えられる。エビデンスに示されているように、メッセージ受信後の介入群と対照群の間の出席率の差は、6月に1度も出席していなかった学習者の方が、6月に1回以上参加していた学習者よりも大きかった（前者の差は7％、後者の差は3％）。しかし、パイロットテストによる結果は、

行動インサイトの事例研究：教育　第5章

メッセージを送付する介入によって、保護者による子どもへの働きかけがYeBo以外の問題には拡大しなかったと考えられることを示しているが、それは実験の時間枠が短かったことが反映されているだけなのかもしれない。

研究者らは、メッセージによる介入は比較的低コストで高い影響をもたらす介入であると報告している。回帰分析に基づき、メッセージを送ることで、MODセンターへの出席日数を900日分伸ばしたと推定している。メッセージの送信に要した費用は、11週間の介入で総額4,710南アフリカランドであり、伸びた出席1日当たりの総費用は5.23南アフリカランドということになる。規模の経済を利用すれば、この費用を改善することも可能であろう。

▶機関

西ケープ州政府は中央政府と連携して法律を作成し、西ケープ州の住民にサービスを提供している。西ケープ州政府には13の局があり、健康、環境、経済開発、社会開発、人間開発などを対象に、法律の施行とサービスの提供を担っている。行動インサイトの適用を主導してきたのは、州首相府（Department of the Premier）の政策戦略部（Policy and Strategy Directorate）である。

ideas42は非営利の設計・コンサルティング企業であり、行動科学から得られた洞察を用いて、社会における最も困難な問題のいくつかに対して、拡張可能な解決策を設計している。当初、ideas42は2008年にハーバード大学に設立され、様々な経歴や学問分野の専門家をまとめて、健康、教育、刑事司法、国際開発、政府の効率性の分野において、問題を解決するために世界各地でプロジェクトに従事している。

ケープタウン大学（UCT）に拠点を置く行動経済学・神経経済学研究ユニット（Research Unit in Behavioural Economics and Neuroeconomics: RUBEN）は、しばしば機能的磁気共鳴映像装置（fMRI）によるイメージング技術とともに、経済実験を活用する研究者の学際的なグループであり、経済的意思決定において社会・認知・感情に関係する要因が果たす役割を検証している。RUBENは現在、アフリカ大陸で唯一、経済学における実験的研究を行っている施設であり、アフリカ全土の研究者のために、研修、研究におけるリーダーシップ、技術的資源を提供している。

注

1. YeBoは政府による放課後事業で、学習者が放課後の機会を利用して、基本的な読み書き計算能力を習得するのに寄与することを目指している。

第5章　行動インサイトの事例研究：教育

成人識字率の向上

国	英国
分　　野	成人識字率、英語と計算に関する政策
機　　関	ビジネス・イノベーション・技能省（Department for Business, Innovation and Skills: BIS）／ 行動インサイトチーム（Behavioural Insights Team: BIT）
介入開始	2014年9月
介入終了	2014年11月（10週間の試験）
目　　的	英語と計算の能力の低い成人に対し、成人教育プログラムの継続を奨励する。
方　　法	現地実験（サンプルサイズ：成人学習コースに参加している約2,000人の生徒
適　　用	英語と計算の能力の低い成人を対象に、英国の種々のカレッジで参加している成人教育コースの継続を奨励するテキストメッセージを送付する。

▶問題

　読み書き計算能力が不十分な成人は、傾向として仕事での生産性が低く、低賃金で、健康を損ないやすく、社会的排除を経験しがちである。OECD諸国の中で、英国の読み書き能力は平均に位置し、計算能力は平均を下回っている。

　成人の読み書き計算能力の向上のために行動インサイトをどのように利用できるかを明らかにするため、英国のBISは2014年9月、BITと協力して、成人の技能と知識のための行動インサイト研究センター（Behavioural Insights Research Centre for Adult Skills and Knowledge: ASK）を設立した。ASKは雇用主、研修提供者、成人学習者を対象にしたエビデンスに基づく政策提言と実用的ツールを考案する目的で、調査と試験を実施した。

　ASKが最初に明らかにした問題の1つは、成人教育プログラムの在籍継続率と習得率に関するものであった。ASKは英国の多くのカレッジプログラムが重要な時期に高い減少率を経験しており、調査を行った学年度の間、出席率が約50％減少していることを明らかにした。

▶介入

　ASKは発足後、最初に実施した試験の1つにおいて、行動科学から得た洞察を利用して、それが英語と計算の能力が低い成人に、読み書き計算プログラムの継続を奨励するのに有効かどうかを検証することにした。

110

行動インサイトの事例研究：教育　第5章

　ASKは大規模現地実験を実施して、やる気を引き出すようなテキストメッセージの利用を検証した。テキストメッセージは行動科学の原則から情報を得たもので、英国の継続教育カレッジ2校で英語と数学のコースに参加している19歳以上の成人学習者に送信した。この実験ではクラス単位で無作為化して、介入群のクラスの全学習者にはテキストメッセージを送信し、対照群のクラスの全学習者にはテキストメッセージを送信しなかった。

　2,000人の生徒に対し、それぞれのコース期間中、カレッジに代わってテキストメッセージによるメッセージと通知を複数回送信した。メッセージでは、行動科学から得られ、他の研究によって教育の継続につながることが証明されている洞察に基づき、学習者に次の4つの信念を繰り返し伝えることに重点を置いた。

1. 今、学んでいるのは大切なことだ

2. 学習者としてこのコースを成し遂げることができる

3. 上達するには練習が大切だ

4. 自分たちはカレッジの一員である

　学習者には、実行意図と心理対比に基づく通知を利用して、カレッジへの出席とコースの教材の復習について計画を立てるよう促すメッセージも送信した。

　このメッセージを用いたプログラムの目的は、生徒の学習に対するモチベーションを育み、翌週の授業への参加を準備するよう促すことで、学習の継続を改善することであった。

　ASKは介入後の生徒ごとの1週間の授業出席率と、コースに出席しなくなった生徒の割合を算出した。3週間授業を欠席した参加者は中退したとみなした。これらの指標を、メッセージを1度も受け取っていない生徒に関する同じ指標と比較した。

▶結果と影響

　実験の結果、テキストメッセージが送られた介入群の生徒は、1度もメッセージが送られなかった対照群の生徒と比較して、平均出席者数が7％増加したことがわかった。さらに、生徒の中退率（学期中休みの後、戻ってこなかった生徒の割合）は、対照群と比べて介入群では36％減少した。

　ASKは、**正のフィードバック**、**社会的支援**、**計画**または**準備**の原則に基づくシンプルなテキストメッセージという形態での行動ナッジの利用が、成人教育プログラムへの学習者の出席率と習得率、在籍継続率にプラスの効果をもたらしたと結論付けることができた。この実験の結果を受けて、英国の多数のカレッジは、同様のテキストメッセージを用いた仕組みの実施を試みている。したがって、長期的に見れば、行動インサイトを用いて成人教育の欠席者を減らし、成果を改善することで、英国の成人全体の読み書き計算能力を向上させられる可能性があると言える。

111

▶機関

BISは事業規制と消費者問題のほか、研修・訓練と技能開発を含む高等・継続教育、科学と研究を担う英国政府の省であった。現在はエネルギー・気候変動省（Department of Energy and Climate Change: DECC）と統合されてビジネス・エネルギー・産業戦略省（Department for Business, Energy and Industrial Strategy: BEIS）となっている。成人技能と高等教育の管轄は現在、教育省に移行しており、教育省がASKを監督している。

BEISは研究、設計、実施において行動インサイトを利用し、政策立案に対するエビデンスに基づくアプローチに寄与している。行動科学には、消費者行動、エネルギー利用、企業行動、およびコンプライアンスなど、BEISが担当する多数の政策分野に影響を与える大きな可能性がある。

BEISには行動インサイトを専門に扱う小規模な中央ユニットがあり、組織全体にわたる実務者の非公式ネットワークも管理している。行動インサイトに関する入門研修は、組織の全職員が利用できる。

第6章
行動インサイトの事例研究：エネルギー

　本章では、OECD諸国とパートナー諸国において、エネルギー効率を促進するためのツールとして行動インサイトがどのように適用されてきたかについて、一連の詳細な事例研究を取り上げる。本章で提示する事例研究では、資源集約的な無作為化比較試験から、それほど資源集約的ではない文献レビューまで、幅広い実験的方法が用いられている。何が有効で何が有効ではないのかについてのオープンで透明性のある共有は、質の高い研究と研究結果の広範な共有を確保するのに不可欠である。

第6章　行動インサイトの事例研究：エネルギー

より効率的なエネルギー利用のための消費データの改善

第6章

国	イタリア
分　野	エネルギー
機　関	電力ガス水道規制機関（Autorità per l'energia elettrica, il gas ed il Sistema idrico: AEEGSI）
介入開始	2015年1月
介入終了	2015年4月
目　的	エネルギーを使用する際に受け取る種々のフィードバックに対して、個人がどのように反応するかを検証する。
方　法	室内実験
適　用	電気・ガス料金請求書の様式を変更する。

▶問題

　受け取った様々なタイプのフィードバックに対して、人はどのように反応するだろうか？ イタリアのエネルギーと水道の規制機関は、消費データの有効活用とエンドユーザー向けの情報の改善によって生じる機会を研究することで、エネルギー効率を改善したいと考えた。

▶介入

　エネルギーを使用する際に受け取る様々なタイプのフィードバック（頻度、フレーミング、内容）に対して、個人がどのように反応するかを検証するために実験を行った。調査の全体目標はエネルギー消費効率の向上であり、エンドユーザーが支払いを行っている対象への認識を高めることになると考えて、消費データの質を高め、エンドユーザー向けの情報を改善することにした。この調査で検証された重要な行動インサイトには**損失回避**、**フィードバックと学習**、**フレーミング**があり、いずれもフィードバックとエネルギー消費行動に関する過去の実証研究から取り入れた。

　実験に参加者した300人の学生を複数のグループに分けて、多数のタスクを遂行してもらった。実験は次の3段階で構成された。

1. **第1段階**：参加者は個人の技能に基づくバイアスを避けるために、ページの中にある「0」の数を数えるなど、単純だが退屈なタスクによってポイントを稼いだ。

2. **第2段階**：5つのスライダーからなるソフトウェアを実行する。スライダーはそれぞれ（参加者の知らない）機能を持つ電化製品の利用を摸しており、ポイントを仮想通貨と考える（そ

114

行動インサイトの事例研究：エネルギー　第6章

れらの電化製品を使用することで得られるメリットを摸している）。参加者には5つの器具を使用した結果の合計として最大限の合計金額を得ることを目的に、スライダー（電化製品）を動かしてポイントを消費するよう促した。このタスクは21回繰り返された。

3. **第3段階**：各回の結果について参加者が受け取るフィードバックの頻度、フレーミング、内容を7通りに組み合わせて実験を実施した。このように設計することで、研究者らは消費者がどのようにしてエネルギー消費量とそれに伴うコストへの意識を高めていくのかを調査することができた（たとえば、フィードバックの頻度は、各回の最後に提供される──スマートメーターを摸している──場合や、3回ごとに提供される──毎月の電気料金請求書による情報を摸している──場合などがある）。その他の処置変数には、1（たとえば、同じ地域の最も効率の良い同様の消費者の行動について、消費者に情報を提示する電気料金請求書の）他の参加者の実績に関する情報が、消費者の行動にどのような影響を与えるのか検証するためのベンチマーク、つまり「クラス最高」または「クラス最低」の結果と、2）ポジティブフレーミング対ネガティブフレーミング（つまり参加者の目的が利益の最大化か損失の最小化かということであり、節約金額または追加料金に関する情報を摸している）などがあった。

▶ **結果と影響**

この調査によって次の結果が得られた。

● 継続的なフィードバックは認識の学習曲線の急増にきわめて有益である（スマートメーター、スマートフォンアプリなど）。

● フィードバックでは、エネルギーではなく料金に換算して、エネルギー消費量の変化を表示すべきである。

● 前回の請求書と比較した料金の差に関する情報を提供するなど、非効率的な使用に伴う損失を強調する方が有益である。

● ベンチマークの選択は重要である。同様の消費者の平均・最高・最低の実績について情報を提供すると、非常に異なる結果がもたらされる。フィードバックで非効率的な消費者の情報をベンチマークとして提供すると、消費者はより良い解決策を探そうという気にならない。

AEEGSIは消費者の能力を向上させ、エネルギー市場の自由化がもたらす機会への認識を高め、電化製品の利用を最適化するために、電気料金とガス料金の請求書の様式の変更にこうした結果を利用している。

▶ **機関**

AEEGSIはイタリアのエネルギー・水分野の監督を担う規制機関である。EUエネルギー効率化指令（2012/27/EU）の実施の場合などのように、特定の規制介入の研究・分析や設計に関する一

部の事例において、行動インサイトを適用している。

AEEGSIは行動インサイトの適用を担当する専門のユニットを有していないため、サレント大学
と提携して調査を実施している。

行動インサイトの事例研究：エネルギー　第6章

消費者による再生可能エネルギーへの切り替え

国	米国
分　野	エネルギー／気候変動
機　関	エネルギー省（Department of Energy: DOE）／ 社会・行動科学チーム（Social and Behavioural Sciences Team: SBST）
介入開始	2016年
介入終了	―
目　的	グリーン電力プランへの全国的な切り替えを拡大させる。
方　法	自発的に参加した州と民間セクターのパートナーを対象にしたパイロット試験および実験によって、様々な行動ツールを検証・評価する。
適　用	再生可能エネルギー源の選択を自宅所有者に促す行動ツール

▶問題

　連邦政府は環境を保護し、クリーンエネルギー経済を拡大させ、コミュニティを気候変動の影響に備えさせようと取り組んでいる。気候変動に対応するには、風力や太陽エネルギーなど、再生可能エネルギー源の開発と活用が必要である。消費者向けの再生可能エネルギー商品の利用可能性は拡大しつつある。2015年、新規追加発電能力の点で、風力と太陽エネルギーを合わせると天然ガスを上回った。こうした傾向を反映して、多くの家庭用電力消費者には、今や電力をクリーンエネルギー源から調達するという選択肢がある。消費者は利用している公益企業のクリーン電力プログラムか、再生可能エネルギーの需要の拡大を支える電力供給者から、直接クリーンエネルギーを購入することができる。しかし、クリーン電力プランの採用は，全国でおよそ70万戸と少ないままである。

　クリーン電力プランがクリーンエネルギーの追加供給を誘導し、または誘導し損ねている市場のメカニズムに関しては、文字通り議論が行われている。しかし、それらの市場の成果に影響を及ぼしうる行動要因——クリーン電力の選択肢についての**認識の欠如**、現在の公益企業の口座を第三者の口座に切り替える必要があるなどの**契約を阻む障壁**、ずらりと並んだ選択肢から**選択する困難**さなど——については、それほど正しく理解されていないようである。ドイツでの例のように[1]、**自動登録**や**積極的選択**など、行動科学はこうした問題の一部に対処するためのツールを提供する。クリーンエネルギーの費用と効果に関する明確な情報の提供も、消費者によるクリーンエネルギー商品の契約を促すことにつながるだろう。

117

▶介入

SBSTはDOEの省エネ・再生エネルギー部と対話を開始して、クリーンエネルギーの低い購入率の裏に隠された考えられる行動障壁と、そうした障壁に対処するのに利用可能な一連の行動ツールを突き止めようとしている。たとえば、行動科学研究は、消費者に（標準的な電力プランをデフォルトで設定するのではなく）クリーンオプションと標準オプションから電力プランを選択するよう促すことが、購入率の引き上げに役立つ可能性があることを指摘している。SBSTは今後数年の間に、自発的に参加する州と民間セクターのパートナーを明確にして、こうしたアプローチを大規模に検証・評価する予定である。

SBSTはDOEとの他の取り組みにおいて、ホーム・エネルギー・スコアの設計と評価にも貢献している。ホーム・エネルギー・スコアはDOEのプログラムで、自宅所有者と自宅購入予定者に証明済みの情報を提供して、住宅のエネルギー効率の状況を簡単に評価できるようにするものである。ホーム・エネルギー・スコア・レポートはその住宅の現在のエネルギー・スコアを1から10の10段階で評価すると同時に、レベルが1つ上がった場合の推定年間節約額も提示する。ホーム・エネルギー・スコアは自宅所有者に自宅のエネルギー効率改善のためのわかりやすい提案も行う。

▶結果と影響

プロジェクトの結果は2017年に出される予定である。

▶機関

SBSTは応用行動科学者、プログラム実施職員、政策立案者の機関横断的なグループであり、連邦機関に政策に関するガイダンスと助言を提供する。SBSTは国家科学技術会議の下で大統領府に置かれたユニットである。

SBSTは2015年9月15日にオバマ大統領（当時）が公布した大統領令第13707号、「行動科学の洞察を利用して、米国国民により質の高いサービスを提供する」を受けて創設された。同大統領令は連邦政府の諸機関に、それぞれの政策とプログラムの設計に行動科学の洞察を取り入れることを指示している。

同大統領令は科学技術担当大統領補佐官に対し、SBSTに代わって、大統領令を追求する助言と政策ガイダンスを諸機関に提供するよう要請した。このガイダンスは、諸機関が連邦政府の政策とプログラムに行動科学の洞察を適用するための有望な機会を特定するのに役立っている。ガイダンスの中心にあるのは連邦政府政策の4つの重要な側面であり、それらに対しては行動要因がプログラムの成果に特に大きな影響を与える可能性があることが研究と実践に示されている。それらの側面とは、プログラムへのアクセスの決定、国民への情報の提示、プログラム内での選択肢の構成、インセンティブの設計である。

行動インサイトの事例研究：エネルギー　　第6章

　DOEは1977年に設立され、科学技術に基づく変革的な解決策を通じて、エネルギー・環境・核の問題に対処することにより、米国の安全保障と繁栄を保証する働きをする。

注

1. ドイツでは、消費者がクリーンエネルギープランに関して、オプトインではなくオプトアウトしなければならなかった場合、クリーン電力への切り替え率が劇的に上昇した。

第6章　行動インサイトの事例研究：エネルギー

エネルギー契約における透明性

国	オランダ
分　野	エネルギー
機　関	オランダ消費者・市場機構（Netherlands Authority for Consumers and Markets: ACM）
目　的	エネルギー契約における透明性に関してエネルギー供給業者のコンプライアンスを向上させる。
方　法	大企業3社を対象にした行動分析／政策実施
適　用	コンプライアンス向上のため、エネルギー供給業者とのコミュニケーションにナッジのテクニックを利用する。

▶問題

　ACMは企業間の公正競争を確保し、消費者の利益を保護する規制機関である。その目的は企業と消費者の双方に、より多くの機会と選択肢を創出することである。

　ACMはエネルギー市場をはじめとして、オランダの多数の市場の監督を担っている。ACMの責務は、公正競争を維持するために、オランダの消費者にエネルギーを供給する企業にエネルギー分野の規則の遵守を徹底させることである。しかし、エネルギー契約の詳細に関する消費者への情報開示という点では、必ずしも責務が果たせていないことが判明した。オランダの一部のエネルギー供給業者は、月額使用料を正確に算出し通知していなかったため、新規契約者は「クーリングオフ期間」が終わるまで、不正確な料金で支払いを行うことになっていた。

　実のところエネルギー供給業者は契約締結後、使用量をより正確に計算することが可能になるが、契約を結ぶ際に顧客から与えられた使用量のデータを利用した。つまり、顧客は必要な情報をすべて得ずにクーリングオフ期間を利用するということであった。

　もう1つの問題は、供給業者は「年間固定料金」契約としていくつかの契約を提示するが、実のところ、消費者に実際に固定料金が適用される期間は10〜12か月とばらつきがあった。

▶介入

　ACMは、消費者への契約情報の完全な開示に対するエネルギー供給業者のコンプライアンスを高める方法について、調査を開始した。

　まず、コンプライアンスに違反しているエネルギー供給業者と違反していないエネルギー供給業

者について、行動分析を実施した。この分析では、エネルギー供給企業の営業責任者や法務部門と密接な関わりがあったACM職員の経験を基にした。続いて、行動科学から得た洞察に基づくナッジを組み合わせて利用し、コンプライアンス違反企業に影響を与える目的で考案された介入をテストした。採用されたナッジのテクニックは次の通りである。

- 類似するコンプライアンス違反行動に関して、**ACMによる過去の罰則に言及する**ことで、罰則の可能性への認識を高める——実際に罰則が科されるのは必要な場合のみであった。
- Eメール、会議、企業の労働組合を通じて、望ましい行動について企業に**通知する**。
- 最初に３大供給業者をターゲットにすることにより、**社会的影響力**を利用する——３大企業のコンプライアンスが実現すれば、それらより小規模のコンプライアンス違反企業は、３大企業の行動に追随する傾向があるため、行動を変えさせるのは容易になると考えられた。

▶結果と影響

ACMは３大供給業者をそれぞれ招いて正式会議を行った。こうした会議は、元々コンプライアンスに違反していたエネルギー供給業者の間で、望ましい行動を実現するのに十分であった。次のステップとして、ACMのコミュニケーション戦略に関わる下部組織を関与させ、すべてのエネルギー供給業者（小売レベル）を対象にした情報会議を開催させた。ACMは下部組織と協力して、法律の遵守に必要な行動を正確に説明した。ACMは供給業者に対して遵守すべき期限を定めた。期限後も違反している場合、正式な手段（罰則）を利用することを供給業者に通知した。下部組織と３大エネルギー供給業者を巻き込んでACMの意図を支持させることにより、社会的影響力を利用した。ACMの行動の結果、エネルギー供給業者全50社で、コンプライアンス行動が実現した。正式な手段の利用を最小限に抑え、数か月という短い期間で、ACMの介入はこの分野で行動の変化を引き起こすのに成功した。

▶機関

ACMはオランダの競争と市場を規制する機関である。消費者の保護と企業間の公正競争の促進に取り組んでいる。市場をより効果的に監督するために、行動インサイトを積極的に活用している。

ACMが大きな関心を持っているのは、特にエネルギー・情報通信・郵便の分野において行動インサイトを利用し、消費者の意識と積極性をさらに高め、企業のコンプライアンスを向上させ、規制対象企業から情報を引き出すことである。

ACMには10人からなる行動インサイトチーム（Behavioural Insights Team）がある。職員なら誰でも利用できるワークショップと管理者を対象にした情報会議を開催している。行動インサイトに関する知識を組織として高めるために、ACMは行動インサイトを適用している大学や他の規制機関、政府団体との国際会議やネットワークにも参加している。

第6章　行動インサイトの事例研究：エネルギー

　初期の頃、ACMによる行動インサイトの利用に関して、組織の全階層にある程度の懐疑論や異論、倫理的懸念があったものの、行動インサイトの利用が広がるにつれて、徐々に減少していった。

行動インサイトの事例研究：エネルギー　第6章

エネルギー効率化プロジェクト

国	南アフリカ
分　野	エネルギー
機　関	西ケープ州政府
介入開始	2015年7月
介入終了	2016年10月4日
目　的	省エネ慣行の奨励を目的とした4通りのEメール通知に対する行動反応を検証する。
方　法	オフィスビル入居者に送付するメッセージの作成に情報を得るための行動インサイトを用いた無作為化比較試験（RCT）
適　用	行動インサイトを取り入れたエネルギー効率化インフラプロジェクトに投資する。

▶**問題**

　環境の持続可能性を促進し、気候変動に対応するために、西ケープ州政府は「トゥー・ワイズ・トゥー・ウェイスト（Too Wise to Waste）」プログラムを立ち上げた。このプログラムの要は、政府ビル内でのエネルギー消費量の削減を目指す介入であった。西ケープ州政府の平均エネルギー消費量は、州政府の基準の1.5倍近いことが判明し、エネルギー費の上昇を受けて、費用効果の高い持続可能な解決策を見いだすことが強く主張された。

　4つの異なる政策分野への行動インサイトの適用を研究するために2012年に確立されたパートナーシップの一環として、西ケープ州政府はideas42およびケープタウン大学（UCT）と協力して分析を行い、省エネ行動を促す解決策を見いだそうとした。これらのパートナー団体と共同で実施した実地調査と行動マッピングから、次の6つの行動障壁が省エネ行動を妨げていることが明らかになった。

1. **責任の拡散**：職員は一日の終わりに機器の電源を切り、消灯するのは誰の責任なのか、あやふやであることが多い。

2. **倫理的正当性**：職員は個人の消費量を削減することではなく、公共サービスが環境に対する重要な貢献であると考えている。

3. **単位量の混乱**：職員は個人の小さな行動がエネルギー効率化につながることも影響を与えることも十分に理解していない。

4. **注意力の限界**：職員は単純に装置の電源を切ることを忘れる場合がある。

123

第6章　行動インサイトの事例研究：エネルギー

5. **主体性**：仕事中、職員は家庭での省エネ行動をオフィスに持ち込むことを考えていない。

6. **社会規範**：職員は同僚のエネルギー消費量がわからないため、自分がどれだけエネルギーを節約しているかを知る参照値がない。

　これらの洞察に基づき、ideas42とUCTはエネルギーの効率的な利用を促すための持続可能な解決策を見いだす目的で、こうした障壁への対応をテストする介入を設計した。

▶介入

　ideas42とUCTが考案した介入によって、様々な単発のEメールメッセージの効果を検証した。メッセージには、次の介入上の要素を取り入れており、順に「行動の」量が増えている。

- **情報提供**：提供するのはエネルギー使用量に関する理解しやすい情報で、職員は容易に行動に移すことができる。

- **リマインダー**：対象を設定したEメールによる通知で、重要な決定と一緒に送信される（朝一番や勤務時間終了前など）。また、朝に機器類の電源を入れることを促す通知は、朝お湯が使えないことへの同僚からの不満など、潜在的な緊張を防ぐことになる。

- **社会的競争**：職員のエネルギー使用量を他のフロアと比較するプログラム。関心をそそり、行動を促すことが目的。

- **責任の付与**：職員にエネルギー使用量に関する責任を割り当てる。たとえば、「エネルギーチャンピオン」としてフロア全体から毎日1人の職員を無作為に選び出してもよい。または、フロアごとに1人の職員に特定のタスクを与えてもよい（「勤務終了時に消灯する」「給湯器の電源を切る」「プリンターのプラグを抜く」など）。最終的には、最後に退室する職員が機器類の電源を切らなかった場合、誰が切らなかったのかを特定するとよいだろう。これは社会的競争を促すための個人化と組み合わせることも可能である。

　上述の介入を検証するために、調査チームはケープタウンにある24階建ての政府ビル1棟を対象にRCTを実施した。各フロアに2つの電力メーターを設置して、30分ごとに各フロアのエネルギー消費量データを記録した。メーター表示の異常やメーターの故障などの問題を補正し、フロアの明細を追跡しながら、2年近くの間データを収集した。

　基準データとして、介入開始から4か月間のデータを収集して、各フロアの1人当たりの消費電力量の平均を算出した。このデータに基づき、フロアを1つの対照群と2つの介入群に無作為に振り分けた。8階、9階、24階は当時改修が行われている最中だったため、除外した。

　介入は2段階で検証が行われた。第1段階の期間は3か月間で、2つの介入群はEメールで同一の助言を得たが、対照群はこの間、1度も助言を受け取らなかった。Eメールによる助言は次の通りである。

行動インサイトの事例研究：エネルギー　第6章

● **一般的な助言**：その月の第1月曜日（1か月当たり1回）

● **消灯のリマインダー**：毎週金曜日（1か月当たり4回）

● **給湯室に関する助言**：その月の第3水曜日（1か月当たり1回）

第2段階の期間は6か月間で、各介入群は異なる介入を受けた。第1の介入群はフロア間での競争に関するEメールのみを受け取ったが、第2の介入群はフロア間での競争に関するEメールと、そのフロアの1人の職員を「省エネ主導者」として指名するEメールを受け取った。

合計で991人の職員がこの実験に参加したが、人数は人事異動によって当然変動した。

▶結果と影響

第1段階の結果から、削減されたエネルギー使用量の平均は0.0594 kWh／30分であることがわかったが、この結果は統計的に有意ではなかった。第1段階の間、「トゥー・ワイズ・トゥー・ウェイスト」プログラムの全Eメールに上限があったことから、一部のメッセージしかフロアで働く職員に届かなかったことが判明した。しかし、この情報と助言による介入から大きな効果は期待されていなかった。とはいえ、こうした介入上の問題点がなければ、もっと大きな効果が見られた可能性があると考えられる。

同様に、第2段階ではいくつかの重要な実施上の問題点が持ち上がった。開始後2か月の間、最初に生じたEメール関連の問題は、エネルギー消費量に関するフロア間競争についてのフィードバックのEメールが、1か月間、（週単位ではなく）月単位でしか送られなかったというものであった。介入が終了したのは、当事例研究が発表されるわずか6週間前であったため、第2段階の初期データに反映されているのは、4か月間（2016年6〜9月——前述の実施問題が生じていた月の1か月後から、介入が終了する1か月前まで）のデータである。

全体としてデータから次のことがわかる。

● 情報と助言はエネルギー使用量の2％の削減につながった（統計的に有意ではない）。

● フロア間競争はエネルギー使用量の7％の削減につながった（統計的に有意ではない）。

● フロア間競争と省エネ主導者はエネルギー使用量の14％の削減につながった（統計的に有意である）。

第2段階は2016年10月に終了したため、研究者らは1か月分のデータを既存の分析に追加できると期待しており、こうした結果についての理解がさらに強化されることになるだろう。

こうした削減が家庭用消費者に関する場合とは異なり、フロアで働く職員の場合は金銭的節約によって動機付けられたのではないことを特に考慮すると、このような結果は期待をはるかに上回るものであることにも研究者らは注目している。

第6章　行動インサイトの事例研究：エネルギー

この介入を他の西ケープ州政府の建物に拡大するには、電力メーターを各フロアに設置するためのインフラへの投資が必要になるだろう。フロア間競争と省エネ主導者を用いた統計的に有意な介入を採用した場合、現在、介入によって達成されている13.5％の省エネは、5年以内にプロジェクトの総費用を回収するのに十分であろうと研究者らは明らかにしている。

▶機関

西ケープ州政府は中央政府と連携して法律を作成し、西ケープ州の住民にサービスを提供している。西ケープ州政府には13の局があり、健康、環境、経済開発、社会開発、人間開発などを対象に、法律の施行とサービスの提供を担っている。行動インサイトの適用を主導してきたのは、州首相府（Department of the Premier）の政策戦略部（Policy and Strategy Directorate）である。

ideas42は非営利の設計・コンサルティング企業であり、行動科学から得られた洞察を用いて、社会における最も困難な問題のいくつかに対して、拡張可能な解決策を設計している。当初、ideas42は2008年にハーバード大学に設立され、様々な経歴や学問分野の専門家をまとめて、健康、教育、刑事司法、国際開発、政府の効率性の分野において、問題を解決するために世界各地でプロジェクトに従事している。

UCTに拠点を置く行動経済学・神経経済学研究ユニット（Research Unit in Behavioural Economics and Neuroeconomics: RUBEN）は、しばしば機能的磁気共鳴映像装置（fMRI）によるイメージング技術とともに、経済実験を活用する研究者の学際的なグループであり、経済的意思決定において社会・認知・感情に関係する要因が果たす役割を検証している。RUBENは現在、アフリカ大陸で唯一、経済学における実験的研究を行っているセンターであり、アフリカ全土の研究者のために、研修、研究におけるリーダーシップ、技術的資源を提供している。

移行中の電力市場

国	スウェーデン
分 野	エネルギー政策
機 関	エネルギー市場監督局（Energy Markets Inspectorate: EMI）
介入開始	2014年
介入終了	2014年
目 的	スウェーデン国民のエネルギー消費パターンを改善する。
方 法	選択実験──表明選好法
適 用	スウェーデンの電力市場における消費者行動について理解を深める。

▶問題

EMIはスウェーデンの電力・天然ガス・地域暖房市場を監督する機関であり、これらの市場の機能と効率性の向上を目指している。

そのため、EMIはスウェーデン国民のエネルギー消費パターンを理解するために、消費者に焦点を合わせた行動研究を実施してきた。その目的は、電力消費者間にある需要側の柔軟性の可能性を明らかにして、エネルギー効率を改善することであった。

EMIは現在の電力消費パターンを変える可能性とインセンティブを究明したいと考えて、電力のリアルタイム市場価格で表示される現在の電力供給能力に合わせて、個人消費者が消費パターンを計画的に変更するには何が必要かを調査した。

▶介入

EMIはウメオ大学の環境経済学および資源経済学センター（Centre for Environmental and Resource Economics）と協力して「選択実験」を設計し、金銭的報酬が提供された場合に消費者が消費パターンを変更する対応力を検証した。

計量分析で採用したアプローチは、表明選好アプローチであり、人々は多数の仮想の選択肢に直面した場合、最も望ましい選択肢を選ぶという前提に基づいている。年齢・性別・地理的位置に基づいて選んだ900人の消費者に、アンケート用紙を送付した。サンプルはスウェーデンの人口構成を反映するように選定した。アンケート調査の質問と回答の選択肢は回答者に無作為に割り当てら

れ、消費者の行動、電力消費を自発的に調整する見返りの要求について、情報を得ることを目的とした。

▶結果と影響

アンケートの回答を分析した結果、次の3つの結論が得られた。

1. 経済的インセンティブは個々の世帯にとって1日の電力消費予定を変更しようとするには小さい。

2. 電力消費予定を計画的に変更するために平均的な世帯に必要な報酬は、現在のインセンティブよりも大幅に高い。

3. 需要の柔軟性の「対価」は、いつ、どのように、どの世帯が問題になるかで異なる。

したがって、インセンティブによって電力消費パターンを変更させるという点で、デマンドレスポンスにはスウェーデン国民の間でばらつきがあることが判明した。

▶機関

EMIはスウェーデンの電力・天然ガス・地域暖房市場を規制する機関である。

EMIでは行動インサイトはまだ組織的には適用されていないものの、同機関による分析のための「ツールボックス」の1つとして支持されている。上記の事例研究で説明されている研究は、スウェーデンの国家研究課題（National Research Agenda: NRA）によって資金が提供されているが、それはEMIが特に価格敏感性に関して、エネルギー使用における消費者行動の分野でもっと情報が必要だと感じていたためである。EMIは消費者利益と市場の機能に関する研究において、OECD経済的規制当局ネットワーク（NER）に参加することで、行動インサイトに関する知見をさらに拡大しようとしている。

行動インサイトの事例研究：エネルギー　第6章

スマートメーター

国	英国
分　　野	エネルギー
機　　関	英国ガス電力市場規制庁（British Office of Gas and Electricity Markets: OFGEM）
介入開始	2007年
介入終了	2010年
目　　的	スマートメーターの導入に対する行動インサイトの適用について調査する。
方　　法	6万1,000世帯以上を対象に、エネルギー公益事業会社4社が実施した複数の実験
適　　用	結果を利用して、政府はスマートメーターの導入に情報を取り入れた。

▶問題

「エネルギー消費に関する場合、消費者にとって消費パターンを具体的な電気器具やエネルギーを利用したサービスの利用に結びつけて考えるのは非常に困難な場合がある」（OECD, 2016, para 45）。「従来の電力メーターでは、消費データはリアルタイムではなく遅れて消費者に通知される。フィードバックの提供が少なく不十分であるため、利用者は特定の電気器具に電力を供給するのに必要なエネルギー量についても、そのようなエネルギーサービスを利用するのにかかる費用についても、明確に理解できていない。それが原因で、消費者は情報が不十分な状態で、エネルギーを最も効率よく消費しなければならなくなる」（OECD, 2016, para 45）。その結果、**現状維持バイアス、態度と行動のギャップ、フレーミング効果**のいずれもが、エネルギー消費に関する選択に影響を与える恐れがある（OECD, 2016）。

2007年から2011年にかけて、OFGEMは省エネの促進に対する行動インサイトの適用の可能性を実証するプロジェクトを実施した。スマートメーター導入のための英国政府によるイニシアティブの下、OFGEM主導のエネルギー需要調査プロジェクト（Energy Demand Research Project: EDRP）が創設され、エネルギー使用量に関する様々な形態の情報への消費者の反応を検証した。

▶介入

「実験は6万1,000世帯以上を対象に、エネルギー公益事業会社4社が実施した（AECOM, 2011）。個別に、またはまとめて評価された介入は」次の通りである（OECD, 2016, para 47）。

129

- エネルギー効率に関する**助言**

- エネルギー消費量の履歴**情報**（前期間とのエネルギー消費量の比較など）

- 類似世帯の消費量と比較した場合の消費者の消費量の**評価**

- **目標**を用いた消費者の参加（消費量削減努力）

- スマート電力・ガスメーター

- エネルギー使用量を表示する**リアルタイムディスプレイ装置**（節電を促すアラートなど）

- リアルタイムディスプレイ装置を一体化した暖房給湯システム制御

- 使用量の削減またはピーク需要時から低需要時への電力使用のシフトに対する**金銭的インセンティブ**（変動料金など）

- 情報提供のための他の**デジタルメディア**（ウェブサイト、テレビ）（AECOM, 2011）

▶**結果と影響**

「エネルギー消費量削減において最も功を奏した介入は、リアルタイム情報表示装置を一体化したスマートメーターの導入であることが判明した。実際、2つ（リアルタイム表示と類似世帯の消費量と比較した場合の評価――どちらも約1％の省エネにつながった）を例外として、スマートメーターの利用を伴わない介入は、有意なエネルギー節約を引き起こさなかった（OECD, 2016, para 48）。

「こうしたことから、スマートメーターが大きなエネルギー節約をもたらしたと考えられる1つの理由として、スマートメーターが消費履歴に関して実際にフィードバックを提供することで、消費者が長期的に学習できるようになったことが挙げられる。さらに、スマートメーターによる正確なデータのおかげで、エネルギー公益事業会社は消費者に推定量ではなく実際の消費量に基づいて請求を行うことができる」（OECD, 2016, para 49）。

「このプロジェクトからは、介入を組み合わせた方が効果が大きくなることも明らかになった。これは重要なことであり、研究者らは個々の行動インサイトの適用を個別に検証することで、具体的な効果を判断することができる。たとえば、スマートメーターをリアルタイムディスプレイ装置で補完すると大きな効果が生じ、リアルタイムディスプレイ装置がない場合よりも2～4％多くエネルギーが節約される。スマートメーターとリアルタイムディスプレイ装置を組み合わせることでプラス効果が生じるのは、リアルタイムディスプレイ装置がスマートメーターのみを用いた場合よりも、エネルギー消費量の**顕著性**と**表示頻度**と**正確性**を高めるためと考えられる」（OECD, 2016, para 50）。

▶機関

OFGEMは大臣を長としない政府から独立した非政府部門であり、ガス・電力分野を規制する機関である。その主目的は、公共投資の最大効果を引き出し、供給と持続可能性の保障を促進し、市場と競争を監督・育成し、政府の計画を統制・実施することによって、現在および将来の電力・ガス消費者の利益を保護することである。

資料

OECD（2016），"Behavioural Insights for Environmentally Relevant Policies: Review of Experiences from OECD Countries and Beyond"，OECD.

AECOM（2011），"Energy Demand Research Project: Final Analysis"，St Albans，https://www.ofgem.gov.uk/ofgem-publications/59105/energy-demand-research-project-final-analysis.pdf（2017年1月12日アクセス）.

第7章
行動インサイトの事例研究：環境

　本章では、OECD諸国とパートナー諸国において、環境にとって有益な持続可能な行動を促進するツールとして行動インサイトがどのように適用されてきたかについて、一連の詳細な事例研究を取り上げる。本章で提示する事例研究では、資源集約的な無作為化比較試験から、それほど資源集約的ではない文献レビューまで、幅広い実験的方法が用いられている。何が有効で何が有効ではないのかについてのオープンで透明性のある共有は、質の高い研究と研究結果の広範な共有を確保するのに不可欠である。

第7章

第 7 章　行動インサイトの事例研究：環境

節水のための社会規範と
フィードバックの提供についての検証

国	コスタリカ
分　　野	環境／水
機　　関	ガバナンス・グローバルプラクティス・グループ（Governance Global Practice: GGP）［世界銀行］／ラテンアメリカ・カリブ海地域総局（Latin America and Caribbean Unit: LAC）（当時は中央アメリカ諸国総局（Central America Countries Unit））［世界銀行］／ideas42
介入開始	2014年7月
介入終了	2014年7月
目　　的	節水の促進を目的とする行動情報を活用した3つの介入の効果を検証する。
方　　法	コスタリカのベレンで、無作為化比較試験（RCT）により、5,626世帯に行動情報に基づく3つの介入（地元地区との比較、市全体との比較、計画立案）の1つを行った。
適　　用	行動情報を活用した政策の適用が、水使用量を効果的に抑制するための価格と説得に基づくツールを補完するのに有効であることを実証する。

▶問題

　世界の水使用量は20世紀の間に6倍に増加した。人口増加・都市化の拡大・気候変動に拍車をかけられ、真水の不足と確保は政策立案者が直面している1つの重要課題と考えられている。国連は「2025年までに世界人口の3分の2以上が、水ストレス状態に陥った地域で暮らしているだろう」と予測している（Datta *et al.*, 2015: 2）。

　中南米のような水に恵まれた地域でも、こうした人口・経済圧力の影響からは逃れられない。中南米には世界の真水の31％近くが存在し、数十年間の給水制限の結果、中南米の94％で飲料水へのアクセスが改善されている。しかし、上述の人口・経済圧力を受けて、特に「家庭用水使用量が水消費量の大部分を占めるため、各家庭の水使用量の削減が政策立案者にとっての1つの重要な優先事項として浮上している」都市特有の状況において、政策対応が必要であると考えられる（Datta *et al.*, 2015: 2）。

　歴史的に見て、水保全を促進するための戦略では、「使用料の引き上げや増税などの**金銭的アプローチ**のほか、水不足への認識を高め、水保全を促すための**情報またはコミュニケーション活動**」に重点が置かれてきた（Datta *et al.*, 2015: 2）。行動経済学の適用における最近の進展によって、単純で低コストの**非金銭的行動介入**、すなわち「ナッジ」が、こうした従来のアプローチを補完するツールとして有効に機能しうることが示されている。

行動インサイトの事例研究：環境　第7章

　これを受けて、世界銀行のガバナンス・グローバルプラクティス・グループと中南米諸国総局、ideas42は、コスタリカのベレンでRCTを実施し、節水を促すための様々な行動介入を検証した。

▶介入

　この実験では、ベレンで水使用量を削減するための3つの行動介入を検証した。最初に利用したのは「2つの**ピア比較**であり、これによって世帯の水使用量を"ピア（同等の世帯）"と比較する。この場合のピアは1）地元地区（ベレンの6地区のうちの1つ）の平均的な世帯と、2）ベレン市の平均的な世帯と定義された。3つ目の介入は、**相対的な使用量を顕著化**し、**計画立案を促進して**……住民が水使用量を削減するために個人目標を設定し、具体的な計画を立てることを後押しした」（Datta *et al.*, 2015: 8）。

　研究者らは、現在の使用水準の顕著化と世帯の使用量を評価するための適切な基準の欠如という二重の問題に直面していたため、「適切な参照値と比較した水使用量について、住民にフィードバックを提供する」シールをデザインした（Datta *et al.*, 2015: 11）。これを活用して、2つのピア比較による介入を考案した。その内容は次の通りである。

1. **地元地区との比較**：水道料金請求書に貼られた鮮やかな色のシールで、地元地区の平均世帯の水使用量と比較した場合の住民の使用量について、直接的なフィードバックを提供した。2014年7月に地元地区の平均使用量を上回った世帯は、「泣き顔」のシールと、世帯の水使用量が地元地区の平均を上回っていることに注意を促すメッセージを受け取った。平均使用量を下回った世帯は、「笑顔」のシールとお祝いのメッセージを受け取った。

2. **市全体との比較**：参照値がベレン市の平均使用量である点を除き、"地元地区との比較"による介入と同じ。

　3つ目の介入（「計画立案」）では、明確な節水計画の欠如と計画立案のための情報不足も問題の一部であると考えられていたため、目標設定と目標推進に関する文献を利用した。この介入の対象となったグループには、2014年7月分の請求額を記載したハガキを送付して、ハガキに印刷されているワークシートに「［ハガキに］印字されている同月のベレンの平均世帯の使用量（**基準**の提供）と併せて、世帯の水使用量を記入する（**顕著化する**）」よう促した（Datta *et al.*, 2015: 13）。

　さらに、ハガキによって参加者に、個人の節水目標を設定し、水使用量の削減方法についての6つのヒントについて、実施しているものにチェックをつけるよう促した（たとえば、ガーデニング時の水使用量を制限する、歯を磨いている間は蛇口を閉める、など）。その目的は「水保全についての**明確な意思形成**と、そうした目標を達成するための計画によって、相対的な使用量を顕著化するのを補完する」ことであった（Datta *et al.*, 2015: 13）。

　サンプルは事業用・居住用分譲アパートの共同管理組合を除き、2014年4月、ベレンで家庭用水を使用している消費者の一覧から選ばれた。世帯は地区と2014年6月以前の12か月間の平均月間使用量のほか、配達ルート[1]によって分類され、3つの介入群と1つの対照群に無作為に分けられた。

135

第7章　行動インサイトの事例研究：環境

合計で5,626世帯が実験に参加し、3つの介入群（1介入群当たり1,399世帯）と、料金請求書に追加情報が何も記載されていない対照群（1,429世帯）に無作為に分けられた。

　ベレンで2014年7月の支払請求サイクルを対象に介入を実施して、調査結果を2014年8月および2014年9月に請求された平均水使用量と比較した。

▶結果と影響

　調査の結果、「介入群の世帯における平均水使用量が3つの介入群それぞれで、対照群の世帯よりも多く減少したが、差分の差分法では"地元地区との比較"と"計画立案"の介入のみは有意である」ことがわかった（Datta *et al.*, 2015: 16）。概して、「2014年8～9月の対照群と介入群両方の世帯の月間平均水使用量は、前年同時期の月間平均水使用量よりも少なかった。しかし、使用量の減少幅は、介入群の世帯の方がはるかに大きかった」（Datta *et al.*, 2015: 16）。

　2つのピア比較（地元地区および市全体との比較）の介入群に関して、報告書作成者らは、「地元地区との比較では、水使用量は対照群のそれの3.5～5.6％減少したが、市全体との比較では水使用量に関して有意な効果は見られなかった」ことを報告している（Datta *et al.*, 2015: 16）。また調査結果から、"計画立案"では、水使用量は対照群の水使用量と比較して、3.4～5.5％減少していることも明らかになった。

　さらに、この研究から"計画立案"が「使用量の少ない世帯に対して最も効果的であり、地元地区との比較による介入は使用量の多い世帯に対して最も効果的である」と考えられることが判明した（Datta *et al.*, 2015: 17）。

　報告書作成者らは、"地元地区との比較"と"計画立案"の介入群の推定値全体に見られた平均4～5％の減少は、これらの介入を市の個別従量制の全世帯に拡大する際のおおよその費用対効果分析に利用できることも示した。月間平均水使用量と当時の水道料金に基づき、調査結果から（世帯の観点から）金額ベースでの月間の節水量は、140万コスタリカ・コロン（2,600米ドル）から280万コスタリカ・コロン（5,200米ドル）と推定された。

　こうした介入を実施する際の追加費用（シールやハガキの印刷費用に相当、約400米ドル）を考慮して、実験から得られた便益費用比は6.5～13倍であった。このことが介入を市全体に拡大する正当な理由となると研究者らは述べている。

　調査結果によると、節水量に関しては「平均してベレンでは約6,720立方メートルの水が毎月節約されたと考えられる。この量は、入浴8万7,300回分、洗濯機の使用9万4,080回分、シャワー18万8,000回分、および食器洗い機の使用22万2,000回分に相当する。さらに、こうした水使用量の減少は、近い将来のベレンの大幅な水不足の発生を未然に防ぐことができる」という（Datta *et al.*, 2015: 17）。

行動インサイトの事例研究：環境　第7章

▶機関

世界銀行のガバナンス・グローバルプラクティス・グループは、被援助国による有能で、有効で、オープンで、包摂的で、説明責任を有する機関の確立を支援している。この活動は、各国が持続可能な成長を補強するのに不可欠であり、世界銀行の2つの目標である極度の貧困の撲滅と繁栄の共有の促進の心臓部である。強固な機関を有する国は、民間セクターの成長を促進し、貧困を削減し、有益なサービスを提供し、市民の信頼——人々が政府の意思決定に参加し、自分たちの声が反映されていると知ることができる場合に生まれる信頼関係——を得る環境を整えることによって繁栄する。

ガバナンス・グローバルプラクティスは世界銀行グループの召集力と学際的な専門知識を活用して、融資、知的リーダーシップ、蓄えた世界的な経験を提供し、各国が現実的な改革を展開してこうした複雑なガバナンスの問題に対処するのを支援している。

世界銀行のラテンアメリカ・カリブ海地域総局（2014年時点では中央アメリカ諸国総局）は、景気回復の基礎作り、インフラの改善、人的資本への投資、同地域の貧困層の保護に重点的に取り組んでいる。それには、繁栄の共有、経済成長の促進、持続可能なインフラの構築、貧困層と弱者への投資、回復力の確立とショックへの対応、透明性と説明責任に関するプロジェクトがある。

ideas42は非営利の設計・コンサルティング企業であり、行動科学から得られた洞察を用いて、社会における最も困難な問題のいくつかに対して、拡張可能な解決策を設計している。当初、ideas42は2008年にハーバード大学に設立され、様々な経歴や学問分野の専門家をまとめて、健康、教育、刑事司法、国際開発、政府の効率性の分野において、問題を解決するために世界各地でプロジェクトに従事している。

注

1. すべての世帯が同時に請求書を受け取ったわけではないが、請求書は「配達ルート」のスケジュールに従って作成された。各世帯は25のルートのうちの1つに属している。

資料

OECD (2016), "Behavioural Insights for Environmentally Relevant Policies: Review of Experiences from OECD Countries and Beyond", OECD, Paris.

Miranda, J. *et al.* (2015), "A Behavioural Approach to Water Conservation: Evidence from Costa Rica", *Policy Research working paper No. WPS 7283. Impact Evaluation series*, World Bank Group. Washington, D.C., http://documents.worldbank.org/curated/en/809801468001190306/A-behavioral-approach-to-water-conservationevidence-from-Costa-Rica （2017年1月12日アクセス）.

137

第7章　行動インサイトの事例研究：環境

買い換えから修理へ：電気電子機器廃棄物の削減に向けた
デフォルトオプションの変更

国	デンマーク
分　野	環境／電気電子機器廃棄物
機　関	北欧協力（Nordic Co-operation）／北欧理事会（Nordic Council）
介入開始	
介入終了	2016年──最終報告
目　的	電化製品の持続可能な消費を促す需要側対策を究明する。
方　法	調査と2種類の選択実験によって、新しい携帯電話を購入しようとしている19〜28歳の選択アーキテクチャに対して、積極表示とおとり選択肢が与える影響を検証する。
適　用	持続可能性の戦略的議論に対してナッジの利用に関する情報を与える。

▶問題

　「電子機器の消費が増加するにつれて、処分が必要な電気電子機器廃棄物の量も増えている。電化製品に使用されている材料を適切に処分しリサイクルすることは、そうした材料の抽出と廃棄に伴う環境と健康への影響を最小限に抑えるために特に重要である」（OECD, 2016, para 136）。

　こうした電子機器の消費量の増加傾向を相殺するために、大半の政策対応が基本に置いている生産者責任は、その販売によって生じた廃棄物を処分する責任を生産者に負わせている。この制度の理論的な利点は、生産者が「生産段階で回収とリサイクルにかかる費用を最小限に抑えるよう仕向ける」点である（Stefansdotter *et al.*, 2015: 85）。しかし、廃棄物の回収は共同責任であるため、「材料の使用を最小限に抑えようとする個々の企業の努力が全体に与える影響は小さい。利益が恩恵をもたらすのは制度の参加者全員であって、投資企業ではない」（Stefansdotter *et al.*, 2015: 85）。

　北欧理事会によるこの調査では、個人がより持続可能な選択ができるように、需要側（消費）をターゲットにした対策によって、供給側政策を補完する必要性が論じられている。そうした対策では、行動インサイトを活用して、「電化製品の購入を減らし、これまでより環境に優しい電化製品や長寿命の電化製品を購入し、所有している製品を長く使用し、電子機器の再利用とリサイクルを増やすよう消費者を促す」ことになるだろう（Stefansdotter *et al.*, 2015: 85）。

　この報告では、電子機器の持続可能な消費を拡大するために、**ナッジ**の利用、すなわち**選択アーキテクチャ**の変更が持つ可能性に重点を置いている。

行動インサイトの事例研究：環境　第7章

▶介入

「この調査では、関係する電化製品の種類（携帯電話か白物家電か）、消費プロセス・製品ライフサイクルの段階（購入か再利用かリサイクルの決定か）によって消費行動が異なることを認識している。さらに、電化製品の場合、消費者は属する人口層が異なれば選好も異なると考えられる。この分野に見られるそうした不均質性を考慮して、報告書作成者らは北欧諸国の19〜28歳の年齢層における携帯電話の消費に着眼することにした」（OECD, 2016, para 137）。

「調査は2段階で行われた。第1段階では、持続可能な消費を妨げる行動上の障害と意図的ではない行動について明らかにするため、デンマークの家電販売店で若年消費者のサンプルを対象に調査を行った。第2段階では、異なる行動インサイトの適用が携帯電話の購買決定に与える影響を検証するため、2つの選択実験を実施した」（OECD, 2016, para 138）。

「第1の実験では、2つのシナリオの下で携帯電話が壊れたという状況をシミュレーションした。1つ目のシナリオでは、消費者は新しい携帯電話を購入するか、壊れた携帯電話を修理するかを選択しなければならなかった。2つ目のシナリオでは、消費者は中古の携帯電話を購入するか、新しい携帯電話を購入するかを選択しなければならなかった」（OECD, 2016, para 139）。

調査が行われたナッジは、新しい携帯電話の購入に代わる2つの選択肢——すなわち手持ちの物を修理するか中古品を購入するか——の「**積極表示**」である。この実験の目的は、若年消費者が修理または中古品の購入に関心を持つかどうかを理解することであり、こうした選択肢は家電販売店で自発的に提供されてはいない。

「第2の実験では、明らかに望ましくない3番目の選択肢（たとえば、他の選択肢よりも高い携帯電話レンタルプログラム）を含めることによって、購入に代わる選択肢として、携帯電話のレンタルを選択する若者の割合を引き上げることを目指した」（OECD, 2016, para 141）。

ここでは、研究者らは**おとり**を利用することによって、レンタルの増加を促そうとしている。この選択実験の1つのバリエーションでは、検討中の携帯電話が「グリーン」であること、すなわち部品が特定の持続可能性基準を満たして調達されたことを明示した。

「おとり効果の理論的根拠は、どちらも客観的に他方よりも優れていない場合、2つの選択肢のどちらかを選ぶことが難しくなる可能性があるというものである。2つの選択肢の一方よりも客観的に劣る3つ目の選択肢を導入することで、選択は影響を受ける。たとえば、選択の際に、2番目のレンタル携帯電話よりも不利な条件のレンタル携帯電話を紹介して、1番目の携帯電話に注意を向けさせることができる」（Stefansdotter *et al.*, 2015: 87）。

▶結果と影響

調査の結果、たとえば「比較的多くの若者が、手持ちの携帯電話が壊れた場合、それを修理することができるかどうかを調べることなく、新しい携帯電話を購入することを選択する」ことがわか

139

第7章　行動インサイトの事例研究：環境

った（Stefansdotter *et al.*, 2015: 87）。また、若者は新しい携帯電話を購入する際、前回購入した店に行く傾向が強いことも明らかになった。さらに、若者は新しい携帯電話の環境コストについてある程度認識しており、「グリーン」な携帯電話の購入またはレンタルに前向きであることも判明した。

　実験から若者が持続可能な行動を好むように思われることがわかった。第1の実験の結果、1つ目のシナリオでは87％の消費者が、修理するという選択肢が店で提示された場合、修理を選択することが明らかになった。これは新しい携帯電話のみが提案されるベースラインシナリオよりも20ポイント高い。2つ目のシナリオでは、28.9％の消費者が中古の携帯電話を選択しており、ベースラインシナリオの7倍であった。こうした結果はいずれも統計的に有意であった。

　第2の実験の結果、62％の消費者が携帯電話のレンタルを選択したが、ベースラインシナリオでは38％だけであることがわかった。しかし、「グリーンな携帯電話」をおとりとして提示した場合、統計的に有意な結果は得られなかった。

　「こうした結果は、若年消費者が新しい携帯電話の購入に対する持続可能な代替案（壊れた携帯電話の修理、中古品の購入、レンタルなど）の検討に前向きであることを示している。しかし、こうした選択肢は当分、携帯電話市場では少なく、持続可能な行動の取り込みの妨げになる」（OECD, 2016, para 142）。携帯電話の小売業者は一般的には修理を提供せず、中古品の提供も限られている。そのため、こうした選択肢を強調することは、彼らの利益にならない。それどころか、企業に関係のない選択肢を強調すれば、店舗の売り上げの減少につながるだろう。したがって、生産者は持続可能な選択肢に投資するよりも、利益を増大させるためにもっと多くの携帯電話を販売したいと考えるのである。

　さらに、定期契約と計画的陳腐化は、「ソフトウェアの一定回数のアップグレード後、携帯電話を機能しなくさせ」（Stefansdotter *et al.*, 2015: 89）、持続可能な選択の促進を妨げる構造的障壁を作り出している。最後に、「急速な技術の発展によっても、携帯電話は実際に寿命を迎える前に時代遅れになってしまう」（Stefansdotter *et al.*, 2015: 87）。

また研究者らは北欧閣僚会議に次の3つの政策提言を行った。

1. 政府は持続可能性に関する戦略的な議論にナッジを含めるべきである。

2. 政策実施者は、政府が決定した持続可能性戦略を実現するのに適切であると判明した状況および方法において、ナッジを利用すべきである。

3. ナッジの効果を評価して、評価を念頭にどのように対策を設計すべきか執行者と意見を交換する。（Stefansdotter *et al.*, 2015: 90）

▶機関

　北欧協力は、世界で最も広範な形態の地域協力の1つであり、デンマーク、フィンランド、アイスランド、ノルウェー、スウェーデン、フェロー諸島、グリーンランド、およびオーランド諸島が

参加している。北欧協力は、北欧および地域全体の利益と価値観を促進する。北欧地域で価値観を共有することにより、同地域は世界で最も革新的で競争力を有する地域の1つになっている。

北欧閣僚会議は政府間協力のためのフォーラムである。その任務を監督するのは、北欧協力を担当する大臣と北欧理事会から選ばれたメンバーである。各国首相は相乗効果によって北欧諸国が恩恵を受けられる方法について、北欧閣僚会議の閣僚たちと対話を継続する。

北欧理事会は北欧地域における議会間の連携のための正式な機関である。1952年に創設され、加盟国から選ばれた87人のメンバーで構成されている。

資料

OECD (2016), "Behavioural Insights for Environmentally Relevant Policies: Review of Experiences from OECD Countries and Beyond", OECD, Paris.

Stefansdotter, A. *et al.* (2015), "Nudging för hållbar konsumtion av elektronikprodukter" [Nudging the sustainable consumption of electronic goods. Executive summary in English], https://www.copenhageneconomics.com/dyn/resources/Publication/publicationPDF/6/346/1458659704/fulltext01.pdf (2017年1月12日アクセス).

第7章　行動インサイトの事例研究：環境

> ## エネルギー効率の良い電化製品の購入を促すための
> ## エネルギー効率情報のフレーミング

国	EU10か国（フランス、ドイツ、ギリシャ、アイルランド、イタリア、オランダ、ポーランド、ポルトガル、ルーマニア、スウェーデン）
分　　野	環境
機　　関	欧州委員会・消費者・健康・農業・食料執行機関（Consumers, Health, Agriculture and Food Executive Agency: CHAFEA）（調査当時は健康消費者執行機関（EAHC））
介入開始	2013年
介入終了	2013年
目　　的	エネルギー効率の良い製品の選択を促すために、家庭電化製品のエネルギー性能に関するオンラインでの情報提供をどのように改善すればよいかを明らかにする。
方　　法	4つの異なるラベルデザインを用いた10か国1万1,764人の消費者を対象とするオンラインでの実験と調査
適　　用	オンラインショップでのエネルギー効率情報の表示に関して、政策に情報を提供する。

▶問題

　「エネルギー効率化指令の影響評価と改正との関連で、欧州委員会は種々のラベルデザインが消費者の理解と購買決定にどのように影響するのかを評価する全国調査を指示した」（London Economics and IPSOS, 2014、OECD, 2016, para 74）。欧州委員会は、エネルギー効率の良い製品の購入が少ないことが、表明された電力消費支出の削減要請と購買時の消費者行動とのずれを明示しており、購買時、エネルギー効率は吟味する様々な製品基準の1つにすぎない、ということに気付いた（OECD, 2016）。

　そのため、欧州委員会CHAFEA（調査当時はEAHC）はECORYS、ティルブルフ大学、GfKと共同で、「エネルギー効率の良い製品の選択を促すには、家庭電化製品のエネルギー性能に関するオンライン情報をどのように改善すればよいかを検証した」（ECORYS *et al.*, 2014: 7）。

　具体的には、CHAFEAは下記の2点を明らかにしたいと考えた。

1. 現在の詳細なエネルギー効率ラベルを、その効果を維持しつつ、限られた情報スペースの中で単純化し、状況に合わせるにはどのようにすればよいか？（OECD, 2016: 50）

2. オンラインショップで最初にエネルギー効率情報を表示すべきなのはいつか？　考慮集合形成の間か、それとも最終選択の間か？（OECD, 2016: 50）

行動インサイトの事例研究：環境　第7章

▶介入

エネルギー効率の良い製品の選択を促す各ラベルの効果を検証するため、EU10か国（フランス、ドイツ、ギリシャ、アイルランド、イタリア、オランダ、ポーランド、ポルトガル、ルーマニア、スウェーデン）の消費者1万1,764人を対象に、オンラインで実験と調査を実施した。

第1段階では、回答者は4つの電化製品（冷蔵庫、テレビ、洗濯機、電球）を販売するオンライン小売店での買い物をシミュレーションするオンライン実験に参加した。回答者は複数の製品選択肢から考慮集合を形成する（「考慮実験」）か、限られた製品選択肢から最終的に商品を決定する（「選択実験」）よう依頼された。

第2段階では、回答者はアンケートに回答した。その質問は回答者の生活環境（社会人口学的特性、購買行動）に関連しており、エネルギー効率情報への反応の差異について可能性のある説明を引き出そうとするものであった。この実験では、ラベルの内容に関連する仮説と、ラベルの情報の利用可能性と表示に関連する仮説の両方を検証した。

ラベルの内容に関して、実験の目的は種々のラベルデザインを比較して、行動情報を活用した次の仮説を検証することであった。

1. **説明効果**：表示内容を減らした（クラスのみを表示した）ラベルに（文字または視覚による）説明を追加することで、ラベルの効果が上昇する。

2. **基準枠効果**：表示内容を減らした（クラスのみを表示した）ラベルに基準枠を追加することで、特に最終選択段階においてラベルの効果が上昇する。

続いて、表示内容を減らした改良版のラベルを4つ作成し、対照群と比較する。

1. **クラスのみを表示したラベル**：製品のエネルギー効率を表す等級をアルファベットで表示する（A+++からDまで）。

2. **説明を追加したラベル**：1のラベルに「エネルギー」という文字によって説明を追加する。

3. **基準枠**：1のラベルに視覚描写（ピクトグラム）によって説明を追加する。

4. **説明と基準枠**：緑色の葉によって環境効率を視覚描写（ピクトグラム）で表す（緑色に塗られた葉が1枚の場合、最も環境効率が低く、5枚の場合、最も高い）。

情報の利用可能性と表示に関して、実験の目的は行動情報に基づく次の仮説を検証することであった。

1. **「情報効果」**：消費者はエネルギー効率情報が利用可能な場合、そうではない場合と比較して、エネルギー効率の良い製品を選択する傾向が強い。

2. **ラベル効果**：消費者はエネルギー効率情報が（ラベルによって）他の製品情報よりも目立っている場合、そうではない場合と比較して、エネルギー効率の良い製品を選択する傾向が強い。

143

3. **表示内容を減らしたラベルの効果**：消費者はエネルギー効率情報が表示内容を減らしてオンラインで表示されている場合、ラベルに詳細な情報が表示されている場合と比較して、エネルギー効率の良い製品を選択する傾向が強い。

4. **決定段階の効果**：エネルギー効率情報は最終選択段階よりも考慮集合形成段階において、選択に強い影響を与える。

5. **順序効果**：消費者はとりわけ考慮集合形成段階において、エネルギー効率の良い製品がウェブページの下部に表示されている場合と比較して、上部に表示されている場合の方が、エネルギー効率の良い製品を選択する傾向が強い。（ECORYS *et al.*, 2014: 8）

参加者は3つの対照群と2つの介入群に無作為に分けられた。3つの対照群は1）エネルギーに関する情報がない、2）エネルギー効率情報は標準文字で記載されていて目立たない、3）ラベルには詳細なエネルギー情報が表示されているの3つであった。介入群には考慮または選択のサブ実験を実施した。

▶結果と影響

「エネルギー効率情報が与えられなかった、または簡易化した情報を与えられた対照群で行われた選択と比較して、いずれのラベル案もエネルギー効率のより良い製品に対する考慮の程度を高めることにつながるとわかった」（OECD, 2016, para 80）。

調査結果は消費者選択の2つの段階で比較された。1つは考慮集合形成段階で、この段階では消費者は選択肢を少数に絞る。もう1つは最終選択段階で、この段階では消費者は考慮集合から最終選択を行う。

調査結果から、基準枠（3のラベル）が最も効果的であることがわかった。なぜならこのラベルによって消費者は、「購入を考えている電化製品の選択肢を、絶対的な表示（例：A等級の電化製品）またはピクトグラム表示によるラベルとは対照的に、最低等級から最高等級までの範囲で評価できる（例：A+++からDまでの等級を視覚的に表示している）」からである。考慮集合形成段階では、最もエネルギー効率の良い製品が選ばれる確率は平均61％であり、対照群では51％であった（全電化製品について考慮した）。最終選択段階では、その差はもっと小さかった。最もエネルギー効率の良い製品が選択される確率は68％であり、対照群では65％であった。どちらの結果も統計的に有意であった」（OECD, 2016, para 80）。

比較してみると、1のラベルの場合、考慮集合形成段階で最もエネルギー効率の良い製品が選択される確率は58％であり、最終選択段階では67％であった。2と4のラベルの場合、最もエネルギー効率の良い製品が選択される確率は、考慮集合形成段階ではそれぞれ56％と55％であり、最終選択段階ではそれぞれ65％と66％であった。すべての結果は統計的に有意であった。

▶機関

CHAFEA（調査当時はEAHC）は現在、EU健康プログラム、消費者プログラム、食品の安全性向上のためのよりよい訓練イニシアティブ（Better Training for Safer Food initiative: BTSF）、農産物振興プログラム（Promotion of Agriculture Products Programme）を実施している。CHAFEAは欧州委員会から委託された職務や活動の実施において専門的サービスを提供し、欧州委員会の保健・食品安全総局（DG Health and Food Safety）、司法・消費者総局（DG Justice and Consumers）、および農業・農村開発総局（DG Agriculture and Rural Development）と密接に協力している。

ECORYSは調査・コンサルタント・マネジメントサービスを提供する国際企業である。経済、社会・空間開発、および援助を専門としており、同社の業務を通じて社会に真の恩恵を提供している。

GfKは顧客に市場と消費者に関する情報を提供する国際企業である。同社の市場調査専門家は、同社の長年にわたるデータサイエンス分野での経験を生かして、100か国以上から現地の市況情報にマッチしたグローバルな洞察を提供している。

資料

OECD（2016）, "Behavioural Insights for Environmentally Relevant Policies: Review of Experiences from OECD Countries and Beyond", OECD, Paris.

ECORYS, Tilburg University and GfK（2014）, *Study on the effects on consumer behaviour of online sustainability information displays*, Brussels, doi: 10.2759/52063.

第7章　行動インサイトの事例研究：環境

燃料効率・排出量・維持費に関する情報のフレーミング

国	EU10か国（ベルギー、ドイツ、フランス、イタリア、オランダ、ポーランド、ルーマニア、スペイン、スウェーデン、英国）
分　野	環境／自動車の選択
機　関	欧州委員会・気候行動総局（European Commission Directorate-General for Climate Action: DG Clima）
介入開始	2013年
介入終了	2013年
目　的	販促資料の種々の自動車エコラベルと表示義務のある燃料効率情報の効果を検証する。
方　法	8,000人の回答者を対象にしたオンラインでの調査と実験、および405人の回答者を対象にした室内実験
適　用	自動車広告でのラベルと販促資料に関する欧州委員会と加盟国の規制に情報を提供する。

▶問題

　「自動車の購入に関して、消費者はしばしば**態度と行動のギャップ**を示す。自動車の環境影響を認識しており、燃費は自動車を選択する際の重要な基準であると話すものの、こうした態度は最終的に環境に優しい自動車の購買につながらない。自動車の燃費クラスと自動車の使用による環境影響との関連性について理解が不足していることも、その原因と考えられる」（OECD, 2016, para 97）。

　自動車の購買決定に与える影響への理解を深めるために、欧州委員会DG Climaは2013年、ロンドン・スクール・オブ・エコノミクスおよびパートナーコンソーシアムと協力して、燃料効率・二酸化炭素排出量・維持費の情報を提供する様々なタイプのラベルと販促資料の影響を評価した。この調査では、態度と行動のギャップによる影響のほか、**一貫性のない選択**（燃費の良い自動車がほしいと言いながらも、燃費の良くないモデルを購入すること）の影響、二酸化炭素排出量と燃料効率との関連性への**理解不足**の影響を検証することを目指した（Codagnone *et al.*, 2013: 6、OECD, 2016: 62）。

▶介入

　この調査はEU10か国での全国調査とオンライン実験、英国での室内実験の3つで構成されている。

　最初の作業は、文献レビューと10か国（ベルギー、ドイツ、フランス、イタリア、オランダ、ポーランド、ルーマニア、スペイン、スウェーデン、英国）での無作為サンプル800人、合計8,000人を対象にした予備調査であった。答えを引き出そうとした重要な問いは次の通りである。

146

行動インサイトの事例研究：環境　第7章

● どの要素が自動車購入プロセスに影響を与えるのか？

● 自動車の使用に伴う環境影響について、消費者はどの程度理解しているのか？

2つ目の作業はオンライン実験であり、1つ目の調査の後、同じ8,000人の回答者をサンプルとして実施した。この実験ではラベルの再検証と販促資料の検証を目的として、環境影響ラベルの代替デザインの検証に重点を置いた。サンプルは4つのサブサンプルに無作為に分けられ（スプリット・バロット法）、それぞれ同じ自動車（フォルクスワーゲン・ポロ）を見たが、同時に目にするラベルは、二酸化炭素排出量の表示方法が異なる次の4種類の簡易化されたラベルのうちの1つであった。

1. **相対的分類制度**：同一車両クラスの自動車と比較してランク付け

2. **絶対的分類制度**：全車両クラスの自動車と比較してランク付け

3. **複合的分類制度**：絶対的なランク付けと相対的なランク付けを併用

4. **ドイツの分類制度**：相対的分類制度の派生型

続いて参加者に、目にしたばかりの自動車ラベルについて4つの質問を行い、どのラベルが効果的かを検証した。質問は次の通りである。

● 「この自動車はどの程度環境に優しいと思いますか？」

● 「この自動車はどの程度燃料効率が良いと思いますか？」

● 「この自動車はほかの同種の自動車と比べて、どの程度環境に優しいと思いますか？」

● 「この自動車は今あなたが所有している自動車と比べて、どの程度燃料効率が良いと思いますか？」

上記の2つ目の作業に加えて、3つ目の作業として、ロンドン・スクール・オブ・エコノミクスのビヘイビアル・ラボ（Behavioural Lab）で405人の回答者を対象に室内実験を行い、ラベルと販促資料の効果を検証した。ラベルについて検証したのは次の点である。

● **標準的な要素**：形式は異なるが、現在使用されているラベルと販促資料の大部分にすでに含まれている要素。種々の二酸化炭素排出量分類制度（絶対的：全車両クラスの自動車と比較してランク付け、相対的：同一車両クラスの自動車と比較してランク付け、複合的：絶対的なランク付けと相対的なランク付けを併用）とそれらの表示形式（文字のみ、縦方向または横方向にレイアウトされたグラフ形式）など。

● **追加的な要素**：現在使用されているラベルと販促資料に含まれない、または数か国のみで使用されている要素。維持費に関する情報、二酸化炭素排出量に関する課税情報、同一車両クラスで最も燃費の良い自動車と比較して、ある自動車Xを購入することで節約できなくなる燃料費に関する情報など。（Codagnone *et al.*, 2013: 5）

第 7 章　行動インサイトの事例研究：環境

販促資料に関しては次の点を検証した。

- **一般的形式**：二酸化炭素排出量情報を提示するレイアウトに関して

- **追加的要素**：主に二酸化炭素排出量情報に維持費情報を組み合わせたレイアウトに関して

- **ウェブリンク**：この要素の有無（Codagnone *et al.*, 2013: 5）

研究者らはこれらの様々な介入の効果を多様な指標を用いて測定した。まず、消費者の支払い意欲を調査した（当該情報は、消費者がより環境に優しい自動車を購入する後押しになったか）。次に、消費者に自動車の「環境への配慮」と燃料効率に関して質問して、適切な情報の見つけやすさ・理解しやすさ・想起について、自己報告・確立された認知の程度を記録した。消費者の回答を用いて、ラベルと販促資料において情報がどの程度見つけやすく理解しやすいかを推定した。

オンライン実験も室内実験も、無作為化比較試験として設計し、参加者を（上記の情報を受け取る）1つの介入群か1つの対照群に分けた。

▶結果と影響

研究者らは調査から、認識の点では、「ヨーロッパの人々は自動車による汚染が原因の環境問題について認識しており、無関心ではない」ため、行動バイアスによる干渉を確認した（Codagnone *et al.*, 2013: 88）。調査参加者の33％が次は電気自動車またはハイブリッドカーを買うつもりだと述べたが、調査結果からは、現在ハイブリッドカーまたは電気自動車を所有している参加者は1.9％のみであることがわかった。また「回答者の50％以上が、温室効果ガスの40％以上が自動車による汚染に由来していると考えている」（Codagnone *et al.*, 2013: 88）。そして、回答者の大多数は、自分たちの行動が環境に影響を与える可能性があると考えていた。

さらに、調査の結果、態度と行動のギャップが確認された。調査によって、「自動車の購買決定に与える影響の重要性の点で、環境への懸念は他の10の主要要素（価格、安全性、性能など）の後に来る」ことが判明した（Codagnone *et al.*, 2013: 88）。また、回答者の大多数は、通勤には別の交通手段よりも自家用車の方がいいと回答した。そして、消費者は「まず車両クラスを選択し、モデルを絞り込むときにだけ、環境への配慮に関する要素を考慮に入れる場合もある」こともわかった（Codagnone *et al.*, 2013: 88）。

さらに、調査から次の点も明らかになった。

- 回答者の過半数がラベルについてよく知らない。

- ラベルは理解しやすい、という記述に、40％がそうは思わないと回答した。

- 自動車ラベルを見慣れていない、という記述に、44.5％がそう思うと回答した。

- 多数の人が環境ラベルを製品の信頼性を象徴するものだと誤解していた。（Codagnone *et*

al., 2013)

　室内実験とオンライン実験に関して、研究者らはラベルからは概して体系的な結果が得られなかったことを明らかにした。つまり、何が有効で何が有効ではないのか、はっきりしたイメージを摑むことができなかったのである。室内実験でもオンライン実験でも統計的に有意な効果が示されていたが、介入や評価基準、エンジンのタイプに関して一貫性は見られなかった。

　しかし、二酸化炭素排出量分類制度とナッジに関して、研究者らはラベルからいくつか結論的な結果を得た。分類制度に関して、排出量情報の認知処理を考慮した場合、「絶対的な制度は他の制度よりも概して有効性が高く、望ましい確実な選択肢である」ことを明らかにした（Codagnone *et al.*, 2013: 9）。さらに、燃費に関連させたナッジの方が、排出量に関連させたナッジよりも効果があることがわかった。具体的には、両方の実験から、節約できなかった燃料費用の情報に関連させたナッジ、様々な形式で表示した維持費、電力消費量（電気自動車の場合のみ）に関する情報、ハイブリッドカー専用の2つの形式による消費量の情報が、かなり有効であることが判明した（Codagnone *et al.*, 2013）。販促資料に関する調査結果と合わせて、研究者は維持費（1マイルまたは1キロメートル当たりで表示した形式と、5年当たりで表示した形式両方とも）が検証した中で最も有効性が高いという結論を下した。

　販促資料に関して、研究者らはラベル同様、体系的ではないが、「ラベルに関するナッジと比較して、統計的に有意な効果をより多く」確認した（Codagnone *et al.*, 2013: 9）。また変数全体で有意な効果を見いだした。最も効果的な介入は、二酸化炭素排出量をグラフで表示したものと、5年当たりの維持費を示すより幅の広い要素の使用であった。逆に、ウェブリンクは対照的な効果を有し、調査結果は「このナッジの全体的な有効性に関して結論的ではなかった」（Codagnone *et al.*, 2013: 9）。

　こうした調査結果が得られた原因として、研究者らは検証したナッジが「ある程度は情報過多になっており、相反する効果をもたらした」（Codagnone *et al.*, 2013: 10）という仮説を立てた。さらに、「販促資料の視覚刺激の方が、ラベルの視覚刺激よりもシンプルであるため、処理と利用が容易であると考えられる」（Codagnone *et al.*, 2013: 10）。研究者らは、それが販促資料の方が統計的に有意な結果が多く得られた原因と考えられると説明している。

　さらに、他の2つの要素も販促資料の有効性を高めている。1つは、介入群の間にも、介入群と対照群の間にも、ラベルの場合より大きな差が存在したことである。もう1つは、販促資料は消費者にとってラベルよりも馴染みがあるようで、そのことによって信頼性が高く理解しやすいものになっている。

　結論として、この調査は委員会と加盟国に「最も効果的で最も理解しやすいラベルを使用して、理解を徐々に改善して認知度と信頼性を高め、最終的にはラベルの使用に勢いを与えるべきである」（Codagnone *et al.*, 2013: 12）と提言した。また、より燃料効率の高い自動車の購入を消費者に促すために、販促資料を活用することが重要である。最後に、この調査はラベルのデザインに関して多数の提言を行った。

▶機関

　DG ClimaはEUおよび国際レベルで気候変動と闘うための欧州委員会の取り組みを主導している。その使命は気候に関する政策と戦略を作成・実施し、気候に関する国際交渉で主導的役割を担い、EUの排出権取引制度（EU ETS）を実施し、EU加盟国の国家排出量を監視し、低炭素技術と適応措置を促進することである。

資料

OECD（2016）, "Behavioural Insights for Environmentally Relevant Policies: Review of Experiences from OECD Countries and Beyond", OECD, Paris.

Codagnone, C., F. Bogliacino and G. Veltri（2013）, "Testing CO_2 / Car Labelling Options and Consumer Information", London School of Economics and Partner Consortium, https://ec.europa.eu/clima/sites/clima/files/transport/vehicles/labelling/docs/report_car_labelling_en.pdf（2017年1月12日アクセス）.

行動インサイトの事例研究：環境　第7章

食品廃棄物を削減するための
消費者による持続可能性情報の利用

国	イタリア
分　　野	環境／持続可能性
機　　関	欧州委員会・消費者・健康・農業・食料執行機関（Consumers, Health, Agriculture and Food Executive Agency: CHAFEA）
介入開始	2015年6月30日
介入終了	2015年7月6日
目　　的	食品の持続可能性——特に持続可能な食品の購入——に関して、消費者の選択を検証する。
方　　法	ミラノ国際博覧会の来場者303人を対象にした現地実験により、未来型スーパーマーケット（Supermarket of the Future）の見学中に、持続可能な行動の活性化と情報増加の効果の適用を検証する。
適　　用	食品の持続可能性に関して消費者の選択に関わる今後の政策に情報を提供する。

▶問題

　この現地実験は、食品の持続可能性に関して消費者の選択を検証するためのより広範な行動科学的研究の一環として、2015年のミラノ国際博覧会で来場者を対象にCentERdata、GfK、ECORYSがCHAFEAに代わって実施した。この調査はより広範な行動科学的研究の一環として、食品の持続可能性に関する消費者の選択を検証している（他の事例研究については、「食品廃棄物と賞味期限／製造日」および「食品廃棄物削減のための日持ちと真正性に関する情報のフレーミング」を参照）。

　ミラノ国際博覧会では、コープ・イタリア（Coop Italia）の未来型スーパーマーケットが、多種多様な商品カテゴリーと最小在庫管理単位を用いた大規模スーパーマーケットとして設営された。このスーパーマーケットのユニークな点は、来場者が商品を指差すとインタラクティブ（双方向型）スクリーンに商品情報が表示され、詳しい商品情報を得られるところである。このスクリーンには商品ごとに次の7つの情報が表示される。

1. 価格情報

2. 商品の来歴

3. 使用原材料の生産地

4. 栄養価

5. アレルギー情報

151

第7章　行動インサイトの事例研究：環境

6. 環境情報と二酸化炭素排出量

7. 有機栽培や持続可能性を示すロゴ

この調査の全体目標は2つある。研究者らは「インタラクティブスクリーンに表示される**情報**が消費者の意思決定に利用されているのかどうか、どのように利用されているのか——もっと具体的には——革新的でインタラクティブな方法で持続可能性に関する情報に接することで、より持続可能な食品選択につながるかどうかを調査」しようとした（ECORYS, Tilburg University and GfK, 2015: 10、OECD, 2016: 70）。

一般的に、消費者は持続可能性を前向きに考えている。しかし、「持続可能性に関する情報が実際に消費者の行動に影響を与えるには、そうした情報は、1）注目され整理され、2）正確に解釈され理解され、3）（商品の他の特徴と比較して）十分に重要だとみなされなければならない」（ECORYS *et al.*, 2015: 10）。

そのため、調査の中心は、「持続可能性情報に触れることが消費者の選択にどのような影響を与えるのかについて、より深い洞察を得ることであり、この調査では未来型スーパーマーケットの来場者にアンケートを行い、未来型スーパーマーケットでどの程度持続可能性情報に注意を払ったか、食品を選択する際、持続可能性をどの程度重要な要素とみなしたか、持続可能性情報に触れることが、消費者の現在と今後の持続可能性に関する選択に影響を与えるかどうかを確認した」（ECORYS *et al.*, 2015: 10）。

▶介入

この介入では、博覧会来場者303人を対象に、持続可能性に関する情報の影響を検証した。実験は次の3段階で構成された。

1. 持続可能性に関する予備作業：食品以外の多様なカテゴリーの一連の商品から、最も持続可能な商品を選択するよう消費者に依頼した。さらに、見込まれる行動が持続可能性を高めるかどうかを判断するよう依頼した。予備作業の目的は、「食品以外の分野での持続可能な行動が、食品の分野に波及するかどうかを調査する」ことであった（ECORYS *et al.*, 2015: 10）。

2. 未来型スーパーマーケットを見学：そうすることで消費者は情報を提供するインタラクティブスクリーンを体験する。

3. 見学後のアンケート調査：どの程度「参加者がスーパーマーケットで持続可能性情報に注意を払ったか、食品を選択する際、持続可能性をどの程度重要な要素とみなしたか、持続可能性情報に触れることが、消費者の現在と今後の持続可能性に関する選択に影響を与えるかどうか」を確認することである（ECORYS *et al.*, 2015: 10）。このアンケート調査は、未来型スーパーマーケットの出口（介入群）と博覧会会場の別の場所（対照群）で実施した。ま

行動インサイトの事例研究：環境　第7章

た回答者に、3つの慈善事業（2つは食品の持続可能性に関する事業で、1つはそうではない事業）の1つに寄付をしたいかどうかも質問した。

参加者を1グループ約100人の3つのグループ——2つの介入群と1つの対照群——に分けた。1番目の介入群（グループ1）は実験の3段階すべてに参加した。2番目の介入群（グループ2）は予備作業を行わずに未来型スーパーマーケットを見学し、見学後のアンケート調査に回答した。3番目のグループ（グループ3）——対照群——は、博覧会会場の別の場所で見学後のアンケート調査に回答した。

研究者は次の推測を立てた。

● 未来型スーパーマーケットを見学した消費者（グループ1および2）の方が、見学していない消費者（グループ3）よりも、1）持続可能性情報を重要だと感じ、2）今後、食品を選択する際に持続可能性情報を活用する可能性が高く、3）今後はより持続可能な食品を選択することに高い意向を示し、4）食品の持続可能性に関する慈善事業に対してより多くの寄付を行う。

● 持続可能性に関する予備作業を行った見学者（グループ1）の方が、予備作業を行っていない見学者（グループ2）よりも、1）持続可能性情報に多くの注意を払い、2）持続可能性情報を重要だと感じ、3）今後、食品を選択する際に持続可能性情報を活用する可能性が高く、4）今後はより持続可能な食品を選択することに高い意向を示し、5）食品の持続可能性に関する慈善事業に対してより多くの寄付を行う（プラスのスピルオーバー効果）（ECORYS *et al.*, 2015: 11）。

▶結果と影響

この調査全体として、まず持続可能性に関する予備作業は消費者にとって難しいものであったことがわかった。参加した100人の消費者のうち、作業を完璧にこなしたのは6人だけであり、一部のみ正しい選択をしたのは41人であった。一方、「実験を受けたすべてのグループが、過去1年間の（旅行、レジャー、家庭用品、食品における）購入と選択において、比較的環境に配慮していたことを示唆していた（全体平均＞5.12、7段階評価）。さらに、非常に環境に配慮しているという自己意識を持っていると自ら考えている（平均＝5.40、7段階評価）」（ECORYS *et al.*, 2015: 11）。

見学者が最も注意を払った要素に関しては、消費者が注目しやすいのは、持続可能性情報よりも価格と栄養価、原材料の生産地であることが調査からわかった。同様に、消費者にとって持続可能性よりも価格と栄養価の方が重要であることも明らかになった。

研究者らは食品分野へのプラスのスピルオーバー効果を示すエビデンスを得ることはできなかった。予備作業に参加したかどうかで、見学者が持続可能性情報に払った注意にも、意思決定プロセスにおける持続可能性の重要度にも、差異はなかった。さらに、未来型スーパーマーケットに足を運んだ者とそうではない者との間にも、差異が見られないことが明らかになった。このことから、未来型スーパーマーケットが持続可能性の重要性も顕著性も向上させなかったことがわかる。

153

第7章 行動インサイトの事例研究：環境

しかし、研究者らは、未来型スーパーマーケットが食品選択と持続可能性に関して、消費者の決定に対する長期的なプラス効果の引き金となったと考えられることを明らかにした。今回の調査からわかったこととして、「消費者は今後、他の属性の情報（価格、栄養価、原材料の生産地）よりも、持続可能性情報に比較的大きな重点を置く意思がある。また、未来型スーパーマーケットの見学者の方が、見学していない来場者よりも、今後の買い物に際して環境への懸念を考慮する意向が強い」（ECORYS et al., 2015: 13）。

判明したもう1つのプラス効果は、未来型スーパーマーケットの見学者の方が、持続可能性に関する慈善事業に多くの寄付を行い、見学していない来場者はすべての事業に比較的均等に寄付を行うということであった。

したがって、この実験から得られた調査結果により、消費者は持続可能性を理論的なレベルでは行動に取り入れているが、持続可能性を具体的な行動に取り入れる方法については、食品以外の分野で持続可能な選択を行うほどには確信を持っていないことが明らかになった。この調査は、今後の研究では「具体的なアクションを起こしてより持続可能な行動を取るよう消費者を教育するには、どのような方法が効果的かを調査する」べきであると報告している（ECORYS et al., 2015: 16）。

▶機関

CHAFEA（調査当時はEAHC）は現在、EU健康プログラム、消費者プログラム、食品の安全性向上のためのより良い訓練イニシアティブ（Better Training for Safer Food initiative: BTSF）、農産物振興プログラム（Promotion of Agriculture Products Programme）を実施している。CHAFEAは欧州委員会から委託された職務や活動の実施において専門的サービスを提供し、欧州委員会の保健・食品安全総局（DG Health and Food Safety）、司法・消費者総局（DG Justice and Consumers）、および農業・農村開発総局（DG Agriculture and Rural Development）と密接に協力している。

ECORYSは調査・コンサルタント・マネジメントサービスを提供する国際企業である。経済、社会・空間開発、および援助を専門としており、同社の業務を通じて社会に真の恩恵を提供している。

GfKは顧客に市場と消費者に関する情報を提供する国際企業である。同社の市場調査専門家は、同社の長年にわたるデータサイエンス分野での経験を生かして、100か国以上から現地の市況情報にマッチしたグローバルな洞察を提供している。

CentERdataはティルブルフ大学構内に置かれた研究機関であり、人間と社会に関する分野での研究問題に答えを出すことを使命としている。学術コミュニティ、公共機関、民間セクターに代わって、最新の世論調査や複雑な政策課題、定性調査や定量調査を対象に研究活動を実施している。信頼できるデータを収集・分析し、普及させるほか、より良い未来のためにモデルを開発して予測を行っている。また、（パネル）調査を支えるソフトウェアツールの開発に豊富な経験を有している。

資料

OECD（2016），"Behavioural Insights for Environmentally Relevant Policies: Review of Experiences from OECD Countries and Beyond", OECD, Paris.

ECORYS, Tilburg University and GfK（2015），*Milan BExpo 2015: A behavioural study on food choices and eating habits, Brussels*, doi: 10.2838/537411.

第7章　行動インサイトの事例研究：環境

食品廃棄物と賞味期限／製造日

国	イタリア	
分　野	環境／持続可能性	
機　関	欧州委員会・消費者・健康・農業・食料執行機関（Consumers, Health, Agriculture and Food Executive Agency: CHAFEA）	
介入開始	2015年6月30日	
介入終了	2015年7月6日	
目　的	食品の持続可能性──特に食品表示における「消費期限」と「賞味期限」の誤解とそれが家庭レベルでの食品廃棄物に与える影響──に関して、消費者の選択を検証する。	
方　法	ミラノ国際博覧会の来場者500人を対象にした室内実験によって、表示の異なるラベルを用いて食品と賞味期限の情報提供を検証する。	
適　用	食品の持続可能性に関して消費者の選択に関わる今後の政策に情報を提供する。	

▶問題

「世界全体では、人が消費するために作られた食品のおよそ3分の1が、無駄にされたり廃棄されたりしており、その量は年間約13億トンに上っている。ヨーロッパでは、まだ食べられる食品の約34％が消費者によって廃棄されており、1人当たりに換算すると1年当たり約95kgになる。食料チェーンの持続可能性を高めるために、家庭からの食品廃棄物を削減する必要がある」（ECORYS *et al.*, 2015: 17）。食品の持続可能性に関する消費者の選択について研究する目的で、2015年のミラノ国際博覧会で来場者を対象にCentERdata、GfK、ECORYSがCHAFEAに代わって、行動科学的調査を実施した。

食品廃棄物が生じる原因として、「消費期限」と「賞味期限」の意味について消費者が誤解していることが挙げられる。現在、「保存が利く」とみなされている食品（砂糖、塩、米、パスタなど）はそうした表示の対象外である。そのため、「保存が利く」とみなされている食品の数を増やすことが、1つの解決策になる可能性がある。しかし、そのためには、「賞味期限」表示の除去などがもたらす消費者行動への影響について、特に消費期限表示のない食品の品質と日持ちに対する消費者の認識への影響について、もっと研究する必要がある。

そこでこの調査では、「消費者が食品棚に長い間保管していた、品質保持期限の長い保存の利く食品を、使用するか廃棄するかについての消費者の決定について、またそうした行動が食品表示に日付（賞味期限、製造日）が**表示**されている場合と、食品のパッケージに賞味期限が表示されていない場合に受ける影響について調査する」ことを目的とした（ECORYS *et al.*, 2015: 17）。この実験

行動インサイトの事例研究：環境　第7章

はより広範な行動科学的研究の一環として、食品の持続可能性に関する消費者の選択を検証している（他の事例研究については、「食品廃棄物を削減するための消費者による持続可能性情報の利用」および「食品廃棄物削減のための日持ちと真正性に関する情報のフレーミング」を参照）。

▶介入

この実験では、ミラノ国際博覧会への500人の来場者（ほとんどがイタリア人）を対象に、2つの食品に対して、「4つのタイムポイントでの1）食品を使用／保存したいか廃棄したいか、2）食品の品質に対する認識、3）食品の安全性に対する認識」（ECORYS *et al.*, 2015: 17）を回答してもらった。参加者が食品について判断する際に用いたのは、「賞味期限、日付印なし、製造日のいずれかであった。さらに、一部の消費者は、賞味期限経過後の保存可能期間が短いと考えられている保存の利く食品（パスタソースとオレンジジュース）と、賞味期限経過後の保存可能期間が長いと考えられている保存の利く食品（コーヒーとパスタ）についても評価を行った」（ECORYS *et al.*, 2015: 17）。

研究者らは賞味期限を挟んで4つのタイムポイントを設定した（保存可能期間が短い場合は、賞味期限の前後半年、保存可能期間が長い場合は、賞味期限の前後1年）。回答者の賞味期限についての理解、廃棄する確率、食品の安全性に対する認識、食品の品質に対する認識への回答に応じて、結果を評価した。

▶結果と影響

全般的な調査結果から「参加者のうち、賞味期限の意味として3つの選択肢から正しい答えを選ぶように言われた際、正解を選んだのは47％だけであった」（ECORYS *et al.*, 2015: 18）。このことから、賞味期限についての理解を向上させることができるとわかる。

廃棄する確率に関して、消費者に賞味期限、製造日、日付印なしという条件で、こうした重要な日付に対するおおよその保存可能期間を併せて表示し、その食品を廃棄するかどうかを回答してもらった。賞味期限に関して、概して「消費するまでに消費者が一般的にどのくらいの期間、保存可能期間の長い腐敗しにくい食品を食器棚に保存しておくかに大きく左右されるため、賞味期限よりも日付印なしが望ましいかどうかを判断するのは困難である」ことが調査からわかった（ECORYS *et al.*, 2015: 19）。

製造日に関して、調査から観察されたのは「保存可能期間の短い食品の場合、消費者は日付印がないときと同様の反応をするということである。しかし、保存期間の長い食品の場合、製造日は日付印なしと比較して、最初のタイムポイントから相対的に高い廃棄率につながっている。つまり、製造日の印字は、日付印なしと賞味期限表示と比較して、最も好ましくない選択肢ということになる」（ECORYS *et al.*, 2015: 19）。

食品の安全性に対する認識に関して、賞味期限を迎える前は、賞味期限が印字された食品は、日付印なしまたは製造日が印字された同様の食品よりも、安全性が高いとみなされている。そのため、

157

第7章 行動インサイトの事例研究：環境

「食品における賞味期限の表示は、日付印なしの食品または製造日が印字された食品よりも、食品を消費しても安全だという認識が高くなっている」（ECORYS *et al.*, 2015: 20）。賞味期限経過後は、「日付印なしの方が賞味期限・製造日表示よりも望ましい」（ECORYS *et al.*, 2015: 20）。

最後に食品の品質に対する認識に関して、賞味期限を迎える前は、賞味期限が食品に表示されていることは、日付印なしの食品や製造日の印字された食品よりも、品質が高いと認識される結果につながっている。賞味期限経過後は、日付を印字しない方が、賞味期限と製造日を表示するよりも効果的である。

以上のことから、2つの重要な結論が導き出せる。

- 賞味期限前は、食品に賞味期限を表示する方が良いようだ（他の場合よりも廃棄率が低く、食品の品質と安全性に対する認識が高い）。しかし、長期的には（すなわち、賞味期限経過後）、食品には日付印がない方が良い。こうした傾向は、保存可能期間が長いと考えられている食品に関して、さらに顕著である。

- 食品への製造日の表示は廃棄を減少させない。保存可能期間が短いと考えられている食品の場合、製造日の表示は日付印のない食品ほど廃棄を減少させる効果はない。また、保存可能期間が長いと考えられている食品の場合、製造日の表示を加えても、賞味期限が表示された食品や日付印のない食品と比較して、廃棄がさらに減少することはない（ECORYS *et al.*, 2015: 23）。

しかし、こうした実験は主にイタリアでの小サンプルを対象に実施されたため、他の国でもっと大きなサンプルサイズを対象に反復することが有用であろうと研究者らは述べている。

▶機関

CHAFEA（調査当時はEAHC）は現在、EU健康プログラム、消費者プログラム、食品の安全性向上のためのより良い訓練イニシアティブ（Better Training for Safer Food initiative: BTSF）、農産物振興プログラム（Promotion of Agriculture Products Programme）を実施している。CHAFEAは欧州委員会から委託された職務や活動の実施において専門的サービスを提供し、欧州委員会の保健・食品安全総局（DG Health and Food Safety）、司法・消費者総局（DG Justice and Consumers）、および農業・農村開発総局（DG Agriculture and Rural Development）と密接に協力している。

ECORYSは調査・コンサルタント・マネジメントサービスを提供する国際企業である。経済、社会・空間開発、および援助を専門としており、同社の業務を通じて社会に真の恩恵を提供している。

GfKは顧客に市場と消費者に関する情報を提供する国際企業である。同社の市場調査専門家は、同社の長年にわたるデータサイエンス分野での経験を生かして、100か国以上から現地の市況情報にマッチしたグローバルな洞察を提供している。

CentERdataはティルブルフ大学構内に置かれた研究機関であり、人間と社会に関する分野での研究問題に答えを出すことを使命としている。学術コミュニティ、公共機関、民間セクターに代わって、最新の世論調査や複雑な政策課題、定性調査や定量調査を対象に研究活動を実施している。信頼できるデータを収集・分析し、普及させるほか、より良い未来のためにモデルを開発して予測を行っている。また、（パネル）調査を支えるソフトウェアツールの開発に豊富な経験を有している。

資料

OECD（2016）, "Behavioural Insights for Environmentally Relevant Policies: Review of Experiences from OECD Countries and Beyond", OECD, Paris.

ECORYS, Tilburg University and GfK（2015）, *Milan BExpo 2015: A behavioural study on food choices and eating habits*, Brussels, doi: 10.2838/537411.

第7章　行動インサイトの事例研究：環境

食品廃棄物削減のための日持ちと真正性に関する
情報のフレーミング

国	イタリア
分　野	環境／持続可能性
機　関	欧州委員会・消費者・健康・農業・食料執行機関（Consumers, Health, Agriculture and Food Executive Agency: CHAFEA）
介入開始	2015年6月30日
介入終了	2015年7月6日
目　的	食品の持続可能性——特に消費者による見た目の悪い食品の受容性の向上を可能にする要素の明確化——に関して、消費者の選択を検証する。
方　法	ミラノ国際博覧会の来場者500人を対象にした室内実験により、説得的メッセージとフレーミングが、見た目の悪い食品を購入するという消費者の選択に与える効果を検証する。
適　用	食品の持続可能性に関して消費者の選択に関わる今後の政策に情報を提供する。

▶問題

　西洋社会では大量の食品が浪費されている。平均して「生産された食料全体の3分の1から2分の1が、人に消費されるのではなく、廃棄されたり、肥料として使われたり、動物に与えられたりしている」（ECORYS *et al.*, 2015: 25）。食品が廃棄される1つの原因は、味と品質は変わらないのに、見た目が悪いためにそうした農産物（青果物）の受容と購入を消費者が嫌がることにある。さらに、食品小売業者は——欧州連合の品質・美的基準を満たしているにもかかわらず——見た目の悪い農産物を仕入れないが、それは「食品小売業者は青果物に対して、高い美的基準を使い続ける傾向にある」（ECORYS *et al.*, 2015: 25）からである。

　食品小売業者が見た目の悪い農産物を仕入れたがらない理由として、主に2つの理由がある。1つの理由は、営業上の視点から、「通常の形と大きさの生産品は、形や大きさが不揃いの生産品と比較して、貯蔵や配送が容易であり、ロジスティクスプロセスに効率性が生じる」（ECORYS *et al.*, 2015: 25）ということである。もう1つの理由は、食品小売業者の主張によると、顧客は見た目の良い食品を好むため、「見た目の悪い食品は見た目の良い食品よりも一般的に約30％低い価格で販売する」（ECORYS *et al.*, 2015: 25）ということである。そのため、消費者の受容性の低さが、小売業者が見た目のより良い農産物を仕入れる原因になっている。

　この調査は、どのようにすれば見た目の悪い食品に対する消費者の受容性を高められるかを理解するため、2015年のミラノ国際博覧会で来場者を対象にCentERdata、GfK、ECORYSがCHAFEAに代わって実施した。一般的に、消費者の受容性を高めるためには、見た目の良い農産物よりも見

160

行動インサイトの事例研究：環境　第7章

た目の悪い農産物の価格を引き下げる。しかし、その結果、見た目が原因で農業生産者は利幅が小さくなり、価格の引き下げは、消費者が低価格の食品だから捨てても問題ないと感じやすくなるため、往々にして食品廃棄物の増加につながる。

　具体的には、研究者らは「**説得的メッセージ**を代替手段として利用することで、見た目の悪い青果物の価格を割り引く必要性を低減できる」（ECORYS *et al.*, 2015: 25）かどうかを調査しようとした。さらに、研究者らは「**値下げ**と**メッセージ・フレーミング**が、見た目の悪い食品の品質と味に対する消費者の認識に与える影響」（ECORYS *et al.*, 2015: 25）を分析した。この実験は、より広範な行動科学的研究の一環として、食品の持続可能性に関する消費者の選択を検証している（他の事例研究については、「食品廃棄物を削減するための消費者による持続可能性情報の利用」および「食品廃棄物と賞味期限／製造日」を参照）。

▶介入

　研究者らが検討したのは、**食品の廃棄に反対するメッセージ**と**真正性を伝えるメッセージ**である。食品の廃棄に反対するメッセージでは、「見た目の悪い食品を受け入れよう：食品廃棄との闘いに参加しよう」（ECORYS *et al.*, 2015: 25）など、外発的動機付けが購買行動に与える影響を検証しようとした。こうしたメッセージは見た目の悪い農産物を購入する動機付けを与えるが、見た目の良い食品を好むバイアスを除去する可能性は低い。一方、真正性を伝えるメッセージ――つまり、見た目の悪い方が自然で偽りのない本当の姿――は、見た目の悪い農産物を購入する内発的動機付けを与え、「見た目の良い食品と比較して、見た目の悪い食品の方が質と味に対する認識が良くなることさえありうる」（ECORYS *et al.*, 2015: 25）。

　この実験では、ミラノ国際博覧会の来場者500人（ほとんどがイタリア人）に、見た目の良い食品と同価格、15％と中程度の値下げをした価格、30％と大幅な値下げをした価格のいずれかで、見た目の悪い食品を提示した。そして、説得的メッセージなし、以下のメッセージのうちの1つのいずれかを提示した。実験は2×3の被験者間計画とした。

- **食品の廃棄に反対するメッセージ**：「見た目の悪い食品を受け入れよう：食品廃棄との闘いに参加しよう」

- **真正性を伝えるメッセージ**：「見た目が悪いのは自然なこと：本物のリンゴ［ニンジン］はこんな形です！」

対照群も作り、意識向上のためのメッセージをなにも与えなかった。

▶結果と影響

　この実験から、宣伝メッセージの追加と値下げの両方が、消費者による見た目の悪い食品の購入につながったことがわかった。

161

第7章　行動インサイトの事例研究：環境

　価格に関しては、「大きく値下げされればされるほど、消費者は見た目の悪い食品の購入に積極的になることがわかった。

- **価格が同じ**：消費者の74％が見た目の良い食品を買うと回答し、26％が見た目の悪い食品を買うと回答した。

- **中程度の値下げ**：見た目の悪い食品を買うと答えた回答者がわずかに増えた（31％）。

- **大幅な値下げ**：さらに多くの回答者が見た目の悪い食品を購入すると答えた（39％）」（ECORYS et al., 2015: 27）。

メッセージに関しては、次の点が明らかになった。

- 何のメッセージも提示されていない場合、消費者の74％が見た目の良い食品を買うと回答し、26％が見た目の悪い食品を買うと回答した。

- 真正性を伝えるメッセージまたは食品の廃棄に反対するメッセージが提示された場合、見た目の悪い食品を買うと回答した消費者が増加した（41％と42％）。(ECORYS et al., 2015: 27)。

どのようなフレーミングが大幅割引の必要性を低減するかを理解することが1つの目的であったため、研究者らは割引とメッセージ・フレーミングを組み合わせた効果について検証した。その結果、次のことが判明した。

- 真正性を伝えるメッセージを提示した場合、中程度の値下げ価格で見た目の悪い食品を購入すると答えた回答者が増加した（40％）。

- 食品の廃棄に反対するメッセージと併せて中程度の値下げ価格を提示する方が、さらに効果が上がり、回答者の51％が見た目の悪い食品の購入に積極的になった。

- 食品の廃棄に反対するメッセージまたは真正性を伝えるメッセージを提示した場合、大幅な値下げ価格で見た目の悪い食品を購入すると答えた回答者が増えた（51％と52％）。(ECORYS et al., 2015: 28)。

そのため、報告書では「実際に最も効果が高いと考えられる状況は、中程度の値下げにメッセージを組み合わせたものである」（ECORYS et al., 2015: 28）と結論付けた。さらに、見た目の悪い食品と野菜の品質に対する認識は、外発的（食品の廃棄に反対）、内発的（真正性）どちらのメッセージ・フレーミングも「見た目の悪い食品の品質に対する認識を向上させることにつながるが、内発的なメッセージ・フレーミングの方が品質への認識を高めるため、値下げは必要ではない（実のところ、効果を弱める恐れがある）」（ECORYS et al., 2015: 30）。

▶機関

CHAFEA（調査当時はEAHC）は現在、EU健康プログラム、消費者プログラム、食品の安全性向上のためのより良い訓練イニシアティブ（Better Training for Safer Food initiative: BTSF）、農産物振興プログラム（Promotion of Agriculture Products Programme）を実施している。CHAFEAは欧州委員会から委託された職務や活動の実施において専門的サービスを提供し、欧州委員会の保健・食品安全総局（DG Health and Food Safety）、司法・消費者総局（DG Justice and Consumers）、および農業・農村開発総局（DG Agriculture and Rural Development）と密接に協力している。

ECORYSは調査・コンサルタント・マネジメントサービスを提供する国際企業である。経済、社会・空間開発、および援助を専門としており、同社の業務を通じて社会に真の恩恵を提供している。

GfKは顧客に市場と消費者に関する情報を提供する国際企業である。同社の市場調査専門家は、同社の長年にわたるデータサイエンス分野での経験を生かして、100か国以上から現地の市況情報にマッチしたグローバルな洞察を提供している。

CentERdataはティルブルフ大学構内に置かれた研究機関であり、人間と社会に関する分野での研究問題に答えを出すことを使命としている。学術コミュニティ、公共機関、民間セクターに代わって、最新の世論調査や複雑な政策課題、定性調査や定量調査を対象に研究活動を実施している。信頼できるデータを収集・分析し、普及させるほか、より良い未来のためにモデルを開発して予測を行っている。また、（パネル）調査を支えるソフトウェアツールの開発に豊富な経験を有している。

資料

OECD (2016), "Behavioural Insights for Environmentally Relevant Policies: Review of Experiences from OECD Countries and Beyond", OECD, Paris.

ECORYS, Tilburg University and GfK (2015), *Milan BExpo 2015: A behavioural study on food choices and eating habits, Brussels*, doi: 10.2838/537411.

第7章　行動インサイトの事例研究：環境

省エネ大型家電製品の使用に伴う節約に対する認識

国	英国	
分　野	環境／エネルギー消費	
機　関	英国エネルギー・気候変動省（Department of Energy and Climate Change、DECC）（現在はビジネス・エネルギー・産業戦略省（BEIS））／ 行動インサイトチーム（Behavioural Insights Team: BIT）	
介入開始	2013年9月	
介入終了	2014年6月	
目　的	エネルギー効率の表示方法が大型家電製品の購買選択に影響を与えるかどうかを検証する。	
方　法	小売店ジョン・ルイスの38店舗を対象にした無作為化比較試験（RCT）により、介入群と対照群に均等に分け、EUの家電エネルギーラベルに製品寿命までの電気代を表示する効果を検証する。	
適　用	調査結果は、情報障害に対処し消費者に注目すべき情報を提供するための低コストの小さな変更が、エネルギー需要の削減に役立ちうるという考え方を裏付けた。この調査から得られた初期の結果は、EU委員会によるエネルギーラベリング指令（Energy Labelling Directive）の評価にも寄与した。	

▶問題

「電化製品の所有はこの数十年で大幅に増加しており、EU全体の（EU）基準とエネルギーラベルによって、消費者が自宅用に購入する電化製品は徐々にエネルギー効率の高いものに変わっている」（DECC, 2014: 6）。

1970年から2013年にかけて、家庭用電化製品の総電力消費量は毎年約1.7％増加した。これは、1970年代以降、英国内で所有される電化製品、電気器具、小物電子機器の数が3倍になったのに等しい。複数の推定によると、家庭には平均して41台の電化製品があり、85台所有している家庭もあるという。「特に"水を使用する"電化製品（洗濯機、洗濯乾燥機、食器洗い機）について考えた場合は、家庭が所有する電化製品の数は1,200万台から4,800万台超に増加している」（DECC, 2014: 6）。さらに、「水を使用する電化製品による電力消費量は、1970年から2013年にかけて154％増加しており、1990年以降、27％増加している。増加分の10分の9は2000年から2013年の間に見られた」（DECC, 2014: 6）。

新しい電化製品のエネルギー効率は徐々に改善しているものの、2013年に「評価がA以下の洗濯機がまだ50万台近く購入されていた」（DECC, 2014: 9）。DECC（現BEIS）のエネルギー効率戦略は、「信頼できる適切な情報へのアクセスの欠如が、エネルギー効率化を妨げる4大障壁の1つになっている」と考えた（DECC, 2014: 9）。DECCはエネルギーラベリングが「行動ナッジによって省エネ製品の購入に影響を与えられる」分野であると考えた（DECC, 2014: 9）。具体的には**認知的不協和**

と**時間非整合的選択**が、消費者がエネルギーの節約を目指しながらも、短期的にはエネルギー効率の良い電化製品への投資に消極的であるという結果を招いていることに気づいた。

DECCは、エネルギーラベルのエネルギー効率情報の**顕著性**を改善することで、より良い情報に基づく決定を消費者に促す機会があることを認識している。現在のEUエネルギーラベルでは、年間のエネルギー使用量をkWhで表示するだけであり、一部の消費者にとって具体的に実感しにくいものになっている。

DECCはエネルギー消費量を削減させるという共通の目標を確認し、ジョン・ルイスの小売店チェーンとBITと協力して、RCTを設計した。この試験は、製品寿命までの電気代に関する情報を販売時点で提供することが、エネルギー消費量の少ない電化製品の魅力を高めることで購買行動を変えるかどうかについて堅固な証拠を提供した。

▶介入

2013年9月、ジョン・ルイスの一部の店舗で、洗濯機・回転式乾燥機・洗濯乾燥機の製品ラベルに製品寿命までの電気代の表示を始めた。この試験は2014年6月に終了した。ジョン・ルイスの各店舗を次の2つのグループのどちらかに無作為に分けた。

- **介入群**：KWh／年で表示されるEUエネルギーラベルに加えて、製品ラベルに各電化製品の製品寿命までの電気代の総額を表記した。

- **対照群**：KWh／年情報を表示したEUエネルギーラベルはあるが、製品ラベルに製品寿命までの電気代に関する情報は表示しない（DECC, 2014: 6）。

サンプルはジョン・ルイスのチェーン店38店舗で、19店舗ずつ介入群と対照群に分けた。無作為化は個人レベルではなく店舗レベルで行った。さらに、サンプルは店舗の所在地（中心地および郊外）によって分けた。こうした区分を選択したのは、中心地の店舗と郊外の店舗ではターゲットとする顧客層が異なるためである。

▶結果と影響

RCTの終了時点で、ジョン・ルイスは合計で洗濯機60台、回転式乾燥機42台（凝縮式が34台、排気式が8台）、洗濯乾燥機13台を小売りした。

この試験によって「白物家電、特に洗濯乾燥機に製品寿命までの電気代を表示したラベルを使用するための堅固なエビデンスが得られた。RCTの間、介入群の店舗で売れた洗濯乾燥機は、対照群の店舗で売れた電化製品よりも、消費する電力量が平均で6.64 kWh／年（0.7％）少なかった。この差は統計的に有意である（$p < 0.06$）」（DECC, 2014: 7）。

町の中心部の店舗と郊外の店舗を比較した場合、この効果は「郊外にある店舗の方が大きかった。

第7章　行動インサイトの事例研究：環境

購入された洗濯乾燥機の消費電力量は、郊外の店舗の方が対照群の店舗よりも平均15.26 kWh（1.5％）少なかった（p＜0.01）」（DECC, 2014: 7）。

　調査報告では洗濯機と回転式乾燥機には有意な効果が認められなかった。DECCの立てた仮説によると、「洗濯乾燥機に効果が観察されたのは、洗濯乾燥機の製品寿命までの電気代がRCTで用いられた製品タイプの中で最も高かったからだと考えられる。そのため、製品寿命までの電気代の総額は、購入者にとって他の製品タイプのものよりも高く、おそらく顕著性も高かったのだろう。町の中心部とそれ以外の店舗全体での洗濯乾燥機の結果における差の明確な説明はない」（DECC, 2014: 7）。

　洗濯乾燥機におけるこの新しいタイプのラベルの使用をジョン・ルイスの全チェーン店に拡大する場合、ラベルのデザインと従業員の研修に約1,000ポンド（現在価格ベース）が必要になるとされる。この介入に伴う社会的便益の正味現在価格は約4万7,000ポンドで、回避された排出量による便益は4万8,000ポンドと推定される。この介入の対象を英国全土のすべての洗濯乾燥機に拡大した場合、社会的便益の正味現在価格はそれらの製品寿命までで170万ポンドと推定される。この値は、回避された排出量による便益180万ポンドと事業への負担10万ポンドから算出される。

　「この試験で得られた結果は、DECCとジョン・ルイスにとって有益なものであり、情報障害に対処し消費者に注目すべき情報を提供するための低コストの小さな変更が、特定の状況では、エネルギー需要の削減に役立ちうるという考え方を裏付けた。この調査から得られた初期の結果は、EU委員会によるエネルギーラベリング指令の評価にも寄与した」（DECC, 2014: 7）。

▶機関

　このRCTを実施したDECCは、現在はビジネス・イノベーション・技能省（BIS）と統合されて、ビジネス・エネルギー・産業戦略省（Business, Energy and Industrial Strategy: BEIS）になっている。BISは英国政府の省で、ビジネスの規制と消費者問題、訓練と技能開発を含む高等教育と継続教育、科学と研究を所管していた。現在、成人教育と高等教育は教育省の管轄になっており、教育省は、成人の技能と知識のための行動インサイト研究センター（Behavioural Insights Research Centre for Adult Skills and Knowledge）の監督を行っている。

　BEISは研究、設計、実施において行動インサイトを利用し、政策立案に対するエビデンスに基づくアプローチに情報を提供している。行動科学には、消費者行動、エネルギー利用、企業行動、およびコンプライアンスなど、BEISが担当する多数の政策分野に影響を与える大きな可能性がある。

　BEISには行動インサイトを専門に扱う小規模な中央ユニットがあり、組織全体にわたる実務者の非公式ネットワークも管理している。行動インサイトに関する入門研修は、組織の全職員が利用できる。

　英国のBITは英国内閣府と職員、イノベーション関連の財団である国立科学技術芸術国家基金（Nesta）が共同所有する社会目的企業である。行動科学の研究と適用を専門に行う世界初の政府

行動インサイトの事例研究：環境　第7章

機関として、英国政府内に設立された。その目的は、行動インサイトを英国政府の政策に適用して、厳密な研究手法の使用を通じて何が有効なのかを評価することである。

　BITは専門分野の異なる専門家が属しているが、行動科学と行動経済学の専門知識はすべての専門家が有している。そのほか、共同で試験を行い、ピアレビューを提供する他の学識経験者からなるアカデミック・アドバイザリー・パネル（Academic Advisory Panel）を有している。また、BITは多数の博士課程の学生を雇用しており、彼らはリサーチフェローとしてチームと協力している。

　BITはあらゆる政策領域を対象にしており、他の政府の省や機関と共同で、具体的な政策アジェンダに関してプロジェクトに取り組んでいる。

資料

OECD (2016), "Behavioural Insights for Environmentally Relevant Policies: Review of Experiences from OECD Countries and Beyond", OECD, Paris.

Department of Energy and Climate Change (2014), "Evaluation of the DECC / John Lewis energy labelling trial", London, https://www.gov.uk/government/uploads/system/uploads/attachment_data/file/350282/john_lewis_trial_report_010914final.pdf（2017年1月12日アクセス）.

第7章　行動インサイトの事例研究：環境

取水改革

国	英国
分　野	環境政策
機　関	英国環境・食糧・農村地域省（Department for Environment, Food and Rural Affairs: DEFRA）
介入開始	2012年3月
介入終了	2015年10月
目　的	河川と帯水層からの取水の効率化をより適切に管理する規制制度の創設、レジリエンスの向上、環境保護の改善
方　法	参画・モデリング活動、ワークショップ
適　用	取水ライセンス制度の改革

▶問題

取水は環境に深刻なリスクを引き起こす恐れがあり、水の利用可能性を巡るリスクは取水業者に重大なビジネスリスクをもたらす。時代遅れのライセンス制度が原因で、イングランドおよびウェールズでは河川と帯水層からの取水が適切に規制されておらず、環境とビジネスにリスクが生じている。

今のところ水を取引するのは難しく、それによって効率的な給水の実現と水資源の共有が困難になっている。一方、環境に被害をもたらしている取水業者のライセンスを変更するプロセスは費用と時間を要する。そのため、DEFRAは取水業者による水レジリエンスのリスク管理と環境保護の改善を促すように、全体的な水道ライセンス制度そのものを改革する方法を見いだす必要があった。

▶介入

DEFRAは専門的なコンサルタント企業のリスク・ソリューションズ（Risk Solutions）と提携して、水レジリエンスの管理と環境保護を強化するための水道ライセンス制度の改革に、行動インサイトがどのように寄与しうるかを明らかにしようとした。リスク・ソリューションズが率いる学際的チームが、改革の様々な選択肢による影響を究明するため、**限定合理性の概念**を用いて広範な参画・モデリング活動を提供した。

チームは3年間に60を超えるワークショップを主催して、取水業者がどのように水域を利用しているのか、改革案の各要素にどのように反応するのかを理解しようとした。リスク・ソリューショ

168

ンズは、取水地域の水文モデルを統合した行為主体ベースの経済行動モデルを開発して、改革が実際にはどのように機能するのか詳細なシミュレーションを行った。それによって多くの予想外の、そしてしばしば好ましくない影響が明らかになったため、改革設計を改善することができた。

▶結果と影響

柔軟性とほとんどのシナリオにおける実績の点から、最も有効性の高い改革の選択肢は、共有をベースとしたウォーター・シェアーズ（Water Shares）という制度を導入する「**ハイブリッド・オプション（Hybrid Option）**」であると考えられることをチームは突き止めた。このハイブリッド・オプション制度は、共同で管理される可変的資源に関する取水事業者の利権を明示的に確立し、短期的な割り当てを利用することで、より広範で短期的な取引を促進する。しかし、この制度が導入されるのは、水の利用可能性と取引の可能性に関する問題ゆえに、環境と経済への利益が明確に存在する限られた数の「強化対象取水地域」のみになる。

他の取水地域では、ハイブリッド・オプションの下、年間配分量など現在の制度の一部の要素が存続することになる。しかし、強化対象取水地域では、この制度は他より柔軟で、水の利用可能性に対応し、取水事業者に公平で、取引促進的に設定されるだろう。取引促進的にすることで、ある程度の価格シグナルが発生し、価値の高い用途へのより適切な水の配分が促されると考えられる。

改革案の影響評価から、企業は運営費の削減、大きな河川流量の利用、取水ライセンス取引からメリットを得られることがわかった。これによって、民間水道事業体の利益が増加することになると考えられる。たとえば、水をより効率的に利用することで、より多くの飲料水を配水したり、より収益性の高い別の商品を生み出したりすることができるだろう。

水配分の効率性を向上させれば、主として公共水道事業体は投資状況を変更できるようになるため、運営費の継続的な削減につながるだろう。取水市場が改善されれば、イングランドでは水道事業における競争が促進され、上流での競争による経済的利益が増加するだろう。

英国政府は2020年代初頭に改革を実施することを公約している。

▶機関

DEFRAは英国の自然環境、食品産業・農業、農村経済に関連する活動を監督する大臣省である。

以前から行動インサイトを利用して、規制設計に情報を提供し、行動に影響を与えている。ステークホルダーと協力してその意思決定プロセスを理解し、英国の取水を管理するライセンス制度の改革の事例のように、行動主体ベースのモデルに行動主体を対象にした決定規則を導入しようとしている。

研究プログラムがDEFRAのために行動インサイトに関する手法と研究を開発しており、DEFRAは心理学の分野で多様な経歴を持つ社会研究者を雇用して、支援と研修を提供している。

第8章
行動インサイトの事例研究：金融商品

　本章では、OECD諸国とパートナー諸国において、公正で有益な方法で消費者が金融市場と金融商品を利用するのに役立つツールとして、行動インサイトがどのように適用されてきたかについて、一連の詳細な事例研究を取り上げる。本章で提示する事例研究では、資源集約的な無作為化比較試験から、それほど資源集約的ではない文献レビューまで、幅広い実験的方法が用いられている。何が有効で何が有効ではないのかについてのオープンで透明性のある共有は、質の高い研究と研究結果の広範な共有を確保するのに不可欠である。

第8章

第8章　行動インサイトの事例研究：金融商品

ハイブリッド証券への投資

国	オーストラリア
分　野	金融商品／規制
機　関	オーストラリア証券投資委員会（Australian Securities and Investments Commission: ASIC）
介入開始	2014年2月
介入終了	2015年3月
目　的	投資家にとって潜在的リスクが高いにもかかわらず、複雑性の低い金融商品よりもハイブリッド証券を好むという選好に行動バイアスが与える影響を調査する。
方　法	参加者（220人）が種々の金融商品から定型化された投資選択をする室内実験
適　用	投資家の意思決定を左右する行動バイアスについて理解を深めることで、ハイブリッド証券への投資に伴うリスクについて、国民により効果的に情報を伝達する。 実験結果を掲載した政府の研究報告書が発表され、それが引き金となって、ハイブリッド証券投資リスクについてメディアが多数の報道を行った。

▶問題

　人は投資する商品について本当に理解しているのだろうか？　平均的な一般投資家はハイブリッド証券などの複合金融商品への投資に伴うリスクを認識しているのだろうか？　それとも、「債券のように」安定したリターンを予測して、こうした投資を選択しているのだろうか？

　ASICは、一般投資家が認知・感情バイアスによって、債券や株式などの他の金融商品と比べて、ハイブリッド証券への投資に伴うリスクを過小評価しているのではないかと懸念した。そこで、個人が完全に合理的ではない場合や不十分な情報しか得ていない場合、こうした行動バイアスが個人の投資決定を左右するかどうかを調査することにした。

▶介入

　行動バイアスとハイブリッド証券に関するリスク認識との関連性を調査するため、多段階の室内実験を考案した。株式、国債、ハイブリッド証券という定型化された投資選択肢を参加者に提示し、それぞれに実験用の投資資金を配分するよう依頼した。実験の終わりに、それぞれの投資をシミュレーションした結果に基づく金額を参加者に支払った。

　まず参加者に一連の質問をして、ハイブリッド証券などの複雑な投資選択肢に関係すると考えられる特定の行動バイアスを明確化した。テストしたバイアスは次のとおりである。

- 利用可能性バイアス（availability bias）

- 代表性バイアス（representativeness bias）／熟知バイアス（familiarity bias）

- フレーミングバイアス（framing bias）

- 直近バイアス（recency bias）

- 自信過剰（overconfidence）

- コントロール幻想（illusion of control）

- 能力バイアス（competence bias）

- 曖昧さ回避（ambiguity aversion）

- 心の会計（mental accounting）

個々のバイアスに関して、テスト結果に基づき参加者をバイアスを持つグループと持たないグループの2つに分けた。その後、2つのグループ間における証券の種類ごとの配分の差を、バイアス別に検証した。

さらに、主要なリスク認識ファクターと投資選択との関連性について調査した。参加者に一連のリスク態度について質問し、次の5つの一般的なリスク認識ファクターごとに、提示した投資選択肢にスコアをつけてもらった。

- 商品／商品提供者への不信

- 不利な結果

- リターンの不安定性

- 不十分な知識または情報

- 規制の失敗

その目的は、人がどのようにしてリスクと種々の商品とを結びつけるのか、またそれによって投資決定がどのような影響を受けるのかを理解することであった。

▶結果と影響

——選択

ハイブリッド証券の選択において、周囲の状況をコントロールして結果に影響を与えることができると感じる**コントロール幻想**バイアスを持つ参加者と持たない参加者の間に、配分に非常に有意な差があった。他の変数が一定の場合、ハイブリッド証券への配分は、コントロール幻想バイアス

を示した参加者に関して、14％近く増加した。

　リスクを伴う2つの商品（ハイブリッド証券と株式）のどちらかを選ぶ際、コントロール幻想バイアスを示した参加者は、株式よりもハイブリッド証券の方が投資の結果をコントロールしやすいと感じていた。これは彼らがハイブリッド証券によるリターンを、株式と比較してかなり安定している（銀行手形金利と連動している）とみなしていることに原因があるといえよう。ハイブリッド証券は株式とは異なり、一定の条件（非常に限定的なことも多い）の下でしか支払いを停止することも延期することもできないため、投資家はハイブリッド証券への投資の結果を、株式投資の結果よりもコントロールしやすいと感じるのであろう。

　フレーミング、自信過剰、能力の各バイアスを持つ参加者と持たない参加者の場合にも、ハイブリッド証券への配分において有意差があった。こうしたバイアスを示した参加者は、ハイブリッド証券への配分が大きかったが、それはハイブリッド証券の方が伴うリスク事象の範囲が狭いと考えているからなのかもしれない。フレーミング効果はハイブリッド証券に対して顕著な傾向にあるが、それはリスクの多くがすぐに明白にならないため、リスクとリターンのトレードオフが株式や債券よりも魅力的に映るからである。

　他の種類の証券への配分に関して、株式への平均的な配分は、曖昧さ回避バイアス、すなわち未知のリスクよりも既知のリスクへの選好を示した参加者の方が、示していない参加者よりも大きく、フレーミングバイアスを示した参加者の方が、示していない参加者よりも小さかった。その理由としては、曖昧さ回避バイアスを持つ参加者は、「相対的に低いがよく理解していない」ハイブリッド証券投資リスクよりも、「相対的に高いが馴染みのある」株式投資リスクの方を好むからだと考えてほぼ間違いない。一方、フレーミングバイアスを持つ参加者は、株式投資に伴うリスクの範囲を提示された場合、株式に投資する傾向が弱くなる。

　ブランディングと認知的代理（cognitive substitution）は、投資選択に影響を与えなかったようである。債券への平均的な配分に関しては、この調査で検証したいずれのバイアスでも、バイアスを持つ参加者と持たない参加者の間に有意差はなかった。

──リスクファクター

　参加者の投資決定に実際には影響を与えなかったが、**不十分な知識**もハイブリッド証券の最大のリスクファクターであると考えられた。**商品／商品提供者への不信**だけがハイブリッド証券に投資するという選択肢に影響を与えたことから、発行者の評判は株式よりもハイブリッド証券で、リスク評価の際に重視されるといえる。商品／商品提供者への不信と不十分な知識の点で、株式はハイブリッド証券や債券よりもリスクが低いと評価されており、株式は通常、投資家によって明確な商品、すなわち彼らが理解している商品とみなされていることがわかる。

　結局のところ、債券は3つのリスクファクター、すなわち**不利な結果、リターンの不安定性、規制の失敗**の点から、最もリスクが低いとみなされたものの、発行者への不信や情報の欠如というリスクは考慮された。

実験結果を掲載した政府の研究報告書が発表され、それが引き金となって、ハイブリッド証券投資リスクについてメディアが多数の報道を行った。ASICは、金融商品への理解を高めてから投資家に投資を決定させるにはどのようにすればよいかについて、この調査から得たエビデンスを利用して金融サービス業界との対話に役立てることも計画している。

▶機関

ASICはオーストラリアにおいて企業、市場、金融サービスを規制する機関である。政策立案と意思決定に対するエビデンスに基づくアプローチの一環として、ASICが担う規制関連の広範な役割全体で行動インサイトを利用しており、供給・需要慣行とデジタル機会とデジタルリスクへの行動インサイトの適用方法に特に関心を持っている。ASICには戦略研究チームに置かれた中核となる行動経済学ユニット（Behavioural Economics Unit）があり、経済学者、社会・市場調査の専門家、消費者政策のエキスパートで構成されている。この中心的ユニットの他に、ASICでは運営チームや人事チームをはじめとする他のチームでも、行動インサイトは支持されている。

ASICは大規模な行動経済学イントラネット（Behavioural Economics Intranet）サイトを開発しており、新たな行動インサイトプロジェクトへの理解と需要の促進を後押しするためにASIC内で啓蒙活動を実施するほか、サイト内外で助言、支援、資料を提供している。また、プロジェクトごとに外部の専門家に委託している。たとえばクイーンズランド行動経済学グループ（Queensland Behavioural Economics Group）は、ハイブリッド証券と投資選択に関する研究の推進に協力した。

第8章　行動インサイトの事例研究：金融商品

清算企業の取締役との意思疎通の改善

国	オーストラリア
分　　野	金融規制
機　　関	オーストラリア証券投資委員会（Australian Securities and Investments Commission: ASIC）
介入開始	2014年2月
介入終了	2015年3月
目　　的	強制清算中の企業の取締役に、清算人への情報提供という法的義務の遵守を促す。
方　　法	学生（サンプル数107人）が清算中の小企業の取締役として、会社経営の模擬演習を利用した室内実験に参加した。
適　　用	清算中の企業に送付する手紙を作成し直す。

▶問題

　ASICは清算人が清算企業の取締役のコンプライアンスを確保するのを補佐する。清算人は詳細な連絡先が古かったり、取締役が非協力的であったりするために、企業から帳簿や記録を入手できないことがある。

　清算人はまず、企業の取締役に資料の提供を要請する手紙を送付する。回答がなければ、清算人はコンプライアンス違反をASICに報告する。それを受けてASICは法定の義務の遵守を求める警告状によって、企業の取締役に連絡を取る。警告状は取締役に対して、企業の取締役としての義務と責務、そしてそれらの法規定に違反した場合の結果について通知する。

　ASICは企業に送付する手紙に変更を加えることで、取締役のコンプライアンスを改善できるかどうかを調査したいと考えた。そこで、手紙に行動ナッジを取り入れることによって、清算人に対する法定義務を果たすよう取締役を促す効果がどの程度生じるのかを検証する実験を行った。

▶介入

　107人の学生サンプルの協力を得て、清算企業の取締役の代わりを務めてもらった。学生は会社経営の模擬演習と、その結果生じた彼らの「企業」の「清算」を経験する。

　ここで参加者を2つのグループに分けた。1つのグループの取締役にはASICから標準的な警告状が送付され（対照群）、もう1つのグループの取締役には改訂版の警告状が送付された（介入群）。改訂版の警告状では情報の順序が逆になっており、「**行動要請**」を冒頭に移動させた。つまり、取

締役が連絡を取る必要のある相手に関する情報と、連絡をしなければならない期間について記載した後、連絡しなかった場合の法的結果について通知したのである。手紙の構成を変更したが、長さと表現は同じままであった。改訂版の警告状は次の行動インサイトの原則に基づいており、それらが警告状の内容を取締役が遵守する確度にどのような影響を与えるかを検証した。

- 「行動要請」を冒頭で表示

- 社会規範

- 道徳的説得

- 処罰の不確実性

参加者に、警告状を読んで重要な情報を記憶する時間を5分間与えた後、多肢選択式で情報について質問した。構成の異なる2つの手紙の間で記憶に差が生じるかを検証するため、両群の参加者に企業名、清算人の氏名、行動期限、コンプライアンス違反に対する最高刑、警告状を送付した機関の名称について思い出してもらった。

▶結果と影響

警告状の情報の順序を逆転させて「行動要請」を冒頭に記載した方が、企業名、清算人の氏名、行動期限、コンプライアンス違反に対する最高刑、警告状を送付した機関の名称をはじめとする手紙の内容について、思い出しやすいことがわかった。警告状を構成し直したことで、正解数が大幅に（12％）増加したことから、連絡内容の順序を変更すると、読み手が重要な情報を吸収しやすくなる可能性があることが判明した。

行動インサイトの原則を警告状の構成方法に取り入れることで、清算企業の取締役のコンプライアンスが改善されうることを示す強固なエビデンスが、この実験から得られた。特に、清算のプロセスにただただ圧倒されて、意図せずコンプライアンスに違反してしまった取締役の場合、警告状を構成し直すことが、彼らが清算人に対する法的義務を果たすのに役立つと考えられる。

この介入は清算企業の取締役に直接実施したものではないが、実験結果は、関連書類——清算中の企業に記入が義務付けられている『状況報告書（Report As to Affairs, RATA）』——を作成し直す別のプロジェクトのきっかけとなった。

▶機関

ASICはオーストラリアにおいて企業、市場、金融サービスを規制する機関である。政策立案と意思決定に対するエビデンスに基づくアプローチの一環として、ASICが担う規制関連の広範な役割全体で行動インサイトを利用しており、供給・需要慣行とデジタル機会とデジタルリスクへの行動インサイトの適用方法に特に関心を持っている。ASICには戦略研究チームに置かれた中核とな

第8章　行動インサイトの事例研究：金融商品

る行動経済学ユニット（Behavioural Economics Unit）があり、経済学者、社会・市場調査の専門家、消費者政策のエキスパートで構成されている。この中心的ユニットの他に、ASICでは運営チームや人事チームをはじめとする他のチームでも、行動インサイトは支持されている。

　ASICは大規模な行動経済学イントラネット（Behavioural Economics Intranet）サイトを開発しており、新たな行動インサイトプロジェクトへの理解と需要の促進を後押しするためにASIC内で啓蒙活動を実施するほか、サイト内外で助言、支援、資料を提供している。また、プロジェクトごとに外部の専門家に委託している。たとえばクイーンズランド行動経済学グループ（Queensland Behavioural Economics Group）は、問題になっているこの調査の推進に協力した。

行動インサイトの事例研究：金融商品　第8章

ガーナでの金融商品の透明性と情報開示の改善

国	ガーナ
分　野	金融サービス
機　関	貧困層支援協議グループ（Consultative Group to Assist the Poor: CGAP）／ ドイツ国際協力公社（Deutsche Gesellschaft für Internationale Zusammenarbeit GmbH: GIZ）／ 世界銀行DEC
介入開始	2013年11月
介入終了	2014年2月
目　的	ガーナの銀行部門における預金とローン商品の透明性と情報開示の水準を引き上げる。
方　法	「覆面調査」を利用し、覆面調査員が信用商品の情報を求めて176回、貯蓄商品の情報を求めて168回来店した。
適　用	ガーナ銀行は規制の枠組みを修正してより明確な情報開示を義務付けたほか、ローン・貯蓄商品のデータ概要の様式 など、信用公開に関する指令を発行する予定である。

第8章

▶問題

　市場で金融商品・サービスの多様性と複雑性が増しており、消費者はニーズに合う金融商品や金融サービスを探す際、情報に基づく決定を下すという問題に絶えず直面する。中でも、正規の融資を受けた経験が少なく、金融リテラシーと財務能力の水準が低い脆弱な低所得層は、紛らわしい、または不透明な情報の開示が原因で、不適当な商品を受容する高いリスクに瀕している。金融商品とサービスの普及・イノベーションの拡大により、商品の明確な透明性と情報開示は、持続可能な金融包摂と市場安定性にとって不可欠になっている。そのため、規制機関と監督機関は、そうした人々が情報に基づいて自身の金融ニーズに最も適した選択をできるように、金融サービス提供者による適切で、時宜を得た、信頼できる、比較可能な商品・サービス情報の提供を徹底する必要がある。

　GIZは国際開発機関であり、ドイツ政府が世界の低所得国の開発目標を実現するのを支援している。GIZはCGAPおよび世界銀行と協力して、ガーナで預金・ローン商品を提供する金融サービス提供者の情報開示と一般的なサービスの質について、その水準に関する研究と検証に着手した。

▶介入

　ガーナのアクラにあるウリカ研究センター（Urika Research Center）と連携して、CGAPとGIZ、世界銀行は「覆面調査」を計画し、ガーナの都市・アクラ、クマシ、タコラディで実施した。

179

第8章　行動インサイトの事例研究：金融商品

　無作為に選ばれた18人の低所得消費者が訓練を受けて、ガーナの複数の金融サービス提供者を合計176回訪問し、貯蓄商品とローン商品について問い合わせた。研究者らは以下の点を分析した。

● 営業担当者による顧客への情報開示の水準

● 商品について提供された情報と資料

● 情報の内容

● 情報の質

● 全体的なサービスの質

● 様々な外見の顧客に対する営業担当者の差別

● 営業担当者の誠実性

　外見の異なる様々な「来店客」への営業担当者の行動から、研究者らはガーナにおいて低所得消費者に提案される金融商品に関して、透明性と情報開示の水準を評価することができた。

▶結果と影響

ローン商品についての覆面調査から得られた主な結果は次の通りであった。

● 調査対象機関による消費者への情報開示の水準は低かった。特に商品の複数の重要条件に関して低く、支払総額についての情報を得たのは36％のみ、年率についての情報を得たのは4％のみであった。またほとんどの営業担当者が、借入に伴って発生しうる他の手数料について消費者に説明せず、大部分の情報は自発的に提供されなかった——来店客が尋ねなければならなかった。

● 情報を提供した営業担当者のうち、それらの情報について消費者に説明したのは50％未満であった。

● 書面で提供された情報はほとんどなかった。書面で提供された情報には、重要な取引・契約条件が含まれていないことが多かった。

● 年率という用語は、営業担当者でも正しく理解していない。

● 利率について74％は月単位で提示されていたため、条件の異なるローン間で費用を比較するのは困難であった。

貯蓄商品についての覆面調査から得られた主な結果は次の通りであった。

● 言明された消費者のニーズは販売員の経験の方向性に影響を与え、商品を消費者のニーズに対応させるのに役立つ。

行動インサイトの事例研究：金融商品　　第8章

- 口座の開設要件と開設手続きについての情報開示の水準は高かった。

- 最低残高を下回った場合の違約金や休眠口座の手数料，その他の手数料や料金について、情報開示の水準は低かった。

- ローン商品についての覆面調査の場合よりも、書面で提供された情報はさらに少なかった。

　調査結果を受けて、ガーナ銀行は規制の枠組みを修正してより明確な情報開示を義務付け、金融サービス提供者が貯蓄またはローン商品を販売する際、消費者に伝えるべきである重要事実報告書を、消費者テストを経て導入した。

▶機関

　CGAPは金融包摂の前進を目指す34の主要機関からなるグローバルパートナーシップである。CGAPは実際的研究と、金融サービス提供者・政策立案者・資金提供者との積極的な関与を通じて革新的な解決策を考案し、規模を拡大して取り組みを行うことで、貧困層が生活向上のために必要とする金融サービスへのアクセスを拡大しようとしている。

　CGAPは、所得階層別人口ピラミッドの最底辺（bottom-of-the-pyramid）に位置する低所得者層に影響を与えるため、金融消費者保護のための規則と行動は、低所得消費者の金融に関する行動と経験の現状に対する理解に基づかなければならないと考えている。そのため、CGAPはその研究および政策助言活動の不可欠な部分として、行動インサイトを積極的に利用している。

　CGAPは開発経済学、心理学、社会科学、政治学の分野で経験を有する行動科学の専門家を雇用している。また、外部のコンサルタントやコンサルタント会社と協力し、研修に参加し、独自のツールや活動から得た成果をステークホルダーと共有している。

　CGAPの消費者保護イニシアティブ（Protecting Customers Initiative）は、実用的で費用対効果が高く、行動情報を活用した効果的な消費者保護戦略の開発を目指している。そうした戦略は、金融包摂を実現する商品・道筋・ビジネスモデルにおける急速なイノベーションに対応し、貧困層の金融包摂の実現というCGAPの目標に最も効果的な成果を確実にもたらすように意図されている。

181

第8章　行動インサイトの事例研究：金融商品

ガーナにおける苦情解決

国	ガーナ
分　野	金融部門の規制と監督
機　関	貧困層支援協議グループ（Consultative Group to Assist the Poor: CGAP）
目　的	ガーナの金融救済制度を改善して、消費者の苦情にこれまでより有効に対処し解決するとともに、苦情を報告して諦めずに満足のいく結果を得るよう消費者を促す。
方　法	行動科学の専門知識とガーナの金融市場の様々なステークホルダーへの聞き取り調査に基づく一連の仮説からなる「行動学的分析（behavioural diagnosis）」
適　用	ガーナ銀行は規制の枠組みを修正して、消費者の苦情処理・解決を標準化し、その手続きに関して消費者に視覚的に開示することを義務付けた。

▶問題

　消費者の救済——苦情を取り上げ、それらに耳を傾けさせ、解決または是正させる能力——は、消費者保護の確保に不可欠である。効果的で適時の救済プロセスは、消費者の福祉、提供者と顧客の信頼関係、商品の受容と商品へのロイヤリティ、より信頼できる金融制度の全体的開発にプラスの効果をもたらしうる。消費者の救済は、「所得階層別人口ピラミッドの最底辺（bottom-of-the-pyramid）」の金融所得者が多く集中する市場と、そうした消費者が顧客である提供者にとっては、さらに重要である。こうした低所得消費者に対して有効に機能する救済制度への投資は、信頼性のある金融包摂を強化・前進させることができるだろう。

　ガーナはそうした消費者を顧客とする市場の一例である。CGAPは低所得国の金融サービス市場のステークホルダーが直面する障壁に対処することで、金融包摂の促進を目指しており、ガーナの消費者が不平・不満を金融サービス提供者に申し立て、効果的な対応を引き出す——苦情の場合は満足のいく結果を得る——のを妨げている原因を分析することにした。

▶介入

　CGAPはまずガーナの金融市場と他国の救済制度について、関連文献のレビューを実施した。続いて、研究者らは行動マッピングの手法を用いて、消費者の苦情に関わる種々の市場参加者の心理傾向と、そうした心理傾向を誘発または悪化させる可能性のある状況の特徴について、ガーナの金融制度における救済の質にプラスとマイナスの影響を念頭に仮説を立てた。

行動インサイトの事例研究：金融商品　第8章

　苦情処理における特定の心理傾向の役割に関するこうした仮説を練り上げた後、研究者らは、1週間に及ぶ実地調査の間、さらに新しい仮説を立てた。実地調査では消費者のほか、金融消費者の苦情処理経験のある金融サービス機関・上部団体・ガーナ銀行の職員と経営者にも聞き取り調査を行った。また、様々な職業や環境の低所得・中所得消費者にも、ATMから預金を引き出せないといった比較的小さな消費者問題から、マイクロファイナンス機関が支払い不能に陥った場合（この実地調査の間、頻発していた）の預金の全額喪失に至るまで、聞き取り調査を行った。行動マッピングに用いた主要なセグメンテーションの1つは、金融サービス提供者との間に問題があり、正式に苦情を申し立てることにしたか、そうした苦情をあえて申し立てなかった消費者であった。

▶結果と影響

　CGAPはガーナの苦情・紛争解決政策に影響を与える可能性のある4つの大まかな洞察を得た。

1. 消費者はそもそも苦情を申し立てようと考えない場合がある。多くの消費者は、金融サービス提供者との取引でお金を失うのは普通のことだと考えている。さらに、苦情処理制度は適切な時または場所で消費者に**必ずしも顕著に示されているとは限らない**。

2. 消費者が苦情を申し立てようと考えた場合でも、**思いとどまることがある**。消費者は苦情が彼らに有利なように解決されるとは考えないことが多い。苦情を申し立てた場合、しばらく経ってから対応の進捗状況を追跡しなければならないこともあるが、そうしない。

3. 消費者は苦情を申し立ててもすぐに対処されない場合、苦情を収めることもあるが、そうでなければ銀行の業務を**個人的な関係**と考えていることから、その苦情処理プロセスを継続する。

4. 低所得消費者はガーナ銀行が消費者の苦情を受け付けるとは考えていなかった。こうした消費者はガーナ銀行の存在を聞いたことがあり、信頼しているものの、その機能や目的について理解しておらず、ガーナ銀行が苦情を受け付けることを**知らない**。また、ガーナ銀行を**威圧的でよそよそしい**と考えており、そうした考えから、ガーナ銀行に苦情を申し立てる割合が減少した。

　この最初の分析プロジェクトによって、行動インサイトには政策とプロセスの設計に寄与することで、金融消費者保護を改善する力があることが示された。CGAPは実地調査から知見を得たことで、一連の行動情報を活用した設計アイディアを考案して、ガーナの金融消費者のための包括的で有効な救済制度の開発に役立てることができた。その過程にはガーナ銀行の市場行動チームとの設計ワークショップもあり、消費者の経験と選好をガーナ銀行が発行する救済指令に取り入れた。また消費者洞察を一時資料として利用して、一連のポスターなどの意識向上ツールを作成した。それらを金融サービス提供者に全支店・出張所に掲示するよう義務付けることになっている。

　この取り組みに用いた行動インサイトは、状況に見られる小さな特徴に注意した分析プロセスからもたらされたもので、救済指令による制度全体を対象とした政策と、金融サービス提供者・上部

第8章

183

団体・ガーナ銀行が実施できる具体的なプロセスや制度の両方に寄与した。また、こうした制度がどのように作用し合うのかを消費者の視点から説明し、金融サービス提供者への不満を解決したいと考える消費者にとって複雑で煩雑な現在のプロセスを、合理化・簡素化することを目指した。

▶機関

CGAPは金融包摂の前進を目指す34の主要機関からなるグローバルパートナーシップである。CGAPは実際的研究と、金融サービス提供者・政策立案者・資金提供者との積極的な関与を通じて革新的な解決策を考案し、規模を拡大して取り組みを行うことで、貧困層が生活向上のために必要とする金融サービスへのアクセスを拡大しようとしている。

CGAPは、所得階層別人口ピラミッドの最底辺に位置する低所得者層に影響を与えるため、金融消費者保護のための規則と行動は、低所得消費者の金融に関する行動と経験の現状に対する理解に基づかなければならないと考えている。そのため、CGAPはその研究および政策助言活動の不可欠な部分として、行動インサイトを積極的に利用している。

CGAPは開発経済学、心理学、社会科学、政治学の分野で経験を有する行動科学の専門家を雇用している。また、外部のコンサルタントやコンサルタント会社と協力し、研修に参加し、独自のツールや活動から得た成果をステークホルダーと共有している。

CGAPの消費者保護イニシアティブ（Protecting Customers Initiative）は、実用的で費用対効果が高く、行動情報を活用した効果的な消費者保護戦略の開発を目指している。そうした戦略は、金融包摂を実現する商品・道筋・ビジネスモデルにおける急速なイノベーションに対応し、貧困層の金融包摂の実現というCGAPの目標に最も効果的な成果を確実にもたらすように意図されている。

行動インサイトの事例研究：金融商品　第8章

投資家教育のためのイニシアティブ

国	イタリア
分　野	金融
機　関	国家証券委員会（Commissione Nazionale per le Società e la Borsa: CONSOB）
介入開始	2014年2月
介入終了	継続中
目　的	基本的な金融知識、投資家としての権利の認識、投資決定の際に取るべき適切な決定プロセスへの認識に関する効果的な学習ツールを投資家に提供する。
方　法	文献レビュー、様々なフレーミングを用いた金融情報の理解と投資決定に関する消費者テストからなる実験
適　用	CONSOBはウェブサイト上の投資家教育コーナーに関して、従来の設計を大幅に変更した。

第8章

▶問題

　多数の行動研究や実証研究が、リスク選好と金融上の決定がフレーミングの影響を受けやすいことを長らく示してきた。また、金融リテラシーの水準、投資家の意思決定プロセスの感情的要素、およびヒューリスティクスが**フレーミング**効果をさらに強めて、**バイアスのある選択**を引き起こす恐れがあることも証明している。

　こうした証拠に拍車をかけられ、消費者への金融情報の最適な提供方法についての議論が拡大してきた。実のところ、金融商品が不当に販売された多数の事例によって、詳細な情報開示によって情報の非対称性を除去しても、一般投資家の保護に有効でない可能性があるという考え方が裏付けられた。そのため規制機関は、経済分析と標準的な規制アプローチに非常に深く根を張る合理的個人という前提から離れて、実際の行動に注意を向けることにより、情報開示を改善する必要性があるとの認識をますます強めている。

　CONSOBは今回の調査を利用して、ウェブサイト上の投資家教育コーナーの設計について再評価するプロジェクトを実施した。プロジェクトの一環として、金融商品の特徴のフレーミングだけでなく、リスク認識と投資選択のフレーミングが、投資家の意思決定にどのように影響するのかを明らかにするため、行動情報に基づくテストを実施した。具体的には、CONSOBは次の点を突き止めようとした。

- リスクとリターンに関する様々な表現が、複雑性、有益性、情報量の点からどのように評価されるか？

第8章　行動インサイトの事例研究：金融商品

- リスクとリターンに関する表現はリスク認識に影響を与えるか？

- リスクとリターンに関する表現は投資選択に影響を与えるか？

- コストに関する様々な表現が、複雑性、有益性、情報量の点からどのように評価されるか？

▶介入

　CONSOBはポリテクニカ・デル・マルシェ大学と協力して、イタリアの金融市場で見られる4つの金融商品を対象に、リターンとコストに関する種々の表現を試す実験に着手した。それらの金融商品は発行済み仕組債と新発仕組債、それに2種類の株式である。

　リスクとリターンは次の4つのテンプレートに従って表示された。

1. **合成指標**：市場、流動性、信用リスクを集約すると同時に、選択された商品のリスク特性とベンチマークポートフォリオのリスク属性との比較を示す。

2. **分解指標**：市場リスク（ボラティリティと最大損失予想額）、流動性、信用リスク（ムーディーズの正式格付けと期待デフォルト率に準じて）の定量的指標を開示する。

3. **「仮定」シナリオ**：3つの仮定の状況下で、商品のリターンを説明する3つの実例シナリオ（金融資産の価格や他の条件と、その商品のパフォーマンスの基となり、それを左右する指数に関する仮定の展開に対応したローリターン、ミディアムリターン、ハイリターン）など。

4. **期待リターンの確率モデリング**：成果の確率に関する情報を提供し、第1および第2のリスクフレーミングシナリオにおいてベンチマークとして用いる。

　上記のテンプレートは、前述の4つの金融商品を用いた情報シートの設定に利用され、被験者に提示された。

　コストは次の3通りで開示された。1番目は内部収益率に対するコストの影響を示している。2番目は元利金に対するコストの影響を明らかにしている。3番目は商品の公正価格を債券部分とデリバティブ部分とコストに分解している。

　9都市（ジェノバ、ミラノ、ボローニャ、フィレンツェ、ローマ、ファノ、ナポリ、バリ、パレルモ）の銀行の顧客を地理的に層化したサンプルから、254人のイタリア人投資家のサンプルを無作為に選び出した。各投資家はポートフォリオに証券がなければならず、前年に1回以上、投資対象を入れ替えており、70歳未満でなければならなかった。これらの基準を用いたのは、投資決定に関する経験がまったくないか投資決定に無縁であった個人を除くためであった。投資家には次の3つのタスクを依頼した。

1. それぞれのフレーミングモデルの複雑性と有益性をランク付けする。熟知バイアスを調整するため、発行者名も資産の種類も明らかにしなかった。

2. 情報開示とリスク認識との関連性を評価する。投資家にそれぞれのリスクレベルによって商品をランク付けしてもらった。

3. ある初期賦存、計画対象期間、投資目標を想定して、各商品にどれだけ投資するかを投資家に質問した。

▶結果と影響

今回の実験結果はよく知られた行動研究の結果を裏付けており、リスク選好と金融上の決定は、金融情報の開示方法から影響を受けやすいことを実証している。調査結果を見ると、合成指標は最も複雑性が低いと認識され、分解指標では複雑性が上昇し、仮定シナリオではさらに上昇している。また、回答者の160人（63％）は合成指標による情報シートを最も理解しやすいと回答し、別の80人（31％）は分解指標による情報シートを最も理解しやすいと回答した。さらに、合成指標による情報シートも分解指標による情報シートも、知覚された有益性に関しては、仮定シナリオよりもスコアが高かった。こうしたことから、金融情報の知覚された複雑性と知覚された有益性は逆相関することが裏付けられた。

さらに、個人的な特性、金融知識、個人の投資習慣はフレーミング効果を強め、バイアスのあるリスク認識や投資決定につながる可能性がある。こうしたエビデンスは、高等教育を受け、金融上の決定を下すのに慣れている個人のサンプルを対象に収集したものであるが、より経験の少ない消費者にも当てはまると考えられる。投資家保護を強化するには、金融情報の開示と投資家教育プログラムをどのように設計すればよいのか、慎重に検討すべきであることが論証されている。

リスクとリターンのフレーミングがリスク認識に与える影響に関して、まさしくフレーミングが重要であることを研究が明らかにしている。合成指標、分解指標、仮定シナリオがそれぞれ同一商品に対して同一水準のリスクを伝えていることを正しく認識できた回答者は、わずか1％であった。2種類の株式に関しては、リスクの高い方の商品を正しく特定できた回答者は53％だけであった。

また、知覚された複雑性と知覚されたリスクは、投資の積極性と平均投資額に逆相関していることもわかった。どのテンプレートに最も注意を引かれたかを参加者に質問した。これも、知覚された複雑性と逆の相関関係にあり、顕著な情報は回答者が大量の情報を処理するのに有益であり、それゆえ知覚された複雑性を低減する可能性があるという仮説と一致している。

金融情報の開示に関して、単純化は正確なリスク認識とバイアスのない投資選択の確保には十分ではない可能性があることを、この分析は明らかにしている。さらに、投資家の不均質性、行動バイアス、リスク認識の相互作用が、「画一的」アプローチによる「最適な」情報開示方法の存在に疑問を呈している。適切な解決策として考えられるのは、1つの金融商品の同一の特徴に対して、複数のフレーミングを提供することであろう。

エビデンスは、教育プログラムの焦点が投資家のエンパワーメントのために規制機関が構想する文書にも置かれるべきであることも示唆している。また、金融知識が必ずしも投資家から行動バイ

アスに寄る傾向を取り除くことにはならないため、金融教育のためのイニシアティブをバイアスを除去するプログラムとして構成しなければならないことも示している。

さらに、投資習慣と金融情報・リスク評価の関連性を考えると、金融専門家や投資顧問が教育的役割を担うことによって、実際に効果をもたらすことが可能になるだろう。

こうした結果を受けて、CONSOBはウェブサイト上の投資家教育コーナーの設計を大幅に変更した。以前のウェブサイトは大量の情報を提供し、いかなる形式の対話やフィードバックも意図していなかった。

新しいウェブサイトは情報とインタラクティブな学習ツールを提供しており、例として調査票や個人用フィードバック、ゲームなどがある。CONSOBの現在の投資家教育コーナーの詳細は以下の通りである。

1. 基本的概念の習得や金融文化の理解の深化に関心のある人を対象に、情報と参考資料を提供

2. 金融知識の水準を（3段階の難易度で）テストするためのツール（調査票や個人用フィードバックなど）を提供

3. リスク態度や他の行動特性（衝動性、過信、他の行動バイアスへの暴露など）（この最後の点については現在も改善中）をテストするためのツール（調査票や個人用フィードバックなど）を提供

また、マネー管理ツールも提供されており、人々が支出と貯蓄の選択を管理するのに役立てられている。

こうしたツールには文献を基にしたものもあれば、調査や消費者テストによって収集したイタリア人投資家の行動に関する経験的エビデンスを考慮して特別に設計されたものもある。またCONSOBは（イタリアのトレント大学と協力して）、実践による学習というアプローチに従って、投資選択と行動バイアスに関するインタラクティブゲームを現在開発しているところである。

これまでに開発されたツールの最終目的は、投資決定の際に通らなければならない意思決定プロセスと、陥りがちな心理的罠に関して、人々の認識を向上させることである。

どの教材もとっつきやすい文体の平易なイタリア語で書かれており、内容を確実に理解できるようになっている。

▶機関

CONSOBはイタリアの金融市場の規制を担う公共機関である。その活動の目的は一般投資家の保護であり、そのために透明性と金融市場参加者による適正な行動、上場企業による一般投資家への完全で正確な情報の開示、一般投資家に交付する譲渡可能証券の目論見書の記載情報の正確性、特別登録簿に登録された監査人による規制の遵守を確保する。また、インサイダー取引と市場操作

に関する法律の違反の可能性について調査を実施する。

　CONSOBは経済研究ユニット（Economic Research Unit）を通じて、行動ファイナンス（behavioural finance）の情報を活用した研究を利用して、投資家の行動に関するデータを収集し、エビデンスに基づく金融規制と監督の効率と有効性を証明し、新しい国内規制を設計している。

資料

Gentile M. *et al.*（2015），"Financial disclosure, risk perception and investment choices: Evidence from a consumer testing exercise", *Commissione Nazionale per le Società e la Borsa, Working Paper* No. 82, www.consob.it/documents/11973/204072/qdf82.pdf/58dc22f8-504b-4bad-9679-610306359dfc（2017年1月12日アクセス）．

第8章　行動インサイトの事例研究：金融商品

クラウドファンディング規制

国	イタリア
分　　野	金融
機　　関	国家証券委員会（Commissione Nazionale per le Società e la Borsa: CONSOB）
介入開始	2012年
介入終了	2016年
目　　的	投資を目的としたクラウドファンディングの利用の促進と保護
方　　法	文献の調査結果と投資家調査を利用して、クラウドファンディング規制の事前影響評価と事後評価に情報を提供する。
適　　用	CONSOBが規制の改正と新規介入の確立に利用

▶問題

　クラウドファンディングという言葉は、大きな額ではなくても、ある金額をインターネットのサイト経由で事業計画や種々のイニシアティブに提供し、ときには見返りに報酬を受け取るプロセスを説明するために用いられる。

　2012年、イタリア政府は同国経済での「株式型クラウドファンディング」を認める決定を下した。この種のクラウドファンディングでは、人々はポータルサイトを利用して経営に関与し、資金提供の見返りとして、プロジェクトにより発生した経済的権利と経営上の権利を得ることができる。

　ほとんどの国には、株式型クラウドファンディングのポータルサイトを対象にした規制がないため、既存の規制網（公共貯蓄、支払いサービスなど）の範囲で規制を行っている。イタリアはヨーロッパで初めて、株式型クラウドファンディングに関する具体的で包括的な法律を制定した。それは、小企業がイタリア経済の大部分を構成しており、2008年の金融危機以降、銀行から融資を得ることが——特に新興企業にとって——非常に困難になっているという認識を受けてのことであった。結果として、同国の経済を刺激することを目的に、法令第179／2012号が可決され、その中で株式型クラウドファンディングは、革新的な新興企業の発展を促進しうる1つのツールとみなされた。

　CONSOBは株式型クラウドファンディングの規制的側面に関するタスクを委任された。クラウドファンディングへの投資家の信頼を支えながら、消費者を保護する規制をどのように開発すればよいか？　行動インサイトの利用は有益だろうか？

　CONSOBにとっての重要な問題は、行動インサイトを——特にヒューリスティクスとバイアスに

190

行動インサイトの事例研究：金融商品　　第8章

関して——どのように利用すれば、効率的かつ効果的な規制制度を確実に創設できるかということである。

▶介入

CONSOBの影響評価ユニット（Impact Assessment Unit）は、CONSOBの経済研究ユニット（Economic Research Unit）（同規制機関内で行動インサイトの活用を支持してきた組織）が実施した調査や文献からすでに明らかになっているヒューリスティクスと可能性のあるバイアスを考え方の基本に置くなどして、様々な規制の選択肢に関する評価に着手した。

最善ではない投資や不適切な投資さえ選択するリスクの原因は、オンラインでの意思決定プロセスに関連する行動バイアスにあると考えられる。コンピューター化された環境では、他の環境よりも金融上の決定を下すのに時間も手間もかからない。しかし、そうした速さや容易さは、投資家の意思決定プロセスの質と成果にとって、必ずしも利益になるとはいえない。質の高い決定木に基づき自動化ツールを慎重に設計することで、「クリックによる速すぎる決定」が生じるのを減少させることになるだろう。

中でもイタリアのCONSOBクラウドファンディング規制（Crowdfunding Regulation）は、影響評価と投資家調査を考慮して設計されている。オンラインで意思決定を行う者に、規定の教育的な情報シートを読んでアンケートに回答するよう依頼している。その目的は、自動化された助言サービスの利用に関する主な特徴とリスクについて、実際にどの程度理解されているのかを確認することである。また、クラウドファンディングのプラットフォームに対して、オンラインでの決定プロセスに具体的な「ナッジに基づき設計された」選択肢を提供することを要請している。

さらに、概してこの分野にあまり精通しておらず十分な情報を持たない一般投資家に明確な評価を提供するため、各クラウドファンディングキャンペーンへの機関投資家の参加義務化を要請した。

クラウドファンディングに関する規制（Regolamento sulla raccolta di capitali di rischio tramite portali on-line、法令第18592号／2013年6月26日）の公布を受けて、CONSOBはこの規制の施行を綿密に監視し、規制が大口・小口投資家に過剰な負担をもたらすことなく、どの程度クラウドファンディングへの信頼を生み出したかを評価した。この評価で利用したのは、代表的なステークホルダーのマッピングを通じて特定した35人の投資家と経営者のサンプルを対象にした、的を絞ったアンケート調査であった。

アンケートの目的は、特にオンラインプラットフォームの情報内容の有用性と、「ナッジに基づき設計された」選択肢の有効性を調査することであった。事後評価によって、クラウドファンディングプラットフォームの主要ユーザーは、主としてこの分野に精通した投資家とベンチャーキャピタルであり、規制がもたらした情報要件をほとんど無関係だとみなしていることが明らかになった。

中でも、機関投資家の参加義務化に関する情報内容の評価を求められた投資家は、自身が持つ情報には高い自信を、機関投資家の評価には限られた信頼を示した。

191

▶結果と影響

最初の規制が施行された約3年後、事後モニタリングによって集められたエビデンスを取り入れて、明らかになった行動インサイトに合わせて規制の見直しが行われた。

クラウドファンディングプラットフォームを利用したオンライン投資が関心を引いたのは、イタリアの一部の一般投資家だけであったことが判明した。そのため、CONSOBはオンライン質問票の義務化を、期待される利益に対して過大な要件であるとみなした。

▶機関

CONSOBはイタリアの金融市場の規制を担う公共機関である。その活動の目的は投資家の保護であり、そのために透明性と金融市場参加者による適正な行動、上場企業による投資家への完全で正確な情報の開示、投資家に交付する譲渡可能証券の目論見書の記載情報の正確性、特別登録簿に登録された監査人による規制の遵守を確保する。また、インサイダー取引と市場操作に関する法律の違反の可能性について調査を実施する。

CONSOBは経済研究ユニットを通じて、行動ファイナンス（behavioural finance）の情報を活用した研究を利用して、投資家の行動に関するデータを収集し、エビデンスに基づく金融規制と監督の効率と有効性を証明し、新しい国内規制を設計している。

行動インサイトの事例研究：金融商品　第8章

ケニアでの食料援助に代わるデジタル送金

国	ケニア
分　野	人道部門、デジタル金融サービス
機　関	貧困層支援協議グループ（Consultative Group to Assist the Poor: CGAP）／ 世界食糧計画（World Food Programme、WFP）ケニア事務所
介入開始	2014年8月（1）、2015年8月（2）
介入終了	2014年8月（1）、2015年8月（2）
目　的	人道支援を現物給付からデジタル送金に転換する際の受給者の消費者リスクをモニタリングし緩和する。
方　法	送金の受取人46人（2014年）と73人（2015年）をサンプルとした「覆面調査」
適　用	WFPケニア事務所は全デジタル送金プログラムを対象にした定期的なモニタリング・評価ツールとして覆面調査を導入し、決済サービスプロバイダが商店主に課す取引手数料の引き下げ、商店主への報奨制度、通話料無料の消費者ホットライン、支払いプロセスを視覚化して「注意事項」を記載したポスターの参加店舗への配布など、プログラムの設計に修正を行った。

▶問題

「資産形成の対価としての現金給付（Cash for Assets: CFA）」は、WFPとケニア政府が共同で実施する条件付き現金給付制度である。ケニアの東部と沿岸の乾燥・半乾燥地域（ASAL）に位置する7郡の食料不足世帯を対象としており、受給者は干ばつに対するレジリエンスを確立するためのコミュニティ資産の整備に従事する。

WFPは国連の食糧支援機関で、そのプログラムでは現物給付による食料支援を歴史的に利用してきた。しかし、WFPは取り組みの範囲を「食料援助（food aid）」から「食料支援（food assistance）」へと拡大するため、貧困層に支援を提供する様々な方法を検証するパイロットプロジェクトとして、CFAを立ち上げた。WFP ケニア事務所はCFAを通じて食料援助からの転換を試み始めたものの、ケニア国内での汚職が深刻であることから、現金の配付はきわめて安全性が低くリスクを伴うと考えたため、検討しなかった。そうしたことから、2010年にケニアの低所得世帯に援助を届けるための電子決済システムを導入した。

このプログラムによって、現物で食料援助を受けていた人々は、銀行口座に送金を受けることになった。銀行口座はデビットカードとリンクしているため、受益者はデビットカード使って金融機関から引き出したり、特定の商店でデジタル決済をしたりすることが可能になった。その目的は、消費したいものを選択し、これまでより多様な食料品を地元の店で入手する力を口座主に与えると同時に、望むときに買い物をして、一般住民と同じ方法で支払うことができるようにすることで、

193

第8章　行動インサイトの事例研究：金融商品

食料給付プログラムに参加する際に直面する社会的不名誉を軽減させることであった。さらに、電子決済ならば、直接的な食料援助の場合とは異なり、無料の食料を市場にあふれさせて地元の商人と競合することで地域経済を混乱させることもないと考えられた。

しかし、この新しいデジタル送金制度の受給者から、利用時の多数の問題が報告された。彼らは過剰請求、暴行問題、不当な扱い、ネットワーク故障によるサービスの利用不能、信頼できないサービス時間、カードの暗証番号忘れなどの問題に直面していた。

CGAPはWFPケニア事務所を支援して、送金の受取人が経験している問題の発生頻度を算定し、行動科学から学んだ手法と洞察を利用して効果的な対処法を特定しようとした。

▶介入

CGAPとWFPはケニア東部地域のイシオロ郡で、2014年8月と2015年8月に2回の覆面調査を実施した。調査の目的は、食料援助の受給者のサンプルに訓練を行い、無作為に割り当てた一連のショッピングシナリオを実行して、送金システムを利用する際に直面する消費者リスクについて評価することであった。

CGAPはそれらのシナリオを用いて、電子決済のメリットを損なう予想外の行動を店主、銀行の係員、口座主に引き起こしうる誘因を把握したいと考えた。店主は販売時点情報管理（POS）システムの購入費用と銀行に支払う取引手数料を埋め合わせようとして、カード利用者に野放図に手数料を課そうとするだろうか？　行列のできる忙しい店では、店主はカードを使おうとする受益者や暗証番号を間違える受益者、カードシステムの仕組みを説明しない受給者に苛立つだろうか？　受給者の口座に突然送金することで、商品に対する過剰な需要が生まれ、商品の不足や価格の上昇が引き起こされることになるだろうか？　限られた店でしかカードが使えない場合、受給者は他の店を見て回ることが減るだろうか？　電子決済の場合、「稼いだ」お金よりもコスト意識が低くなるだろうか（「宝くじ効果」）？　支払いがデジタル化された場合、現金が減るのと同じように感じているだろうか？

こうした疑問を究明し、電子決済の効果をモニタリングするため、CGAPとWFPケニア事務所は、受益者に新しい磁気ストライプカードを使って加盟店から食料を購入させることで、食料支援のための新しいカードに関する受給者の買い物経験を探った。様々なショッピングシナリオを用いて、受給者は商品価格、暗証番号などの機密情報の保護、受給者とわかる客と他の客との扱いの差など、重要な側面を調査した。

▶結果と影響

調査から、デジタル送金プログラムに参加している店主と消費者の行動に、多数の誘因が影響することが明らかになった。そうした調査結果に基づき、CGAPとWFPは受給者による電子決済システムを用いた建設的な経験を確保するための措置をいくつか特定し、検証した。

行動インサイトの事例研究：金融商品　第8章

- 一部の買い物客は、過去に現金で支払ったことのある店で、以前買い物をしたときとは対照的に、カードを利用すると追加手数料を課されたことを報告した。また店主は、同じ商品でも客によって異なる価格を提示した。

- 受給者の暗証番号を十分に保護しなかった店主も数人存在し、店主自らが暗証番号を入力したり、受給者に暗証番号とカードの両方またはいずれかを預けるように頼んだりした。

- POSシステムによる領収明細書の発行を義務付けたことで、消費者の間で**価格に対する意識**が高まった。領収明細書を発行してもらい、買い物の後、商品価格を思い出すように言われた受給者は、価格に対してもっと注目するようになったと報告した。

- 大部分の消費者は価格交渉を行わなかったと報告したが、これは通常ケニアの市場で買い物をするときとは対照的な行動であった。その原因として、「**宝くじ効果**」すなわち多くの受給者が1日の間に少数の商店に買い物に行くことで生じた需要の殺到によって、買い物客に対する店主の交渉力が引き上げられたことが考えられる。そのことが、以前の来店時よりも高い価格を店主が請求する誘因を説明する一助になるだろう。

- 一部の店主は許可されていない商品（アルコール飲料、ハンドバッグ、香水など）を受給者に購入させたが、大半はさせなかった。

2015年8月、同じ送金プログラムに関して2回目の「覆面調査」による評価を実施したところ、1年間の経験は店主の行動と、受給者の暗証番号を教える行動と価格に対する意識にほとんど影響を与えていないことが明らかになった。しかし、1回の支払期間当たりの支払い回数には大幅な増加が見られ、32%が1か月に2回以上カードを利用しており、16%が1か月に4回以上カードを利用していた。このことから、受給者はこの支払いサービスの「財布」としての機能を利用していたことがわかる。

覆面調査の結果に基づき、CGAPとWFPケニア事務所は支援の提供を改善するための5つの行動優先分野を特定した。その概要は下記の通りである。

1. **相互運用可能なマルチプロバイダ決済プラットフォームに統一**：CFAプログラムの対象地域全域で1行の銀行の窓口しか利用できないという問題から、相互運用可能なマルチプロバイダ決済プラットフォームを開発して、受益者が給付金の受け取りを、様々なプロバイダや決済ルートから選択できるようにする必要性が生じている。この対策によって、受益者はニーズ、所在地、個人の選好に最も合った商品を選択することが可能になる。

2. **許可されていない追加料金の防止**：受益者が許可されていない手数料や追加料金を課されるのを防ぐため、店主にPOSシステムのレシートと併せて領収明細書の発行を義務付けなければならない。これによって受益者が追加料金の支払いから自分たちを守る能力を強化し、単価に対する意識を育むと同時に、店主に彼らの価格設定が監視されていることを意識させることになるだろう。

195

第8章　行動インサイトの事例研究：金融商品

3. **消費者の口座情報の保護**：受益者の口座情報を保護するために、店主と行員は暗証番号とカードの取り扱いに関して継続的に訓練を受け、常に意識するようにしなければならない。行員には標準的な手続き、ID検査、暗証番号とカードの取り扱い、問題解決、大口への対応方法、流動性管理のほか、詐欺や強盗から自らを守る方法についても、これまでより明確なマニュアルが必要である。一方、受益者には手数料、プログラムを通じて利用できる金融サービスの範囲、苦情の申し立て先と方法について、より良い情報を提供する必要がある。

4. **差別の防止**：受益者と他の客との差別は、CFAプログラムの場合、WFPマークのついたバンクカード（銀行発行のクレジットカード）を通常のバンクカードに交換することで、減少させることができるだろう。通常のバンクカードを利用すれば、他の顧客の優遇や追加料金、偏見が原因の不当な扱いを防止できると考えられる。

5. **対象を定めた訓練と能力構築**：行員と受益者両方に対する訓練と指導は、電子決済プログラムの成功に不可欠である。訓練で重点を置かなければならないのは暗証番号の保護であり、受益者は暗証番号の記憶方法について助言を受け、暗証番号を入力し、資金を守り、違法行為や問題を報告するために救済制度を利用する方法を学ぶ。行員と店主には、信頼を示すステッカーや他のブランドラベルを用いたランキングや報酬制度を創設するなどして、このプログラム特有の「注意事項」を意識させ、責任ある良い慣行を奨励すべきである。

▶機関

　CGAPは金融包摂の前進を目指す34の主要機関からなるグローバルパートナーシップである。CGAPは実際的研究と、金融サービス提供者・政策立案者・資金提供者との積極的な関与を通じて革新的な解決策を考案し、規模を拡大して取り組みを行うことで、貧困層が生活向上のために必要とする金融サービスへのアクセスを拡大しようとしている。

　CGAPは、所得階層別人口ピラミッドの最底辺に位置する低所得者層に影響を与えるため、金融消費者保護のための規則と行動は、低所得消費者の金融に関する行動と経験の現状に対する理解に基づかなければならないと考えている。そのため、CGAPはその研究および政策助言活動の不可欠な部分として、行動インサイトを積極的に利用している。

　CGAPは開発経済学、心理学、社会科学、政治学の分野で経験を有する行動科学の専門家を雇用している。また、外部のコンサルタントやコンサルタント会社と協力し、研修に参加し、独自のツールや活動から得た成果をステークホルダーと共有している。

　CGAPの消費者保護イニシアティブ（Protecting Customers Initiative）は、実用的で費用対効果が高く、行動情報を活用した効果的な消費者保護戦略の開発を目指している。そうした戦略は、金融包摂を実現する商品・道筋・ビジネスモデルにおける急速なイノベーションに対応し、貧困層の金融包摂の実現というCGAPの目標に最も効果的な成果を確実にもたらすように意図されている。

196

行動インサイトの事例研究：金融商品　第8章

ケニアでの責任ある小口ローン契約

国	ケニア
分　　野	デジタル金融サービス
機　　関	貧困層支援協議グループ（Consultative Group to Assist the Poor: CGAP）
介入開始	2015年
介入終了	2015年
目　　的	デジタル金融環境における消費者の行動について理解を深める。
方　　法	室内実験と現地実験で借り入れをシミュレーションする。
適　　用	デジタルローン業者は調査で考案され検証された通知方法の設計と提言を取り入れて、借り手の責任ある行動と返済率の改善を推進した。

▶問題

　デジタル融資商品は、多くの消費者が個人や企業の支出のために得がたい緊急融資を受けられるスピーディかつ便利な手段である。しかし、デジタル金融のイノベーションが急速であるために、透明性や返済能力など、消費者保護に関わる潜在的な懸念事項について、調査はあまり進んでいない。

　CGAPは、貧困層が生活向上のために必要とする金融サービスへの公正で責任あるアクセスを拡大するために、革新的な解決策の開発に専門的に取り組んでいる。その取り組みには、デジタル融資などのデジタル金融サービスも含まれる。CGAPはデジタル融資市場において責任ある慣行を構築する重要性を認識している。数回キーを押すだけで融資が文字通り手に入る今、消費者の借り入れ行動とそれに伴うリスクにどのような差異があるのか明らかにしたいと考えた。

▶介入

　CGAPはブサラ行動経済学センター（Busara Centre for Behavioural Economics）およびJumo（ケニア、タンザニア、ザンビアで電子的に提供される融資を行っているモバイルマネープラットフォーム）と協力して、一連の実験を設計し、ケニアでデジタル融資商品に関連した様々な通知方法への消費者の反応を調査した。

　研究者らの目的は、消費者とのコミュニケーションチャンネル（SMS）が、借り手・貸し主双方を利するように借り手の行動に影響を与える方法があるのか、また行動経済学から得た洞察を用い

197

て、借り手の行動を期限通りの返済など、好ましい方向に導く通知方法を考案できるかどうかを明らかにすることであった。

研究者らは2つの重要な機会に着目した。

1. 商品の重要な特徴について**消費者が読む**——そして理解する——**見込みを**改善し、ローンの申し込みプロセスの間、商品の条件について表示した画面に費やす時間と返済率との間に正の相関が存在するという仮説を検証する。

2. 返済**督促**通知として、**目的に基づいた**、または**上昇志向の**メッセージを作成して、消費者が通知を受け取った際に"フリーズ"するのではなく、適時の返済がもたらす長期的価値に気付くのに役立てる。

これらの2つを目的として、CGAPは「トップキャッシュ（Top Cash）」と名付けた架空のデジタル融資商品用に、実験室と現地にメッセージングプラットフォームを構築し、ケニアの都市ナイロビとブシアで無作為に選んだ低所得消費者200人のサンプルを対象に、こうしたメッセージのテストを行った。

室内実験で消費者が参加したのは、お金を稼ぐことができるが、先にゲームをするために資金を借りなければならず、後にタスクを完遂して得た収益から返済するという一連のタスクであった。1ラウンドのゲームごとに、参加者は希望する融資額を選択しなければならなかった。融資額ごとに諸費用と返済期間が異なり、参加者は融資額を決める際に、それらを検討した。それによって、調査チームは異なる開示情報が借り入れの選択に与える影響を検証することができた。

現地実験では、参加者はモバイルマネーによって実際にゼロコストのローンを受け、もっと大きな額の融資を受けるために、1週間後返済するよう指示された。その後、一連の通知文を借り手に送付して、そうした様々なメッセージに、消費者に確実に1週間後に返済させる効果がどの程度あるのかを測定した。

CGAPは複数の督促メッセージとそうしたメッセージのフレーミングを検証し、消費者による返済の見込みを改善するにはどれが最も効果的かを突き止めようとした。メッセージのバリエーションには、潜在的な**現在バイアス**を和らげる目的で、今後、より大きな額の融資を受けられること、すなわち適時の返済が借り手にもたらす長期的メリットなど、**インセンティブ**を強調したものがあった。

▶結果と影響

——室内実験

契約条件の要約画面に対する選択に基づくアプローチによって、消費者がその画面を見る可能性が9.5％から**23.8％**へ上昇したことが室内実験で明らかになった。消費者に契約条件の要約画面を見るかスキップするかを積極的に選択させることで、消費者が実際にそれらを読む可能性が引き上

げられた。

　また、実際に要約を読んだことで返済実績が向上し、実験では不履行率が**7％絶対的に減少**した。これは、商品の契約条件を表示した画面に費やす時間が増えれば増えるほど、不履行になりにくいという仮説を裏付けている。さらに、効果的に促すことで、商品の契約条件と諸費用に対する消費者の注目を高め、より多くの情報に基づいた借り入れの決定につながることも明らかになった。

　室内実験で融資額を選択するよう求めた際、**借り入れにかかる諸費用を分けて顕著性を高めること**が、消費者の選択した融資額の大小に関係なく、ゲームでの不履行率をサンプル全体で29.1％から**20％に引き下げる**のに役立った。このことから、金融諸費用を目立たせることで、融資額に関して消費者のより良い選択を可能にすることが明らかになった。

——現地実験

　返済を督促するタイミングは借り手がローンを返済する確率に影響を与えた。督促状を夕方に受け取った借り手の方が、朝受け取った借り手よりも、ローンを返済する確率が8％高かった。

　督促通知に用いた行動に基づくメッセージによる介入は、消費者の人口区分によって異なる効果をもたらした。全体的に見て、メッセージの通知は男性の借り手全般にプラスの影響をもたらしたが、女性の借り手全般には返済にマイナスの影響をもたらした。このことから、より成果を上げられるアプローチは、デジタル融資業者が、利用可能な人口学的情報に基づき、利用者の個人的な特性と意欲に語りかけるようにカスタマイズした督促通知を作成することであるとわかる。

　全体として、デジタル融資市場において消費者へのメッセージの伝達方法を修正することで、借り手と貸し主の双方にもたらされるメリットが全般的に増大する可能性があるとCGAPは結論付けることができた。

▶機関

　CGAPは金融包摂の前進を目指す34の主要機関からなるグローバルパートナーシップである。CGAPは実際的研究と、金融サービス提供者・政策立案者・資金提供者との積極的な関与を通じて革新的な解決策を考案し、規模を拡大して取り組みを行うことで、貧困層が生活向上のために必要とする金融サービスへのアクセスを拡大しようとしている。

　CGAPは、所得階層別人口ピラミッドの最底辺に位置する低所得者層に影響を与えるため、金融消費者保護のための規則と行動は、低所得消費者の金融に関する行動と経験の現状に対する理解に基づかなければならないと考えている。そのため、CGAPはその研究および政策助言活動の不可欠な部分として、行動インサイトを積極的に利用している。

　CGAPは開発経済学、心理学、社会科学、政治学の分野で経験を有する行動科学の専門家を雇用している。また、外部のコンサルタントやコンサルタント会社と協力し、研修に参加し、独自のツールや活動から得た成果をステークホルダーと共有している。

CGAPの消費者保護イニシアティブ（Protecting Customers Initiative）は、実用的で費用対効果が高く、行動情報を活用した効果的な消費者保護戦略の開発を目指している。そうした戦略は、金融包摂を実現する商品・道筋・ビジネスモデルにおける急速なイノベーションに対応し、貧困層の金融包摂の実現というCGAPの目標に最も効果的な成果を確実にもたらすように意図されている。

行動インサイトの事例研究：金融商品　第8章

金融教育に関する全国調査

国	スペイン
分　野	金融
機　関	スペイン証券取引委員会（National Securities Exchange Commission: CNMV）
目　的	スペイン国民の経時的な金融行動について理解する。
方　法	一般住民を対象にした全国調査
適　用	調査を通じて収集した情報を、金融教育行動計画（Action Plan on Financial Education）によってスペイン人消費者への金融教育をより効果的に改善するために利用する。

第8章

▶問題

CNMVは金融消費者保護を担うスペインの規制機関である。

CNMVはスペイン中央銀行と協力して、金融教育行動計画を考案した。その目的はスペイン全体の金融文化の向上であり、それによって消費者保護を強化することである。金融教育の目的は知識と能力を伝達することによって、金融消費者と投資家が私的な経済活動を営む際に情報に基づく判断を行い、適切な決定を下す能力を身につけるようにすることである。なぜなら、市民が下す決定の大部分は、個人と家族の環境に直接影響を及ぼす金融行動に関係しているからである。

しかし、金融教育事業を効果的に設計・実施するためにCNMVにとって最も重要なのは、スペインの成人人口の金融教育が現在どの程度の水準であるかを理解することである。現状について適切な知識を得ることで、CNMVは改善が必要な分野と、そのための金融教育行動計画による取り組み方を明確化できる。また、継続的な評価によって、金融教育行動計画が目標通りにスペインの金融文化を改善するのにどの程度効果的かを長期的にモニタリングすることができる。

▶介入

CNMVとスペイン中央銀行は、金融教育全国統計調査（National Statistical Survey on Financial Education）の作成に共同で取り組んでいる。その目的は、金融教育に関して、今後数年間のスペインの成人人口の進捗や向上の状況を評価・モニタリングすることである。

調査票は一般住民を対象にする予定である。OECD金融教育に関する国際ネットワーク（International Network on Financial Education: INFE）の金融リテラシー・金融包摂測定ツール

201

キット（Toolkit for Measuring Financial Literacy and Financial Inclusion）で推奨されている手法に従う。この手法では特定の質問と変数を用いて、金融消費者の行動に関する総合的な情報を収集する。

調査では、金融理解力と金融知識、資金管理や短期的・長期的なファイナンシャル・プランニングといった事項における金融消費者の行動、金融商品の選び方などについて質問する予定である。

▶結果と影響

現在、調査を実施しているところである。

▶機関

CNMVはスペイン証券市場の金融規制を担う同国の政府機関である。独立の機関であり、経済財務省の監督下にある。

CNMVの主要優先事項は金融消費者の保護である。行動インサイトを利用して、消費者が投資決定を行う際に生じる行動に関わるバイアス・先入観・選択ミスを特定し、適切なツールを用いてそうした行動を改善してきた。これは消費者としての金融消費者保護に直接的な影響を与えている。

CNMVはスペイン中央銀行と協力して、行動インサイトを金融教育行動計画の開発に利用している。この行動計画の目的は、投資家の金融能力・知識を向上させる活動を通じて、スペイン国民の金融文化を強化することである。こうした分野のイニシアティブは、金融教育において展開すべき活動を決定するために、金融消費者の理解力と行動傾向を直接的かつ間接的に考察している。

CNMVは金融教育に利用可能な行動科学に関する知識を積極的に模索し、獲得している。また、その活動に、OECD金融教育に関する国際ネットワークと証券監督者国際機構（International Organisation of Securities Commissions: IOSCO）による提言や結論を適用している。

行動インサイトの事例研究：金融商品　第8章

生徒への金融教育

国	スペイン
分　　野	教育
機　　関	スペイン証券取引委員会（National Securities Exchange Commission: CNMV）
介入開始	2013年1月
介入終了	2013年9月
目　　的	エビデンスに基づく効果的な金融上の決定を下せるように、若者の金融能力を向上させる。
方　　法	調査と試験によって金融教育プログラムの有効性を評価する（サンプルは28校）。
適　　用	スペインの学校で実施されている金融教育プログラム

第8章

▶問題

CNMVは金融消費者保護を担うスペインの規制機関である。

CNMVはスペイン中央銀行と協力して、金融教育行動計画（Action Plan on Financial Education）を考案した。その目的はスペイン全体の金融文化の向上であり、それによって消費者保護を強化することである。金融教育の目的は知識と能力を伝達することによって、金融消費者と投資家が私的な経済活動を営む際に情報に基づく判断を行い、適切な決定を下す能力を身につけるようにすることである。なぜなら、市民が下す決定の大部分は、個人と家族の環境に直接影響を及ぼす金融行動に関係しているからである。

金融教育国家戦略（National Strategy for Financial Education）と金融教育行動計画は多様な目標を掲げており、そのうちの1つは学校での金融教育の実施である。この目標を実現するために、CNMVは年間プログラムを考案し、それによって若い学生に価値基準・理解力・能力・知識をもたらし、金融上の決定を情報とエビデンスに基づき合理的に下す能力を育成することで、生涯を通じて基本的な金融上の問題に対応できるようにすることを目指している。CNMVはプログラムを通じて、そうしなければ金融教育の恩恵を享受できないであろう学生に金融教育を実施することにより、スペインの学生の金融面での健全性を向上させて、若者の機会の平等を促進したいと考えている。

▶介入

プログラムの考案はCNMVとスペイン中央銀行が、教育制度測定評価（Medida y Evaluación de

203

Sistemas Educativos: MESE）グループおよび欧州社会教育財団（European Foundation Society and Education: EFSE）と協力して実施した。スペインをはじめとする多数の国で生徒の相対的な金融能力を評価するOECD生徒の学習到達度調査（PISA）から得た知見に基づき、教材と教育ツールを開発した。

　開発された教材には、資料、教師用・生徒用の教育的ガイドや生徒向けのウェブページなどがあった。こうしたプログラムの教材は、目標の確立とそうした目標を実現するための学習過程の方向付けを円滑化するため、生徒の内発的動機付けの持続を促す。また、プログラムを補強するため金融教育コンテストも年次開催され、それが生徒の外発的動機付けとして機能している。

　プログラムの開発は行動心理学の原則に基づいており、選好、信念、動機付け、説得効果、影響を与える能力など、金融上の意思決定プロセスの側面と併せて、そのプロセスが起こる状況も考慮された。金融教育プログラムの内容は、基本的には金融に関する概念の理解を生徒に促すために、教育的基盤を有していた。

　またCNMVは金融教育カリキュラムの妥当性と有効性についての評価も実施した。評価は28校で1,842人の生徒と926人の教師を対象に行われた。

　カリキュラムの妥当性はアンケート調査によって評価した。選定した学校の教師に、彼らが実施している金融教育プログラムの内容を評価するアンケートへの回答を依頼した。

　事前および事後の評価ツールを用いて、プログラム開始前とプログラム終了後に生徒に実施したテストを通じて、プログラムの有効性を評価した。

▶結果と影響

評価によって得られたデータから、次のことが明らかになった。

1. 教師は金融教育プログラムを概して適切であると考えている（平均7〜8／10）。

2. 教師はプログラムで用いる教材を適切であると考えている（中央値7／10）。

3. アンケート調査を受けた教師の88％が、こうした内容を中等義務教育の義務課程に含めるべきだと考えている。

4. 関心のある領域で生徒が能力と知識を習得できたという点で、プログラムは有効であった。

　またCNMVはプログラムの実施を通じて、金融教育が長期的な目標であり、金融教育（単なる情報の理論的伝達）は投資行動・習慣に働きかけなければ有益ではないことを認識した。

　この評価を受けて、提示された提言に従ってプログラムのツールの一部が修正された。

▶機関

CNMVはスペイン証券市場の金融規制を担う同国の政府機関である。独立の機関であり、経済財務省の監督下にある。

CNMVの主要優先事項は金融消費者の保護である。行動インサイトを利用して、消費者が投資決定を行う際に生じる行動に関わるバイアス・先入観・選択ミスを特定し、適切なツールを用いてそうした行動を改善してきた。これは消費者としての金融消費者保護に直接的な影響を与えている。

CNMVはスペイン中央銀行と協力して、行動インサイトを金融教育行動計画の開発に利用している。この行動計画の目的は、投資家の金融能力・知識を向上させる活動を通じて、スペイン国民の金融文化を強化することである。こうした分野のイニシアティブは、金融教育において展開すべき活動を決定するために、金融消費者の理解力と行動傾向を直接的かつ間接的に考察している。

CNMVは金融教育に利用可能な行動科学に関する知識を積極的に模索し、獲得している。また、その活動に、OECD金融教育に関する国際ネットワークとIOSCOによる提言や結論を適用している。

第8章　行動インサイトの事例研究：金融商品

借り手の過剰債務の防止

国	ウガンダとガーナ
分　　野	金融制度開発
機　　関	ドイツ連邦経済協力開発省（German Federal Ministry of Economic Cooperation and Development）
介入開始	2013年
介入終了	2013年
目　　的	借り手が過剰債務に陥るのを防ぐ。
方　　法	無作為化比較試験（RCT）による世帯調査（疑似ランダム化した対照群）
適　　用	金融リテラシーキャンペーン

▶問題

　マイクロファイナンスの世界的な拡大によって、それがなければ利用できなかった正規の金融サービスを、開発途上国の多数の低所得世帯や零細起業家が利用できるようになり、そうした人々に新しい機会が開かれている。しかし、一部の地域では、今では融資商品があふれかえっているために、過剰な借り入れのリスクが生じており、債務が世帯にとって返済不可能な水準になっている。

　ドイツ連邦経済協力開発省は、正規のマイクロクレジットの利用が、ウガンダの貧困世帯の経済的負担に及ぼしている影響を評価し、マイクロファイナンスローンの借り手が過剰債務に陥るのを防ぐ方法があるのか考察したいと考えた。

▶介入

　ドイツ連邦経済協力開発省は、以下のいずれかに該当するウガンダの1,500世帯以上に関するデータを用いた。

1. 正規の金融機関から借り入れを行っている。

2. 準正規の機関（中央銀行による規制の対象になっていない機関）から借り入れを行っている。

3. 非正規の貸し手から借り入れを行っている（高利貸しなどの非正規の業者から借り入れている者のほか、未払いの請求書を抱える者も含む）。

4. 借り入れを行っていない。

行動インサイトの事例研究：金融商品　　第8章

　こうしたグループ間の経済的負担の差異を抽出するために、この研究はガーナで同じ分野に関して以前実施された研究を拡大させた。

　ドイツ連邦経済協力開発省はウガンダの主要マイクロファイナンス機関の1つと協力して、同機関からの正規の借り手のサンプルを得るとともに、首都カンパラとその周辺から類似世帯（ベースラインサンプルである正規の借り手の近隣世帯）のグループを疑似ランダムに選んだ。その後、それらの世帯を対象に聞き取り調査を実施して、具体的なストレス事象や世帯のローンと負債、世帯のその他の特徴について質問し、こうした要素が債務超過の世帯の割合に与える影響を評価した。

▶結果と影響

　調査の結果、正規の機関から借り入れている者よりも、準正規・非正規の貸し手から借り入れている者の方が、経済的に困窮している可能性が大幅に高いことが判明し、正規の貸し手から借り入れることが経済的困窮を減少させることが示唆されている。

　また、金融リテラシーの水準が低い者の方が債務超過に陥りやすかった。金融リテラシー能力は経済的困窮の水準と逆相関していたことから、世帯がより持続可能な家計計画を実現するのに金融リテラシー能力が有用であることがわかる。このことから、金融リテラシーが借り手にプラスの影響をもたらすという研究者の仮定が裏付けられた。

　したがって、ウガンダの信用市場のように信用市場が飽和している場合、金融リテラシーキャンペーンの実施など、金融リテラシーに関する介入が、借り手が過度に多額の借り入れをしたり、情報を得ずに金融上の決定を下したりするのを防ぐのに役立つだろう。

▶機関

　ドイツ連邦経済協力開発省はドイツの国際開発政策を監督しており、世界の開発途上国で多数のプロジェクトに従事している。様々な分野におけるプロジェクトの計画と設計に、正式に行動インサイトを利用している。

　同省は現在行っている新しい手法や手段の開発の一環として行動インサイトを利用して、同省の日常業務に取り入れている。行動インサイトを用いたアプローチの主要な責任を担うのは、同省のユニット「開発・ガバナンス・平和のためのコンピテンスセンター（Kompetenzcenter Entwicklung, Governance und Frieden）」である。しかし、医療・金融制度開発などの分野に携わる省内の他のコンピテンスセンターも、現場で新たな洞察を追求し引き出しており、同省の職員は大学の研究者に接触して、付随する研究のための選択肢も議論してきた。同省の一部の職員は、高等教育や博士号課程などから得た行動経済学の深い知識を有している。

　同省には、行動インサイトを用いたアプローチによって意識下で行動を操作することの有効性に関して、ある程度の懐疑論があり、それが倫理的かどうかについても懸念があった。しかし、同省

207

は不作為によっても結果が受けうる有害な影響について教育することによって、業務での行動インサイトの利用を職員に意識させるための内部研修も実施している。

行動インサイトの事例研究：金融商品　第8章

メッセージは受信しましたか？
年間取引明細書、メールアラートサービス、
モバイルアプリが消費者の預金行動に与える影響

国	英国	
分　野	リテールバンキング	
機　関	英国金融行動監視機構（Financial Conduct Authority: FCA）	
介入開始	2012年	
介入終了	2015年	
目　的	個人当座預金口座市場における従前の規制と営業上の介入の有効性を評価する。	
方　法	消費者行動に関するデータの実証的分析——サンプルサイズは英国の銀行1行の顧客50万人、英国の別の銀行1行からもデータを集約	
適　用	年間取引明細書などを対象にもっと消費者に役立つよう今後の情報開示方法を改善し、通知がオプトインではなく「オプトアウト」になるように規制を変更して、資産管理に苦労している人々を支援する。	

第8章

▶問題

　英国では成人の94％が個人当座預金口座を少なくとも1つ、40％が2つ以上所有している。しかし、当座預金口座市場そのものがどれほどうまく機能しているかについては、当座貸越手数料の透明性が低く、銀行の切り替えがほとんど行われないことから疑問の余地がある。

　FCAは英国の金融規制機関で、政府から独立して運営されており、金融サービス産業に従事する事業者に賦課する課徴金を財源としている。FCAの運営目標は、適切な水準の消費者保護の確保、市場の健全性の確保、有効な競争の促進である。想定される競争・市場庁の個人当座預金口座調査との関連で、FCAは消費者による当座預金口座の管理の促進を目的とした従前のイニシアティブの影響を理解したいと考えた。

　年間取引明細書の目的は、過去1年間に発生した当座貸越手数料や生じた預金利息・借入利息の額の明細を提供することによって、消費者の注意を彼らの口座にかかる費用に向けさせることであり、それによって消費者が予定外の当座貸越手数料を減らし、平均残高を下げ、もっとニーズに応じた口座へ切り替えることによって、消費者の資産管理方法を改善することである。それによって、**注意力の限界**という消費者の行動バイアスに対処することを目指しており、消費者に行動する動機を与える**損失回避**の原則に基づき、影響を想定している。

　現在では多くの銀行がメールによるアラートサービスやモバイルバンキングアプリを提供して、消費者が当座預金口座の諸費用について理解を深め、それらを少なくし、場合によってはよりニーズを満たす口座に切り替えるのに役立てている。FCAは、こうしたごく最近の市場戦略が、消費者

209

にとって全般的により有益な結果を促進するのに、どれほど効果があったかを明らかにしたいと考えた。

▶介入

FCAは2011～2014年にわたって、英国の大手銀行1行の顧客50万人をサンプルとして無作為に選定し、データを分析した。その際、次の2点について評価した。

1. 年間取引明細書を早く受け取った人の行動と遅く受け取った人の行動を比較した。

2. メールアラートサービスとモバイルバンキングサービスを契約した人の行動。契約前の自身の行動と契約していない人の行動を比較した。

年間取引明細書は消費者に順次送付されるため、まだ取引明細書を受け取っていない消費者を、受け取った消費者の行動と比較可能な自然の「対照」群として、研究者らは利用することができた。

調査を実施する研究者らは、年間取引明細書を受け取った顧客の口座の平均残高と当座貸越手数料を、受け取っていない顧客のものと比較して、年間取引明細書の送付が消費者行動に与える影響を検証した。分析した消費者サンプルの15％を上回る人々が、メールアラートサービスを契約しており、7％がメールアラートサービスとモバイルバンキングアプリの両方を契約していた。これらの2つのサービスが契約者に与える影響を、当該サービスを契約した2か月後の消費者の行動の変化に着目して分析した。

またFCAは、別の銀行を対象に36か月間にわたってデータを収集し、モバイルバンキングアプリのリリース後に急増した契約率を分析して、このアプリの影響を評価した。この事例では、モバイルバンキングアプリは調査期間内にリリースされ、リリース直後に契約率が急上昇した。調査では、アプリのリリース直後に契約した消費者へのアプリの影響を検証して、その影響を分析した。

▶結果と影響

今回の調査から、年間取引明細書は消費者行動に影響を及ぼさないことが判明し、開示した情報の中には消費者行動にごくわずかに影響を与えるものがあることが明らかになった。予定外の当座貸越手数料の額は、メールアラートサービスによって**6％**、モバイルバンキングアプリによって**8％**減少した。**メールアラートサービスとモバイルバンキングアプリの両方**を契約した場合は**24％**減少した。

そのほか注目すべきこととして、こうしたサービスの影響は年齢層によって異なることがわかった。モバイルバンキングアプリの場合、30～59歳層への影響が最も大きく、50～59歳層は毎月の当座貸越手数料の額に関して、19％（0.75ポンド）という相対的にも絶対的にも最大の減少を経験した。メールアラートサービスの契約は、40～59歳層に最も大きな影響を与え、50～59歳層は14％（0.52ポンド）という相対的にも絶対的にも最大の減少を経験した。両方のサービスを契約した

場合、最も効果が大きかったのは30～39歳層で、減少率は28％（1.38ポンド）であった。

こうしたサービスの影響は、所得水準によっても差異があった。モバイルバンキングアプリは最高所得層に最大の効果をもたらし、メールアラートサービスは中所得層に最大の効果を与えた。両方のサービスの利用は最高所得層に最も大きな効果をもたらし、月間所得が推定2,000～2,500ポンドの層で28％（1.46ポンド）減少した。

比較的高所得の中年層の消費者は、おそらく最も多忙な層であり、傾向として当座貸越手数料を最も多く支払い、口座を切り替えることが最も少なかったため、メールアラートサービスによってタイムリーな情報を自動的に入手し、モバイルバンキングアプリを使って行動を起こせるようになったことから、最も大きな恩恵を得た。

全般的に見て、消費者はモバイルバンキングアプリとメールアラートサービスの契約後、自身の口座を管理しやすくなったことが調査から明らかになった。両サービスを併用することで予定外の当座貸越手数料の額の減少率が拡大したことに示唆されているのは、自動的に行われる措置に対して、積極的に情報を獲得する必要なく情報を受け取る（メールアラートサービスを受け取る）ことの利点と、モバイルバンキングアプリを用いてタイムリーな情報を受け取った際に迅速に行動することの容易さである。

▶機関

FCAは英国の独立した金融規制機関であり、金融サービス産業に従事する事業者に賦課する課徴金を財源としている。市場の健全性の向上、適切な水準の消費者保護の確保、競争の促進を3つの法定目標としている。行動科学を他の規制ツールと併せて研究および政策立案に積極的に活用し、運営目標を達成する。

FCAには経済学者、コンピューター科学者、心理学者からなる専門的なユニットとして「行動経済学・データサイエンス・ユニット（Behavioural Economics and Data Science Unit: BDU）」がある。BDUは独自の研究を実施して、FCAによる行動インサイトの適用を支援している。チーフエコノミストの属する部課や政策部門担当者など、FCAでは行動経済学が他にも広く日常業務に適用されている。FCAが行うすべての試験と研究は、堅牢なレビュープロセスを踏み、その過程で倫理的リスクやその他のリスクが評価され、必要に応じて緩和される。

第8章　行動インサイトの事例研究：金融商品

年金商品のフレーミングは重要か？

国	英国
分　野	金融サービス／年金商品
機　関	英国金融行動監視機構（Financial Conduct Authority: FCA）
介入開始	2014年12月
介入終了	2014年12月
目　的	消費者が行動バイアスの影響を受けてではなく、利用可能な選択肢を合理的に理解して年金商品を選択できるようにする。
方　法	室内実験によって、年金商品のフレーミングが人々の商品選択を改善するかを検証する。
適　用	行動バイアスの影響を最小限に抑えるため、年金商品に関するFCAの情報開示の規定を再設計する。

▶問題

　私たちは消費者としての自分たちの選択が、問題となっている商品に関するあらゆる適切な情報を徹底的に評価した上で下した合理的な意思決定であると考えがちである。しかし、人間として、私たちの決定は私たちに開示された情報量と、開示者による情報の提供方法から無意識のうちに影響を受けている。特に金融上の決定の場合、そうしたことで生じる影響によって、私たちの福祉は知らないうちに大きな影響を受ける場合がある。だからこそ、英国のFCAなどの規制機関が、消費者を保護し、有効な競争を促進し、金融市場の健全性を維持するために存在しているのである。

　FCAはその職務の一環として積極的に行動インサイトを活用しており、金融市場の問題を特定・分析・是正し、個人が金融商品の選択時に犯しかねない選択ミス、個人や企業が現在のような行動をする原因、消費者保護を改善できる方法について理解しようとしている。FCAが行動インサイトを活用してきた事例の1つに、消費者による年金商品の選択に影響を与え、場合によっては不利な影響を及ぼす恐れのある行動バイアスの検証がある。

　2014年度予算で発表された変更を受けて、2015年4月以降、英国の消費者は年金貯蓄の利用方法に関して、退職時の選択が拡大した。英国政府から独立して運営されているFCAは、こうした変更が消費者に与える影響への理解を深めるために、年金市場について調査を実施することにした。

　FCAは調査の一環として、年金の潜在的選択肢に関する消費者の意思決定と、その選択肢に関する情報が消費者に提示される、つまり「**表示される**」方法（フレーミング）が消費者の選択に与える影響を明らかにしたいと考えた。また、調査から得た情報を利用して是正措置案の作成に役立て、

行動インサイトの事例研究：金融商品　第8章

その措置によって、年金商品の提供者が消費者の行動を感化するように情報を提示することで個人の行動バイアスを利用するのを防ぎ、消費者による年金商品の決定が利用可能な選択肢に関するできる限り合理的な評価に基づいて行われるよう徹底したいと考えた。

▶介入

年金商品の様々なフレーミング方法の影響と、それが消費者の最終的な商品選択に与える影響を検証することを目的として、FCAは実験を設計した。国民を代表するサンプルとして、英国の成人40万人から無作為に抽出した55〜75歳の907人の協力を得て、退職時に10万ポンドの年金原資の受け取り方を選択する際、65歳以上の人が直面すると考えられる年金収入計画の中から架空の選択をしてもらった。

提示した選択肢は次の通りである。

- 死亡するまで毎月500ポンドが支払われる定額年金を購入する（アニュイティ）。

- 現金取引口座（cash account）に原資を貯蓄して毎月360ポンドを永久に受け取り（貯蓄預金計画）、この収入のみを消費するか、アニュイティと同額（500ポンド）の収入を消費するが、90歳に達すると資金は尽きる（自己年金計画）。

- 毎月400ポンド消費し、原資は100歳に達すると尽きる（100歳までの分割受け取り）。

- 毎月540ポンド消費し、原資は85歳に達すると尽きる（85歳までの分割受け取り）。

各回答者にこれらの選択肢のうちの2つから1つを選択させた。選択肢を変えて、実験の間、各回答者に二者択一を5回行わせた。これらの選択肢は、次の3つの形式で提示、つまり表現された。

1. **消費フレーム**——消費者には退職時に消費できる金額に関する情報を提示したが、商品の名称には言及しなかった。

2. **消費フレーム**で、アニュイティオプションには「アニュイティ」と名称を表示した。

3. **投資フレーム**——情報を投資とリターンとして表示し、消費者の年金原資の金額は序文で、また各計画で明示したが、商品の名称には言及しなかった。

消費者はすべての計画に関して、死亡時にその年金資金がどうなるかを教えられた。サンプルを無作為に3つのグループに分け、それぞれのグループを3つのフレームのいずれかに割り当てて、2つの計画から選択させた。結果は各フレームに関して、定額を引き出す選択肢に対してアニュイティを選択した人の割合によって判断した。

▶結果と影響

アニュイティと別の計画との選択に直面した場合、消費者は概して**消費フレーム**では**アニュイテ**

213

ィを好むが、**投資フレーム**では**アニュイティ**よりも別の計画を好むことが実験によって明らかになった。消費に関する選択肢として選択肢が提示された場合、約70％の人がアニュイティを選択したが、投資に関する選択肢として選択肢が提示された場合、アニュイティを選択した人は20〜30％であった。

　「アニュイティ」という用語も消費者の選択に影響を与えた。「アニュイティ」という用語を用いなかった場合、消費者の66％が貯蓄口座による現金の流入よりもアニュイティによる現金の流入を選択した。一方、選択肢に「アニュイティ」という用語を含めただけで、アニュイティを選ぶ消費者の割合は50％まで減少した。消費者の人口統計学的属性の影響についても明らかにしたことで、子どものいない消費者の方が子どものいる消費者よりもアニュイティを選択することが多いとわかった。

　世帯収入の額も影響を与えた。調査対象者を世帯収入が3万ポンドを超えるグループと超えないグループの2つに分けた。世帯収入が3万ポンド未満の消費者の方が、退職時の選択肢のフレーミングに対して強い反応を示すようで、こうした消費者の方が消費フレームの下でアニュイティを選ぶ割合が高く、投資フレームの下でも同様であった。これらの2つのグループが行った選択の差はどちらも統計的に有意ではなかったが、結果をそのまま考慮し、世帯収入が選択に与える影響が一様であることを考えると、世帯収入がフレームの効果に影響を与えることが、ある程度裏付けられる。

　調査の結果、アニュイティという選択肢を投資としてフレーミングすることで、アニュイティに対する消費者の行動バイアスが生み出されており、年金をどのように受給するかという消費者の選択は、関連情報の提示の仕方によって大きな影響を受けると結論付けることができる。消費者は「アニュイティ」という用語を低価値商品と結びつけて考えるようであり、「アニュイティ」という用語を使用することで、アニュイティを選択する消費者が減少している。

　年金商品は現在、投資フレームによって消費者に提示されており、受給前に継続的に、そして退職時にも年金原資の金銭的価値が提示されるため、消費者によるアニュイティの回避を引き起こす。今回の調査結果は、今後FCAが年金商品の情報開示に関する規定を策定してこのバイアスに対処し、適切な意思決定を促すのに寄与するだろう。

▶機関

　FCAは英国の独立した金融規制機関であり、金融サービス産業に従事する事業者に賦課する課徴金を財源としている。市場の健全性の向上、適切な水準の消費者保護の確保、競争の促進を3つの法定目標としている。行動科学を他の規制ツールと併せて研究および政策立案に積極的に活用し、運営目標を達成する。

　FCAには経済学者、コンピューター科学者、心理学者からなる専門的なユニットとして「行動経済学・データサイエンス・ユニット（Behavioural Economics and Data Science Unit: BDU）」がある。BDUは独自の研究を実施して、FCAによる行動インサイトの適用を支援している。チーフエ

コノミストの属する部課や政策部門担当者など、FCAでは行動経済学が他にも広く日常業務に適用されている。FCAが行うすべての試験と研究は、堅牢なレビュープロセスを踏み、その過程で倫理的リスクやその他のリスクが評価され、必要に応じて緩和される。

第8章　行動インサイトの事例研究：金融商品

> ## 貯蓄口座の切り替え

国	英国
分　野	リテールバンキング
機　関	英国金融行動監視機構（Financial Conduct Authority: FCA）
介入開始	—
介入終了	2015年1月公表
目　的	消費者に現金貯蓄口座の切り替えを促す。
方　法	貯蓄口座の利用者2万人をサンプルとする無作為化比較試験（RCT）
適　用	FCAは調査結果を土台として、消費者の預金利息の減少につながりかねない行動バイアスを緩和するために、金融機関による確認・通知慣行の改善など、貯蓄口座の金利の引き下げに対する新たな義務的要件案を作成した。

▶問題

　初期金利が高く設定されている貯蓄口座を開設した消費者は、その金利が適用される期間が終了した際、必ずしも類似の口座に切り替えるわけではないため、長期的には利益が少なくなる場合もある。金銭的誘因があるにもかかわらず、消費者が行動を起こさない1つの原因として、行動バイアスの影響が考えられる。例として、**注意力の限界**は消費者が貯蓄に関する選択肢に十分な注意を払わない原因に、**現在バイアス**は人が短期的な費用に対して長期的な利益を過小評価する原因になっている。

　FCAは消費者の保護、有効な競争の促進、英国の金融市場の健全性の維持を目的とした金融規制を策定する。その目的を支えるため、FCAは積極的に行動インサイトを活用することによって、金融市場の問題を特定・分析・是正し、個人が金融商品の選択時に犯す恐れのある選択ミス、個人や企業が現在のような行動をする理由、消費者保護の改善方法について理解しようとしている。

　英国の消費者の金融上の成果を改善する職務の一環として、FCAは消費者に口座の切り替えの検討を促す「**ナッジ**」を利用して、消費者の貯蓄に関する慣性に影響を与えていると考えられるバイアスを打ち消すことができるかどうか、調査することにした。

▶介入

　FCAは英国の大手金融機関1行と協力して、貯蓄口座の金利が下がる直前または下がった直後の口座主2万人以上を対象にしてRCTを実施した。RCTの目的は、消費者に貯蓄口座の切り替えを

216

促す通知としての**リマインダー**の効果を検証することであった。これらの口座主は全員、金利が下がる2～3か月前に、金利の変更が近づいていることを知らせる手紙をすでに受け取っていた。

RCTの参加者を、金利が引き下げられる時期に無作為に4つのグループに分け、それぞれに対して次のいずれかの対応を行った。

1. これ以上の通知は行わない（**対照群**）。

2. **リマインダー**：標準的な通知文。金利が変更される8～13週間前に全グループに送付した標準的な文書と同じ。変更前と変更後の金利情報を含む。

3. **損失リマインダー**：切り替えないことによる金銭的損失を強調する**損失フレーミング**（loss framing）を利用して損失回避を訴えることで、より多くの消費者の行動を引き起こすことになるかを検証した。通知文では喪失感を引き出すために「逃す」や「少なくなる」といった言葉を用いて、切り替えないことで金銭的に損をする（「毎年利益がＸポンド少なくなる」）恐れがあることを口座主に強調するとともに、口座主の現在の金利と新しい金利、残高を1万ポンドと仮定した場合の利息の差を示す表を掲載した。

4. **利得リマインダー**：「増える」や「得る」といった言葉を用いて、切り替えることで生じる金銭的利益を強調する**利得フレーミング**（gain framing）を利用した。通知文ではインターネット上で貯蓄口座を比較することを口座主に促すとともに、同行の類似口座で利用できる最も高い金利と、市場の類似商品で利用できる最も高い金利3つの平均、それらのいずれかに切り替えた場合に、残高を1万ポンドと仮定して毎年得られる金額を（「預金を移すことで毎年最大Ｘポンド得られる」と）明示した。

結果は通知をまったく受け取らなかった口座主と比較して、3種類のリマインダーのいずれかを受け取ったグループが、それぞれどれだけ口座を切り替えたのかをパーセントポイントで示した。

▶結果と影響

リマインダーは広範な状況にわたって切り替え行動に大きな効果をもたらした。金利の引き下げを受けて、同じ銀行内で口座を切り替えるか，口座を解約して別の金融機関に移すかの行動を起こした口座主の割合は、リマインダーによって**5.4ポイントから7.9ポイント**増加した。リマインダーを受け取っていないグループと比較して、**標準的なリマインダー**を受け取ったグループの方が、行動を起こす口座主の割合が5.4ポイント高かった。一方、**損失リマインダー**と**利得リマインダー**を受け取ったグループは、リマインダーを受け取っていないグループと比較して、行動を起こす口座主の割合が（それぞれ）7.2ポイントと7.9ポイント高かった。

タイプの異なるリマインダー間では影響の差が小さかったことから、リマインダーを受け取ること自体が、通知文の細かな表現よりも重要であることが示唆されている。この効果は時間が経過しても継続した。リマインダーによって、切り替えを行う人数と彼らが行動を起こすスピードが改善

第8章　行動インサイトの事例研究：金融商品

した。リマインダーは、預金残高が全国平均に等しい口座主も含めて、幅広い預金残高のあらゆる年齢層で口座主に行動を促すのに有効であった。

　調査結果から、貯蓄口座の金利引き下げに関する通知の小さな変更が、切り替えを行う口座主の数に対して有意な効果を見込めること、また貯蓄口座に関して、口座主に利益をもたらし、競争を促すように情報開示を改善できる可能性があることが明らかになった。切り替えないのは、切り替えるための金銭的誘因の欠如だけに原因があるのではないこと、また適時の通知が切り替えを促すのに役立つことが調査に示されている。

　FCAはこれらの調査結果に基づき、金融機関による確認・通知慣行の改善を含めて、貯蓄口座の金利引き下げに関する義務的要件の提案を行った。

▶機関

　FCAは英国の独立した金融規制機関であり、金融サービス産業に従事する事業者に賦課する課徴金を財源としている。市場の健全性の向上、適切な水準の消費者保護の確保、競争の促進を3つの法定目標としている。行動科学を他の規制ツールと併せて研究および政策立案に積極的に活用し、運営目標を達成する。

　FCAには経済学者、コンピューター科学者、心理学者からなる専門的なユニットとして「行動経済学・データサイエンス・ユニット（Behavioural Economics and Data Science Unit: BDU）」がある。BDUは独自の研究を実施して、FCAによる行動インサイトの適用を支援している。チーフエコノミストの属する部課や政策部門担当者など、FCAでは行動経済学が他にも広く日常業務に適用されている。FCAが行うすべての試験と研究は、堅牢なレビュープロセスを踏み、その過程で倫理的リスクやその他のリスクが評価され、必要に応じて緩和される。

行動インサイトの事例研究：金融商品　第8章

┌───┐
│   │
│   **保険の更新：払いすぎていませんか？**   │
│   │
└───┘

第8章

国	英国
分　　野	保険
機　　関	英国金融行動監視機構（Financial Conduct Authority: FCA）
介入開始	2013年
介入終了	2015年
目　　的	更新時に保険契約を切り替えるか交渉するよう保険契約者に促して、不必要に高額な保険料の支払いを防ぐ。
方　　法	3回の無作為化比較試験（RCT）と2回の追跡調査（サンプルサイズ：保険契約者30万人）
適　　用	行動問題を分析し、保険契約者の対応を理解する。

▶問題

　あなたは自動車保険に高すぎる保険料を払っていないだろうか？　住宅・自動車保険契約の大半が、保険契約者が選んだ保険料で毎年自動的に更新される。便利ではあるが、保険契約者は積極的に切り替えや交渉をしなければ、場合によってはもっと経済的な選択肢を見逃してしまうことになる。そしてその結果、現在の保険に不必要に高い保険料を支払うことになるかもしれない。

　英国の独立した金融規制機関であるFCAは、更新通知を改善することが、保険契約者が更新時に保険契約を切り替えまたは交渉する後押しになるかどうかを究明したいと考えた。

▶介入

　FCAは現地試験を3回実施し、異なる種類の情報開示を保険契約者に行って、更新時に保険契約を交渉する動機を与える効果がどの程度あるかを評価した。住宅保険会社1社と自動車保険会社2社の契約者30万人をサンプルとして通知を送付した。検証した情報開示は次の4種類である。

1. **顕著性**：更新通知に今年の保険料と前年の保険料を併記する。

2. **関連情報／ナッジ**：更新通知とともにリーフレットを送付する（例：他商品と比較するための手引き）。

3. **単純化**：箇条書きとわかりやすい言葉を使って更新通知を平易化する。

4. **リマインダー**：更新通知の2週間後にリマインダーを送付する。

219

保険契約者を無作為に9つのグループに分けて、各グループに以下の介入を反映させた9種類の通知から1種類の通知を送付した。

- 標準的な更新通知（対照群）
- 前年の保険料
- マネー・アドバイス・サービス・ガイド
- 専門用語の解説集
- 顕著な箇条書き
- わかりやすい言葉遣い
- リマインダーレター
- リマインダーEメール
- リマインダーSMS

結果は、介入を反映させた各種の通知を受領後、保険契約を切り替えたか更新保険料を交渉した各グループの保険契約者数を、標準的な更新通知の受領後にそうした行動を起こした保険契約者数と比較して評価した。

▶**結果と影響**

更新通知に**前年の保険料**を記載することで、**11～18％多くの保険契約者**が住宅保険契約の切り替えまたは交渉を行うことにつながった。この効果は、更新時に提示された保険料の上昇幅が大きい契約者の方が大きかった。追跡調査によって、切り替えを行った保険契約者は切り替え後も補償内容が同水準であったと判明したことから、前年の保険料を開示することで、保険料の費用対効果を改善できる見込みが大いにあることがわかる。

自動車保険会社2社の契約者に関して、更新時に保険料が上昇することと前年の保険料を記載することが、効果をもたらさないことを示すエビデンスはほとんどなかった。更新通知の平易化、情報リーフレットの送付、リマインダーの送付など、更新通知に対する他の変更は、消費者の行動にほとんどまたはまったく影響を及ぼさなかった。

したがって、こうしたエビデンスから、保険契約の更新通知に前年の保険料に関する情報を開示すれば、ある程度の消費者にとって住宅保険のコストパフォーマンス向上に役立ちうることが読み取れる。この試験の対象であった保険会社の場合よりも、大きな上昇幅の保険料が通知される自動車保険の契約者に対して、同様の効果が見込めると考えられる。

▶機関

FCAは英国の独立した金融規制機関であり、金融サービス産業に従事する事業者に賦課する課徴金を財源としている。市場の健全性の向上、適切な水準の消費者保護の確保、競争の促進を3つの法定目標としている。行動科学を他の規制ツールと併せて研究および政策立案に積極的に活用し、運営目標を達成する。

FCAには経済学者、コンピューター科学者、心理学者からなる専門的なユニットとして「行動経済学・データサイエンス・ユニット（Behavioural Economics and Data Science Unit: BDU）」がある。BDUは独自の研究を実施して、FCAによる行動インサイトの適用を支援している。チーフエコノミストの属する部課や政策部門担当者など、FCAでは行動経済学が他にも広く日常業務に適用されている。FCAが行うすべての試験と研究は、堅牢なレビュープロセスを踏み、その過程で倫理的リスクやその他のリスクが評価され、必要に応じて緩和される。

第8章　行動インサイトの事例研究：金融商品

付帯商品としての保険の販売

国	英国
分　野	保険
機　関	英国金融行動監視機構（Financial Conduct Authority: FCA）
介入開始	2013年
介入終了	2013年
目　的	損害全種目保険市場における競争制限効果の防止
方　法	現地実験——YouGov調査パネルのメンバーで英国在住の1,514人がオンラインの模擬実験に参加
適　用	付帯商品としての損害全種目保険市場において、消費者にもたらされる成果に悪影響を及ぼす競争障壁への適切な改善措置を設計する。

▶問題

　1つの商品と一緒に別の商品を販売することは、その「追加」商品を購入する際、消費者にバイアスを与えるだろうか？　人はその場で勧められた場合、他の販売店の商品と比較しようとしなくなるだろうか？　FCAは英国の金融規制機関であり、英国政府から独立して運営されている。FCAは消費者の保護と英国の金融市場の健全性の維持を目的に、金融規制を策定する。

　FCAの職務の重要な目的の1つは、消費者の利益のために金融市場における有効な競争を促進することである。その目的を実現するには、消費者の行動が競争環境そのものにどのような影響を与えるのかをまず理解しなければならない。

　そのため、FCAが初めて実施した競争に関する市場調査では、他の主たる商品またはサービスへの付帯商品として販売される損害全種目保険——パッケージツアーと一緒に販売される旅行保険など——の市場において、単独の商品として単体で販売されている場合と比較して、消費者の行動がどのように作用するかを理解することにした。保険商品を他の商品と一緒に販売した場合、その販売構造の本質から、消費者に保険商品の選択肢をすべて提示して他の売買とは切り離して検討させた場合と比べて、市場の競争が弱まるかどうかを、FCAは明らかにしたいと考えた。

▶介入

　FCA、ロンドン・エコノミクス（London Economics）、およびユニバーシティ・カレッジ・ロンドンの研究者らは共同で比較実験を設計して、保険が他の（主たる）商品の付帯商品として提案さ

222

れる固有の販売構造が消費者の行動に影響するのか、その場合はどのように影響するのか、またそうした影響が損害全種目保険市場の有効な競争を阻害するのかについて究明しようとした。

YouGov調査パネルの英国在住メンバーの1,514人が、主たる商品とそれに関連する任意の保険商品を、他の販売店の商品と比較して「購入」するというオンラインでの模擬実験に参加した。参加者の年齢、教育レベル、世帯収入、経済力、問題解決能力は広範囲にわたった。

保険商品は行動科学から得られた洞察に基づき、様々な方法で提示され、それぞれの提示方法が消費者の選択に与える影響を検証した。

検証された介入は次の通りである。

- **対照**：参加者には、保険そのものを単独の商品として購入するという選択肢のみが与えられた。

- **複数**の商品についてそれぞれの価格が提示され、バンドルした際の総額が明示されていない場合に、商品を比較する複雑性

- 主たる商品の購入段階になってようやく付帯商品の価格が明示されることが原因の透明性の低下

- **デフォルト**：購入段階で、無関係の保険会社による単独の商品を探して、提案された付帯商品と比較するという潜在的な選択肢

- 付帯商品の取引の間、単独の別の商品を探すのを阻害する**障壁**

売買契約を結ぶ際、これらの5つの介入の1つに参加者を無作為に割り当てた。続いて、消費者のバイアスに作用しうる他の2つの手法を検証するため、売買契約を次の2つのいずれかの方法で提示した。

- **低価格に見える表示**：保険料を年額または月額のいずれかで表示して、年間契約を月額料金で提案した場合に低価格に見える効果を検証する。

- **商品を番号で表示**：参加者は「現実的な」5つの主たる商品と保険商品（レンタカー、給湯器など）に関するタスクを実行するか、5つの商品が同じ客観的特徴（価格、損失事象のリスクなど）を有するが、抽象的な言葉（「商品1」「保険1」など）で表示される環境に割り当てられるかした。それによって、付帯販売の仕組みが持つ影響がどの程度一般的なのか、または状況に特有のものなのか、さらに保険を購入する可能性が、主たる商品の価格と比較した保険の相対的な価格から影響を受けるのかなど、参加者の選択が商品の種類に左右されやすいかどうかを検証した。

この調査の主な目的は、保険が他の商品の付帯商品として勧められる固有の販売構造が、多様な保険市場全体で消費者の行動に同様の影響を与えるのか、そしてそうした影響が有効な競争を妨げるのかを究明することであった。

この比較実験の環境は、付帯販売が持つそうした個々の要素——そして現実の市場で見られるそれらの典型的な組み合わせ——が消費者の行動と選択に与える影響について、綿密に調査することを可能にした。そのため、FCAは消費者が保険商品と主たる商品を他の販売店のものとどのように比較するのか、商品を購入するかどうか、そしてどのぐらいの額を進んで支払おうと決めるのか、消費者にとって最良の契約を特定することがどれほど困難なのかを評価することができた。FCAは、こうして得た指針を問題の分野に適用することで、完全に新しいアプローチを採用した。

▶結果と影響

結果は分析された行動のタイプに応じて、以下を含む多数の変数として検証された。

● **他の販売店の商品と比較**：検討した商品の数やまったく比較せずに購入する可能性

● **販売行動**：契約率、価格敏感性、平均支払い価格など

● **選択の質**：利用可能な最良の契約を選択する際の選択ミスの可能性と程度のほか、そうした選択ミスの基底を成す注意力の限界（販売店を選択する際に主たる商品の価格のみに注目するなど）または混乱（総額を見た際の驚き）などの指標

全体としては、付帯販売の構造が、他の販売店の商品と比較する積極性、特定の価格で保険を購入するか否かの判断、利用可能な最良の契約の特定をはじめとして、種々の重要な消費者行動に著しく影響を与えることを示す明確なエビデンスが調査から得られた。こうしたことから、付帯販売の仕組みは消費者にもたらされる成果に重大な影響を及ぼすと考えられる。

個々の介入が与えた影響は次の通りであった。

● 保険を単体で購入するのではなく、総額表示のない、**複数の価格を含む商品を比較する**という複雑性は、他の販売店の保険と比較するという行動に大きな影響を及ぼさなかった。しかし、複数の情報を１つずつ検討するのではなく、それらにまとめて対応することは、消費者が主たる商品を他の販売店の商品と比較する積極性を弱め、消費者の決定の質を大幅に低下させることにもつながった——消費者は利用可能な最良の契約を特定する見込みが大幅に低下し、その結果、損をした金額が大きくなり、総額を算出するのを難しいと感じた。

● **透明性の低下**も、商品の比較を阻む強大な障壁として作用した。参加者の過半数がそれ以上調べたり比較したりすることなく、最初に目にした保険商品を購入する結果となり、非常に高額な保険商品を進んで購入する傾向がより強かったため、平均すると損をした金額は他より大きかった。

● 一方、購入段階で単独の商品を探す選択肢を提供した場合、ほとんどの参加者はその選択肢を利用して他の販売店の商品との比較を行ったことで、非常に高額な商品を断る傾向が強くなったため、消費者にもたらされる成果は大幅に向上した。しかし、消費者が利用可能な最良の選択肢を特定する可能性に関しては、依然としてわずかな上昇しか引き起こされなかったことか

ら、付帯商品の全体的な複雑性と低い透明性の影響は存続していると考えられる。さらに、購入段階で単独の商品を利用するのを阻む**障壁**は、最小限のものであっても、こうしたプラス効果を急減させた。

● 年間契約の保険料を1年間の総額ではなく月額で表示しても、保険を購入する意欲に変化は生じなかったが、月額表示は「**低価格に見える**」という事実が、消費者が他の販売店の商品と比較する可能性を低下させ、実際に比較する範囲を縮小させた。また参加者は特定の保険商品の購入に関して、最初から年間保険料を全額提示された場合よりも、注文内容を確認する直前に総額を示された場合の方が、考えを変える傾向がはるかに強かったことから、月額表示の方が参加者にとってわかりにくいと考えられる。

● 商品を番号で表示しても、結果に変化が生じなかったことから、参加者の間で観察された行動を引き起こしたのは、商品特有の特徴ではなく、その販売構造であることが読み取れる。

この調査は異なる販売構造と価格提示のタイミングが、消費者が他の販売店の商品との比較を行う程度と効果、それに消費者の購買決定にどのような影響を与えるのかを理解する情報を得るのに役立った。調査によって、付帯商品としての保険の購入に関わる様々な要素が、具体的にどのようにして消費者に好ましくない成果をもたらしうるのか明らかになり、それらの要素の重要な相互作用も浮き彫りになった。

この実験から引き出された洞察により、FCAは付帯商品としての損害全種目保険市場だけでなく、もっと広く他の市場の状況においても、競争を妨げている障壁を改善するために、行動情報に基づく適切な措置を設計することが可能になるだろう。

▶機関

FCAは英国の独立した金融規制機関であり、金融サービス産業に従事する事業者に賦課する課徴金を財源としている。市場の健全性の向上、適切な水準の消費者保護の確保、競争の促進を3つの法定目標としている。行動科学を他の規制ツールと併せて研究および政策立案に積極的に活用し、運営目標を達成する。

FCAには経済学者、コンピューター科学者、心理学者からなる専門的なユニットとして「行動経済学・データサイエンス・ユニット（Behavioural Economics and Data Science Unit: BDU）」がある。BDUは独自の研究を実施して、FCAによる行動インサイトの適用を支援している。チーフエコノミストの属する部課や政策部門担当者など、FCAでは行動経済学が他にも広く日常業務に適用されている。FCAが行うすべての試験と研究は、堅牢なレビュープロセスを踏み、その過程で倫理的リスクやその他のリスクが評価され、必要に応じて緩和される。

第8章　行動インサイトの事例研究：金融商品

仕組預金について理解する

国	英国
分　野	リテール市場
機　関	英国金融行動監視機構（Financial Conduct Authority: FCA）
介入開始	2013年10月
介入終了	2013年12月
目　的	一般投資家による仕組商品の理解度を評価する。
方　法	仕組預金を購入したことがある、または購入を考えている一般投資家384人をサンプルにしたオンライン実験
適　用	行動バイアスの影響を受けた選択ミスに対処するため、金融機関による潜在的投資家への複合金融商品の情報提示方法に関する規制を改善する。

▶問題

　あなたは自分のお金を何に投資しているのか本当にわかっているだろうか？　過去20年間、リテール金融市場のイノベーションによって、金融商品の複雑性はますます上昇してきた。しかし、消費者の金融ケイパビリティが同程度に上昇してその複雑性に対処できるようになっているかといえば、必ずしもそうではない。また、複合金融商品の場合、商品の特徴とマーケティング戦略において、強調表示されたリターンへの注目、参照依存、損失回避などの行動バイアスがしばしば利用される。

　英国の独立した金融規制機関であるFCAは、潜在的投資家が購入を検討している商品を理解し適切に評価することができず、経済的損失につながることを懸念した。FCAは、平均的な投資家に本来なら販売すべきではない商品を不当に販売している事例への規制を改善するため、広く利用されている複合金融商品の1種である仕組預金について、消費者がどの程度理解し評価しているのか調査することにした。

▶介入

　複合商品を理解し評価するのに投資家がなぜ苦労する場合があるのか理解する際に、行動科学は重要な役割を担うことができ、そのうえ洞察を効果的に活用することで、金融商品が設計され消費者に提示される方法を規制することができる。

　仕組預金は元本確保型の投資商品であり、リターンは一般的に証券バスケットや指数のパフォーマンスまたは値動きに連動しており、あらかじめ設定された公式によって算出される。FCAの調

査によって、投資家が異なるタイプの仕組預金のメカニズムをどの程度理解しているのか、そうした仕組預金に期待されるパフォーマンスへの投資家の評価に系統的バイアスが存在するのかどうか、また対象情報の提供がこうした評価を改善するのかどうかを究明した。FCAは無作為に選び出した一般投資家384人に調査を実施した。384人のうち80％が過去に仕組商品を保有しており、20％はこの種の商品の購入を考えていると自己報告した者であった。

調査は次の4段階で構成された。

1. 投資家に仕組預金について説明した後、多肢選択式の問いに回答してもらい、彼らが仕組預金について理解したかどうかを調べた。最初に投資した1,000ポンドとそれに対応する年間収益率に基づき、その仕組預金からいくら支払われると思うか、またこうした商品が2つのベンチマーク（リターン0％、5年間年利3.0％という固定リターン）よりどの程度利益を上げそうかを回答者に尋ねた。その後、複雑性を高めた5つの商品候補のうちの3つを（無作為に）提示し、それらを選好に応じてランク付けしてもらった。

2. 投資家にFTSE100について説明した後、今後5年間のFTSE100指数のパフォーマンスについて、彼らの見解を質問した。これはこの市場への全体的な楽観論が引き起こした期待リターンと、仕組預金のリターンが対象指数からどのように引き出されるのかを理解する難しさとを明確にするためであった。FTSE100のリターンに対する投資家の予想を、種々の仕組商品から彼らが期待するリターンと比較した。それによって研究者らは、FTSE100指数の場合と比較して、回答者による仕組預金の評価方法に存在する**バイアス**を割り出すことができた。

3. 投資家に一連の固定金利預金と比較して、異なる仕組預金のリターンのリスクを考慮に入れながら、仕組預金をランク付けしてもらった。

異なるシナリオ下での商品の見込み受取額とこうした商品に関連するリスクについて、3種類の**開示**を回答者に行った。

1. **「3シナリオ」**：FTSE100パフォーマンスについての3つの異なるシナリオ（5,000、7,000、8,000）の場合の商品のリターンに関する情報。

2. **「3シナリオ＆手数料」**：3つのシナリオの場合のリターンに関する情報と、明示されていない商品手数料に関する情報。回答者はどの仕組預金も手数料込みであるということに注意を払っていなかった可能性があるため、明示されていない手数料を明らかにすることで再評価に生じる影響を測定した。

3. **「利益」**：FCAの複合商品専門家チーム（Complex Products Specialists Team）が作成した数量化モデルから得た商品の期待リターンが含まれる。

各投資家に提示される開示の種類は無作為化されており、「3シナリオ」と「3シナリオ＆手数料」を見る確率はそれぞれ25％、「利益」を見る確率は50％であった。

第8章 行動インサイトの事例研究：金融商品

▶結果と影響

調査に参加した投資家の大多数が商品の基本的特徴を理解していた一方、商品のリターンが対象指数のパフォーマンスといかに関連しているかについては、十分に理解していないようであったことが調査から判明した。

特に大卒ではない大半の投資家が、自身のFTSE指数の伸び見通しと矛盾する水準の仕組預金のリターン予想を報告した。これは最も単純な仕組預金の場合でも同じであった。投資家は仕組預金のリターンについて、彼らのFTSE指数予想と一致する水準や、仕組預金の設計に用いた数量化モデルの予測と比較してはるかに高い水準を推定した。投資家は商品の期待リターンを平均で1年当たり1.9ポイント過大評価しており、5年間では9.7ポイントになった。

調査で用いた5種類の仕組預金のいずれもが、単純な定期預金よりも多くのリターンが見込めそうになかったにもかかわらず、回答者はそのことを認識していなかった。投資家は比較的高い収益率をリスクのない現金預金に期待し、それらを仕組預金よりも高く評価した。現金預金の平均要求収益率に関して、評価の約10％は前述の仕組預金の過大評価が原因であった。

商品の見込みリターンとリスクの開示は、最初の不正確な評価を調整する投資家の能力にある程度の影響をもたらした。最初にリターンを過大評価、またはリターンのリスクを過小評価した投資家は、開示を受けて評価を調整する傾向が強かった。337人の回答者の61％が、評価した3つの商品のうちの1つ以上に関して再評価し、21％が開示後、3商品すべてを再評価した。

少なくとも一定の収益率を得る可能性や期待リターンなど、商品の見込みリターンを開示すること「利益」が、異なるFTSE100のパフォーマンスシナリオの下で予想される商品のリターンについて単純に言明することよりも、回答者の評価の修正に寄与し、過大評価した商品の評価をおよそ3分の1引き下げたが、「3シナリオ」と「3シナリオ＆手数料」のいずれかの開示による平均的な効果はそれの半分を下回った。

調査結果から、仕組預金に関する投資家の理解が不十分であることが明らかになった。対象指数に対する投資家の見通しを考慮した後でさえも、期待リターンは一貫して5つの商品すべてで過大評価されていた。このことは、消費者にもたらされる成果に、重大かつ潜在的に有害な影響を及ぼす。

過去の実績の外挿、強調表示されたリターンへの注目、損失回避、指数関数的な交絡バイアスなど、消費者の側の判断ミスにつながる行動バイアスを理解することで、FCAは次の点に注目して、金融機関がこの種の商品を消費者にどのように提示すればよいかを検討することができた。

● 金融機関がこうした商品を販売する際、投資家のバイアスの影響に対処するのに必要な情報をアドバイザーが受け取っていることを確実に説明するにはどうすればよいか。

● 投資家が商品の現実的なリターンを見積もる際に見落とす恐れがあるため、諸費用を投資額から差し引いたり、商品価格に含めたりするのではなく、切り離して開示するよう徹底する。

228

- 特に商品の見込みリターンなど、各種の対象を絞った情報を基に開示を改善して、リターンに対する不可解に高い見通しを緩和する。

▶機関

FCAは英国の独立した金融規制機関であり、金融サービス産業に従事する事業者に賦課する課徴金を財源としている。市場の健全性の向上、適切な水準の消費者保護の確保、競争の促進を3つの法定目標としている。行動科学を他の規制ツールと併せて研究および政策立案に積極的に活用し、運営目標を達成する。

FCAには経済学者、コンピューター科学者、心理学者からなる専門的なユニットとして「行動経済学・データサイエンス・ユニット（Behavioural Economics and Data Science Unit: BDU）」がある。BDUは独自の研究を実施して、FCAによる行動インサイトの適用を支援している。チーフエコノミストの属する部課や政策部門担当者など、FCAでは行動経済学が他にも広く日常業務に適用されている。FCAが行うすべての試験と研究は、堅牢なレビュープロセスを踏み、その過程で倫理的リスクやその他のリスクが評価され、必要に応じて緩和される。

第8章　行動インサイトの事例研究：金融商品

顧客に補償請求を促す

国	英国
分　　野	金融サービス：補償
機　　関	英国金融行動監視機構（Financial Conduct Authority: FCA）
介入開始	2013年
介入終了	2013年
目　　的	より多くの顧客に金融機関に対する補償請求を促す。
方　　法	ある金融機関の顧客で補償を受けるべき20万人を対象にした現地試験
適　　用	補償対象であることを顧客に知らせるために金融機関が送付する手紙を改善する。

▶問題

　FCAは英国の金融規制機関であり、英国政府から独立して運営されている。消費者の保護、有効な競争の促進、英国の金融市場の健全性の維持を目的に、金融規制を策定する。

　金融商品を不適切に販売した消費者への補償は、適切な消費者保護を確保するための重要な規制ツールである。債務返済補償保険（PPI）の不適切な販売による巨額の補償金の支払いなどでかなりの注目を集めているものの、消費者が補償対象である他の多くの事例ではそうではない。こうした事例では、金融機関は潜在的問題について顧客に注意を促す際、しばしば手紙形式で通知するため、顧客はそれに返事をする必要がある。

　しかし、FCAは一部の顧客が、不適切に販売された場合でも、行動することが利益になる場合でも、返事をしないことに気づいた。FCAはその理由の1つが、関連情報がわかりにくい、または必要以上に複雑であることか、消費者の惰性にあるという仮説を立てた。企業だけではこうした問題を是正する十分な意欲が生じないのかもしれない。

　FCAは自ら手紙に手を加えることで、補償対象である可能性のある顧客からのレスポンスを増やす方法を突き止めたいと考えた。

▶介入

　FCAは行動科学から得た洞察を活用して、ある実際の事例に関して現地試験を実施した。その事例では、ある金融機関が約20万人の顧客に、販売プロセスに問題があったことを知らせる手紙を自

行動インサイトの事例研究：金融商品　第8章

発的に送付することにしていた。FCAは金融機関が補償対象の顧客に送付している標準的な文書に対して、次の7種類の改善案を作成した。

1. **緊急性**：無地の封筒に「すぐに行動してください」というメッセージを追加する。

2. **視覚的刺激**：レターヘッドにFSA（当時は金融サービス機構（Financial Services Agency）であった）のロゴを使用する。

3. **顕著化**：手紙の冒頭にある2つの箇条書きをもっと目立つものに変更する。

4. **簡略化**：文章を40％減らして、手紙の本文をもっとわかりやすく簡潔にする。

5. **情報／時間費用／簡単**：請求手続きがわずか5分で済むことを説明する太字の1文を追加する。

6. **CEOの署名という個人名の表記**：手紙の署名に、一般的な「カスタマーチーム」ではなく金融機関のCEOの署名を用いる。

7. **リマインダー**：最初に手紙を送付してから3〜6週間後に2通目の手紙を送付する。

5週間の間、金融機関は異なる消費者グループに異なる手紙を送付した。金融機関が作成した元々の手紙を受け取ったグループ（対照群）もあれば、異なる改善案を組み合わせて作成した手紙を受け取ったグループもあった。上記の7つの改善案それぞれに関して、顧客に介入群の手紙を送付するか対照群の手紙を送付するかは無作為に選定した。7つの改善案に変更を加えてそれぞれに2つのバージョンを作成したため、可能性のある組み合わせは合計128通りとなり、顧客のグループも128とした。

FCAは、これらのグループそれぞれが年齢や補償額などの顧客に関する重要な特徴が等しくなるように設定し、結果を公正に比較できるようにした。

▶結果と影響

箇条書きの顕著化がすべての介入の中で最大の単一効果をもたらし、手紙へのレスポンス率を対照群よりも**3.8ポイント**上昇させた。これは元々の手紙と比較すると、2.5倍をわずかに上回る数字であった。簡略化と請求手続きに関する1文の追加は、それぞれレスポンス率を1.4ポイント上昇させ、レスポンス率は2倍近くになった。封筒の変更はごくわずかなプラス効果しかなく、FSAのロゴを使用しても影響は生じなかった。CEOの署名を用いた場合のレスポンスは、意外なことにわずかだが統計的に有意な減少を示した。

手紙に対する異なる介入間の相互作用は、興味深い結果をいくつかもたらした。たとえば、箇条書きの顕著化と手紙の簡略化はそれぞれ単体ではレスポンスを促したものの、両方を組み合わせた介入の場合、それぞれのレスポンス数を加えたものよりも効果が少なかった――「負の相互作用」。一方、リマインダーは最初の手紙のコピーであるため、他の介入との相互作用が可能であり、箇条

231

書きの顕著化と組み合わせた場合、効果ははるかに大きくなった――「正の相互作用」。

　リマインダーは1通目を送付してから3〜6週間後に送付した。3週間後の時点で送付した場合、有意に高いレスポンスが得られた。

　性別や補償額によるレスポンスの差はほとんどなかったが、年齢は用いた介入の有効性に影響を与える重要な要素であった。対照群の手紙を受け取った中年層はレスポンス数が最も少なく、それより上の年齢層ではレスポンス数がずっと多かった。また、最善の手紙を送付した場合、若年層のレスポンス数が最も少なく、レスポンス数は年齢とともに上昇した。このことから、こうした状況では、行動「ナッジ」は、最も忙しいといわれる中年層に最大の相対的効果をもたらすことがわかった。

　最善の組み合わせ――**箇条書きの顕著化**と**リマインダー**の使用――は、レスポンス率を1.5％（対照群）から12％近くに改善した。これは2万人が新たに補償を請求したことに等しい。

　研究者らは、情報の提供方法をごくわずかに変更することで、大きな効果を生み出せるという結論を下すことができた。簡略化、箇条書き、リマインダー、補償請求に要する時間費用についての情報提供は、いずれもレスポンス率を改善し、さらに相互に作用した。しかし、FSAのロゴとCEOの署名の使用はそうではなかったことから、メッセージの送り主として個人名を表記することも、信頼できる第三者の存在を示すことも、消費者による請求を改善する効果がないことがわかる。

　そのため、調査結果から、手紙を修正して読みやすくすることが最も有効であるとわかった。顕**著性**の効果と中年層のレスポンスが最も少ないというエビデンスから、人は手紙を開封したとき、情報を非常に素早く処理することがわかる。そのため、**リマインダー**は有益であり、思い出すきっかけとしても、重要性を示すシグナルとしても機能する可能性がある。

　FCAはこの試験から得られた結果を、消費者の成果の改善に役立てるため、他の補償事例に適用する考えである。

▶機関

　FCAは英国の独立した金融規制機関であり、金融サービス産業に従事する事業者に賦課する課徴金を財源としている。市場の健全性の向上、適切な水準の消費者保護の確保、競争の促進を3つの法定目標としている。行動科学を他の規制ツールと併せて研究および政策立案に積極的に活用し、運営目標を達成する。

　FCAには経済学者、コンピューター科学者、心理学者からなる専門的なユニットとして「行動経済学・データサイエンス・ユニット（Behavioural Economics and Data Science Unit: BDU）」がある。BDUは独自の研究を実施して、FCAによる行動インサイトの適用を支援している。チーフエコノミストの属する部課や政策部門担当者など、FCAでは行動経済学が他にも広く日常業務に適用されている。FCAが行うすべての試験と研究は、堅牢なレビュープロセスを踏み、その過程で倫理的リスクやその他のリスクが評価され、必要に応じて緩和される。

行動インサイトの事例研究：金融商品　第8章

手紙の作成：
顧客から自身のインタレスト・オンリー・モーゲージへの
関与を引き出す

国	英国
分　　野	金融サービス：住宅ローン
機　　関	英国金融行動監視機構（Financial Conduct Authority: FCA）
介入開始	2013年
介入終了	2013年
目　　的	消費者にインタレスト・オンリー・モーゲージの最適な返済方法の検討を促す。
方　　法	無作為化比較試験（RCT）によって、住宅ローンに関する手紙への顧客のレスポンス率に4つのメッセージ・フレーミングが与える影響を検証する。
適　　用	顧客とのコミュニケーションにおけるメッセージのフレーミングに寄与する。

▶**問題**

2013年、250万人以上の顧客がインタレスト・オンリー・モーゲージ（返済期間の終わりまで金利のみを支払う住宅ローン）を利用していた。こうしたローンの60万件ほどが2020年までに最終返済期日を迎えることになっていた。FCAの調査によって、無視できない数の人々が、返済期間の終わりにローンを返済するための計画を立てていないことが明らかになった。そのため、FCAは2013年5月、ローンを返済できない恐れのあるインタレスト・オンリー・モーゲージ利用者への公平な対応に関する指針を発表した[1]。

FCAおよび金融業界は、金融機関が送付している手紙に対して、顧客からのレスポンスを増大させたいと考えた。それは、顧客に返済計画について検討させ、ローン提供業者に連絡して可能性のある選択肢について相談するよう促すためであった。FCAは2013年、金融機関1社と協力して、送付する手紙に用いる具体的なメッセージについて6か月にわたって検証した。

FCAなどが実施した先行研究から、手紙におけるメッセージの特定の**言葉遣い**と**フレーミング**が、消費者のレスポンスとその後の行動に大きな影響を与える可能性があることがわかっている。今回の調査には2つの目的があった。それは、他の研究による結果を今回の状況に適用できるかどうかを理解することと、今回の具体的な事例に関して、インタレスト・オンリー・モーゲージ提供者、不動産抵当ローン融資業協議会、および住宅金融組合協会への情報提供に寄与することであった。

233

第8章　行動インサイトの事例研究：金融商品

▶介入

FCAはインタレスト・オンリー・モーゲージ提供者1社と協力してRCTを実施した。8,004人の顧客をローン資産価値比率、年齢、住宅ローンの最終返済期日までの時間、住宅ローン残高によって層化し、対照群または4つの介入群のいずれかに無作為に割り当てた。

手紙は次の5種類である。

1. **対照用**：同金融機関が作成した標準的な手紙。

2. **リスク警告の削除**：担保権実行に関する標準的なリスク警告（「住宅ローンの返済を継続しない場合、あなたの自宅に対して担保権が実行される恐れがあります」）を削除した。

3. **一般化**：住宅ローンの残高と残存期間を含む個人データの表を削除した。

4. **箇条書き**：手紙の冒頭に重要情報の要点を太字で箇条書きにした。

5. **友好的**：リスク警告を削除し、手紙をこれまでより友好的でインフォーマルな言葉遣いのものに書き直した。

同金融機関は以下を含めて多数の結果を観察することができた。

- 手紙を受け取った顧客が、同社に積極的に連絡を取るかどうか

- 手紙を受け取った顧客が、同社から連絡を受けた際、可能性のある返済の選択肢について話し合いに応じやすいかどうか

▶結果と影響

重複と滞納者、それに苦情を申し立てた顧客（異なる対応を取ったと考えられる）を除いて、7,319人の顧客に関するデータを分析した。

レスポンス率は低かった（対照群で5.5％）。過去6年以内に口座を開設していた場合や、最終返済期日から2年以内の場合、手紙を7月または10月に受け取った場合、顧客はレスポンスを行う傾向が強かった。

担保権実行に関するリスク警告を削除した手紙と、これまでよりも友好的な言葉遣いにした手紙の場合、レスポンスはそれぞれ1.5％と2％という統計的に有意な増加を示した。箇条書きを追加するとレスポンス率は1.8％低下し（統計的に有意）、個人情報を削除しても対照群と差は生じなかった。

RCTの結果、今回の状況の場合、過ぎたるは及ばざるがごとしで、簡略であることがレスポンス率を高めやすいことが判明した。手紙からリスク警告を削除すること（この場合、警告は実行されない）は、実際にレスポンス率の向上につながっており、よりインフォーマルな言葉遣いを組み合わせた場合は、特にその傾向が強かったようである。その理由として、リスク警告は場合によって

234

は顧客に恐怖心を与え、それによって顧客はローン提供者と関わるのではなく、現実から目を背ける結果になるということが考えられる。

しかし、こうした調査結果は適用範囲を広げずにこの実験との関連で考察すべきである。それは、たとえばFCAはリスク警告による啓蒙的な潜在的長期利益や、広告などの他のタイプの商品情報におけるリスク警告の効果を観察することができなかったためである。

先行研究の調査結果とは対照的に、箇条書きがレスポンス率を引き下げた点にも注目すべきである。これは背景因子に原因があるものと考えられる。たとえば、今回のRCTで用いた状況と商品の方が複雑性が高く、行動要請も一般的ではなかったのかもしれない（今回は住宅ローン商品に関する計画についての話し合いを要請したのに対し、先行研究は補償請求を要請した）。

▶機関

FCAは英国の独立した金融規制機関であり、金融サービス産業に従事する事業者に賦課する課徴金を財源としている。市場の健全性の向上、適切な水準の消費者保護の確保、競争の促進を3つの法定目標としている。行動科学を他の規制ツールと併せて研究および政策立案に積極的に活用し、運営目標を達成する。

FCAには経済学者、コンピューター科学者、心理学者からなる専門的なユニットとして「行動経済学・データサイエンス・ユニット（Behavioural Economics and Data Science Unit: BDU）」がある。BDUは独自の研究を実施して、FCAによる行動インサイトの適用を支援している。チーフエコノミストの属する部課や政策部門担当者など、FCAでは行動経済学が他にも広く日常業務に適用されている。FCAが行うすべての試験と研究は、堅牢なレビュープロセスを踏み、その過程で倫理的リスクやその他のリスクが評価され、必要に応じて緩和される。

注

1. www.fca.org.uk/news/interest-only-mortgages.

資料

Smart, L. (2016). "Full Disclosure: a round-up of FCA experimental research into giving information", Financial Conduct Authority (FCA), Occasional Paper 23, https://www.fca.org.uk/publication/occasional-papers/op16-23.pdf（2017年1月14日アクセス）.

第8章　行動インサイトの事例研究：金融商品

> **お金をお受け取りください：**
> **未完了のATM取引に対する補償の請求を消費者に促す**

国	英国
分　　野	金融サービス
機　　関	英国金融行動監視機構（Financial Conduct Authority: FCA）
介入開始	2012年
介入終了	2013年
目　　的	ATMの現金受取口から紙幣を取らなかったために失ったお金の返還請求を消費者に促す。
方　　法	消費者に送付する手紙に関して3つの介入群と1つの対照群を設定した無作為化比較試験（RCT）
適　　用	調査結果によって、消費者に対する介入を設計する際の状況の考慮とフレーミングの重要性を確認する。

▶問題

　2004～2011年の間、ある銀行では顧客がATMから現金を引き出そうとしたが、受取口に出された紙幣を取り損ねてしまった。そして、その金額は通常通り、顧客の口座から引き落とされた。そうした事態を受けて、2012／2013年にそれらのお金を返還するための補償が行われた。補償を受ける資格のある顧客の中には、それまでに口座を解約した者もいたため、同銀行はそうした顧客に返金するために、口座の新規開設を依頼する手紙を送付する必要があった。

　平均補償額は95ポンドで、口座から引き落とされたがATMから受け取られなかった元々の金額に、取引が未完了に終わった時点からの時間の長さに応じて利子が加算された。FCAは同銀行と連携してRCTを実施し、情報を単純化または提示する種々の方法が、顧客による補償の申し込みの改善につながるかどうかを検証した。

▶介入

　FCAは同銀行の元々の手紙と2点の変更（箇条書きの使用と請求手続き情報の追加）を比較した。検証した手紙は次の4種類である。

1. **対照用**：銀行が作成した標準的な手紙

2. **箇条書き**：支払われるべき金額とその理由、顧客にお願いしたい行動など、重要な情報を手紙の冒頭で箇条書きにしてまとめ、「今すぐ行動を：先延ばしすれば行動を起こしにくくなります」というメッセージを添えた。

236

3. **手続き**：補償請求の容易さを本文中に番号付きリストでまとめた（「1. 28日以内に添付の用紙に記入する。口座情報を正しく記入するよう注意する。2. 記入した用紙を同封の料金前納封筒に入れて返送する」）。

4. **箇条書きと手続き**：2つの介入を併用

ATMを利用してからの時間、引き出そうとした金額、性別、および連携相手の匿名性を保護するために作成したもう1つの特徴など、観察可能なすべての特徴を考慮に入れた層化抽出法を用いて、合計5,589人の顧客に4種類の手紙から1種類を無作為に送付した。一部の顧客は2点の変更が行われた手紙を受け取ったため、何らかの相互作用が存在したかどうかを調査することができた。

銀行は以下を含む多数の結果を観察することができた。

● 顧客が用紙を返送し、補償を請求したかどうか

● 顧客が銀行に連絡を取ったかどうか、およびその理由

▶結果と影響

RCTを受けて、約半数の顧客が補償を受けた。合計2,839人（50.8％）の顧客が請求を行い、受け取った平均補償額は95ポンドであった。予想された通り、支払われるべき金額が大きい顧客の方が、請求をする傾向が強かった。また、傾向として新しい取引の方が請求が行われやすかったが、それは時間の経過とともに正確な住所がわかりにくくなるからだと考えられる。つまり、対象者となる顧客で補償を申請した者の割合が、観察されたよりもずっと高くなる可能性があったということである。

FCAの先行研究の結果と同様に、女性の方が男性よりもレスポンスを示す傾向が高かった。共同預金口座の利用者の方がレスポンスを示す傾向がさらに強かったが、その理由はそうした人々の方が住所が安定している可能性が高いからだと考えられる。

FCAによると、箇条書きと手続きを併用した介入は、顧客が補償を請求するかどうかに影響しないことも明らかになった。これは、FCAオケージョナル・ペーパー2（FCA Occasional Paper 2）の調査結果とは対照的であった。オケージョナル・ペーパー2では、箇条書きの顕著化と、請求手続きについて説明する文は、補償を請求する顧客の割合を上昇させていた。研究者らは、今回の事例では、平均請求金額がずっと大きく（今回の研究では95ポンドであったが、オケージョナル・ペーパー2の事例では21ポンドであった）、対照群で補償を請求した顧客の割合も大幅に高かった——今回の事例では、補償を請求した顧客は50％を上回ったことに注目している。

補償請求の水準に影響しなかったものの、箇条書きによる介入は、他と比較して非常に多くの顧客が銀行に連絡を取ることにつながった。手紙の真正性に関して電話で多数の問い合わせがあり、手紙がフィッシング詐欺なのではないかと懸念していた。手紙の場合と同様、顧客に口座情報の提供を依頼したが、手紙の中で同様の依頼を箇条書きにするという直接的な方法に、一部の人が不安

を覚えたのかもしれない。

このRCTから、介入を設計する際には状況が非常に重要であるとわかる。補償事例によっては、箇条書きや請求手続きの要約など、コミュニケーションを簡略化しようとする試みが成功することもあれば、直接性や様式の変更が、顧客が手紙の真正性を疑う原因になる恐れもある。意図しない影響を防ぐために、コミュニケーションを行う具体的な状況に注意することが重要である。可能な場合は、実地試験による質的対応という考え方によって——たとえば、ユーザー・エクスペリエンス・テストや聞き取り調査を用いて——介入を実施する前に、意図しない影響をあぶり出すとよいだろう。

▶機関

FCAは英国の独立した金融規制機関であり、金融サービス産業に従事する事業者に賦課する課徴金を財源としている。市場の健全性の向上、適切な水準の消費者保護の確保、競争の促進を3つの法定目標としている。行動科学を他の規制ツールと併せて研究および政策立案に積極的に活用し、運営目標を達成する。

FCAには経済学者、コンピューター科学者、心理学者からなる専門的なユニットとして「行動経済学・データサイエンス・ユニット（Behavioural Economics and Data Science Unit: BDU）」がある。BDUは独自の研究を実施して、FCAによる行動インサイトの適用を支援している。チーフエコノミストの属する部課や政策部門担当者など、FCAでは行動経済学が他にも広く日常業務に適用されている。FCAが行うすべての試験と研究は、堅牢なレビュープロセスを踏み、その過程で倫理的リスクやその他のリスクが評価され、必要に応じて緩和される。

資料

Smart, L. (2016), "Full Disclosure: a round-up of FCA experimental research into giving information", Financial Conduct Authority (FCA), Occasional Paper 23, https://www.fca.org.uk/publication/occasional-papers/op16-23.pdf（2017年1月12日アクセス）.

行動インサイトの事例研究：金融商品　第8章

あなた宛です：個人宛にして注意を引く

国	英国
分　野	金融サービス／保険
機　関	英国金融行動監視機構（Financial Conduct Authority: FCA）
介入開始	2014年
介入終了	2016年
目　的	保険商品販売の見直し制度について顧客に賛否の投票を促す。
方　法	無作為化比較試験（RCT）によって、保険会社から補償の通知を受ける100人の顧客に対して、手書きの手紙の効果を検証する。
適　用	顧客とのコミュニケーションにおける顕著性の理解に寄与する。

第8章

▶問題

FCAは、補償活動の一環としてある保険商品の契約者に手紙を作成している1企業と連携した。活動の前半では、同社がその商品の販売方法を見直すための制度案について賛否を投票する機会を契約者に提供した。

多くの場合、補償活動や、手紙を利用した他のコミュニケーション活動へのレスポンスは低くなりがちである。**手書きの文書**は**顕著性**を高め、より多くの受取人に開封し行動を起こすよう促す可能性があることを示すエビデンスが複数ある。FCAは手書きの封筒が今回の事例で顧客のレスポンスを増加させるかどうかを明らかにしたいと考えた。

▶介入

FCAは手紙を受け取る1つのコーホート（n=20,288）から、100人の顧客を準無作為に抽出してサンプルとして、手書きの封筒を送付せざるをえなかった。計算上の理由から、サンプルの100人は、自身の保険商品についてまだ保険会社に連絡を取っていない顧客のリストから、最初の100人を抽出した。重複（288人）とすでに制度に連絡を取った顧客（648人）を除くと、実験で用いたサンプルの合計は19,352人になり、対照群は19,252人、介入群は100人となった。

100人からなる介入群の顧客は手書きの封筒で手紙を受け取り、残りの対照群の顧客は印刷された封筒で手紙を受け取った。この実験から、保険会社は以下を評価することができた。

239

第8章　行動インサイトの事例研究：金融商品

● 顧客が制度の賛否を投票したかどうか

● 顧客が補償を請求したかどうか、彼らの請求が認められたかどうか

▶結果と影響

全サンプル（n=19,352）のうち、4,071人の顧客（21％）が投票を行い、5,462人（28%）が補償に関して保険会社に連絡を取り、5,411人の顧客（28%）が最終的に補償を受けた。

分析の結果、無作為化は有効であり、介入群と対照群の顧客は年齢、性別、地域など、観察可能な特徴の点で同等であることが明らかになった。

また、投票率に対しても補償請求率に対しても、手書きの封筒が統計的に有意な効果を与えなかったことも判明した。

FCAは人口統計学的特徴が投票率に与えた影響についても検証した。イングランド北東部に居住する顧客の方が投票する傾向が強かった。年齢が判明している顧客（サンプルの約半数）の間には年齢の影響が見られた。年齢が低くなるほど、また高くなるほど、投票することが少なくなり、投票率のピークは約65歳であった。年齢が不明の顧客は、年齢が登録されている顧客よりも、投票率が低い傾向にあった。

手書きの封筒に関して有意な結果が得られなかった理由は、RCTが計算上の制限から介入群が小規模になってしまったため、検定力不足であったからだと考えられる。分析の結果、投票率の検定力は24.6％、請求率の検定力は9.6％であった。これは通常、社会科学の実験で推奨されている80％よりもはるかに低い。介入群のサイズは実験開始前に明らかになっていたものの、いずれにしろ補償活動は進められたため、FCAはサンプルサイズに関して限られた権限しかなかったが、試験そのものは比較的容易であるという点で魅力的であった。しかし、こうした事例では、小規模なサンプルという制限がありながら検証を行うメリットのバランスを取り、状況に応じて可能性のある試験を優先することが重要である。

▶機関

FCAは英国の独立した金融規制機関であり、金融サービス産業に従事する事業者に賦課する課徴金を財源としている。市場の健全性の向上、適切な水準の消費者保護の確保、競争の促進を3つの法定目標としている。行動科学を他の規制ツールと併せて研究および政策立案に積極的に活用し、運営目標を達成する。

FCAには経済学者、コンピューター科学者、心理学者からなる専門的なユニットとして「行動経済学・データサイエンス・ユニット（Behavioural Economics and Data Science Unit: BDU）」がある。BDUは独自の研究を実施して、FCAによる行動インサイトの適用を支援している。チーフエコノミストの属する部課や政策部門担当者など、FCAでは行動経済学が他にも広く日常業務に適用

240

されている。FCAが行うすべての試験と研究は、堅牢なレビュープロセスを踏み、その過程で倫理的リスクやその他のリスクが評価され、必要に応じて緩和される。

資料

Smart, L. (2016), "Full Disclosure: a round-up of FCA experimental research into giving information", Financial Conduct Authority (FCA), Occasional Paper 23, https://www.fca.org.uk/publication/occasional-papers/op16-23.pdf (2017年1月12日アクセス).

第8章　行動インサイトの事例研究：金融商品

注意・調査・切り替え：
強制的情報開示に関する預金市場からのエビデンス

国	英国
分　野	金融サービス／消費者による選択
機　関	英国金融行動監視機構（Financial Conduct Authority: FCA）
介入開始	2015年夏
介入終了	2015年秋
目　的	貯蓄口座の切り替えに関して、消費者によるより良い決定を促すことを目的とした可能性のある3つの規制介入の効果を検証する。
方　法	金融機関5行と提携した5つの無作為化比較試験（RCT）によって、13万人の消費者を対象に、調査と比較・容易な実施・注目の効果を検証する。
適　用	消費者の保護と競争を向上させるためのより良い情報開示など、リテール金融市場における政策による是正措置を評価する。

▶問題

　家計の貯蓄先として英国で最も一般的なのは貯蓄口座である。93％の消費者が貯蓄口座を保有しており、貯蓄総額は7,000億ポンドに上る。中でもインスタントアクセス口座は最もわかりやすい金融商品の1つであり、主な特徴は預入残高に対して金利が付される点である。

　しかし、金融機関の間でも、預金市場全体でも、類似する口座の間に金利の大きな差が長らく存在している。多くの金融機関が、目玉の口座（新規顧客）には相対的に高い金利を提供する一方で、旧来の口座（既存顧客）の金利を引き下げている。特に、新規顧客対象の相対的に高い金利は、消費者——特に「既存顧客」対象の金利が適用されている消費者——に切り替えを促すことになるだろう。しかし、実際には切り替えは一般的ではなく、ほとんどの消費者は滅多に貯蓄口座を切り替えないため、利子所得を増加させる機会を逃している。

　英国の預金市場に関するFCAの調査から、こうした行動を引き起こす複数の原因が明らかになった。消費者は自身の口座に適用されている金利にほとんど注意を払っておらず、もっと金利の高い口座を探したり、保有する口座と比較したりせず、他に金利の高い口座があることを知っている場合ですら、切り替えを実行しないのである。FCAは、まず金融機関が顧客とのコミュニケーションを改善することによって、顧客が情報に基づくより良い決断を下すのを促すことができると判断し、情報開示——リテール金融市場で最も一般的な規制介入の1つ——の改善など、いくつかの是正措置を提案した。

行動インサイトの事例研究：金融商品　　第8章

　FCAの政策開発に情報を得るため、FCAは消費者の保護と競争の改善における情報開示設計の重要性を検証した。

▶介入

　FCAは介入を設計するに当たって、金融機関が顧客との商品販売後のコミュニケーションを改善することで、顧客が情報に基づくより良い決断を下すのを促すことができると判断し、次の3分野における規制介入の検証を提案した。

1. **調査と比較**：消費者は他の金融機関によるもっと有利な取引が存在する可能性を軽んじることで、口座の切り替えから生じる利益を過小評価する場合がある。FCAが提案した「切り替えボックス（switching box）」は、金融機関による顧客への他のもっと有利な商品の義務的情報開示から成り立っており、年間取引明細書や金利変更通知といった一般的な通知が含まれる。

2. **容易な実施**：切り替えそのものは負担を伴い、書類の作成、情報の検索・送信、口座の有効化など、消費者が必ずしも認識していなかった多数の手順を経なければならない場合がある。FCAが提案した「切り替え申込用の返送用紙（return switching form）」では、利用可能な顧客情報を事前に埋めておくことで、顧客は用紙を切り離して料金前納封筒で返送するだけでよくなる。

3. **注意**：長期間にわたって注意を集中・維持することは、情報が過剰になるため負担が大きくなり、常に覚えておくための認知コストと、展望的記憶の限界によって、不作為につながる場合がある。タイミングが重要であるため、FCAは預金金利を引き下げる際の顧客への通知の導入を提案した。

　これらの介入それぞれの重要性を実験的に検証するため、FCAは英国の預金受託機関5行から協力を得て、5つのRCTを実施した。RCTでは、1つの機関に対して1つの試験を行い、貯蓄預金の口座主13万人を対象とした。RCTは次の通りである。

1. **表ページの切り替えボックス**：年間取引明細書の表ページに程度の異なる情報を提示する

2. **裏ページの切り替えボックス**：金利変更通知の裏ページに程度の異なる情報を提示する

3. **切り替え申込用の返送用紙**：より金利の高い口座に切り替えるための事前に埋められた切り離しタイプの手紙

4. **デジタル通知**：電子メールまたはSMSによる金利引き下げ通知

5. **SMS通知**：SMSによる金利引き下げ通知

　顧客は対照群と介入群に無作為に分けられた。対照群は試験ごとに異なる銀行から標準的な対応を受けた。

243

第8章　行動インサイトの事例研究：金融商品

今回の試験では、預金金利が低下する一部の事例で、顧客に類似するが金利のより高い商品に切り替える機会を明示した。FCAは切り替えを行う金銭的誘因が大きな消費者の間での切り替え行動に対して、十分な検定力を確保するために、すべての試験において同市場に関して残高の多い消費者をオーバーサンプリングした。しかし、残高の少ない顧客への調査結果の適用可能性を理解するために、そうした顧客もサンプルに含めた。

▶結果と影響

介入の中では、わかりやすい事前記入済みの切り替え申込用の返送用紙（試験3）とタイミングの良い通知（試験4）が、切り替えの絶対的増加が最大となった。切り替えは、切り替え申込用の返送用紙の場合、ベースラインの3％から12％に増加（9ポイント増加）し、通知の場合、4.7％から8.2％に増加した。

明瞭な情報開示——とりわけ、利用可能なより良い商品に関する情報を表ページに表示すること（試験1）——はわずかだが統計的に有意なプラス効果を示しており、切り替えは2.7％から5.6％に上昇した。しかし、裏ページでの表示（試験2）では効果は確認されなかった。

またFCAは、金利が減少する直前に通知を送付する方が、他のタイミングで送付するよりも効果的であること（試験4）を示す示唆的証拠も得ており、これは先行調査に一致している。対照群における切り替えの割合は、商品の内容や顧客のサンプルに応じて試験の間で大きな差異があった。

全体としては、RCTで切り替えた人々の約半数が、同一金融機関の金利がより高い類似の口座への切り替えを選択し、残りの約半数は別の口座または別の金融機関を選択した。すべてのRCTにおいて、介入は同市場におけるより金利の高い選択肢への切り替えを促すことなく、同一金融機関内での切り替えを増加させた。このことから、複数の要因が消費者による金融機関の選択に影響を与えていることが読み取れる。

追跡調査の回答者の報告によると、切り替えに要する時間は平均して15分にすぎないにもかかわらず、現在よりも魅力的な金利に関する適切な情報を与えられた消費者の間でさえ、切り替えの割合は低い（RCT全体で17％）。

多くの預金者にとって、問題となっている金額が切り替えに見合うには少なすぎたということが1つの説明である。全RCTの消費者の半数にとって、切り替えによって追加で生じる年間金利収入は32ポンド未満である。FCAはこの説明を裏付ける証拠をいくつか明らかにしている（たとえば、切り替えの割合が相対的に高いのは、預金残高が多い預金者と退職している預金者であり、前者は切り替えによって得られる利益が大きく、後者は切り替えに時間を充てやすいと考えられる）。しかし、切り替えは追加で生じる金利収入の水準によってある程度の差異があり、調査でサンプルとした多数の消費者が、預金残高は多いものの切り替えを行っていない。

全体として、タイミング、より良い選択肢の顕著性、情報に基づく行動を取るための簡単明瞭な方法が、消費者が直面する障害を軽減するのに役立ち、別のより良い商品への切り替えをある程度

増加させたとFCAは結論を下している。しかし、情報開示による介入は、同一金融機関内での切り替えを促しただけであり、他の金融機関のもっと金利の高い商品への切り替えに関しては効果はなかった。これらの介入——特に切り替え申込用の返送用紙——は、低金利で長期間預金をしている顧客による切り替えを増加させることにおいて、適度のプラス効果を示した。今回の調査結果から、同市場の一部セグメントでは、金利が低下する際に切り替えが顕著な水準で見られたが、消費者の注意力の限界が、切り替えの不便さと相まって、口座の切り替えの一般化を妨げていることが明らかになった。

▶機関

FCAは英国の独立した金融規制機関であり、金融サービス産業に従事する事業者に賦課する課徴金を財源としている。市場の健全性の向上、適切な水準の消費者保護の確保、競争の促進を3つの法定目標としている。行動科学を他の規制ツールと併せて研究および政策立案に積極的に活用し、運営目標を達成する。

FCAには経済学者、コンピューター科学者、心理学者からなる専門的なユニットとして「行動経済学・データサイエンス・ユニット（Behavioural Economics and Data Science Unit: BDU）」がある。BDUは独自の研究を実施して、FCAによる行動インサイトの適用を支援している。チーフエコノミストの属する部課や政策部門担当者など、FCAでは行動経済学が他にも広く日常業務に適用されている。FCAが行うすべての試験と研究は、堅牢なレビュープロセスを踏み、その過程で倫理的リスクやその他のリスクが評価され、必要に応じて緩和される。

資料

Adams, P. *et al*. (2016), "Attention, Search and Switching: Evidence on Mandated Disclosure from the Savings Market", Financial Conduct Authority, Occasional Paper 19, https://www.fca.org.uk/publication/occasional-papers/occasionalpaper-19.pdf（2017年1月12日アクセス）.

第8章　行動インサイトの事例研究：金融商品

退職後の経済的安定の促進

国	米国
分　野	金融サービス／年金商品
機　関	米国防総省（Department of Defence: DOD）社会・行動科学チーム（Social and Behavioural Sciences Team: SBST）
介入開始	2016年春
介入終了	2016年春（5週間）
目　的	連邦政府による確定拠出型年金・積立貯蓄制度（Thrift Savings Plan: TSP）への軍雇用者の加入を増加させる。
方　法	ノースカロライナ州フォートブラッグとワシントン州フォートルイスにある陸軍施設でのパイロットテスト
適　用	TSPへの現役軍人の加入を増加させるための解決策を突き止める。

▶問題

　2010年以降、文民機関は新規雇用者を連邦政府による確定拠出型年金・TSPに自動的に加入させており、文民政府職員の加入率は87％と比較的高い。一方、DODで働く軍雇用者は現在のところ加入は自動的に行われず、その分、加入率も44％と低い。

　2018年から、新規採用される軍雇用者に対して自動加入が義務付けられ、毎年採用される軍人10万人以上に対して、TSP口座が自動的に開設されることになる。SBSTはDODと協力して、この政策変更の対象にならない現役軍人に対して、他の解決策を模索している。

▶介入

　SBSTとDODは2015年に終了した2つのパイロットテストを拡大させることにした。その1つ目のテストでは、80万人以上の未加入の軍人に対して、TSPの加入を奨励する1回限りのEメールを送信し、その結果、約5,000人が新規に加入して、100万ドル超が毎月新たに積み立てられるようになった。2つ目のテストでは、別の軍事基地に異動する際に、TSPについて任意で選択するよう促したところ、加入率が約4.3％増加したことが明らかになった。

　2016年のパイロットテストではこの先行のテストを拡大して、2つの軍事基地で**積極的選択**を活用した介入を実施した。この介入では、別の軍事基地へ異動する際に、軍人にTSPの加入について決定するよう求めた。この方法は、行動科学の研究から、貯蓄制度への加入を促進する有効なツールであることが証明されている。

246

行動インサイトの事例研究：金融商品　第8章

この積極的選択を活用した介入は、ノースカロライナ州フォートブラッグとワシントン州フォートルイスにある陸軍基地で、2016年の春、5週間にわたって試験的に実施された。フォートブラッグの基地では、軍人に3つの選択肢を記載した修正版のTSP選択用紙（TSP Election Form）の提出を義務付けた。その選択肢は、「はい、加入して貯蓄します」「いいえ、加入も貯蓄もしません」「すでに加入しています」の3つであった。フォートルイスの基地では、軍人はオリエンテーションの際に、TSPに加入したい場合は挙手するように求め、続いてオンラインで加入手続きをするためにコンピューターの前に案内した。また、TSPで積み立てすることのメリットについて紹介する案内書とビデオも提供した。その結果を、同じ期間、積極的選択を活用した介入を実施しなかった他の3つの軍事基地の結果と比較した。

▶結果と影響

SBSTとDODは、積極的選択を義務付けることで、TSPの加入率が大幅に上昇したことを明らかにした。5週間のパイロットテストの間、フォートブラッグとフォートルイスの基地での加入率は、それぞれ10.7％と8.4％であったが、他の3つの基地の場合、加入率は最大でも1.9％であった。期間と基地の相違を両方考慮に入れた場合、積極的選択を活用した介入は、オリエンテーションの4週間で軍人がTSPに加入する確率を推定で8.3ポイント引き上げたことになった。

▶機関

SBSTは応用行動科学者、プログラム実施職員、政策立案者の機関横断的なグループであり、連邦機関に政策に関するガイダンスと助言を提供する。SBSTは国家科学技術会議の下で大統領府に置かれたユニットである。SBSTは2015年9月15日にオバマ大統領（当時）が公布した大統領令第13707号、「行動科学の洞察を利用して、米国国民により質の高いサービスを提供する」を受けて創設された。同大統領令は連邦政府の諸機関に、それぞれの政策とプログラムの設計に行動科学の洞察を取り入れることを指示している。

同大統領令は科学技術担当大統領補佐官に対し、SBSTに代わって、大統領令を追求する助言と政策ガイダンスを諸機関に提供するよう要請した。このガイダンスは、諸機関が連邦政府の政策とプログラムに行動科学の洞察を適用するための有望な機会を特定するのに役立っている。ガイダンスの中心にあるのは連邦政府政策の4つの重要な側面であり、それらに対しては行動要因がプログラムの成果に特に大きな影響を与える可能性があることが研究と実践に示されている。それらの側面とは、プログラムへのアクセスの決定、国民への情報の提示、プログラム内での選択肢の構成、インセンティブの設計である。

DODは米国で最も古く最も大きな政府機関であると同時に、米国最大の雇用主である。DODは130万人を超える現役軍人、82万6,000人の州兵と予備役兵、74万2,000人の文官を抱えている。200万人以上の退役軍人とその家族が年金を受け取っている。

247

第9章

行動インサイトの事例研究：健康と安全

本章では、OECD諸国とパートナー諸国において、健康なライフスタイルの促進、医療へのアクセスの改善、および組織の行動変化のためのツールとして、行動インサイトがどのように適用されてきたかについて、一連の詳細な事例研究を取り上げる。本章で提示する事例研究では、資源集約的な無作為化比較試験から、それほど資源集約的ではない文献レビューまで、幅広い実験的方法が用いられている。何が有効で何が有効ではないのかについてのオープンで透明性のある共有は、質の高い研究と研究結果の広範な共有を確保するのに不可欠である。

第9章　行動インサイトの事例研究：健康と安全

色分けされた測定チャートを用いて
意図せぬ見過ごしを減らす

国	オーストラリア
分　野	健康
機　関	ニューサウスウェールズ・ヘルス（New South Wales Health: NWSヘルス）／クリニカル・エクセレンス委員会（Clinical Excellence Commission: CEC）
介入開始	2010年
介入終了	継続中
目　的	ビトウィーン・ザ・フラッグス（Between the Flags: BTF）プログラムを実施して、患者の悪化に備えるセーフティネットを提供する。
方　法	行動情報を活用した「標準測定チャート（Standard Observation Chart）」（クリニカルレビュー・ゾーンとラピッドレスポンス・ゾーンを色分けしたチャート）を取り入れる。
適　用	不注意盲目と認知的負荷によるバイアスを低減するための今後の類似する政策介入に寄与する。

▶問題

考えや行動に注意を集めるのは困難な場合が多い。「**不注意盲目**（unintentional blindness）」や重い「**認知的負荷**」などの行動バイアスは、しばしば問題に対する私たちの対応を制限する。オーストラリアのニューサウスウェールズ州では、同州だけでなく世界中の病院で、臨床的に悪化している患者を**発見して**適切に対応することが**できていない**という重大な問題にCECが気付いた。

それを受けて、ニューサウスウェールズ州政府は研究と「人的要因」の原理に基づき、NSWヘルス標準測定チャートと呼ばれる介入を検証した。

▶介入

NSWヘルス標準測定チャートは主要保健レビューであるガーリング調査委員会（Garling Commission of Inquiry）による提言を受けて導入され、同委員会はCECによるこのプログラムを、臨床的に悪化している患者の発見と対応を改善する機会と見なした。2010年、NSWヘルスはBTFプログラムを州全体に導入した。その目的は、臨床的悪化の早期発見と早期対応を改善することによって、ニューサウスウェールズ州の公立病院で治療を受けている患者に関して、予防可能な死と重篤な有害事象の発生を減少させることであった。

BTFプログラムは、この種のプログラムとして世界で最も大規模で最も包括的なものであり、BTF運営委員会（BTF Steering Committee）の専門家による助言を受けて、州の全公立病院に次

250

行動インサイトの事例研究：健康と安全　第9章

の5要素からなる戦略を導入した。これらは一体となって、患者の臨床的悪化に備えるセーフティネットを提供する。

- プログラムに対して継続的な支援と持続可能性を確保するガバナンス構造

- 標準化されたコール基準（一連の標準測定チャートに組み込む）

- クリニカルレビューとラピッドレスポンスを含むエスカレーションプロセスの最低基準を取り入れたクリニカル・エマージェンシー・レスポンス・システム（Clinical Emergency Response Systems: CERS）

- 悪化している患者の発見と対応に関する知識とスキルのギャップに対処する目的で、特別に開発された教育教材

- 標準的な主要業績評価指標

BTFの重要な点は、NSWヘルス標準測定チャートにコール基準を取り入れている点である。このチャートは「追跡＆発動（track-and-trigger）」ツールであり、クリニカルレビュー（イエローゾーン）とラピッドレスポンス（レッドゾーン）のコール基準に色分けされている。

追跡＆発動ツールが連動する測定ツールは、バイタルサインの測定値をグラフとして記録することができ、追跡ゾーンが明確化されている。こうして色分けすることで、医療関係者は患者の悪化に気付きやすくなる。測定値がイエローゾーンに記録されると、患者のクリニカルレビューを発動させる。測定値がレッドゾーンに記録されると、ラピッドレスポンスを発動させる。

▶結果と影響

2013年にBTFシステムの中間評価報告書が発表された。同報告書は、プログラム全体で予期せぬ心停止が25％減少したことを報告した。さらに、職員の間で次の点が一般的になったことを明らかにした。

- 職員の70％が、「BTFチャートの"イエローゾーン"は危険な状態にある患者を早期に発見し、管理するのに役立っている」という項目に、そう思う／非常にそう思うと回答した。

- 職員の80％が、「CERSによって、患者が臨床的に悪化している場合に迅速な支援を得るための体制が改善した」という項目に、そう思う／非常にそう思うと回答した。

- 職員の87％が、イエローゾーンは悪化する恐れのある患者を早期に発見し、管理するのに役立っているという項目に、そう思う／非常にそう思うと回答した。

- 職員の82％が、追加されたゾーン（クリニカルレビュー）は患者の安全を全体として改善しているという項目に、そう思う／非常にそう思うと回答した。

状態の悪化を発見されず対応されないことで患者に生じる被害を削減するという全体目標を、

251

BTFプログラムが達成しつつあることを示す強固なエビデンスが存在すると、評価報告書は結論付けている。

▶機関

NSWヘルスはニューサウスウェールズ州政府の管轄下にあり、230以上の公立病院と約10万8,000人の専門職員（フルタイム換算）が医療従事者として所属するオーストラリア最大の公共医療システムである。

CECはニューサウスウェールズ州で安全と品質の面でリーダーシップを発揮し、患者のために医療を改善している。NSWヘルス患者安全性および臨床的品質プログラム（NSW Health Patient Safety and Clinical Quality Program: PSCQP）でまとめられた5つの重要な構造改革の1つとして、またクリニカル・エクセレンス研究所（Institute for Clinical Excellence）を発展させた機関として、2004年に設立された。システム全体に及ぶ患者と安全に関する懸念のさなかに誕生したCECは、ニューサウスウェールズ州の公共医療システム全体での臨床ケア・臨床的安全性・臨床的品質の改善を促進・支援し、保健省によって定められた役割を果たすことを主に重視してきた。

CECはその発展に伴い、臨床医や管理者、消費者や医療サービスパートナーと連携して、プログラムやイニシアティブを開発・推進することにより、地域的にも全国的にも、また国際的にも認知度が高まっている。対象分野には、クリニカル・インシデント・レビュー、悪化している患者、終末期医療、転倒予防、人的要因、感染対策、リーダーシップ、投薬安全性、死亡の見直し、開示、小児科の品質と安全性、患者との連携、褥瘡予防、安全・品質教育、敗血症、チームワーク、輸血医学、静脈血栓塞栓症予防などがある。そのほか、プロセスと実績のモニタリングは、システム全体レベルでの臨床的品質・安全性の改善の徹底を目指しており、ニューサウスウェールズ州の医療システムにおいてCEC独自の中核的役割を担っている。

資料

Hallsworth, M. *et al.* (2016), "Applying Behavioural Insights: Simple Ways to Improve Health Outcomes", Doha, Qatar: World Innovation Summit for Health, http://38r8om2xjhhl25mw24492dir.wpengine.netdna-cdn.com/wpcontent/uploads/2016/11/WISH-2016_Behavioral_Insights_Report.pdf（2017年1月12日アクセス）.

Green, M. (2013), "Between the Flags program: Interim evaluation report", April, Clinical Excellence Commission, www.cec.health.nsw.gov.au/__data/assets/pdf_file/0004/258151/btf-program-interim-evaluation-report-april-2013-v2.pdf（2017年1月12日アクセス）.

行動インサイトの事例研究：健康と安全　第9章

臓器ドナー登録を増やす

国	カナダ
分　野	健康
機　関	オンタリオ州政府／ ロットマン経営大学院実践行動経済学センター（Behavioural Economics in Action at Rotman: BEAR）
介入開始	2014年2月
介入終了	2014年3月
目　的	臓器ドナー登録をする市民を増やす。
方　法	文献レビュー、政府サービスセンターの全来庁者を対象に8週間にわたって実施した無作為化比較試験（RCT）
適　用	オンタリオ州の政府サービスセンターで来庁者に配る臓器ドナー登録用紙の様式と配布方法を改善する。

第9章

▶問題

　人はどうすれば臓器ドナーになるのだろうか？　死後に臓器を提供したくないのだろうか？　それとも、臓器を提供するには適切な方向に軽く「一押し（nudge）」される必要があるのだろうか？

　カナダで2番目に大きな州であるオンタリオ州の州政府は、BEARセンターと協力して、行動科学から得た洞察を利用して、より多くの州市民に臓器ドナー登録に署名するよう促すことができるかどうか調査することにした。

▶介入

　RCTはカナダのグレーター・トロント・エリアで実施され、ある政府サービスセンターへの来庁者全員を被験者として8週間にわたって毎日実施された。来庁者に適用して検証した行動原理は次の通りである。

- **単純化**：登録用紙の単純化と簡略化によって、ドナー登録を容易にする

- **機会費用**：来庁者が市民相談担当者との面談を待つ間に目を通せるように、受付カウンターという早い段階で用紙を配布することで、用紙に記入する来庁者の機会費用が低減された。もとより順番を待っているので機会費用は相対的に低く、おおむね来庁者は用紙を読んで記入するのに時間を費やす可能性が高くなると考えられる。

- **互恵主義**と**共感**：単純化した用紙の冒頭に、動機付けとなる文を複数追加した。それには、

253

第9章 行動インサイトの事例研究：健康と安全

「もしあなたに臓器移植が必要になったなら、あなたは移植を受けますか？ もしそうなら、今日命を救う手助けをしてください」というものがあった。これは、英国の行動インサイトチームが独自に実施した臓器ドナー登録の試験から引用した。

● このドナー登録事業によって作成された**情報**パンフレットも、登録用紙と一緒に配布された。

こうした行動原理を適用する有効性は、これらの変更が行われた場合の登録件数を算出し、試験実施前後、すなわち行動科学の情報に基づく変更を加えていない通常の場合の登録件数と比較することで評価した。

▶結果と影響

単純化した臓器ドナー登録用紙を**情報**パンフレットと一緒に受付カウンターで配布することで、従来の長い登録用紙を用いた場合と比較して、登録件数が2.29倍になったことが、調査から明らかになった。**互恵主義**と**共感**に基づく文を用いると、改善していない用紙を用いた場合と比較して、それぞれ登録件数が2.13倍と2.08倍になった。

全体として見ると、簡略化した用紙を来庁者に配布して、待ち時間に目を通して検討し、公的手続きを完了できるようにすることで、その手続きを完了する確率が高くなることが、この試験によって判明した。この結果を受けて、オンタリオ州政府は単純化した臓器ドナー登録用紙を新たに取り入れて、来庁者に早い段階で配布するという措置を講じた。

▶機関

オンタリオ州政府はエビデンスに基づく公共政策とサービス設計という全体戦略の一環として、行動科学の洞察を適用して同州の公共サービスのいっそうの有効化を図っている。中でも注目すべきものとして、行動インサイトを活用して、同州の貧困削減戦略、オープン・フォー・ビジネス・イニシアティブ（Open for Business Initiative）の一環としての規制削減、サービスオンタリオ（ServiceOntario）の現代化に寄与している。

オンタリオ州政府には中心となる小規模な行動インサイトユニット（Behavioural Insights Unit: BIU）が存在する。BIUは行動科学の中でも特に組織行動学の専門家から成っており、今回の調査を実施した。さらに、BIUは行動インサイトの実務者による公式ネットワークや、学術パートナーからの支援を活用している。

BEARはトロント大学ロットマン経営大学院にあるセンターで、意思決定における数十年に及ぶ研究を、実証的に検証されたツールと融合させて行動変化を促している。同センターは社会・経済問題について行動科学のレンズを通して考察し、インセンティブや刑罰を用いたり情報を提供したりする従来のアプローチを超えた解決策を設計する。

BEARは最先端の学術研究とフィールド調査を実施し、より良いタッチポイントと介入を通じ

254

てパートナーが行動変化を実現するのを支援し、幅広い教育・アウトリーチ活動に従事している。BEARが重視しているのは、選択の自由を残しながら、人々をより良い決定に導く非財政的で非規制的な（法による禁止ではない）解決策である。BEARは「ラストマイルの問題」を解決することで、社会福祉と事業収益性を改善しようとしている。BEARのDNAの中核は科学的な検証であり、フィールドおよび実験室でRCTを利用して、測定可能な結果を出そうとしている。また、ロットマン・デザインワークス（Rotman DesignWorks）にあるデザインスタジオと密接に協力して、行動情報に基づく選択環境を創出している。

　BEARはオンタリオ州政府のBIU設立に貢献した。

資料

Robitaille, N. *et al.*（2016），"Nudging to Increase Organ Donor Registrations in a Prompted Choice Context", *Working Paper*, BEAR, Rotman School of Management, University of Toronto.

第9章　行動インサイトの事例研究：健康と安全

航空マイルを利用した肥満治療

国	カナダ
分　野	公衆衛生
機　関	カナダ公衆衛生庁（Public Health Agency of Canada）
介入開始	2013年4月1日
介入終了	2016年6月30日
目　的	カナダ国民の身体活動度を高めて肥満を減少させる。
方　法	パイロットプロジェクト——カナダ全土の15か所のキリスト教青年会（YMCA）施設で航空マイルのご褒美マイル（Reward Miles）の形でインセンティブを供与する。
適　用	公衆衛生の分野において、ロイヤルティポイント（航空マイルのご褒美マイルなど）によるインセンティブを利用してプラスの行動変化を促す。

▶問題

　カナダでは国民の肥満率の高さと運動不足が以前から問題になっている。子どもと若者の3分の1近くと成人の10分の6が標準体重超過、すなわち肥満に分類される。カナダ身体活動ガイドライン（Canadian Physical Activity Guidelines）を満たすのは子どもと若者の10分の1未満と成人の4分の1未満である。こうした状態はカナダ国民の全般的健康を損ねている。

　カナダ公衆衛生庁は、行動理論を適用して開発した介入により、カナダ国民の身体活動度を高めて肥満の減少に寄与できるかどうか検証したいと考えた。

▶介入

　カナダ公衆衛生庁の慢性疾患予防センター（Centre for Chronic Disease Prevention）は、**インセンティブに基づく**パイロットプロジェクトを立ち上げて、国民が運動量を増やす動機付けになるかどうかを検証することにした。

　カナダは世界的にもロイヤルティポイントの利用者が多い国である。ほとんどの国民が1つ以上のロイヤルティポイント・プログラムを利用しており、平均的な世帯では8つのプログラムのポイントを集めていることが、調査に示されている。

　カナダ国民の間でそうしたプログラムが人気を集めていることを考慮して、公衆衛生庁はご褒美マイルを提供しているLoyaltyOne Inc.と提携し、カナダ全土の特定のYMCA施設で国民に航空

行動インサイトの事例研究：健康と安全　第9章

マイルを付与することにした。このパイロットプロジェクトは、行動経済学による「ナッジ」理論——航空マイルは行動変化に影響を与えるのに十分なインセンティブとして機能する——に基づいている。このプロジェクトの目的は、カナダYMCAのフィットネス施設で運動プログラムに参加した見返りとして、ロイヤルティポイントを付与することにより、カナダ国民の運動量の増加を促進することであった。

　プロジェクトはパイロットテストに参加するカナダ全土の15のYMCA施設で実施された。施設の所在地は、8つがグレーター・トロント・エリア、1つがオークビル（オンタリオ州）、1つがモンクトン（ニューブランズウィック州）、5つがカルガリー（アルバータ州）であった。参加施設で登録したYMCA会員に、既定の身体活動目標を達成すると、週に1回、航空マイルのご褒美マイルを付与するように設定した。

- **基本マイル**：YMCAの施設に2回来館するたびに、ご褒美マイルを1マイル獲得する。

- **ボーナスマイル**：参加者はYMCAの施設に1週間に2回来館すると、ご褒美マイルを10マイル獲得し、1週間に3回以上来館すると、ご褒美マイルを20マイル獲得する。

　その後、10か月かけてプログラムの設計が修正され、インセンティブと行動インサイトの原則を適用して身体活動を増加させることができるかどうかを検証した。一部の施設では、インセンティブの供与は同じままであったが、他の施設では、低い方のボーナスマイルをなくして、参加者がYMCAの施設に1週間に3回以上来館した場合のみにインセンティブを供与した。このようにプログラムを変更したのは、参加者がボーナスマイルを失わないように来館回数を増やす動機付けになるかどうかを検証するためであった。

　パイロットプロジェクトに参加したYMCA施設で、9万8,000人以上がこのプログラムに登録した。この数はカナダ西部・中部・東部フランス語圏を含むYMCAの全国会員の約20％に相当した。対照群としたオンタリオ州（トロント、ハミルトン、ナイアガラ）の11施設では、このインセンティブプログラムを実施せず、試験を行った施設同様、YMCAのフィットネス施設への来館回数のデータを提供した。

▶結果と影響

　この「航空マイル・YMCA運動プログラム（Air Miles-YMCA Physical Activity Programme）」は次の結果と影響をもたらした。

- 9万8,000人を超える参加者がプログラムに登録したが、これは当初の目標である2万5,000人を大きく上回った。

- 前年比で、プロジェクト参加施設のYMCAの正規会員の62％が、1週間に来館する回数が1回以上増えた。

- プロジェクトに参加したYMCA会員（すなわち、航空マイルのご褒美マイルを集めている会

257

第9章　行動インサイトの事例研究：健康と安全

員）は、プロジェクトに参加していないYMCA会員（すなわち、航空マイルのご褒美マイルを集めていない会員）よりも、約17％多く来館した。

こうした結果を受けて、公衆衛生庁はインセンティブは身体活動度の改善に有効であることを確認した。

しかし、こうした効果が最も大きかったのは、介入の最初の数か月間やインセンティブの提供が変更された時期であった。

また、ある期間において、一部の対照用のYMCA施設がプロジェクト参加施設の実績を上回ったことから、航空マイルのご褒美マイルの形態でのインセンティブは、身体活動の増加を保証するものではなかった。

現在、トロント大学がパイロットプロジェクトの評価を行っている。その際、介入終了後の3か月間に、インセンティブを除去した影響についても評価する予定である。

さらに、プロジェクト評価の一環として、社会的投資利益率（Social Return On Investment: SROI）分析を実施して、（論理的に厳密であらかじめ定義された方法論に基づき）投資した1ドルに対してプロジェクトから得られた社会的価値を評価した。SROIは第三者の請負業者によって実施され、プログラムへの投資1カナダドルに対して、3.50カナダドルの価値が創出されたことが明らかになった。

▶機関

カナダ公衆衛生庁はカナダの政府機関であり、公衆衛生、緊急事態の事前対策と対応、伝染病および慢性疾患の管理と予防を所管する。

同庁は公共政策介入の設計と実施において行動インサイトを活用して、健康的な生活の促進と慢性疾患の予防に取り組んでいる。

最近では、政策と事業の基盤を、癌、糖尿病、心血管疾患などの慢性疾患の予防に定め直しており、運動不足、不健康な食事、喫煙など、こうした疾病の共通リスクファクターに取り組んでいる。経済・社会・その他の相関によって、公衆衛生問題への対応がこれまでになく困難なものになっていることが、明確に認識されている。こうした状況の中、行動インサイトはこうしたリスクファクターの原因とそれらの改善法に取り組む際、重要な役割を担うことができる。

2013年以降、同庁はその変革的な「健康的な生活の促進と慢性疾患の予防のためのマルチセクター・パートナーシップ（Multi-sectoral Partnerships to Promote Healthy Living and Prevent Chronic Disease）」イニシアティブ——政府だけでは、肥満や関係する予防可能な慢性疾患など、今日のカナダ社会が直面している複雑な社会的課題を解決できないという考え方に根差した資金調達アプローチ——を通じて、多様なパートナーシップ協定と資金調達モデルを推進してきた。同庁のパートナーシッププロジェクトは奨励金と拠出金に基づく資金調達を利用して、民間セクター・

258

慈善団体・健康分野以外の組織・他のレベルの政府など、社会のあらゆるセクターを関与させることにより、行動インサイトの適用や社会的金融モデルのテストなど、新しい取り組み方の検証や実績のあるアプローチの拡大を実施し、実証可能な成果を出し、カナダ国民の健康転帰を改善している。同庁はこれまで、マルチセクター・パートナーシップによるアプローチによって、100を超える新たなパートナーと提携し、100万人を上回る国民に影響を及ぼし、民間セクターやその他の税金によらない資金源から調達した3,400万カナダドル以上を利用して、増えつつあるマルチセクター・パートナーシップを支援している。

　同庁そのものは行動科学者を直接雇用していないが、マルチセクター・パートナーシップのプログラムを通じて資金を供与したプロジェクトでは、行動学の専門家と学術関係者を採用して、行動インサイトを参加者の行動の改善に適用するプロジェクトの設計と評価に関与させている。また、事業や政策に関わる多数の同庁職員は、社会福祉事業、心理学、社会学の分野で経験があり、行動変化の理論と実践に精通している。

　同庁では、慢性疾患予防センター内にあるパートナーシップおよび戦略部門（Partnerships and Strategies Division）がソーシャル・イノベーションと行動インサイトの領域で、取り組みの先頭に立ってきた。その責任者は枢密院事務局のイノベーション・ハブ（Innovation Hub）の最高戦略責任者でもある。イノベーション・ハブは中心的存在として、カナダ連邦政府省庁をまとめ、政策立案における行動経済学の活用など、政策とサービスの提供に関する課題に対応する新しいアプローチとソーシャル・イノベーションに関する専門知識と助言を提供している。

　同庁の慢性疾患予防センターは2016～2019年の新しい戦略計画である「健康転帰の改善：パラダイム転換（Improving Health Outcomes: A Paradigm Shift）」も打ち出した。焦点となる領域には革新的なアプローチと社会的金融の機会の検証などがあり、枢密院事務局のイノベーション・ハブと同庁との関係との絡みで、行動経済学のアプローチの試験的実施が含まれる。

第9章 行動インサイトの事例研究：健康と安全

「キャロット・リウォード」

国	カナダ
分　野	公衆衛生
機　関	カナダ公衆衛生庁（Public Health Agency of Canada）
介入開始	2015年2月16日（2016年3月にブリティッシュコロンビア州でアプリの導入を予定）
介入終了	2020年1月
目　的	カナダ国民に健康的な行動を促す。
方　法	アプリの有効性を検証するためにブリティッシュコロンビア州でパイロットプロジェクトを実施する予定である。
適　用	健康的な行動について学びそれらを取り入れる見返りに、ユーザーが選んだプログラムに対してロイヤルティポイントを付与するモバイルアプリ。

▶問題

カナダでは国民の肥満率の高さと運動不足が以前から問題になっている。子どもと若者の3分の1近くと成人の10分の6が標準体重超過、すなわち肥満に分類される。カナダ身体活動ガイドライン（Canadian Physical Activity Guidelines）を満たすのは子どもと若者の10分の1未満と成人の4分の1未満である。こうした状態はカナダ国民の全般的健康を損ねている。

カナダ公衆衛生庁は、行動理論を適用して開発した介入により、カナダ国民の身体活動度を高めて肥満の減少に寄与できるかどうか検証したいと考えた。

▶介入

カナダは世界的にもロイヤルティポイントの利用者が多い国である。ほとんどの国民が1つ以上のロイヤルティポイント・プログラムを利用しており、平均的な世帯では8つのプログラムのポイントを集めていることが、調査に示されている。

カナダ公衆衛生庁は国民の間でそうしたプログラムが人気であることを考慮して、ロイヤルティポイントの付与というインセンティブを利用して、国民が健康的な行動について学び、それらを実践する動機付けとなるモバイルアプリの開発に取り組んでいる。

このプロジェクトの目的は、人気のあるロイヤルティプログラムに登録しているカナダ国民に、健康的な行動について学びそれらを実践する見返りに、選択したロイヤルティポイントを付与す

260

行動インサイトの事例研究：健康と安全　第9章

る機会を提供することである。ユーザーはアプリをダウンロードしたり、友人や家族に紹介したり、心臓の健康に関するクイズへの解答・健康に良い食品の選択についての学習・身体活動への参加・地元のYMCAへの来館など、健康的な行動を取ったりすることで、ポイントを付与される。

プロジェクトのコンセプトが基本とするのは、行動経済学と「ナッジ」理論であり、人気のあるロイヤルティポイントという形態のインセンティブと、親しみやすいモバイルアプリを利用して、個人がより健康的でよりしっかりした判断に基づくライフスタイルを選択するよう「一押し（nudge）」し、その結果、大規模な行動変化を引き起こそうという考え方である。

カナダ公衆衛生庁はこのプログラムの実施に当たり、Social Change Rewards Inc.のほか、ブリティッシュコロンビア州保健省、カナダ心臓・卒中財団、カナダ糖尿病学会、YMCAカナダと協力している。

このアプリはまず2016年3月にブリティッシュコロンビア州で導入・検証された後、5年間かけて関心を持った州や準州に拡大していく予定である。

▶結果と影響

このプロジェクトは現在進行中である。イニシアティブの設計段階が終わりつつあるところであり、ブリティッシュコロンビア州でのアプリの導入は2016年3月に開始されることになっている。アプリを用いた介入は、5年間かけて関心を持った州や準州に拡大され、2020年1月に終了する予定である。

アプリの成果については、新規ユーザーの獲得、参加の程度、減少率／継続率、ベースラインと比較して知識が改善（コーホートの大多数がアンケート調査の大部分に正しく回答）したことの実証、ウェアラブルデバイスによる情報から得たデータ（歩数など）を記録して測定する。

プロジェクトの間、定期的に健康調査を実施する予定である。また、プログラムの設計により、ウェアラブルデバイスとリンクさせて、健康的な行動を追跡し、ポイントを付与することが可能である。分析論を利用して、インセンティブの提供の修正・調整に役立てるほか、インセンティブと行動インサイトの原則を健康的なライフスタイルの選択の推進に適用できるかどうかを検証する予定である。

▶機関

カナダ公衆衛生庁はカナダの政府機関であり、公衆衛生、緊急事態の事前対策と対応、伝染病および慢性疾患の管理と予防を所管する。

同庁は公共政策介入の設計と実施において行動インサイトを活用して、健康的な生活の促進と慢性疾患の予防に取り組んでいる。

第9章　行動インサイトの事例研究：健康と安全

　最近では、政策と事業の基盤を、癌、糖尿病、心血管疾患などの慢性疾患の予防に定め直しており、運動不足、不健康な食事、喫煙など、こうした疾病の共通リスクファクターに取り組んでいる。経済・社会・その他の相関によって、公衆衛生問題への対応がこれまでになく困難なものになっていることが、明確に認識されている。こうした状況の中、行動インサイトはこうしたリスクファクターの原因とそれらの改善法に取り組む際、重要な役割を担うことができる。

　2013年以降、同庁はその変革的な「健康的な生活の促進と慢性疾患の予防のためのマルチセクター・パートナーシップ（Multi-sectoral Partnerships to Promote Healthy Living and Prevent Chronic Disease）」イニシアティブ——政府だけでは、肥満や関係する予防可能な慢性疾患など、今日のカナダ社会が直面している複雑な社会的課題を解決できないという考え方に根差した資金調達アプローチ——を通じて、多様なパートナーシップ協定と資金調達モデルを推進してきた。同庁のパートナーシッププロジェクトは奨励金と拠出金に基づく資金調達を利用して、民間セクター・慈善団体・健康分野以外の組織・他のレベルの政府など、社会のあらゆるセクターを関与させることにより、行動インサイトの適用や社会的金融モデルのテストなど、新しい取り組み方の検証や実績のあるアプローチの拡大を実施し、実証可能な成果を出し、カナダ国民の健康転帰を改善している。同庁はこれまで、マルチセクター・パートナーシップによるアプローチによって、100を超える新たなパートナーと提携し、100万人を上回る国民に影響を及ぼし、民間セクターやその他の税金によらない資金源から調達した3,400万カナダドル以上を利用して、増えつつあるマルチセクター・パートナーシップを支援している。

　同庁そのものは行動科学者を直接雇用していないが、マルチセクター・パートナーシップのプログラムを通じて資金を供与したプロジェクトでは、行動学の専門家と学術関係者を採用して、行動インサイトを参加者の行動の改善に適用するプロジェクトの設計と評価に関与させている。また、事業や政策に関わる多数の同庁職員は、社会福祉事業、心理学、社会学の分野で経験があり、行動変化の理論と実践に精通している。

　同庁では、慢性疾患予防センター内にあるパートナーシップおよび戦略部門（Partnerships and Strategies Division）がソーシャル・イノベーションと行動インサイトの領域で、取り組みの先頭に立ってきた。その責任者は枢密院事務局のイノベーション・ハブ（Innovation Hub）の最高戦略責任者でもある。イノベーション・ハブは中心的存在として、カナダ連邦政府省庁をまとめ、政策立案における行動経済学の活用など、政策とサービスの提供に関する課題に対応する新しいアプローチとソーシャル・イノベーションに関する専門知識と助言を提供している。

　同庁の慢性疾患予防センターは2016〜2019年の新しい戦略計画である「健康転帰の改善：パラダイム転換（Improving Health Outcomes: A Paradigm Shift）」も打ち出した。焦点となる領域には革新的なアプローチと社会的金融の機会の検証などがあり、枢密院事務局のイノベーション・ハブと同庁との関係との絡みで、行動経済学のアプローチの試験的実施が含まれる。

行動インサイトの事例研究：健康と安全　第9章

> # 喫煙者をドアから離れさせるための
> # コペンハーゲン空港のナッジ

国	デンマーク	
分　　野	健康／ビジネス	
機　　関	コペンハーゲン空港／アイナッジユー（iNudgeyou）	
介入開始	2013年と2016年にテストを実施	
介入終了	2016年に報告書を発表	
目　　的	タバコに火をつける前に喫煙者を空港のドアから離れさせる。	
方　　法	ドアから数メートル離れた場所に明確な喫煙エリアを設けることで、喫煙者に禁止事項の代わりに、彼らに望まれていることを正確に知らせる。この介入は、最初に実施された後、3年間にわたって再検証された。	
適　　用	このアプローチによって喫煙者をドアから離れさせる以上の効果が得られた。人々に望ましい行動を示すことは、してはいけないことを知らせるよりも効果が高い場合がある。	

第9章

▶問題

　2004年、世界では60万人を超える人々が受動喫煙が原因で死亡した。この数は世界全体の死亡者数の1％に相当する。こうした状況を受けて、デンマークは世界の多数の国と同様、2007年に職場やレストランのほか、非喫煙者が受動喫煙にさらされる可能性のある状況での屋内での喫煙を禁止した。この法律によって、喫煙者の行動パターンの改善に大きく成功したが、それは同時に、公共の建物、パブ、オフィスのドアのすぐ外に喫煙者がたまるというお馴染みの現象を作り出した。

　屋内で喫煙するよりは配慮があるとはいえ、ドアのすぐ外での喫煙は、隣や上のドア付近で働いている人々に健康上のリスクをもたらす。持続可能な建造物で採用されている現代の換気システムは、しばしば回転ドアや窓、その他の建造物の機能による自然の通風を取り入れているため、特にそうである。また、ドアのすぐ外で多数の人が喫煙をしているという状況は、企業や組織が与えたいと考える「第一印象」とは異なるだろう。現代の換気システムと年間2,600万人を超える旅行者のうち25％が喫煙者であることを考慮して、コペンハーゲン空港はそこに問題の大部分があることに気付いた。

　受動喫煙の問題を解決するために、同空港は当初、旅客が多く行き来したり空気を取り入れたりするドアやその他の場所のすぐ外に、厳格な禁煙ゾーンを設けた。しかし、喫煙者はこうしたゾーンではタバコに火をつけることが禁止されているということには、あまり注意を払っていないようであった。顧客に罰金を科すことまでは望んでいなかったため、同空港はドアの外での副流煙に由来する空港ターミナル内での大気汚染による健康リスクの削減を進めながら、喫煙行動をすべての

263

第9章　行動インサイトの事例研究：健康と安全

人にとってもう少し望ましいものにしたいと考えて、アイナッジユーと提携した。

▶介入

介入は行動マッピング・分析・解決の3段階で進められた。

まず、研究者らは段階的に構造化しながら、コペンハーゲン空港で2,000人の喫煙者を観察して、行動マッピングを実施した。この段階では、空港での喫煙行動を構成する多様な行動を観察することによって、行動データを収集した。初期段階の観察により、多数の興味深いパターンが明らかになった。なかでも、喫煙に関しては目的のある行動に思えるが、場所の選定に関してはあまりそうではないパターンが明らかになった。たとえば、喫煙者は概して、

1. ターミナルの外に出る回転ドアはまだかなり先にあるのに、タバコを咥えてライターを手に持っている

2. ドアのすぐ外で「一時的に立ち止まる。」

3. そのときになって喫煙できる場所を探す。

喫煙者はベンチや灰皿、柱、石、ほかの喫煙者の姿など、ドアのすぐ外の周囲の環境にある要素を注視することが観察された。

さらに構造化を進めて観察し、喫煙者はどこから来て、どこで喫煙して、どこへ行くかなど、関連があると思われる定量化できる主要なカテゴリーに行動をマッピングした。定量化のプロセスによって新たな洞察が得られた。特に、空港の中から来た人と外から来た人の割合は、やや驚くべきものであった。空港職員は「ドアの外で喫煙している人」はほとんどが空港に着いたばかりで、建物に入る前に最後の一服をしている旅行者だと当初考えていた。しかし、実は喫煙者の85％が建物の中から来ており、33％はタバコを吸う間ずっと禁煙エリアにいて、その後、中に戻ることが明らかになった。

研究者らは次の分析段階で、人は意思決定の間、傾向として処置を最小限に抑える努力をすることを突き止めた。一部の研究では、人は**認知的倹約家**であるがゆえに、乏しい心的資源の消費を節約するため、意思決定に最小限のエネルギーを費やす傾向にあることが指摘されている。同じことが空港の喫煙者にもいえると考えられる。こうした観察に基づいて、それをこの事例に当てはめると、喫煙者は喫煙に適した場所を探すのに多くの思考力を費やしたがらないと思われた。

この点が明らかになったことで、喫煙者に少ない認知的努力で空港の喫煙規則を遵守させる最善の方法について、考察することにつながった。喫煙者は外に出て、比較的遅い時点で喫煙する場所を選定するというのが仮説であった。喫煙者はタバコに火をつけた後で初めて場所について決定を下し、それが上述の「一時的に立ち止まる」原因であると思われた。

屋外の設備（ベンチや灰皿など）が持つ魅力的な性質は、喫煙に関して「アフォーダンス」のレ

264

ンズを用いると、筋が通る。ドナルド・ノーマンの考え方によると、すべての物は特定の相互作用と用途を"与える（アフォードする）"という。「アフォーダンスとは、対象物が持つ特徴と、その対象物をどのように使うことができるかを決定する行為者の能力との関係である。椅子は支えることをアフォードする（「支えるためのものである」）がゆえに、座ることをアフォードする」というのである。

アイナッジユーは類推によって、ある環境が特定の行動を引き出す可能性があるという推定についても研究した。観察に基づき、この考え方は、喫煙者は座ってもたれるといった行動だけでなく、風雨を避けられる場所を探すという行動を彼らに与える場所に引き付けられることを示唆した。そのため、その環境におけるアフォーダンスの不注意な配置は、不適切な禁煙ゾーンに喫煙者自身を置くことにつながる可能性があった。また、他の喫煙者の行動も環境の一部に含まれた。これは、その環境における容認可能な行動の社会的証明であるとして、喫煙者が他の喫煙者の行動を模倣するようになる、という標準的な社会心理学的仮説につながった。

最後の解決策の段階では、分析を考慮して、禁煙ゾーンという通常の論理が逆行しているようであることが明らかになった。喫煙者が場所を選ぶのにほとんど努力を注いでいないことから、禁止よりも指示の方が有効であるという仮説を立てた。禁止は人々の選択を抑制するが、決定の指針とはならない。そのため、禁止には従うために努力が必要であり、従うことを容易にしない。そこで、論理を逆転させた。行動マッピングの段階で観察された支配的な行動パターン——すなわち、喫煙者は建物の中からやってきて、視線を下げてタバコに火をつけ、それから喫煙場所を決める——をターゲットにして、介入を3段階で構成することにした。この3段階は次の通りである。

1. **地面にステッカーを貼る——場所探しの指針**：建物を出る際に、喫煙者に喫煙場所を探す準備をさせるため、場所を探す指示を与えた。空港内で、喫煙者がドアに向かって歩きながらタバコを出そうとポケットに手を入れるという喫煙行動を開始することが観察された場所で、火のついたタバコのイラストとメートル数を表示したステッカーを床に貼った。

2. **喫煙ゾーンを指定する——指示に向かわせる行動**：ステッカーは、開放された場所やエアコンの吸気口から安全な距離にある顕著な喫煙ゾーンへの行き方を示した。それによって、喫煙ゾーンはざっと見ただけでも見つけやすくなった。こうしたゾーンは、喫煙者への指示として機能するために、黄色のダクトテープで表示された四角いゾーンとタバコのイラスト、黄色い円筒形の灰皿で構成された。いずれもコペンハーゲン空港の色と設計に調和するように作られた。喫煙ゾーンは可能な限り喫煙者にとって望ましい選択肢に見えるように設計された。

3. **環境のアフォーダンスを再整理する**：他に配慮して喫煙ゾーンで喫煙するという行動を環境が確実にアフォードするために、喫煙行動に影響を与える再整理可能なアフォーダンスを再整理した。一部のベンチを禁煙ゾーンから移動させて、喫煙ゾーンの基本的な快適性のアフォーダンスを可能にした。

これらを基にした3段階の介入は、指示を教え、喫煙者に遵守が期待されている規則の存在を示

第9章 行動インサイトの事例研究：健康と安全

すことで、1つの行動を生み出し後押しした。さらに、この介入は喫煙につきものの行動を利用して喫煙者を誘導することで、規則の遵守を容易にした。これは、規則を守って目標に到達しようとする意図は、目標につながる行動が誘導される場合、実行するのがはるかに容易になるという実行意図の理論に合致している。たとえば、喫煙者は外に出る際、喫煙場所の方向を示す指示が目に入り、顕著かつ明確に示された喫煙ゾーンに到着した。喫煙ゾーンには、喫煙者が指示から逸脱するのを防ぐ適切な環境のアフォーダンスを取り入れた。

▶結果と影響

コペンハーゲン空港で選ばれた3つのドア付近は、研究者らによる初期の観察によって、喫煙者が最も集まる場所であることが明らかになったエリアであった。その3つは「ドア2」「ドア4」「ドア7」として知られていた。わずかに差異のある複数のドアでこの解決策を実施することで、アイナッジユーは環境ノイズを導入することにより、解決策の一般的効果を推定することができた。

3つのエリアは2013年3～5月にかけての3か月間にわたり、それぞれ約25時間観察された。ベースライン観察の後、コペンハーゲン空港は介入を永続的に実施した。観察は数か月以内に再開可能になった。介入の観察は合計で24時間続けられ、比較サンプルを作成した。最終的に、観察期間全体で合計3,184人の喫煙者を観察した（ベースライン＝1,695、介入＝1,489）。

研究者らはすべての実施場所で規則に違反した喫煙が減少したことを確認した。実施場所には（直観的にも、平均基準の遵守率の点でも）わずかな違いがあったため、研究者らは効果を総合的に推定するために、サンプルサイズによって各ドアでの効果に重み付けをすることにした。その結果、規則に違反した喫煙が加重平均で49.0％減少したことがわかった。

▶機関

コペンハーゲン空港は、ターミナルを新設することなく年間の旅客受け入れ能力を2,400万人から4,000万人に拡大するというビジョンを持っている。そのためにはイノベーティブになって、現在のインフラを最善の方法で活用する必要がある。そこで、アイナッジユーおよびデンマーク・ナッジング・ネットワーク（Danish Nudging Network）と協力して、行動インサイトを適用して、多数の多様なステークホルダーからの高い要求に応えながら、すべての人にとって最も快適な方法で旅客の流れと行動に対応しようとしている。

アイナッジユーは行動科学者のペレ・グルドボーグ・ハンセン（Pelle Guldborg Hansen）が代表を務める社会目的企業である。チームはナッジの開発を――理論的にも応用面でも――専門に行っている。「アイ・ナッジ・ユー（i-Nudge-you）」という名称は、チームが2013年に発表した基礎的論文に由来しており、同論文は社会における行動インサイトの責任ある利用についての倫理的枠組みを構築した。

アイナッジユーは2010年にブログとしてスタートした。すぐに関心を有する読者が多数集まり、

266

ほどなくして向社会的な影響をもたらすナッジに基づく介入の設計を目的として、現実世界で調査を行う積極的な研究チームへと発展した。

アイナッジユーの研究に共通しているのは、応用行動科学から得た洞察の綿密な統合、強固な社会的分析、科学的責務である。実のところ、アイナッジユーのすべての実験が目指すのは、学術的基準に従って知識を創出し、それらを公表することである。

第9章　行動インサイトの事例研究：健康と安全

野菜の売上を伸ばす

国	デンマーク
分　　野	健康と栄養
機　　関	デンマーク農業理事会／REMA 1000／Maaltidspartnerskabet／アイナッジユー（iNudgeyou）
介入開始	2015年
介入終了	2016年
目　　的	デンマークのスーパーマーケットで、精肉の隣にカット野菜を並べて青果物の売上を伸ばす。
方　　法	介入はデンマークのスーパーマーケット・REMA 1000の12店舗で実施された。他の2つの介入は、REMA 1000の12店舗を対照群として、他のREMA 1000の24店舗で検証された。 介入では、牛挽肉の隣にカット野菜を並べることで、買い物客にボロネーズの健康的な副菜を提示した。
適　　用	より健康的な選択肢を適切な状況で提示することは、実際の行動変化に非常に効果的な場合がある。人々がいつどこで関連する決定を下すのかがひとたび明らかになれば、多様な状況に応用可能である。

▶問題

　毎日、健康的なライフスタイルを送るのは簡単なことではなく、だからこそ私たちは食品のことになると、多くの人が明らかに健康的な食事を好んでいるにもかかわらず、健康に良い選択肢の代わりに容易な選択肢を選ぶことがある。健康的な体重の維持など、他の目的のために不可欠であること、さらに必要な努力は最小限であることをはっきりと理解しているにもかかわらず、多くの人が健康に良い食品についてのアドバイスや提案を実際の行動に移すのは難しいと考えている。

　情報が豊富で選択肢が比較的安価なのに、なぜ人は健康に良い量の野菜を食事に取り入れないのだろうか？　1つの仮説は、行動時にそのことがまったく頭にない、というものである。夕食のメニューを決める際、健康に良い野菜は考慮に入れられるほど**顕著ではない**のである。この介入の目的は、決定時点での野菜の顕著性を高めることである。先行研究によって、（少なくともデンマークでは）精肉コーナーに野菜を陳列する有効性が示されている。

▶介入

　適切なタイミングで野菜の顕著性を高める介入は、REMA 1000の12店舗で実施され、REMA 1000の別の12店舗を対照群とした。調査によると、冷蔵コーナーで手にした食肉の種類によって、今晩のメニューが決まる場合があるという。そのため、介入は必然的に冷蔵コーナーで実施することになった。

268

行動インサイトの事例研究：健康と安全　第9章

カット野菜のパックを挽肉の隣に並べて、より多くの人がボロネーズに野菜を添えたくなるように
した。そうすることで、理論的には、手軽に準備できる適当な夕食の一品としての野菜の顕著性
が高まるはずである。メニュー決定時点での野菜の顕著性を高めることは、人々に野菜をボロネー
ズの副菜にすることを可能にするだけでなく、「健康的な生活を送る」という目標を思い出させる働
きもした。それと同時に、メニューを迷っている買い物客に、押しつけることなく健康的なライフ
スタイルという重要な目標を実現する方法をもたらした。

▶結果と影響

介入の結果は高い有望性を示している。今回の介入によって、カット野菜の売上が買い物客1人
当たり61.3％増加した。容易で適当な夕食の材料の隣に、健康に良い副菜を並べるだけで、カット
野菜の売り上げが2倍以上に伸びた。それだけでなく、介入が行われた店舗では、挽肉の売上も買
い物客1人当たり32％増加したことから、今回の介入は夕食のメニューを決めていた買い物客に影
響を与えただけでなく、メニューを決めていなかった買い物客に、より健康に良い食事を選ぶ後押
しをすることにもなった。

▶機関

デンマーク農業理事会は企業、事業者団体、農業協同組合など、デンマークの農業・食品産業を
代表する機関である。農業と食品産業はデンマーク最大の産業であり、革新的な分野でもある。約
17万人が従事しており、農産物・農業食品・農業機器の年間輸出額は約200億ユーロに上っている。

デンマーク農業理事会は、デンマーク農業（Danish Agriculture）、デンマークベーコン食肉理事
会（Danish Bacon and Meat Council）、デンマーク農業理事会（Danish Agricultural Council）、デ
ンマーク酪農委員会（Danish Dairy Board）、デンマーク豚肉生産者協会（Danish Pig Production）
の5つの組織が統合して誕生した。

デンマーク農業理事会は、

● 農業部門の政治的影響力を増進させ、

● 加盟者に対して費用効果の高い広範なサービスを提供し、

● 食品の安全性、家畜の病気治療問題、動物衛生と生産性、動物福祉，環境とエネルギーの分野
  で研究開発事業を実施する。

アイナッジユーは行動科学者のペレ・グルドボーグ・ハンセン（Pelle Guldborg Hansen）が代表
を務める社会目的企業である。チームはナッジの開発を——理論的にも応用面でも——専門に行っ
ている。「アイ・ナッジ・ユー（i-Nudge-you）」という名称は、チームが2013年に発表した基礎的
論文に由来しており、同論文は社会における行動インサイトの責任ある利用についての倫理的枠組
みを構築した。

269

第9章　行動インサイトの事例研究：健康と安全

　アイナッジユーは2010年にブログとしてスタートした。すぐに関心を有する読者が多数集まり、ほどなくして向社会的な影響をもたらすナッジに基づく介入の設計を目的として、現実世界で調査を行う積極的な研究チームへと発展した。

　アイナッジユーの研究に共通しているのは、応用行動科学から得た洞察の綿密な統合、強固な社会的分析、科学的責務である。実のところ、アイナッジユーのすべての実験が目指すのは、学術的基準に従って知識を創出し、それらを公表することである。

　Maaltidspartnerskabetは、デンマークで健康に良い食事を容易にすることを目的として、異なるセクター間の連携を促進する官民ネットワークである。企業、消費者団体、および科学学術団体は、いずれもこのパートナーシップのメンバーに数えられる。

　REMA 1000はデンマークに280以上のフランチャイズ店舗を有し、ディスカウント商品を幅広く扱うスーパーマーケットである。REMA 1000は、食品廃棄物の削減、有機農産物の支持、買い物客のより健康的な生活のサポートを目指す同社のCSR戦略に熱心に取り組んでいる。この戦略の一環として、可能な限り最善の形で健康に良い生活と良い買い物習慣を支える方法を突き止めるため、新しい介入を検証するなどしている。

行動インサイトの事例研究：健康と安全　第9章

より健康的な商品を選択するよう食堂を工夫する

国	ドイツ
分　野	健康
機　関	国防省（Ministry of Defence: BMVg）
介入開始	2015年6月
介入終了	2015年10月
目　的	国防省職員のより健康的な栄養選択を促進する。
方　法	空軍基地の食堂での実験
適　用	食堂で陳列方法と陳列場所を変更することにより、健康に良い食品の選択が促される可能性を示すエビデンス（介入はまだ拡大されても広く適用されてもいない）。

▶問題

　食品の見え方はメニューの決定に影響を与えるだろうか？　食品の陳列場所と陳列方法は選択を左右するだろうか？

　ドイツ連邦軍（Bundeswehr）救護業務軍は、バイエルン州カウフボイレン空軍基地において、食堂で提供する昼食用の料理の配置を変更するだけで、基地職員の健康を改善できるかどうかを明らかにしたいと考えた。

▶介入

　ナッジの手法を利用することで、人が昼食時に健康に良い選択をする頻度が左右されるかどうかを検証するため、実験を実施した。食品と飲料の配置と配列、食器類の色、意識向上のために食堂のあちこちに貼られたポスターなどのナッジを活用した介入の前後に、カウフボイレン空軍基地の食堂で食事をする軍人および軍属による食品と飲料の選択を調査した。彼らが健康に良い選択を行う頻度を介入前に記録し、介入実施後の頻度と比較した。

　調査は集中的なレビュープロセスの後、あらゆる倫理的側面を考慮し、厳格な監視下で、参加者の利益に完全に合致するように、国防省が将来的に実施する可能性のある行動インサイト研究の場合と同様に実施された。国防省は、実施されるいかなる調査の目的も、調査参加者の利益に完全に合致することを保証している。

第9章　行動インサイトの事例研究：健康と安全

▶結果と影響

実験で観察された変化は優位であった。果物を目につく場所に陳列したり、あまり健康に良くない選択肢を目につきにくい場所に置いたりするナッジの手法によって、職員がソフトドリンクではなく水を、ケーキではなく果物を選ぶなど、健康に良い選択をする頻度を増やすことに成功した。この介入はまだ拡大されても広く適用されてもいない。

▶機関

連邦国防省はドイツの国防と軍隊に関するあらゆる問題を所管する連邦最高機関である。空軍、陸軍、海軍、および救護業務軍を率いる。同省には現在、行動インサイトを専門に扱うユニットは存在せず、政策立案に影響を与えるために行動インサイトを利用することはほとんどない。

行動インサイトが利用されたのは、ナッジの手法がこれまでより健康に良い食事を職員に促すかどうかを明らかにするためであった。連邦軍救護業務軍はアルプシュタット・ジグマリンゲン大学と提携して今回の調査を実施した。国防省は行動インサイトの潜在的な反応性を十分に認識しているため、連邦軍救護業務軍における行動インサイトの利用は、記述した調査に限定された。

272

行動インサイトの事例研究：健康と安全　第9章

ヘルススタイル調査：
就学児と成人のセグメンテーション

国	ハンガリー
分　野	公衆衛生
機　関	国立健康開発研究所（National Institute for Health Development: NEFI）
介入開始	2015年
介入終了	継続中
目　的	ハンガリー国民の健康全般の改善
方　法	ヘルススタイル（healthstyle）調査
適　用	ハンガリー国民のヘルススタイルに関する行動をクラスター分析することで、よりターゲットを絞った健康介入を可能にする。

第9章

▶問題

ハンガリー国民の健康状態は、同国のGDPから考えられるよりもずっと悪い。その主な理由の1つは、国民の間で一般化している健康に良くない行動にあると考えられる。

NEFIは、行動改善がハンガリーの健康水準を引き上げる最も適切かつ重要なツールの1つであると考えた。人々の健康行動を改善するにはどのような介入が最も効果的かを突き止めるため、国民の健康問題への対処に利用できる適切なセグメンテーション法を明らかにする目的で、国民にヘルススタイル調査を実施した。

▶介入

行動科学の**COM-Bモデル**に基づき、調査のために一連の問いが考案された。COM-Bモデルとは高く認められている行動変化の複数のモデルを総合したものであり、「能力（Capability）」「機会（Opportunity）」「動機（Motivation）」「行動（Behaviour）」の4要素が関わる相互作用システムの一部として行動を概念化している。

NEFIが作成した調査票の問いは、健康に対する知識と態度、身体と精神の健康状態、主観的な健康、心理学的特徴（性格を10項目で測定するTIPI、刺激希求、自己効力感、要求など）、健康行動、社会的支援、メディア消費、健康関連情報の検索、社会人口学的特性などに関するものであった。

調査票の完成・実施に先立ち、定性的試験と予備研究を実施した。5年生・7年生・9年生と18

273

歳以上の成人グループを対象に、全国を代表する2段階サンプルを抽出した。観察したサンプルは
それぞれ7,500人と5,500人であった。反復加重を適用し、設計重み付けにより設計効果を補正した。
無作為に抽出した7年生の学級のサンプルに、社会ネットワーク分析のために別のアンケート調査
を行い、その後、生徒と教師に個人面接調査を実施した。セグメンテーションのために潜在クラス
ター分析を利用した。

▶結果と影響

　調査の結果、成人、3校の5年生、5校の9年生の代表サンプルに基づき、13のヘルススタイルが
明らかになった。7年生の間に定義可能なヘルススタイルのグループが見られなかったのは、おそ
らくこの年齢の子どもを特徴付ける特有の発育段階（思春期とも呼ばれる）が原因であると考えら
れる。どのグループも異なる「特徴」（すなわちヘルススタイル）を有しているため、各グループに
対して異なる行動改善手段と予防戦略を適用する必要がある。

　たとえば、5年生の第1グループでは、ファストフード、栄養ドリンク、ポテトチップスをよく
消費し、体を動かすことの少ない生活をしている。グループの構成員は、自信がなく、自宅でパソ
コンを制限付きで利用し、登校する意欲がない。自信と登校意欲の低さは、自己有能感の欠如と相
関性があるといえる。したがって、子どもたちの学校での成果を改善させ、自信を引き上げ、自己
有能感を経験させることができれば、学校と学習に対する意欲と姿勢に良い影響を与えることがで
きるだろう。子どもの優れたスキルをターゲットにした学校活動により、成功と有能感を経験させ
ることは、学習意欲と学習への参加を拡大するのに適しているだろう。続いて学校で健康関連の介
入を行うことによって、子どもは自分の行動の影響を理解することができるようになり、ひいては
自分の行動のコントロール方法や新しい行動の取り入れ方を習得するようになると考えられるため、
いっそうの効果が期待できるだろう。

▶機関

　国立健康開発研究所（Nemzeti Egészségfejlesztési Intézet: NEFI）はハンガリー政府主体の機
関であり、国レベルの公衆衛生と健康増進の計画・調整・監視・評価に従事している。1958年に設
立されたNEFIは健康増進と疾病予防に50年の経験を有している。

　NEFIは現在まで、その計画設計と政策立案において行動インサイトを利用することはめったに
なかった。2015年に実施されたこのヘルススタイル調査は、行動インサイトの利用における第1歩
であり、健康行動に変化を生み出すことで、健康増進のための介入の効果を引き上げることを目指
した。この調査は研究者によるイニシアティブであり、欧州社会基金（European Social Fund）か
ら資金提供を受けた。

　行動インサイトはNEFIにおいてはまだ組織的に活用されていない。ここで取り上げた事例研究
による最初の結果については、発表に向けて準備が行われている。

資料

Michie, S., M. van Stralen and R. West (2011), "The behaviour change wheel: A new method for characterising and designing behaviour change interventions," *Implementation Science*, Vol. 6/42, https://implementationscience.biomedcentral.com/articles/10.1186/1748-5908-6-42（2017年1月12日アクセス）.

第9章　行動インサイトの事例研究：健康と安全

効果的な結核治療

国	モルドバ
分 野	医療
機 関	国連開発計画（United Nations Development Programme: UNDP）
介入開始	2014年4月
介入終了	継続中
目 的	バーチャル監視下治療（Virtually Observed Treatment: VOT）を利用することで、結核患者の治療コンプライアンスと健康全般を改善する。
方 法	結核患者400人を対象にした無作為化比較試験（RCT）
適 用	モルドバでの結核患者の治療

▶問題

　結核はモルドバの公衆衛生分野において、今なお大きな課題となっている。最も懸念されているのは同国における多剤耐性結核の割合の増加であり、多剤耐性結核は治療が困難で高コストになる。

　多剤耐性結核が増加する主たる原因の1つは服薬遵守率の低さであり、患者はひとたび退院すると治療をやめる傾向にある。退院後、患者は毎日、医療従事者の立ち会いの下で薬剤を服用する必要がある。これは直接監視下治療（Directly Observed Treatment: DOT）と呼ばれ、必要な薬剤を服用してこの感染症を確実に完治させるための安全な方法である。しかし、退院後、多くの患者が決められた通りに薬剤を服用することをやめる傾向にある。

　ステークホルダーとの議論によって、こうした状況が起こる理由が摩擦費用にあることが示唆された。ひとたび退院すれば、患者は医師の目前で薬を飲むためだけに病院と家を往復しなければならない。それには時間も費用もかかり、疲労も生じる。UNDPはモルドバの結核患者のこうした摩擦費用を削減する方法があるのか調査し、見つけた方法が退院後の服薬遵守率の向上にどの程度有効であるか検証したいと考えた。

▶介入

　UNDPは現地NGOのアクト・フォー・インボルブメント（Act for Involvement: AFI）と、英国の行動インサイトチーム（BIT）と協力して、結核患者が退院後も服薬を継続する確率を高めるために、DOTの対極にあるものとしてVOTの利用を検証している。

276

DOTの場合、患者は毎日病院に行く必要があるが、VOTはその必要性を取り除くことで、服薬に要する**摩擦費用を削減**する。病院に行く代わりに、患者はパソコンの前で薬を飲んで、アプリを利用してビデオメッセージを送るだけでよい。そして、監視者からビデオによる**個人別フィードバック**を、またビデオを送信していない場合は**催促する通知**を受け取る。

UNDPとAFIは、結核治療の手順としてモルドバで一般的なDOTと並行してVOTを利用し、それを評価するRCTを実施している。両機関は（無作為に選んだ）結核患者400人にVOTを行い、DOTを受けている患者200人を対照群として、VOTを利用することで、通常のDOTを利用するよりも、服薬遵守率と患者の健康全般が改善するかどうかを検証している。

▶結果と影響

RCTの最終的な結果はまだ入手不可能である。しかし、VOTを受けている患者は対照群の患者よりも、概して1か月当たり1日多く服薬することが確認されると推測されている。推測が証明された場合、VOTを実施すれば、モルドバの結核患者の服薬不遵守日数が1か月当たり1日減少する可能性がある。

▶機関

UNDPは国連のグローバルな開発ネットワークである。開発におけるイノベーションを促進するこれまでより広範な試みの一環として、計画設計に対する新たなアプローチを検証してより良い成果を実現するために行動インサイトを利用している。UNDPは外部とのパートナーシップの形成を通じて、行動インサイトに関する知識ネットワークを構築して組織的学習を促進するほか、実務者のネットワークを通じて行動インサイトを適用している。

UNDPの「初期の実務者」は、英国のBITなど、先進のパートナー機関との共同プロジェクトを実施することで「実践しながら学習」しており、BITはモルドバでUNDPと現地NGOのAFIと共同でRCTを実施している。

第9章　行動インサイトの事例研究：健康と安全

ラマダン期間中の糖尿病検査

国	カタール
分　野	健康
機　関	ハマド医療法人（Hamad Medical Corporation）／糖尿病アクション（Action on Diabetes）
介入開始	2014年のラマダン月
介入終了	2014年のラマダン月
目　的	ラマダン月が前糖尿病スクリーニングを実施するのに適時であるかを検証する。
方　法	カタールのステート・グランド・モスクに設置した20か所の前糖尿病スクリーニング施設を利用した予備調査
適　用	介入の効果的なエントリーポイントとなる適切な時期を選定するメリットを明らかにする。

▶問題

　人はその人にとって重要な時期の方が変化を受け入れやすい。そうした時期のきっかけとなりうるのは、現在の行動パターンを中断させる外部の出来事か、その人による現状への内省である。介入に効果的なエントリーポイントをもたらす可能性のある時期は他にも多数あり、宗教や文化に関わる休日、1年や1か月、1週間の始まり、人生におけるポジティブまたはネガティブな出来事（たとえば、子どもの誕生、肉親の死、引っ越しなど）もそうである。

　カタールでは、ハマド医療法人（カタールの主要病院）およびNGOの糖尿病アクションが構成するチームが、前糖尿病スクリーニングを行うのに適した時期を突き止めた。それは宗教的休日のラマダンである。

　カタールでは成人人口の2型糖尿病の推定有病率は13％（全人口では17％）である。糖尿病患者の約3人に1人は診断を受けたことがないか、糖尿病であることに気付いていない。これだけの人が2型糖尿病にかかっていることを考えると、少なくとも同数の人が前糖尿病であり、ライフスタイルを変えなければ糖尿病を発症することになると思われる。

　糖尿病または前糖尿病を診断する方法は主に2通りある。被検者の傍で行うポイント・オブ・ケア（Point-of-care: POC）による毛細血管血糖値（capillary blood glucose: CBG）検査は、初期糖尿病または前糖尿病の診断方法として、もう1つのヘモグロビンA1c検査よりも安価で有効性が高い。しかし、CBG検査を受ける場合、正確な結果を得るために一定時間食事を抜く必要があるため、この検査をコミュニティ全体で手配することは困難である。

行動インサイトの事例研究：健康と安全　第9章

以下の介入では、ラマダン月がCBG検査を実施するのに**適時**であるかどうかを検証するため、ラマダン期間中に前糖尿病スクリーニング施設を設置する有効性を調査する。

▶介入

POCによるCBG検査を正確に行うには絶食が必要であり、1つのコミュニティで取りまとめるのは困難である。しかし、カタールをはじめとするすべてのイスラム教国では、ほとんどの国民がラマダン月の間に断食を行う。正午から日没の間にPOCによるCBG検査を実施すれば、朝食後少なくとも9時間経過しているため、すべての数値が絶食値と見なされることにチームは気付いた。チームは夜の祈りの後——夕食の3～4時間後——にもPOCによるCBG検査を行った。

2014年のラマダン月の間、チームはカタールのステート・グランド・モスクに20か所のスクリーニング施設を設置し、各施設に2人の看護師を配置した。5回目の礼拝のとき、日の出から（9時間以上）絶食している礼拝者を招いて、CBG検査を実施した。イスラム教社会の指導者であるイマームも関わり、この機会を利用して検査を受けるよう礼拝者に促した。

2日間で合計2,177人が検査を受けた。そのうち75％は男性、25％は女性で、国籍は40か国にわたり、ほとんどがエジプト（743人、38%）とインド（348人、23%）とカタール（146人、7%）であった。

▶結果と影響

検査を受けた礼拝者のうち、11.7％が過去に診断を受けて糖尿病であることをすでに知っていた。しかし、5.3％が未診断の糖尿病であることが判明し、26.6％が前糖尿病であると診断された。したがって、検査を受けた礼拝者の3分の1近くが自身が糖尿病患者であるか、糖尿病を発症する可能性があることに気付いていなかった。これらの人々には、糖尿病の進行の予防または後退のために、食事療法とライフスタイル改善プログラムを紹介した。

このスクリーニング事業の成功を受けて、2015年にも同じ事業が行われ、同様の成果を得た。

結論として、ラマダンという神聖な月の間の断食と祈りという特定の行動パターンが、イスラム教徒コミュニティで糖尿病や前糖尿病の検査をするのに適した時期になるといえる。このアプローチは、コミュニティにとって重要な存在である宗教指導者の支持を得た場合にはさらに効果が増す。

▶機関

ハマド医療法人は2次・3次医療を提供するカタール最大の機関であり、中東の主要医療機関の1つである。30年以上にわたって、すべての患者に対する最も安全かつ有効で、思いやりのこもった医療の提供に尽力してきた。

第9章　行動インサイトの事例研究：健康と安全

　ハマド医療法人は10か所の病院――7か所は専門病院で3か所は地域病院――を運営しているほか、全国救急車サービス（National Ambulance Service）、在宅医療、在宅看護を提供している。急増する人口のニーズに応えるため、系列の病院全体で、受け入れ能力を2,030床まで拡大するという野心的な計画を発表している。この拡大計画には、ハマド・ビン・ハリーファ・メディカル・シティ（Hamad Bin Khalifa Medical City）にさらに3つの病院を新設することも含まれている。

　ハマド医療法人は地域初となるアカデミック・ヘルス・システム――革新的な研究とトップクラスの教育、卓越した臨床ケアを統合――の開発を主導しており、カタールで受け継がれてきた医療専門知識の確立に尽力している。また、ワイルコーネル大学医学部カタール校、米国医療の質改善研究所（Institute for Healthcare Improvement）、パートナーズ・ヘルスケア（Partners Healthcare）（ボストン）をはじめとして、カタール国内外の専門機関である重要なパートナーと提携している。

　糖尿病アクションはカタールで、また国際的にも糖尿病治療の専門家をまとめている。最高保健評議会、ハマド医療法人、カタール糖尿病協会（Qatar Diabetes Association）、マースク・オイル、ノボ・ノルディスクの間の新しいパートナーシップである。その目的は、健康で繁栄したカタールという首長のビジョンの実現を後押しし、カタールの関係機関による糖尿病発症率の低下を支援することである。これは、健康と福祉に関する取り組みと、カタール全国民の意識を向上させ行動を促す大規模な事業によって実現するだろう。糖尿病アクションは2011年11月24日に立ち上げられた。

資料

Hallsworth, M. *et al.* (2016), "Applying Behavioural Insights: Simple Ways to Improve Health Outcomes", Doha, Qatar: World Innovation Summit for Health, http://38r8om2xjhhl25mw24492dir.wpengine.netdna-cdn.com/wpcontent/uploads/2016/11/WISH-2016_Behavioral_Insights_Report.pdf（2017年1月12日アクセス）.

Alkasem, M. *et al.* (2014), "Screening for diabetes in Ramadan: A pilot study", *Q Science*, www.qscience.com/doi/abs/10.5339/qfarc.2014.HBPP0881（2017年1月12日アクセス）.

行動インサイトの事例研究：健康と安全　第9章

> ## パソコンでの「HIVリスクゲーム」を利用して
> ## 健康的なライフスタイルを奨励する

国	南アフリカ
分　　野	健康
機　　関	西ケープ州政府
介入開始	
介入終了	2015年——結果は『経済行動・組織ジャーナル（*Journal of Economic Behaviour and Organisation*）』に発表
目　　的	パソコンを使った簡単な「HIVリスクゲーム」が、南アフリカの低所得層の若者によるHIVリスクと年齢との関係の理解向上につながるかどうかを、従来のパンフレットを用いたアプローチと比較して検証する。
方　　法	HIV感染の相対リスクに関する知識の評価を目的として、行動に基づき設計したパソコンでの推理ゲームを用いた無作為化比較試験（RCT）
適　　用	結果を利用して行動情報を活用した介入を設計する。

第9章

▶問題

　サハラ以南アフリカはHIV／エイズの世界的な流行の中心地であり、2012年には世界のHIV感染者・エイズ患者3,530万人のうち2,500万人がこの地域で暮らしていると推定された。サハラ以南アフリカでも南アフリカは最大のHIV感染者・エイズ患者を抱えており、その数は560万人と推定される。

　しかし、この数字だけでは性別や年齢による大きな差が見えてこない。まず、HIVの負担が不均衡に重いのは女性であり、女性はサハラ以南アフリカのHIV感染者全体の57％を占めている。次に、こうした性別による不均衡はどの年齢でも同程度というわけではなく、若年層の間で最も大きい。HIV感染リスクは、同年齢の少年・若年男性と比較して、少女・若年女性の方がはるかに深刻である。こうした顕著な男女間の不均衡には、生理学的理由——若年女性の方がHIVに対して生理学的に脆弱——と非生理学的理由——教育・経済的機会の不平等、親密なパートナーから暴力を受けやすいこと、年上の男性との性交渉——があることがエビデンスに示されている。

　年齢差のある男女関係に注目した研究から、女性の方がHIV感染リスクが高くなる2つの仕組みが判明した。1つは、男性のHIV感染率のピークは女性よりも5歳遅いことから、女性は年上の男性と結婚することで、HIV陽性者と性交渉を持つ可能性が高くなるというものである。もう1つは、エビデンスに示されているように、安全な性行為に関わる行動に、パートナーとの年齢差が影響を与えている可能性があるというものである。たとえば、若い方のパートナーがコンドームを利用する話を持ち出しにくくなるといった影響である。

281

第9章　行動インサイトの事例研究：健康と安全

教育キャンペーンでは、HIV／エイズに感染するリスクについての情報を提供するリーフレットや小冊子が用いられてきた。教育キャンペーンは性質上、傾向として一般的であり、人々にコンドームを用いない性交渉をしないようピーアールし、HIV／エイズに感染するリスクを減らすために「コンドームを着用する」などの基本的な助言を提供することが中心である。

ケープタウンでは、なにより年齢の高い男性の方が責任能力も高くリスク回避傾向も強いという認識が、若年女性の間で年上男性の人気を高めていることが調査から明らかになった。しかし、実際には逆で、15〜60歳の年齢層のうち、HIV感染率が最も低いのは15〜19歳層で、次に低いのは20〜24歳層であった。

西ケープ州政府は、こうした誤った考えの一部について理解を深め、HIV感染の相対リスクは性交渉相手の年齢によって異なるという南アフリカのティーンエージャーの**事前信念**に対して、考えられる是正を検証することにした。

情報の表現・提供方法を変えれば、HIV感染率の年齢差の顕著性が高まり、情報キャンペーンの効果が向上して、HIV／エイズの感染リスクを低減するのに役立つだろうか？

▶介入

西ケープ州政府は、4つの政策分野への行動インサイトの適用を研究するために2012年に確立されたパートナーシップの一環として、ideas42とケープタウン大学（UCT）と共同で、HIVへの注意を喚起するための従来のパンフレットを用いた方法と対照して、行動情報を活用した「HIVリスクゲーム」の効果を検証する介入を実施した。ケープタウンのカエリチャにある公共図書館で、162人の被験者を募集した。そのうちの5人以外はターゲットとする15〜19歳の年齢層であった。被験者を介入群と対照群に無作為に分け、次の介入を行った。

- **対照群**：HIVと性交渉に伴うリスクについての簡潔な小論文を読んだ。それには年齢別の相対リスクについての簡単な説明も含まれていた。このアプローチは、情報を広く伝達するためのパンフレットや小冊子を基本とする従来の情報キャンペーンを模倣したものである。

- **介入群**：パソコンを使った「HIVリスクゲーム」を10ラウンド、プレイした。各ラウンドでは、無作為に生成した年齢と性別の2人を被験者に提示し、2人のうちどちらの方がHIVに感染している可能性が高いかを選んでもらった。介入群の被験者には、推測が正しかったかどうか即座にフィードバックを与えた。

実験は4日間にわたって合計9回実施された。「HIVリスクゲーム」では、介入群に15〜40歳の年齢層の人物をむらなく提示した。介入群が受け取ったフィードバックは、2012年南アフリカ全国HIV行動健康調査（South African National HIV, Behaviour and Health Survey 2012）から得たデータに基づいていた。それぞれのタスク終了後、両群の被験者に質問用紙を配布して、調査の主要結果変数に基づく年齢とHIVリスクに関して質問した。その内容は「20歳の男性（女性）と30歳の男性（女性）ではどちらの方がHIVに感染している可能性が高いですか？」というものであった。

行動インサイトの事例研究：健康と安全　第9章

すべての被験者が2つの質問に解答した（1つの質問は男性2人を比較したもので、もう1つの質問は女性2人を比較したものであった）。この調査の約3か月後、参加者に電話で再度連絡を取り、20歳の男性と30歳の男性ではどちらの方がHIVに感染している可能性が高いか、という問いにもう一度解答してもらった。これはHIVリスクに関する理解の持続的効果を検証するためであった。

この実験で検証した基本的な行動介入は、提示された情報に基づく**学習と事前の理解の更新**である。対照群も介入群も新しい情報を得たが、研究者らは介入群に行った対応の方が、対照群に行った対応よりも効果が高いと考える理由を、次のように結論付けている。

1. **回数**：対照群はHIV関連の情報を1「回」だけ受け取ったが、介入群はHIVリスクと年齢に関する一連の質問に連続して回答した。

2. **フィードバック**：対照群はフィードバックを受けなかったが、介入群は即座にフィードバックを受けた。

▶結果と影響

実験で得られた1つ目の重要な結果として、介入群の被験者の方が、対照群の被験者よりも、2人のうちどちらがHIVに感染している可能性が高いかを正しく解答する確率が大幅に高いことがわかった。調査結果に、介入群の被験者の80％が、2人の男性のうち年齢の高い男性の方がHIVに感染している可能性が高いと正しく答えたことが示されている。その割合は対照群より18ポイント高い（p < 0.05）。効果量が最大なのは、女性の被験者が、2人の女性からHIVに感染している可能性が高い女性を選ぶ質問に答える場合である。

次に、介入群の被験者の方が、対照群の被験者よりも、HIVリスクと年齢に関する質問の正解数が多いという結果が得られた。両方の質問に間違った解答をした被験者は、介入群ではわずか7％であったが、対照群では35％であった（差は28％、p < 0.01）。一方、両方の質問に正しく解答した被験者は、介入群では63％であったが、対照群では28％のみであった（差は36％、p < 0.01）。介入によって被験者の正解の平均数が約0.6（p < 0.01）増加することが、回帰推定値に示されている。

また追跡調査では、介入群の被験者の中でも特に女性が、年齢の高い男性の方がリスクが高いと答える傾向が引き続き強かった。介入の3か月後、追跡調査に応じた者のうち、元々介入群に分けられていた被験者は、元々対照群に分けられていた被験者よりも、年齢の高い男性の方がHIVに感染している可能性が高いと正しく答える確率が18ポイント高かった。興味深いことに、効果量は女性の解答者の間で最大であったが、元々の介入では最も小さかった。介入群に属していた女性の85％は質問に正しく解答したが、対照群に属していた女性の場合は47％のみであった。

この実験から、初期の認識が比較的正確性に欠ける場合は特に、短い「HIVリスクゲーム」を繰り返しプレイして即座にフィードバックを受けることが、従来の「小冊子を用いたアプローチ」によって提供される同等の情報よりも、HIVリスクと年齢の関係について、被験者の間のより正確な理解に大きくつながることが判明した。この実験で得られた結果は、西ケープ州政府の日常業務に

283

第9章　行動インサイトの事例研究：健康と安全

情報を提供するのに役立っており、今後の介入の設計に取り入れられることになるだろう。

▶機関

　西ケープ州政府は中央政府と連携して法律を作成し、西ケープ州の住民にサービスを提供している。西ケープ州政府には13の局があり、健康、環境、経済開発、社会開発、人間開発などを対象に、法律の施行とサービスの提供を担っている。行動インサイトの適用を主導してきたのは、州首相府（Department of the Premier）の政策戦略部（Policy and Strategy Directorate）である。

　ideas42は非営利の設計・コンサルティング企業であり、行動科学から得られた洞察を用いて、社会における最も困難な問題のいくつかに対して、拡張可能な解決策を設計している。当初、ideas42は2008年にハーバード大学に設立され、様々な経歴や学問分野の専門家をまとめて、健康、教育、刑事司法、国際開発、政府の効率性の分野において、問題を解決するために世界各地でプロジェクトに従事している。

　UCTに拠点を置く行動経済学・神経経済学研究ユニット（Research Unit in Behavioural Economics and Neuroeconomics: RUBEN）は、しばしば機能的磁気共鳴映像装置（fMRI）によるイメージング技術とともに、経済実験を活用する研究者の学際的なグループであり、経済的意思決定において社会・認知・感情に関係する要因が果たす役割を検証している。RUBENは現在、アフリカ大陸で唯一、経済学における実験的研究を行っている施設であり、アフリカ全土の研究者のために、研修、研究におけるリーダーシップ、技術的資源を提供している。

資料

Datta, S. *et al.* (2015), "Risking it all for love? Resetting beliefs about HIV risk among low-income South African teens", *Journal of Economic Behaviour and Organisation*, Vol. 118, pp. 184-198.

健康のために歩く：
健康的なライフスタイルのためのパイロットプログラム

国	南アフリカ	
分　野	健康	
機　関	西ケープ州政府	
介入開始	2013年9月	
介入終了	2014年2月	
目　的	西ケープ州政府職員の間に健康に良い行動を広める。	
方　法	パイロットプログラムの前後で、競争・顕著性・役割モデルが身体活動にどのように影響を与えたかを検証した。	
適　用	肥満の蔓延をターゲットにした有望な職場健康管理プログラムに寄与する。	

▶**問題**

肥満率の上昇は世界的に拡大しつつある。南アフリカでは、世界保健機関による最近の調査で、女性の41％と男性の21％が肥満であることが明らかになった。肥満率の上昇は、肥満関連疾患と医療費の増加の原因になっている。

それは、増加している熟練事務職員に特にいえる。彼らは週の労働時間の間、デスクワークが中心で身体活動の機会がほとんどなく、そのことが体重と疾患の増加の一因になっている。さらに、雇用主の観点から見ると、肥満関連疾患は職場の生産性、長期欠勤、早期離職に重大な影響を及ぼす恐れがある。

4つの政策分野に対する行動インサイトの適用を研究するために2012年に確立したパートナーシップの一環として、西ケープ州政府はideas42とケープタウン大学（UCT）のほか、健康分野の他のパートナーと協力して、政府職員の行動パターンに見られる日常業務や社会規範を分析・確認した。そして、2つの重要な基本的メカニズムと行動障壁が健康に良い（または健康に悪い）選択に影響していることを明らかにした。

● **情報バイアス**：職員はわずかな行動の変化が自身の健康全般に与える影響を過小評価する傾向にあった。その結果、彼らはまったく行動を起こさず、ライフスタイルを大幅に変更する以外にメリットは生じないと考えていた。

● **注意力の限界**：職員は他の問題で頭がいっぱいであるため、職場で健康に良い習慣に取り組むことを考えていなかった。

第9章　行動インサイトの事例研究：健康と安全

　さらに、人は運動と健康的な食習慣について明確なメンタルモデルを保持しており、多くの人が健康的な行動を職場ではなく家や仕事の後で取り組むものだと考えていることも判明した。また、職場における**行動と意思のギャップ**の例も明らかになり、仕事の後で健康に良い行動を実践しようと考えていながらも、その良い考えに従っていないことを認めた職員もいた。**自信過剰**の例も見られ、職員の中にはBMI値が逆を示している場合でも、自分たちはかなり健康的であると信じている者もいた。

　何らかの**友好的な競争**を取り入れながら、**運動の顕著性と楽しさ**を高めれば、健康状態を改善するための身体活動の増加に役立つだろうか？

▶介入

　西ケープ州政府はideas42、南アフリカスポーツ科学研究所（Sports Science Institute of South Africa）、南アフリカ卒中財団（Stroke Foundation for South Africa）、ICAS/HealthInSiteのe|Care、UCTと協力して、「ウォーク・フォー・ヘルス（Walk4Health）」イニシアティブを創設した。このイニシアティブの目的は、西ケープ州における健康文化の増進であった。

　この介入は6週間の試験期間の間に検証された。西ケープ州政府の全13部局を代表する50人の参加者に、毎日の歩数を記録する歩数計を支給した。このチャレンジプログラムでは、集団という状況ではライフスタイルの小さな選択に社会規範が影響力を持つことを認識して、競争と上級職員の参加が生み出す参加への**インセンティブ**と、個々の歩数計によるタイムリーな**フィードバック**、チーム内での関心を持続させるための**ゲーミフィケーション**を取り入れた。

　この試験的なチャレンジプログラムの間、4人の職員からなるチームは、政府の全上級レベルまで、毎日の最高歩数を競い合った。スコアボードを公開して週単位で歩数を発表・追跡することにより、参加者は進捗状況を互いに比較し、プログラムを継続して上位を目指す動機付けとすることができた。各チームにはそれぞれの部局への健康大使（Wellness Ambassador）がいて、他の職員が健康的な習慣とより活動的な日課に取り組むための模範を務めた。

　ウォーク・フォー・ヘルスの成果を測定するため、スポーツ科学研究所はパイロットプログラムの前後で参加者の生体測定を記録した。

▶結果と影響

　サンプルサイズは小さかったものの、結果は統計的に有意であり、このパイロットプロジェクトは参加者がより健康的な習慣を実践して測定可能な成果を上げるという目標の達成に役立った可能性があることが示された。

　このチャレンジに参加した50人のうち、30人が事前と事後の評価を終えた。平均すると、70％の参加者が体重が減少し、減少幅は平均2.8キログラムであった。この70％はBMIも減少し、31超

286

（中度）から30未満（軽度）になった。さらに参加者は胴囲と胸囲、太もも回りのサイズも減少し、12分間歩行テストで測定する体力も向上した（97％が12分以内に該当の距離を歩破した）。

ウォーク・フォー・ヘルスのチャレンジ後の定性面接とフィードバックによって、グループメンバー間のプラス効果がさらに裏付けられた。人間共通の特性をとらえる非常に単純で小さな行動介入——集団をベースにした友好的な競争環境の提供——が、ライフスタイル改善のために現在抱いている良い意思を行動に移すのに必要なナッジを与えうることが、このパイロットプログラムによって実証された。

さらに、ウォーク・フォー・ヘルス・プロジェクトから得た洞察は、多様な社会問題に適用できると考えられ、その場しのぎで持続できない解決策を求めるよりも、目標を顕著かつ楽しめるものにすることで、長期的に健康を改善する行動に従事させられることを示している。

この初期の小規模なパイロットプロジェクトから得られた結果は、今後の全面的なRCTという規模を拡大した実験の基礎を形成するための概念実証の役割を果たした。さらに、南アフリカの、そして世界での適用と拡張可能性に対して、広い範囲に及ぶ影響を有している。こうした介入を引き続き実施するには、財政上の支援の点でもイニシアティブの構築に尽力する人員の点でも、さらに多くの資源が必要になるだろう。また、参加への熱意の減少やチームの自由選択に関する懸念もあり、メンバーの健康状態が他よりも良いチームができて、介入の競争力が失われることが考えられるため、こうした介入を今後反復する際に注意が必要である。

▶機関

西ケープ州政府はケープタウンを含め、西ケープ州を管轄する地方政府である。中央政府および西ケープ州の自治体と密接に連携して、州市民が必要なサービスや施設、情報を確実に利用できるように取り組んでいる。

ideas42は非営利の設計・コンサルティング企業であり、行動科学から得られた洞察を用いて、社会における最も困難な問題のいくつかに対して、拡張可能な解決策を設計している。当初、ideas42は2008年にハーバード大学に設立され、様々な経歴や学問分野の専門家をまとめて、健康、教育、刑事司法、国際開発、政府の効率性の分野において、問題を解決するために世界各地でプロジェクトに従事している。

南アフリカスポーツ科学研究所は、全南アフリカ国民の健康と運動能力を最適化するために取り組んでいる。ライフスタイル・娯楽・楽しみ、競争と運動能力向上、ハイレベルの成績など、あらゆる段階で人間のパフォーマンスを向上させるツールとして、運動促進・健康増進を利用している。その目的を実現するために、エビデンスに基づいた科学研究と現場での経験を利用している。

南アフリカ卒中財団は、南アフリカにおける循環器疾患の負担の軽減を目指している。その使命は、南アフリカの国民に健康的なライフスタイルを取り入れる力を与え、健康に良い選択をより容易にし、適切な医療を追求し、予防を促進することである。

第9章　行動インサイトの事例研究：健康と安全

　Health|Insiteは法人を対象に健康および労働衛生のサービスを提供しており、幅広い健康サービスを展開している。Exec|Care、Health|Onsite、Occu|Fit、e|Careプログラムによって提供するサービスは、従業員の健康、法人の人間ドックや健康イベント、慢性疾患・疾病管理、HIV／エイズ、労働衛生、高度な健康ソリューション、ビジネスインテリジェンス、報告・分析、仕事と生活に関する問題にまで及ぶ。

資料

Ideas42 (2014), "South Africa Project Healthy Lifestyles Pilot: Designing a Culture of Wellness", *ideas42*, www.ideas42.org/wp-content/uploads/2014/12/Project-Brief-SA-Walk4Health-copy.pdf（2017年1月12日アクセス）.

公衆安全のためのパイロットプロジェクト

国	南アフリカ	
分　野	健康と安全	
機　関	西ケープ州政府	
介入開始	2014年10月	
介入終了	2014年11月	
目　的	若者が週末をより安全に過ごせるように行動に基づく介入を明らかにする。	
方　法	無作為化比較試験（RCT）でパソコン・携帯電話アプリの影響を検証する。	
適　用	アプリを使った計画立案を中心とする犯罪防止戦略案の開発を支援し、若者を犯罪から遠ざける活動を考案して若者の参加と安全を維持する。	

▶問題

　南アフリカは1人当たりの犯罪発生率と殺人発生率が世界で最も高い国の1つである。2012〜2013年にかけて、南アフリカでは6年ぶりに殺人・殺人未遂の件数と発生率が増加した。この期間、西ケープ州は南アフリカの全州で殺人発生率が2番目に高く、性犯罪・強盗・暴行の発生率が1番高かった。

　さらに、西ケープ州では暴力犯罪が10％増加しており、2013年には2,580件の殺人が発生した。これは1日に7件の殺人が発生していることになる。ケープタウンでは、暴行と殺人は周縁化された多数のコミュニティで問題になっているが、最も深刻なニャンガでは、2013年には殺人が260件（平均すると36時間に1件発生）、他の暴力犯罪が無数に発生している。

　自治体の犯罪データを見ると、ケープタウンの最貧地域では暴力犯罪の大多数が金曜日・土曜日の夜に発生しており、その際、人々は家から出て、危険な環境で、しばしば麻薬やアルコールを伴った状況で、よく知らない人と一緒にいることが多かった。さらに、被害者のほとんどが16〜26歳の若者であった。

　西ケープ州政府のコミュニティ安全局（Department of Community Safety）はideas42、ケープタウン大学（UCT）の研究者らと協力して、南アフリカの低所得コミュニティの治安を改善するために、行動情報を活用した解決策を見つけ出そうとした。自治体の犯罪データを検証し、都市および開発途上国での暴力と犯罪の決定要因に関する文献のレビューを実施して、ideas42はこの問題の一因と考えられる4つの重要な行動上の障害と周囲の状況を突き止めた。

第9章　行動インサイトの事例研究：健康と安全

- **犯罪は状況と機会が誘発する。** ほとんどの犯罪者は計画的に罪を犯すわけではなく、暗闇や空き地など、状況によって生じた機会を利用して、多くの場合、第三者をターゲットにして犯罪を実行する。このことから、本質的には「加害者」も「被害者」すらも元々明確には存在せず、代わりに人を犯罪者になるよう仕向ける状況が存在するのである。

- **安全に対する認識は状況に左右され、社会的ネットワークの上に築かれる。** 人は馴染みのある環境で、知っている人と一緒にいると最も安心できると報告しているが、若者は外出するとき、しばしば計画を立てずに友人を探しに行ったあげく、不慣れな環境で見知らぬ人と一緒にいた。そのため、この状況での安全な場所とは、よく知っていて馴染みがあり、予想しない人や出来事とはあまり縁のない場所ということになる。

- **若者は週末の活動について現状に固執する。** 若者は週末の夜に外出する際、あまり選択肢を考慮せず、現在の活動に固執することが多い。その結果、望ましくない危険な場所に行くことになる。

- **若者は週末の夜について具体的な計画を立てない。** 若者は現在の活動から離れる選択肢を実際に検討した場合でさえ、前もって詳細を計画していないため、そうした活動を途中でやめてしまう場合がある。

こうした結果を受けて、ideas42は行動に基づく拡張可能な介入を開発することで、現状維持バイアスを除去して若者による週末の計画立案を改善し、ケープタウンの居住区での暴力発生件数を減らそうとした。

▶介入

こうした洞察を利用して、研究者らは「セーフティ・ツール（Safety Tool）」の試作品を作成した。これはパソコンや携帯電話用のアプリで、若者が週末と夜を安全に過ごすための活動を選択し、それらの選択肢について計画を立てるのを支援することを目指している。このセーフティ・ツールはユーザーに活動案（誰でも参加できるサッカーの試合への参加など）を提示し、その活動をしたいかどうか**積極的選択**を行うよう促した。その活動を行う選択をした場合、いつどこで誰とするのかを計画するよう促した。その活動をしたくない場合、気に入る活動が見つかるまで、新しい案を提示した。

ユーザーが選択した活動について計画を立てると、選択肢の要約が提示され、友人に電話やメールをして計画を実行するよう促した。このツールは、安全な場所と時間について参加者の地域的な知識を利用するように工夫されていたため、ユーザーが作成した計画は、現状の選択肢よりも安全なものになった。結果的にセーフティ・ツールが利用した行動インサイトは次の通りである。

- 利用可能なすべての選択肢について積極的に決断せざるをえない場合、人々は現状の選択肢に流されにくくなる。

行動インサイトの事例研究：健康と安全　第9章

●みんなの前で約束して事前に計画を立てた場合、人々は準備した行動をやり遂げやすくなる。

　この試作品は、ケープタウンの都市居住区で暮らす156人の低所得で危険にさらされている若者を対象に、1か月間の介入を実施して検証した。参加者はセーフティ・ツールを利用する介入群と、西ケープ州の安全統計について情報を受け取る対照群のどちらかに無作為に分けられた。介入の間、毎週木曜日か金曜日に、介入群の参加者はセーフティ・ツールを使い、促されて週末の計画を立てた。次の月曜日か火曜日に、介入群と対照群の参加者は、週末何をして過ごしたのか、どの程度安全だと感じたかについて、調査を受けた。

▶結果と影響

　実験の結果、セーフティ・ツールには高い効果があったことが明らかになった。介入の終わりに、介入群の参加者は、安全ではない活動への参加率が対照群の参加者の半分であったことがわかった（$p < 0.01$）。さらに驚くべきことに、介入群の参加者は、非常に危険だと感じたと報告する確率が対照群の参加者の61％であっただけでなく（$p < 0.05$）、暴力を経験する確率が対照群の参加者の半分であったことが判明した（$p < 0.05$）。

　こうした結果は、安全の向上と犯罪の減少に関する私たちの考え方に対して、重要な意味を持っている。世界の多くの地域では、暴力犯罪が深刻な問題になっており、政策立案者と実務者はこの問題を軽減する措置として、執行への投資の増加に傾倒することが多い。このパイロットプロジェクトは、被害者と加害者になる可能性のある人々に対して、的を絞った意思決定と計画立案を支援することで、暴力犯罪を大幅に減少させる可能性があることを実証している。

　しかし、サンプルが小規模で限定的であることから、こうした結果はより大規模なサンプルを対象に、異なる条件下で実施して、有効性を実証する必要があるだろう。

▶機関

　西ケープ州政府はケープタウンを含め、西ケープ州を管轄する地方政府である。中央政府および西ケープ州の自治体と密接に連携して、州市民が必要なサービスや施設、情報を確実に利用できるように取り組んでいる。コミュニティ安全局は取り締まりによる実行力のある監視を実施し、安全をすべての人の責任とし、安全リスク管理を最適化することで、同州の全市民の安全の向上を目指している。

　ideas42は非営利の設計・コンサルティング企業であり、行動科学から得られた洞察を用いて、社会における最も困難な問題のいくつかに対して、拡張可能な解決策を設計している。当初、ideas42は2008年にハーバード大学に設立され、様々な経歴や学問分野の専門家をまとめて、健康、教育、刑事司法、国際開発、政府の効率性の分野において、問題を解決するために世界各地でプロジェクトに従事している。

291

第9章　行動インサイトの事例研究：健康と安全

資料

Ideas42 (2014), "South Africa Safety Pilot: Overcoming Dangerous Defaults", *ideas42*, www.ideas42.org/wpcontent/uploads/2014/12/Project-Brief-SA-Safety.pdf（2017年1月12日アクセス）.

行動インサイトの事例研究：健康と安全　第9章

英国で臓器ドナー登録者数を増加させる

国	英国
分　野	公衆衛生
機　関	行動インサイトチーム（Behavioural Insights Team: BIT）
介入開始	2013年
介入終了	介入を5週間継続した。
目　的	臓器ドナー登録簿（Organ Donor Register）への登録者数を増加させる。
方　法	無作為化比較試験（RCT）：サンプルはインターネットを利用して自動車税を更新した車両所有者100万人以上
適　用	より多くの人に英国の臓器ドナー登録簿への登録を促すために、国民保健サービス（NHS）が利用するコミュニケーションに行動ナッジを取り入れる。

▶問題

　英国では、命を救うための移植に利用できる臓器が不足しているために、平均して1日当たり3人が死亡している。英国では、多くの人が臓器ドナー登録簿に登録する意思を表明しながらも、実際には登録していない。現在の世論調査では、10人中9人が臓器提供を支持しているが、登録している人は3人中1人にも満たない。意思と行動のギャップを埋める方法はあるのだろうか？

　英国のBITは、行動科学を活用した政府の政策イニシアティブの有効性を高めるために、多数の試験を実施している。BITはあらゆる政策領域を対象にしており、具体的な政策アジェンダを実現するために、しばしば政府の他の省や機関と協力している。この事例では、BIT、英国国民保健サービス血液・移植部門（NHSBT）、政府デジタルサービス（GDS）、保健省、運転免許庁（Driving & Vehicle Licensing Agency: DVLA）が協力して、行動科学から情報を得た介入を利用することで、英国で臓器ドナー登録者を増やすことができるかどうかを究明しようとした。

▶介入

　5つの機関が共同で、これまで英国で実施されたRCTでも最大規模の試験を実施した。この試験では、英国政府のウェブサイトGOV.UKでアクセスの多いページに、行動インサイトに基づき、NHSの臓器ドナー登録簿への登録を促す様々なメッセージを含める効果を検証した。インターネット上で自動車税を更新しようとする100万人以上を対象に、自動車税の更新または運転免許証の申請の手続きを終了した後、表示される別のページとして、臓器ドナー登録簿への登録を促すプロン

293

第9章　行動インサイトの事例研究：健康と安全

プト画面を追加した。

BITが検証したウェブページには8つのバージョンがあり、ページの訪問者に臓器提供を促す効果が最も高いものはどれかを判断するため、バージョンごとに異なる様式のメッセージと画像を使用した。各訪問者には、自動車税の更新を終えると、8つのバージョンのうちの1つが無作為に表示された。検証したナッジは次の通りである。

1. **最低限の要請、追加情報なし**：「NHS臓器ドナー登録簿への登録をお願いします」。このメッセージは他のすべてのバージョンに含まれているため、他のプロンプト画面の対照群となった。

2. **社会規範**：「毎日たくさんの人がこのページを見て臓器ドナー登録を決心しています。」

3. **社会規範プラス視覚的刺激**：一般的な集団写真を用いて、顕著性の効果を検証

4. **社会規範プラス視覚的刺激**：臓器登録ウェブサイトのロゴを用いて、顕著性の効果を検証

5. **損失フレーミング**：「臓器ドナーが不足しているため、毎日3人が死亡しています。」

6. **利得フレーミング**：「臓器ドナーになれば、最大9人の命を救うか人生を変えることができます。」

7. **互恵性**：「もしあなたに臓器移植が必要になったなら、あなたは移植を受けますか？　もしそうなら、他の人を救ってください。」

8. **行動要請**：「もしあなたが臓器提供を支持しているのなら、その支持を行動に移してください。」

各バージョンについて臓器ドナー登録率を算出し、最低限の要請のみを閲覧した訪問者の登録率と比較した。

▶結果と影響

社会規範に加えて一般的な集団写真を用いた介入を除き、すべての介入に臓器ドナー登録率を引き上げるプラス効果があることが判明した。「もしあなたに臓器移植が必要になったなら、あなたは移植を受けますか？　もしそうなら、他の人を救ってください」と呼びかけることで**互恵性**を引き出す介入は、臓器ドナー登録を促す効果が最も高いことが明らかになった。このバージョンでは最低限の要請よりも**1,203人**多くの人が登録した。「臓器ドナーが不足しているため、毎日3人が死亡しています」というメッセージを取り入れた**損失フレーミング**の方が、利得フレーミングよりも効果が大幅に高かったことから、第三者の損失回避がドナー登録に影響を与えたことが読み取れる。

「毎日たくさんの人がこのページを見て臓器ドナー登録を決心しています」という社会規範に基づくメッセージのみの場合、登録者数にプラス効果をもたらしたものの、集団の写真を一緒に用い

ると、登録を求める最低限の要請と比べてマイナス効果が生じた。これはおそらく、ストックフォトを用いたことで、それをマーケティング的な策略だと見なした人の登録意欲に水を差したからだと考えられる。

　試験の結果は、NHSが引き続き用いるあらゆるメッセージの情報源となり、最も効果の高かった**互恵性**のメッセージがNHSのウェブサイトに掲載された。これによって、最低限の要請のみを用いた場合と比較して、1年間に**登録者が9万6,000人増加**するという効果が生じ、1年間に救われる命が最大6人増えることになると推定される。

▶機関

　英国のBITは英国内閣府と職員、イノベーション関連の財団である国立科学技術芸術国家基金（Nesta）が共同所有する社会目的企業である。行動科学の研究と適用を専門に行う世界初の政府機関として、英国政府内に設立された。その目的は、行動インサイトを英国政府の政策に適用して、厳密な研究手法の使用を通じて何が有効なのかを評価することである。

　BITは専門分野の異なる専門家が属しているが、行動科学と行動経済学の専門知識はすべての専門家が有している。そのほか、共同で試験を行い、ピアレビューを提供する他の学識経験者からなるアカデミック・アドバイザリー・パネル（Academic Advisory Panel）を有している。また、BITは多数の博士課程の学生を雇用しており、彼らはリサーチフェローとしてチームと協力している。

　BITはあらゆる政策領域を対象にしており、他の政府の省や機関と共同で、具体的な政策アジェンダに関してプロジェクトに取り組んでいる。

第9章　行動インサイトの事例研究：健康と安全

社会規範を利用して抗菌薬の過剰処方を減らす

国	英国
分　　野	健康
機　　関	イングランド公衆衛生局／英国行動インサイトチーム（Behavioural Insights Team: BIT）
介入開始	2014年9月
介入終了	2015年3月
目　　的	行動情報を活用した社会規範に基づくフィードバックが抗菌薬の過剰処方を減らせるかどうかを検証する。
方　　法	無作為化比較試験（RCT）を2回実施し、各RCTで抗菌薬処方率が上位20％の一般医診療所を介入群と対照群に分けて、社会規範に基づくフィードバックを行う。
適　　用	臨床診療または臨床転帰において望ましくない相違が見られた地域に、社会規範に基づくフィードバックを適用する。

▶問題

　人は社会的な種であり、同じ状況にある他者の行動から目にするもの——または推測するもの——から強く影響を受ける。こうした**社会規範**は、健康上のリスクやメリットに関するメッセージよりも非常に強力な影響力を持つことが多く、従来から健康増進のための取り組みの中心となってきた。また、行動は社会規範になると、社会的ネットワークを通じて素早く、そして予測できないほどに普及することがある。

　社会規範を効果的に活用するには、同じ状況にある他者の行動を伝えるだけでよい。人は同様の状況にある人が健康に悪い行動またはその逆の行動に関わっている程度を過大評価することがある。有益な行動が予想よりも普及していることを指摘するだけで、その行動の程度が拡大する場合もある。同様に、同じ行動をしている人が数少ないことを知らせることで、その行動をやめさせることにつながる可能性がある。

　抗菌薬耐性（AMR）の拡大は、死亡率、罹患率、および治療費を押し上げる世界の公衆衛生問題として認識されている。今後、重要な医療処置が根本的に崩壊するレベルまで、耐性が高まることが懸念されている。耐性拡大の重大な原因となっているのは、臨床的に必要でない場合の抗菌剤の処方である。英国のデータでは、一部の医師が他の医師よりも抗菌剤を頻繁に処方していることが明らかになった。

　英国のBITチームはイングランド主席医務官と協力して、行動情報を活用した社会規範に基づくメッセージを記載して手紙を送付することで、抗菌薬の過剰処方を減らせるかどうかを検証した。

296

行動インサイトの事例研究：健康と安全　第9章

▶介入

　試験は2×2要因試験デザイン（介入群2つ、対照群2つ）を用いたRCTで、一般公開されているデータベースから、抗菌薬の処方率が、所属する国民保健サービス（NHS）ローカルエリアチーム（Local Area Team）の上位20％に位置する一般医診療所を特定して実施された。

　試験対象の診療所を、NHSローカルエリアチームごとに無作為に2つの群に振り分けた。2014年9月29日、介入群にイングランド主席医務官からの手紙と患者への抗菌薬の使用に関するリーフレットを送付した。手紙には、所属するNHSローカルエリアチームの80％の診療所よりも、抗菌薬の処方率が高いことが記載されていた。対照群の一般医には何も連絡しなかった。

　サンプルを再無作為化して2つの群に振り分け、2014年12月、介入群の一般医診療所に抗菌薬使用の減少を推奨する患者重視の情報を送付し、対照群の一般医診療所には何も送付しなかった。

　合計で1,581の一般医診療所が試験の対象となり、フィードバックを行う介入群（791）と対照群（790）のいずれかに振り分けた。2014年12月に再無作為化して、患者重視の介入を行う介入群777と対照群804に振り分けた。合計で、介入群の一般医3,227人に手紙を送付した。2014年10月〜2015年3月にかけて結果を追跡した。主要評価項目は1,000加重人口当たりの抗菌薬の処方率とし、過去の処方率によって調整した。

▶結果と影響

　手紙を受け取った医師は手紙が送付されなかった医師と比較して、6か月間で抗菌薬の処方が3.3％減少した（統計的に有意）。これは790の診療所で処方抗菌薬が73,406減少したことになる。患者重視の介入は、最初の介入で測定した主要評価項目に有意な影響を与えなかった。重要なこととして、2015年3月末、サンプルの全診療所に手紙を送付した後、対照群に介入群と同様の効果が見られたことである。

　研究者らは、フィードバックによる介入の場合、調査期間中に（対照群にも介入を行ったなら）、全国的に処方抗菌薬が0.85％減少しただろうと算定している。

　介入に要した費用は合計でわずか4,335ポンドであり、これは調査期間中に防止された処方1回当たりでは0.06ポンドになる。研究者らは、この介入によって公共部門にとって直接的な処方費用が9万2,356ポンド節約されたと推定している。

　研究者らは、社会規範に基づくフィードバックを提供することで、抗菌薬の処方を減らすことができると結論付けている。このアプローチは、臨床診療または臨床転帰に望ましくない差異が存在する他の分野にも適用できるだろう。

297

第9章　行動インサイトの事例研究：健康と安全

▶機関

イングランド公衆衛生局は国民の健康と福祉の保護と向上、健康格差の縮小を職務としている。保健省の執行機関の1つであり、また業務上の自主性を有した特殊なサービス提供機関であり、専門的に独立した存在として政府、地方自治体、NHSに助言と支援を行っている。70を超える組織から公衆衛生の専門家が集まり、1つの公衆衛生サービス提供機関として2013年4月1日に発足した。

5,000人の職員（フルタイム換算）を擁し、そのほとんどは科学者、研究者、公衆衛生専門家である。8カ所の地域センターのほか、ロンドンに1か所の統合地域センターがあり、4地方（イングランドの北部地方、南部地方、中部・東部地方、ロンドン）を管轄している。ウェールズ、スコットランド、北アイルランド、および世界の公衆衛生専門家と密接に協力している。

英国のBITは英国内閣府と職員、イノベーション関連の財団である国立科学技術芸術国家基金（Nesta）が共同所有する社会目的企業である。行動科学の研究と適用を専門に行う世界初の政府機関として、英国政府内に設立された。その目的は、行動インサイトを英国政府の政策に適用して、厳密な研究手法の使用を通じて何が有効なのかを評価することである。

BITは専門分野の異なる専門家が属しているが、行動科学と行動経済学の専門知識はすべての専門家が有している。そのほか、共同で試験を行い、ピアレビューを提供する他の学識経験者からなるアカデミック・アドバイザリー・パネル（Academic Advisory Panel）を有している。また、BITは多数の博士課程の学生を雇用しており、彼らはリサーチフェローとしてチームと協力している。

BITはあらゆる政策領域を対象にしており、他の政府の省や機関と共同で、具体的な政策アジェンダに関してプロジェクトに取り組んでいる。

資料

Hallsworth, M. *et al.* (2016), "Applying Behavioural Insights: Simple Ways to Improve Health Outcomes", Doha, Qatar: World Innovation Summit for Health, http://38r8om2xjhhl25mw24492dir.wpengine.netdna-cdn.com/wpcontent/uploads/2016/11/WISH-2016_Behavioral_Insights_Report.pdf（2017年1月12日アクセス）.

Hallsworth, M. *et al.* (2016), "Provision of social norm feedback to high prescribers of antibiotics in general practice: A pragmatic national randomized controlled trial", *The Lancet*, www.thelancet.com/journals/lancet/article/PIIS0140-6736（16）00215-4/abstract（2017年1月12日アクセス）.

行動インサイトの事例研究：健康と安全　第9章

SMS 通知で予約に要する費用を知らせて
予約に現れない患者を減らす

国	英国	
分　野	健康	
機　関	国民保健サービス（National Health Service: NHS）	
介入開始	2013年11月	
介入終了	2014年5月	
目　的	行動情報を活用した説得的メッセージをSMSの予約通知に記載する効果を検証する。	
方　法	2回の無作為化比較試験（RCT）で、4種類のフレーミングを用いたSMSメッセージの効果を検証する。	
適　用	予約通知として送付するメッセージの内容に関して、特に説得的メッセージを追加するメリットについて政策に情報を与える。	

第9章

▶問題

　行動科学が証明しているように、私たちは情報に注目し処理する能力が限られている。そのため、情報の重要または適切な部分をそれ以外の部分と区別するための戦略を開発してきた。しかし、こうした戦略は、私たちが情報を認識し処理する方法が、私たちの健康を害する恐れがあるということも示している。

　こうした注意に関する問題は、人々が重い「認知的負荷」を抱えている——すなわち考えるべきことが多くある——場合、特に深刻である。英国では、予定とは異なり患者が予約に現れない場合、「予約不履行」という事態が発生する。2012〜2013年、イングランドではNHSの外来予約の約550万件（全体の9.3％）がすっぽかされた。

　予約不履行の財政的影響を正確に割り出すのは難しいが、最近の推定によると、外来患者が初診の予約に来なかったことで、2012〜2013年、NHSに最大2億2,500万ポンドの損害が生じたといわれている。さらに、予約不履行は患者の治療にとってマイナスになり、人員の運用効率が低下し、待ち時間が増えることにもなる。病院は重複予約などの手間のかかる処理に当たる場合もあり、病院側の問題も生じる。

　調査で得られたエビデンスに、予約不履行の主な原因は患者が予約を忘れることだと示されている。そのため、通知の有効利用に重点が置かれてきた。今回の調査では、英国の行動インサイトチーム（BIT）はインペリアル・カレッジ・ロンドンの健康政策センター（Centre for Health Policy）、英国保健省、イングランド公衆衛生局、ハーバード大学ケネディ行政大学院と協力して、SMSメッ

299

セージが予約不履行率に与える影響を検証した。

▶介入

系統的レビューによって、SMSで通知を送信する有効性がわかっているが、その影響に通知の内容が作用しているのかどうかを示すエビデンスはない。そこで、研究者らは2回のRCTを実施して、予約通知文の表現の変更が英国の予約不履行率に与える影響を調査した。

第1回のRCTは、SMSプロバイダー（iPlato）を利用して外来患者に予約通知を送信しているNHSトラスト（バーツ・ヘルス）で実施された。被験者はいずれも有効な携帯電話番号を持ち、2013年11月と12月、2014年1月に、リウマチ科、眼科、消化器科、神経科、心臓科の5つの専門科から1つ以上外来予約を取っている患者であった。これらの専門科が選ばれたのは、それまでに利用しているSMS通知以外に、予約不履行を減らすためのイニシアティブをそのとき他に実施していなかったためであった。

予約した患者に4つの通知文のうちの1つを無作為に割り当てて、5日前に送信した（3つは調査チームが選び、1つはトラストが選んだ）。4つの介入は以下の通りである。

1. **対照用**：診療所で外来患者に送信する通常のメッセージで、患者に「キャンセルまたは変更する場合、予約確認通知にある番号に電話をしてください」と伝える。
2. **電話連絡の容易化**：SMS通知の本文に予約をキャンセルするための電話番号を追加することで、予約の変更またはキャンセルに要する努力（摩擦）を軽減する。
3. **社会規範**：メッセージに「[○月○日]の[○時]に[診療所名]へのご来院をお待ちしています。10人中9人は来院されます」という文を含め、予約のキャンセルを受け付ける電話番号を記載した。このメッセージの目的は、行動を改善できるように認識を正すことであった。
4. **具体的損害**：メッセージに「[○月○日]の[○時]に[診療所名]へのご来院をお待ちしています。来院されない場合、NHSに約160ポンドの損害が発生します」という文を含め、予約のキャンセルを受け付ける電話番号を記載した。これは、こうした損害を顕著化することで行動に影響を及ぼすことができる、という新しいエビデンスに基づいている。

第1回のRCTは1万111人の患者を対象として、3つの介入群と1つの対照群に無作為に振り分けた。

第1回のRCTの後、研究者らは元々の手順を修正して、介入を後述のように設定した。第2回のRCTは2014年3月、4月、5月に実施された。試験の設計と手法に関するその他の側面は、第1回のRCTと同じである。研究者らは第1回の試験と同様の分析手順を採用したが、具体的損害（第1回のRCTで最も効果が高かったメッセージ）を対照群として用いた点だけが異なっている。4つのメッセージは以下の通りである。

1. **具体的損害**：前述の通り。

2. **一般的損害**：具体的損害と同様であるが、損害に関する文を「来院されない場合、NHSの財政の浪費になります」に変更した。そうしたのは、損害に関するメッセージの一般的な効果を検証するためであり、1よりも労力をかけずに大規模に導入することができるからであった。しかし、目的に合わせたメッセージの方が注意を引きやすく、意識的な思考を引き起こしやすいこともエビデンスに示されている。

3. **共感**：具体的損害と同様であるが、損害に関する文を「予約をキャンセルまたは変更する必要がある場合、お待ちの方に公平になるように、[電話番号]に電話をかけてください」に置き換えた。状況に誘発された共感（「他人の立場になって考える」よう訴えかけること）は、向社会的行動の増加につながることを示すエビデンスが多数ある。

4. **記録**：第1回のRCTでの電話連絡を容易化するメッセージと同じであるが、「お電話がない場合、予約不履行として記録します」という文を加えた。これは、データ記録の作成（およびそれを通知すること）によって個人の行動を「可視化」することが、向社会的行動を増加させる、という他の分野で得られたエビデンスに基づいている。

第2回のRCTの被験者は9,848人で、各介入群に無作為に振り分けられた。

▶結果と影響

第1回の試験に関して、予約不履行率は"具体的損害"メッセージでは8.4％、対照群では11.1％であり、これは統計的に有意であった。他のメッセージはどれも予約不履行率に有意な効果をもたらさなかった。しかし、興味深いことに、"社会規範"メッセージでは予約のキャンセル率が対照群（8.8％）と比べて高くなり（10.5％）、これは統計的に有意であることが調査から判明した。

第2回の試験でも同等の結果（予約不履行率8.2％）となったが、同じ概念を一般的な言葉で表現すると、有効性が大幅に低減することが明らかになった（予約不履行率9.9％、統計的に有意）。"共感"も"具体的損害"メッセージよりも効果はかなり低減した（10.7％）。"記録"メッセージは予約不履行率が9.6％という結果になり、"具体的損害"メッセージほど効果は高くなかったが、95％信頼区間で有意に近い値であった（$p=0.07$）。

研究者らの計算によると、第1回の試験で、"具体的損害"メッセージにより得られた（"対照群"メッセージよりも）低い予約不履行率は、1年間継続した場合、全外来専門科でバーツ・ヘルスの予約がすっぽかされる件数が5,800件減少することになるという。この調査の主な限界は、試験がイングランドの1か所で行われたことと、正確な通話記録が必要だったが、対象となる患者の20％しか得られなかったことである。

予約通知に説得的メッセージを取り入れることで、追加で費用が発生することなく、予約不履行を減らすことができると研究者らは結論付けた。

第9章　行動インサイトの事例研究：健康と安全

▶機関

　NHSトラストのバーツ・ヘルス病院グループは、ロンドン東部およびその他の地域で人々に非常に広範な診療業務を提供している。4つの大病院（王立ロンドン病院、聖バーソロミュー病院、ウィップス・クロス病院、ニューアム病院）から、マイルエンド病院を含む多数の地域病院までで業務を行っている。ロンドン東部で暮らす約250万人が、必要な医療を提供する同病院グループのサービスを頼りにしている。

　英国のBITは英国内閣府と職員、イノベーション関連の財団である国立科学技術芸術国家基金（Nesta）が共同所有する社会目的企業である。行動科学の研究と適用を専門に行う世界初の政府機関として、英国政府内に設立された。その目的は、行動インサイトを英国政府の政策に適用して、厳密な研究手法の使用を通じて何が有効なのかを評価することである。

　BITは専門分野の異なる専門家が属しているが、行動科学と行動経済学の専門知識はすべての専門家が有している。そのほか、共同で試験を行い、ピアレビューを提供する他の学識経験者からなるアカデミック・アドバイザリー・パネル（Academic Advisory Panel）を有している。また、BITは多数の博士課程の学生を雇用しており、彼らはリサーチフェローとしてチームと協力している。

　BITはあらゆる政策領域を対象にしており、他の政府の省や機関と共同で、具体的な政策アジェンダに関してプロジェクトに取り組んでいる。

資料

Hallsworth, M. *et al.* (2016), "Applying Behavioural Insights: Simple Ways to Improve Health Outcomes," Doha, Qatar: World Innovation Summit for Health, http://38r8om2xjhhl25mw24492dir.wpengine.netdna-cdn.com/wpcontent/uploads/2016/11/WISH-2016_Behavioral_Insights_Report.pdf（2017年1月12日アクセス）.

Hallsworth, M. *et al.* (2015), "Stating Appointment Costs in SMS Reminders Reduces Missed Hospital Appointments: Findings from Two Randomised Controlled Trials", PLOS ONE 10（10）: e0141461. doi: 10.1371/journal.pone.0141461.

行動インサイトの事例研究：健康と安全　第9章

ザンビア農村部でコンドームの使用を促進する

第9章

国	ザンビア
分　野	健康——HIV／エイズの予防
機　関	ドイツ連邦経済協力開発省
介入開始	2012年
介入終了	2012年
目　的	ソーシャル・マーケティング・キャンペーンによって、農村部でのコンドームの使用を促進する。
方　法	ザンビア農村部での現地実験
適　用	コンドーム配布プログラムにより、ザンビアの農村住民に、補助を受けたソーシャル・マーケティングによるコンドーム販売を実施。

▶問題

　各種のソーシャル・マーケティング・キャンペーンが長らく行われてきたにもかかわらず、開発途上国では、特に農村地域でコンドームの需要が非常に低いのはなぜなのだろうか？　農村住民はコンドームの代金を支払うのを厭わないのか、また支払う能力があるのか？　それとも、診療所で無料配布されるコンドームが、ソーシャル・マーケティングによるコンドーム——ソーシャル・マーケティング・プログラムによって助成価格で販売されているブランド名の入ったコンドーム——に対する需要を「締め出して」いるのか？　コンドームの入手を妨げる他の障壁の影響はどのようなものか？

　また、何を主目的にすべきか——費用の助成か、ソーシャル・マーケティングによるコンドームを過疎地でも広く利用できるようにすることか？　農村地域で入手しやすくするにはどうすればよいか？

　ドイツ連邦経済協力開発省は、ソーシャル・マーケティング・プログラムによってコンドーム使用の拡大に成功したにもかかわらず、農村部での働きかけへの限界に直面したことから、プログラムの評価後、頭を悩ませていた。

▶介入

　ドイツ連邦経済協力開発省は価格がコンドームの需要に与える影響を評価するため、ハイデルベルク大学、米国研究所（American Institutes of Research）、ザンビアのNGOであるファミリー・

303

第9章　行動インサイトの事例研究：健康と安全

ヘルス・トラスト（Family Health Trust）、ザンビアに拠点を置く研究機関のパーム・アソシエイツ（Palm Associates）と提携して、移動時間、プライバシー、在庫切れ、コンドーム入手の利便性について、これに関連した行動の影響も含めて調査を実施した。

　ドイツ連邦経済協力開発省が4か月間の現地実験を実施したザンビア農村部では、調査以前に入手できたのは、診療所で配布される無料のコンドームのみであった。同省は最寄りの診療所からの距離が異なる119の村落クラスターに、3つの価格のうちの1つを無作為に割り当てた。実験では、これらの村落クラスターで暮らすコミュニティ健康ボランティアを販売代理人として起用し、彼らのクラスターに割り当てた価格で、ブランド名の入ったコンドームを販売した。

　ドイツ連邦経済協力開発省は各コミュニティの販売代理人と診療所からデータを収集して、調査地域全域で入手されたコンドームの数を観察した。さらに、調査期間中にコンドームを入手した各個人に関するデータも集めた。そうすることによって、ブランド名の入ったコンドームに対する需要の価格感応度とブランド名のない無料のコンドームが利用できる影響を評価することができた。また、人口学的特性から、入手する価格と場所についての選好も明らかになった。

▶結果と影響

　調査から、コンドームの使用は**価格に対して敏感**であることが判明した。需要は価格が25ングェーから50ングェーに上昇した場合は約44％減少し、価格が100ングェーまで上昇した場合は約46％減少した。100ングェーは一番近い町で見られたソーシャル・マーケティングによる助成価格であった。

　また、農村住民は診療所でブランド名のないコンドームを無料で入手できる場合でも、**コンドームに代金を支払うことを厭わなかった**。調査期間中、代理人からの購入件数は、診療所からの入手件数の12倍であった。販売されたコンドームの個数は、診療所で配られたコンドームの個数の3倍であった。

　コンドームの入手を妨げる他の障壁として、とりわけ**移動費用**と入手の**利便性**が大きな障壁になっていることが判明した。代理人の顧客の過半数（57％）が、コンドームを購入するという選択をしたのは、診療所が遠すぎるからだと報告している。さらに、代理人と同じ村に居住している住民は、周辺の村落の住民よりも多くのコンドームを購入したことから、短い距離ですら障壁となることが示唆されている。

　人口学的特性も関係している。コンドームを入手した人のうち、女性は15％程度に過ぎなかった。また、代理人の顧客は、診療所で無料のコンドームを入手した人よりも概して若く、学歴が高く、子どもが少なく、独身である傾向にあった。こうしたことは、行き届いていないのはどのような人か、特定の集団に提供するにはどのような提供モデルが最適なのかが明らかになるため、コンドーム配布プログラムの対象に関する重要な情報である。

　調査の結果、非常に低価格であっても価格感応度がコンドームの使用に影響を与えることから、

行動インサイトの事例研究：健康と安全　第9章

政策立案者は農村住民に行き渡らせるために、高い助成を行ったコンドームを提供する必要があることが判明した。

コンドームの販売代理人としてのコミュニティ健康ボランティアと現地のNGOと協力して、在庫補充と会計を管理することは、農村部でのコンドームの使用を促進する有望なモデルであることが示された。健康ボランティアはHIVに関する教育を受けており、販売したコンドーム1パックごとに奨励金として少しの利益を得た。

ファミリー・ヘルス・トラストは、調査終了後も住民が入手できるように、実験の一環として創設されたコンドーム配布プログラムを、さらに1年間継続することを決定した。

▶機関

ドイツ連邦経済協力開発省はドイツの国際開発政策を監督しており、世界の開発途上国で多数のプロジェクトに従事している。様々な分野におけるプロジェクトの計画と設計に、正式に行動インサイトを利用している。

同省は現在行っている新しい手法や手段の開発の一環として行動インサイトを利用して、同省の日常業務に取り入れている。行動インサイトを用いたアプローチの責任の中心は、同省のユニット「開発・ガバナンス・平和のためのコンピテンスセンター（Kompetenzcenter Entwicklung, Governance und Frieden）」が担っている。しかし、この分野での新たな洞察は、医療・金融制度開発など、省内の他のコンピテンスセンターによって追従され、生み出されており、同省の職員は大学の研究者に接触して、付随する研究のための選択肢も議論してきた。同省の一部の職員は、高等教育や博士号課程などから、行動経済学に深い知識を有している。

同省には、そうしたアプローチを通じて意識下で行動を操作する有効性に関して、ある程度の懐疑論があり、それが倫理的かどうかについて懸念もある。しかし、同省は行動を起こさないことが同様に結果に与えうる有害な影響について教育することによって、業務において行動インサイトの利用を職員に意識させるための内部研修も実施している。

第10章
行動インサイトの事例研究：労働市場

　本章では、OECD諸国とパートナー諸国において、労働市場へのアクセスの改善、労働市場のスキルの向上、組織の行動変化のためのツールとして、行動インサイトがどのように適用されてきたかについて、一連の詳細な事例研究を取り上げる。本章で提示する事例研究では、資源集約的な無作為化比較試験から、それほど資源集約的ではない文献レビューまで、幅広い実験的方法が用いられている。何が有効で何が有効ではないのかについてのオープンで透明性のある共有は、質の高い研究と研究結果の広範な共有を確保するのに不可欠である。

第10章

307

第10章　行動インサイトの事例研究：労働市場

仕事と求職者のマッチング

国	カナダ
分　野	雇用と労働
機　関	カナダ雇用社会開発省（Employment and Social Development Canada: ESDC）
介入開始	2015年6月
介入終了	2015年10月
目　的	ジョブマッチング・サービスの利用を促す。
方　法	ジョブバンク（Job Bank）の求人ページで、全利用者（1週間当たり75万人）を対象に週替わりでナッジを適用する。
適　用	ジョブバンクの求人ページにおけるジョブマッチ（Job Match）へのリンクの掲載方法を再設計する。

▶問題

仕事と求職者のマッチングを改善するにはどうすればよいだろうか？

ジョブマッチは、カナダ政府による全国の就職・労働市場に関する主要情報源、ジョブバンク・サービスの一部である。ジョブマッチはスキルや経験、知識にもっと合った仕事探しを可能にし、求職者が適切な雇用主を積極的に見つける後押しをしている。ジョブマッチのサービスを利用するには、関心のあるカナダ国民はまず個人アカウントを開設し、続いてユーザープロフィールを作成するという2つのプロセスを経る必要がある。

ESDCは連邦レベルで社会事業と労働市場を所管するカナダ政府の省であり、ジョブマッチの利用率がかなり低いことに気づいた。実のところこの調査の開始時には、ジョブマッチのアカウントを開設した国民の約半数がユーザープロフィールを完成・有効化させておらず、それゆえ有効な求人の紹介を受けることができていない。

▶介入

ESDCはアカウントの作成に特に焦点を絞って、ジョブマッチ・サービスの全体的な利用を改善するのに、行動インサイトの原則に基づく**ナッジ**を利用できるかどうか、またどの程度利用できるのかを検証することにした。

ESDCの行動経済学・サービスイノベーション研究ユニット（Behavioural Economics and Service Innovation Research Unit）の職員が、技能・雇用部（Skills and Employment Branch）

308

と密接に協力して介入を設計した。介入では行動インサイトの原則をジョブバンクの求人ページに取り入れた。そして、ジョブバンクの利用者に働きかけてジョブマッチのユーザーアカウントを作成させる効果がナッジにあるのか、またどのナッジが有効なのかを検証した。

検証した原則は次の通りである。

- フレーミング

- 社会規範

- 行動要請／顕著性

- 責任感

2015年6～10月、各ナッジは週替わりで求人ページに適用され、全国でジョブバンクの全利用者が（1週間当たり75万人）アクセスした。各ナッジは実験期間中に少なくとも3回、求人ページに適用された。検証したナッジごとに、またナッジを適用していない場合に、求人ページを閲覧してそのページにあるジョブマッチへのリンクをクリックした閲覧者の人数と、ジョブマッチの新規ユーザーアカウント数を記録して、結果を評価した。

ESDC内部では、政府が国民や相談者の行動に影響を与えてプログラムやサービスを利用させようとしているように見えることに、国民がきわめて否定的なイメージを抱きかねないとして、行動インサイトに懸念が生じた。ナッジの利用を検証する研究プロジェクトやイニシアティブの被験者として国民を利用するという考え方そのものに、大きな不快感を示した管理職の職員もいた。

こうした試験に関して、異なる相談者に異なる情報を提供することで、それが不平等な対応だと見なされる可能性があり、また、検証のために国民の非常に大規模なサンプルに選択的にメッセージを伝達することで、場合によっては実際に最善の結果につながらない恐れがあるため、非倫理的と見なされる恐れがあるという懸念が表明された。

こうした懸念に対処するため、ESDCは大きな労力を割き、実施する行動関連の介入の大部分が本質的に「軽微な作用」であることを明確にするとともに、完全に実施する前に小規模な集団に革新的なアプローチを検証することで、好ましくないアイディアを大規模に実施するのを避ける重要性について、省の様々なステークホルダーを啓発した。

行動インサイトは連邦公共部門では萌芽期の分野であるため、ESDCは成功と強固なエビデンスベースを築くために、実施しやすく短期的に成功する見込みが高いプロジェクトを主に選択している。こうしたプロジェクトは主として、既存の情報の単純化と、省の既存のコミュニケーション材料への行動インサイトの適用に関わるものである。

▶結果と影響

対照用の求人ページと比較して、すべてのナッジが——ナッジによって異なるが67～122％——

クリック数が増加する結果になった。さらに、ジョブバンクの求人ページでナッジを受けてクリックした閲覧者は、ナッジを受けずにジョブマッチのウェブサイトに来たジョブバンクの利用者よりも、アカウントを作成する確率が高かった。このように、ナッジを受けていない（対照用の）場合よりもサインアッププロセスの手続きを進めたことから、ナッジはジョブバンクの利用者に持続的効果をもたらしたことがわかる。

　試験の結果、掲載するタイミングに関わる重要な要素が成果に影響を与えることも明らかになった。しかし、介入を無作為化比較試験（RCT）として実施するのを妨げた技術的な制限が原因で、それらの詳細を究明することはできなかった。

　求人ページを閲覧した人の一部しか、ナッジを受けてリンクをクリックし、プロフィールを完成させなかったものの、この試験はジョブマッチ・サービスの利用を促す手段としてのナッジの有効性を証明した。そこで、ESDCの技能・雇用部のジョブバンク・チームは調査結果を運用できるようにして、求人ページに"フレーミング"によるナッジを常時利用することにした。こうしたナッジは、労働市場の有効性の向上につながりうるESDCのサービスをカナダ国民が最大限に利用するのに役立っている。

▶機関

　ESDCは行動インサイトを利用して、サービスの提供、雇用、労働市場情報、中等後教育、社会開発に関する省の戦略的な方向性と優先事項を支援している。

　また行動インサイトは、省の重要プログラムの最善とはいえない受給・利用対策の促進に寄与している。行動インサイトの正式な検討と具体的な適用は、同省でまだ始まって間もなく、ほとんどがプログラムとサービスの提供に関する調査の領域に集中しているが、行動インサイトに基づく具体的なプログラムの設計変更がすでにいくつか行われている。

　ESDCには、サービス戦略・政策部（Service Strategy and Policy Branch）のサービス研究課（Service Research Division）に行動インサイトを専門とする研究ユニットがあり、ナッジに関する同省の試験の実施を主導している。また、イノベーション・ラボ（Innovation Lab）が創設され、同省全体でのサービス向上と政策アイディアにおけるイノベーションの開発に中心的役割を担っている。

　そのほか、ESDCナッジ・チーム（ESDC Nudge Team）と呼ばれる行動インサイトを共通の関心とする内部コミュニティがあり、同省のサービス提供組織であるサービス・カナダなど、省全体からメンバーが参加している。ESDCナッジ・チームは四半期に1度会合を開いて、同省内外の行動インサイト関連の進捗について情報を共有する。ESDCは内部での研究に役立てるために、トロント大学の研究者との小規模な連携・協力関係を構築し始めている。

　カナダ政府内の他の研究者やアナリストとの重要な相互関係も存在する。中でもESDCは枢密院事務局と協力して、行動インサイト実践コミュニティ（Behavioural Insights Community of

Practice）の共同議長を務めている。同コミュニティは連邦政府全体に及ぶ行動インサイトの実践者の横の集まりを開いて、ベストプラクティスに関する助言を交換している。また、行動インサイトに関する会議やワークショップに定期的に参加・主催しているほか、カナダでは初めてとなる「公共部門のための行動経済学会議（Behavioural Economics Conference for the Public Sector）」を2016年3月に共催し、公共政策・事業・サービス提供への行動インサイトの適用について議論するために、あらゆるレベルの公務員、学術関係者、実務者が集まった。

第10章　行動インサイトの事例研究：労働市場

<table>
<tr><td colspan="2" style="text-align:center">仕事と求職者のマッチング２</td></tr>
</table>

国	カナダ
分　野	雇用と労働
機　関	カナダ雇用社会開発省（Employment and Social Development Canada: ESDC）
介入開始	2015年4月
介入終了	2015年5月
目　的	人々にジョブマッチ（Job Match）サービスのウェブサイトの利用を再開させ、ウェブサイト上のユーザープロフィールを完成・有効化させる。
方　法	ジョブマッチのアカウントを持つユーザー3,784人をサンプルとした無作為化比較試験（RCT）
適　用	RCTの結果は今後政府が国民に伝達するメッセージの内容と設計に寄与する可能性がある。

▶問題

仕事と求職者のマッチングを改善するにはどうすればよいだろうか？

ジョブマッチは、カナダ政府による全国の就職・労働市場に関する主要情報源、ジョブバンク・サービスの一部である。ジョブマッチはスキルや経験、知識にもっと合った仕事探しを可能にし、求職者が適切な雇用主を積極的に見つける後押しをしている。ジョブマッチのサービスを利用するには、関心のあるカナダ国民はまず個人アカウントを開設し、続いてユーザープロフィールを作成するという2つのプロセスを経る必要がある。

ESDCは連邦レベルで社会事業と労働市場を所管するカナダ政府の省であり、ジョブマッチの利用率がかなり低いことに気づいた。実のところこの調査の開始時には、ジョブマッチのアカウントを開設した国民の約半数がユーザープロフィールを完成・有効化させておらず、それゆえ有効な求人の紹介を受けることができていない。

▶介入

ESDCはユーザーにジョブマッチ・サービスの利用を再開させて、求職プロフィールの完成を促すのに、行動インサイトの原則に基づく**ナッジ**が利用できるかどうか、またどの程度利用できるのかを検証することにした。

試験では、ユーザープロフィールを完成・有効化していない全国のジョブマッチ・アカウント保

持者から無作為に選んだ3,784人に対して、5種類のEメールを送信した。サンプルを5つのグループに分け、1つのグループにはナッジを用いていない標準的なEメールを送信し、残りの4つのグループにはそれぞれ特定のナッジをメッセージに取り入れたEメールを送信した。

検証した原則は次の通りである。

● フレーミング

● 社会規範

● 行動要請／顕著性

● 責任感

こうした原則は、試験に先だって実施した文献レビューを受けて選定し、利用するナッジの設計に寄与した。試験の結果は、Eメールのリンクをクリックしたユーザー数と、有効化されたジョブマッチのプロフィール数によって評価された。

ESDC内部では、政府が国民や相談者の行動に影響を与えてプログラムやサービスを利用させようとしているように見えることに、国民がきわめて否定的なイメージを抱きかねないとして、行動インサイトに懸念が生じた。ナッジの利用を検証する研究プロジェクトやイニシアティブの被験者として国民を利用するという考え方そのものに、大きな不快感を示した管理職の職員もいた。

こうした試験に関して、異なる相談者に異なる情報を提供することで、それが不平等な対応だと見なされる可能性があり、また、検証のために国民の非常に大規模なサンプルに選択的にメッセージを伝達することで、場合によっては実際に最善の結果につながらない恐れがあるため、非倫理的と見なされる恐れがある、という懸念が表明された。

こうした懸念に対処するため、ESDCは大きな労力を割き、実施する行動関連の介入の大部分が本質的に「軽微な作用」であることを明確にするとともに、完全に実施する前に小規模な集団に革新的なアプローチを検証することで、好ましくないアイディアを大規模に実施するのを避ける重要性について、省の様々なステークホルダーを啓発した。

行動インサイトは連邦公共部門では萌芽期の分野であるため、ESDCは成功と強固なエビデンスベースを築くために、実施しやすく短期的に成功する見込みが高いプロジェクトを主に選択している。こうしたプロジェクトは主として、既存の情報の単純化と、省の既存のコミュニケーション材料への行動インサイトの適用に関わるものである。

▶結果と影響

ナッジの情報を活用したEメールは、いずれもジョブマッチのウェブサイトへのリンクのクリック数を、対照群のEメールよりも大幅に多く——利用した行動インサイトの原則によって51〜92％——増加させた。行動インサイトの情報を活用したこの4種類のEメールは、有効化されたプロフ

313

ィール数も多く、106％増加した。

しかし、ひとたびジョブマッチのサインアップ手続きへのリンクがクリックされると、ナッジに基づくいずれかのEメールを受け取った人と、標準的なEメールを受け取った人の間に、プロフィールの有効化率に関して識別できる差異はなかった。このことに、ナッジの効果がジョブマッチのサインアップ手続き全体に持続しないことが示唆されている。

さらに、異なるナッジから情報を得たEメール間の影響の差異は、必ずしも統計的に有意ではなかったため、どのナッジが最も効果的であったかを具体的に判断することは不可能であった。

今回のRCTにより、行動経済学の原則に基づくナッジは有効であり、一部の状況では政府による標準的なメッセージよりも間違いなく効果的であったが、ナッジの内容は、ナッジが用いられたことほど重要ではないことが判明した。また、ナッジをメッセージに利用する影響は即時的、つまり短期的であり、長期的な効果を有していないことも明らかになった。

▶機関

ESDCは行動インサイトを利用して、サービスの提供、雇用、労働市場情報、中等後教育、社会開発に関する省の戦略的な方向性と優先事項を支援している。

また行動インサイトは、省の重要プログラムの最善とはいえない受給・利用対策の促進に寄与している。行動インサイトの正式な検討と具体的な適用は、同省でまだ始まって間もなく、ほとんどがプログラムとサービスの提供に関する調査の領域に集中しているが、行動インサイトに基づく具体的なプログラムの設計変更がすでにいくつか行われている。

ESDCには、サービス戦略・政策部（Service Strategy and Policy Branch）のサービス研究課（Service Research Division）に行動インサイトを専門とする研究ユニットがあり、ナッジに関する同省の試験の実施を主導している。また、イノベーション・ラボ（Innovation Lab）が創設され、同省全体でのサービス向上と政策アイディアにおけるイノベーションの開発に中心的役割を担っている。

そのほか、ESDCナッジ・チーム（ESDC Nudge Team）と呼ばれる行動インサイトを共通の関心とする内部コミュニティがあり、同省のサービス提供組織であるサービス・カナダなど、省全体からメンバーが参加している。ESDCナッジ・チームは四半期に1度会合を開いて、同省内外の行動インサイト関連の進捗について情報を共有する。ESDCは内部での研究に役立てるために、トロント大学の研究者との小規模な連携・協力関係を構築し始めている。

カナダ政府内の他の研究者やアナリストとの重要な相互関係も存在する。中でもESDCは枢密院事務局と協力して、行動インサイト実践コミュニティ（Behavioural Insights Community of Practice）の共同議長を務めている。同コミュニティは連邦政府全体に及ぶ行動インサイトの実践者の横の集まりを開いて、ベストプラクティスに関する助言を交換している。また、行動インサイ

トに関する会議やワークショップに定期的に参加・主催しているほか、カナダでは初めてとなる「公共部門のための行動経済学会議（Behavioural Economics Conference for the Public Sector）」を2016年3月に共催し、公共政策・事業・サービス提供への行動インサイトの適用について議論するために、あらゆるレベルの公務員、学術関係者、実務者が集まった。

第10章 行動インサイトの事例研究：労働市場

所得補助への依存を低減させる

国	英国
分 野	労働市場
機 関	行動インサイトチーム（Behavioural Insights Team: BIT）
介入開始	2013年1月
介入終了	2014年1月
目 的	失業給付を必要とする人を減らす。
方 法	ステップウェッジ法を用いたクラスター無作為化比較試験（RCT）：サンプルは求職者11万838人
適 用	行動科学をジョブセンター・プラスのプロセスに適用して、就職できる求職者を増やす。

第10章

▶問題

2016年6月、英国では70万人を超える求職者が失業給付を請求していた。ジョブセンター・プラスの目的は、英国の失業者が仕事を見つける後押しをして、それによってそうした人々が、「JobSeekers Allowance」として知られる失業手当給付金を英国政府から受給する必要性を取り除くことである。

英国のBITは、行動科学から得た洞察を用いて政府の政策イニシアティブの有効性を高める一助とするため、多数の試験を実施している。BITは、求職者の就職を支援するためにジョブセンター・プラスが利用しているプロセスにそうした洞察を適用することで、就職者の支援に成功する可能性が向上するかどうかを究明することにした。

▶介入

BITはエセックス州の12か所のジョブセンターでRCTを実施し、行動科学から取り入れた手法を利用して、ジョブセンターによる来庁者の求職支援方法を変更した。

介入では、求職プロセスの**単純化**と、来庁者に求職を促す計画**支援**の導入を行った。

介入はステップウェッジ法を用いたRCTの形態を取り、11万838人の求職者を無作為に選出して、介入群の求職者はジョブセンター・プラス来庁時に行動科学から情報を得た対応を、対照群の求職者はジョブセンター・プラスで用いられている「通常業務通りの」手順で引き続き対応を受けた。

316

行動インサイトの事例研究：労働市場　第10章

介入群への対応は通常業務通りの手順に次の2つの変更を加えた。

1. **単純化**：ジョブセンター・プラスの最初の面談を効率化して、求職者は最初からアドバイザーと関係を築き、求職について相談する。

2. **計画支援**：計画支援と「実行意図」に関する広範なエビデンスに基づき、コミットメント・パック（commitment pack）を開発した。このパックは、求職者がいつ、どこで、どのように求職活動を完遂するつもりであるかを明記して、アドバイザーと一緒に求職活動計画を立てるよう促すものであった。以前の文書のように求職者に活動内容を事後に記録させるのではなく、求職者に求職活動計画を立ててもらい、計画を事前に完成させてから実行に移させた。

この試験はステップウェッジ法を用いたクラスターRCTの形を取り、ジョブセンターを9つのクラスターに分けた。これらのクラスターは時間の経過とともに、「通常業務通り」の求職者支援（対照群）から行動情報を活用した介入（介入群）へと提供する支援を切り替えた。こうした切り替えの順序は無作為化された。合計11万838人の求職者が介入群または対照群に分けられた。

結果は13週間後に失業給付の受給者ではなくなった人の数で評価した。つまり、変更を加えた介入を受けた求職者のうち、13週間後には失業給付を受給しなくなった求職者の人数を、ジョブセンター・プラス来庁時に通常業務通りの対応を受けた求職者のそれと比較して評価した。

▶結果と影響

BITは行動インサイトから情報を得た介入をジョブセンター・プラスのプロセスに適用した結果、通常業務通りの手順の場合と比較して、13週間後に失業給付を受け取っていない人の割合が**1.7ポイント**増加したことを明らかにした。

このことから、プロセスの単純化、最低限の要件を満たすことではなく求職に重点を置くこと、それに計画支援が、求職者が仕事を見つけるための支援として有効であることが判明した。

こうした介入は、その後、ジョブセンター・プラスによってイングランド全体に拡大された。同様の介入はオーストラリアでも後に施行されて、有効であることが証明されている。

▶機関

英国のBITは英国内閣府と職員、イノベーション関連の財団である国立科学技術芸術国家基金（Nesta）が共同所有する社会目的企業である。行動科学の研究と適用を専門に行う世界初の政府機関として、英国政府内に設立された。その目的は、行動インサイトを英国政府の政策に適用して、厳密な研究手法の使用を通じて何が有効なのかを評価することである。

BITは専門分野の異なる専門家が属しているが、行動科学と行動経済学の専門知識はすべての専門家が有している。そのほか、共同で試験を行い、ピアレビューを提供する他の学識経験者か

らなるアカデミック・アドバイザリー・パネル（Academic Advisory Panel）を有している。また、BITは多数の博士課程の学生を雇用しており、彼らはリサーチフェローとしてチームと協力している。

　BITはあらゆる政策領域を対象にしており、他の政府の省や機関と共同で、具体的な政策アジェンダに関してプロジェクトに取り組んでいる。

行動インサイトの事例研究：労働市場　第10章

郵便会社からデータを入手する

国	オランダ	
分　野	郵便市場	
機　関	オランダ消費者・市場機構（Authority for Consumers and Markets: ACM）	
目　的	ACMへの企業データの提供に関する郵便会社のコンプライアンスを向上させる。	
方　法	行動分析／政策実施	
適　用	電話応対マニュアルを利用して、コンプライアンス違反企業と連絡を取り、必要なデータを提出するよう説得する。	

▶問題

ACMは企業間の公正競争を確保し、消費者の利益を保護する規制機関である。その目的は企業と消費者の双方に、より多くの機会と選択肢を創出することである。

ACMは郵便市場をはじめとして、オランダの多数の市場の監督を担っている。郵便会社から入手したデータを利用して郵便市場について分析し、その分析結果をオランダ経済省に提供することもその業務の一部である。

一部の郵便会社は何の問題もなく企業データを提出するものの、それ以外の会社から必要な情報を入手するのにACMは苦労していた。そこでACMは、コンプライアンス違反企業に働きかけて協力させる方法を突き止めることにした。翌年には同様の介入を利用して、郵便会社全体に働きかけを行った。

▶介入

ACMはまず、以前にオランダ郵便市場の企業家と連絡を取ったことのあるACM職員の経験に基づき、コンプライアンス違反企業の行動分析を実施した。その分析と併せて、企業データの不提供という行動に関する文献レビューを行った。

研究者らはACMが関連データを入手するために送付した調査票に企業が回答しない要因が多数あることを突き止めた。その要因には以下のものがある。

● 惰性／現状維持バイアス

319

- 調査票に回答する**時間が不足**していた

- 調査票に回答するのに必要な**知識が欠如**していた

- 調査票への回答は企業にとっての**優先事項ではなかった**

- 企業が調査票への回答を望んでいなかった

続いてACMは、こうした初期の行動評価に基づき、コンプライアンス違反の郵便会社に働きかけて企業データを提出させるための介入を設計した。

この介入は電話応対マニュアルの形態を取った。その理由は、ACMがデータの提出を求めて接触を取っていた各企業と**個人的な接触**を確保したかったためである。

電話応対マニュアルは行動インサイトに基づいており、そもそも問題の原因になっていたことがすでに証明されているバイアスに対処することを目的とした。行動インサイトは、今回の問題に関してレビューを行った文献のほか、英国の行動インサイトチームと世界銀行が実施した他の試験による教訓から取り入れた。

利用した洞察は次の通りである。

- 早い段階での不回答を**意図的な選択**として表現

- 中断・リフレーミング法

- 企業が調査票に回答**しやすく**する。

- 記述的社会規範――「回答をいただいていないのはあなただけです。他の方はすでに回答しています。」

- 調査への回答を、当該企業の1人だけの**個人的な責任**にする。

- ACMにデータを提供するのに都合の良い日はいつだと思うか企業に尋ねることで、コミットを引き出す。

- 調査票に回答する時間がなかったのだろうことを思いやり、**反発を減らす**。

- 情報が完全に正確なデータではなく単なる概算になることを受け入れて、**知識不足**が原因の問題を軽減する。

▶結果と影響

行動情報を活用した電話応対マニュアルを利用して、郵便会社に電話をかけた。電話でのやりとりの後、最終的に27社中24社が必要なデータをACMに提供した。郵便会社に電話をかけたACMの職員は、中でも記述的社会規範に言及した後、企業家はできるだけ早くデータを送付することに

同意したことを説明した。最初からこのマニュアルを利用していれば、チームは時間を浪費せずに、最も効果的なアプローチを速やかに選定するのに役立っただろう。このマニュアルは1年後に導入され、多くの会社が最初から回答に応じるようになったため、ACMは迅速にデータを回収できるようになった。

今回の調査を支えたプロジェクトチームは、同様の状況に遭遇した場合、対応のもっと早い段階で行動学の専門家の知識を利用するだろうと述べた。結果論になるが、そうしていれば、チームは時間を浪費せずに、企業に遵守を促すのに最も効果的なアプローチを速やかに選定するのに役立っただろう。

今回の事例研究を踏まえて、ACMは特定の企業によるデータの提供が問題になっている他のプロジェクトにも、同様の行動インサイトを利用する考えである。

▶機関

ACMはオランダの競争と市場を規制する機関である。消費者の保護と企業間の公正競争の促進に取り組んでいる。市場をより効果的に監督するために、行動インサイトを積極的に活用している。

ACMが大きな関心を持っているのは、特にエネルギー・電気通信・郵便の分野において行動インサイトを利用し、消費者の意識と積極性をさらに高めて、企業のコンプライアンスを向上させ、規制対象企業から情報を引き出すことである。

ACMには10人からなる行動インサイトチーム（Behavioural Insights Team）がある。職員なら誰でも利用できるワークショップと管理者を対象にした情報会議を開催している。行動インサイトに関する知識を組織として高めるために、ACMは行動インサイトを適用している大学や他の規制機関、政府団体との国際会議やネットワークにも参加している。

初期の頃、ACMによる行動インサイトの利用に関して、組織の全階層にある程度の懐疑論や異論、倫理的懸念があったものの、行動インサイトの利用が広がるにつれて、徐々に減少していった。

第10章　行動インサイトの事例研究：労働市場

納期限通りの納税を促す

国	シンガポール
分　野	雇用と労働
機　関	人材開発省（Ministry of Manpower）
介入開始	2013年2月
介入終了	2013年2月
目　的	外国人労働者雇用税を納期限通りに納めるよう雇用主に促す。
方　法	外国人労働者の雇用主1,000人をサンプルとした無作為化比較試験（RCT）
適　用	外国人労働者の雇用主に送付する督促通知を作成し直す。

第10章

▶問題

シンガポールでは外国人労働者の雇用主の約96％が、自動銀行口座引き落としによって、納期限通りに外国人労働者雇用税を納入している。人材開発省は毎月、外国人労働者の雇用主約8,000人に督促通知を送付している。このコンプライアンス率をもっと改善できないだろうか？

人材開発省は「ナッジ」によって、もっと多くの雇用主に遅滞なく納税させ、延滞金の賦課を回避し、納税滞納者の追求に費やす資源を削減できるかどうか検証したいと考えた。

▶介入

前月の納税を履行していない雇用主に送付する督促通知での「ナッジ」を検証するために、2群試験を設計した。外国人労働者の雇用主で前月の税金を納めていない者を無作為に1,000人抽出した。対照群に利用したのは既存の督促通知で、比較時点で変更を加えていないものを送付した。検証した「ナッジ」は以下の通りである。

● **顕著性**：手紙の新しいテンプレートで四角い囲み枠を利用し、重要な行動ステップに注意を引いて、「貴社の外国人労働者雇用税の納付期限が過ぎています」と明確に知らせる。

● **社会規範**：「外国人労働者の雇用主の96％が納期限までに納税しています。」

● **プライミング**：ピンク色の用紙に督促通知を印刷する。

● **個別化**：外国人労働者の雇用主個人の情報を通知に含める。

行動インサイトの事例研究：労働市場　　第10章

▶結果と影響

試験の結果、滞納者の納税率は介入群の方が高いことが判明した。

● 行動インサイトを取り入れた通知を受け取った雇用主の76％が全額納付し、85％が一部納付したが、対照群ではそれぞれ71％と82％であった。

● 顕著性を利用したメッセージと社会規範を取り入れたメッセージに、未納になっている外国人労働者雇用税を支払わない雇用主に納税を促す効果が認められた。

人材開発省は、督促通知に「ナッジ」を適用すれば、1年間に納期限通りに納付する雇用主が3,800人、納付される税金が約150万シンガポールドル増加することになると推定した。

しかし、興味深いことに、すべてのナッジが有効であったわけではなく、どのような目的でナッジが用いられるかが重要なのである。今回の試験の後、人材開発省の別の部が世帯調査への回答義務を果たすよう促す目的で、回答に無関心な特定のグループにピンク色の督促通知を送付した。当該グループに関して回答率は改善したものの、ピンク色の督促通知では必要以上に不安が煽られると感じた回答者から多数の苦情も寄せられた。ピンク色の用紙を利用することは、受け取った人に行動を促すのに効果的であったが、いくつか欠点があることも示された。

▶機関

人材開発省はシンガポール政府の省で、国民がより良い仕事と退職後の経済的安定を得られるように、生産的な労働力と進歩的な職場の開発に責任を負っている。同省はエビデンスに基づく政策設計のツールとして行動インサイトを活用し、利用者の行動と意思決定環境への理解を深めることで、利用者のニーズにこれまで以上に応じた政策とサービスを設計・実施している。検証を実施して行動インサイトにおいて何が有効なのかを究明することは、同省がその資源の有効利用を徹底するのにも役立っている。

同省には行動インサイト設計ユニット（Behavioural Insights and Design Unit）と呼ばれる中心的なユニットがあり、行動インサイトは同ユニットを通じて組織全体で適用されている。同ユニットは設計、会計学、経済学、商慣行、社会学、心理学など、多様な専門分野出身の職員で構成されている。同省は民間のコンサルタント会社や学術機関とも提携して、行動インサイトの様々な専門知識を活用している。

323

第10章　行動インサイトの事例研究：労働市場

求職者の就職支援

国	シンガポール
分　　野	雇用と労働
機　　関	人材開発省（Ministry of Manpower）
介入開始	2013年8月
介入終了	2014年2月
目　　的	労働力開発庁の職業紹介所での就職率を改善する。
方　　法	観察、聞き取り調査、無作為化比較試験（RCT）（サンプルは求職者777人）
適　　用	シンガポールの雇用促進プロセスの再設計

▶問題

シンガポール労働力開発庁は人材開発省の法定機関であった[1]。

英国の行動インサイトチームが同国のジョブセンターで実施した試験の成功に触発されて、人材開発省はシンガポールの求職者の就職率を改善する目的で、独自の雇用促進プロセスを再設計することにした。

雇用促進プロセスの観察と職業コンサルタント・求職者の聞き取り調査を通じて、求職者の就職を妨げる重大な障壁が4つのあることを研究者らは突き止めた。

- 仕事探しを職業コンサルタントに依存：求職者は傾向として求職プロセスにおいて非常に受け身であり、仕事を探して就職面接を手配するのを職業コンサルタントに依存していた。

- 求職プロセスへの関与不足：求職者は職業コンサルタントが手配した講習会や就職面接に来なかった。

- 非現実的な就職目標：一部の求職者は給与が前職と同等かそれ以上の仕事しか積極的に受け入れようとしなかった。

- モチベーションと自尊心の欠如：何度か就職活動をして就職できなかった場合、意欲を失う求職者もいた。

こうした調査結果に基づき、人材開発省の行動インサイト設計ユニット（Behavioural Insights and Design Unit）は、求職者が受ける雇用促進プロセスに行動科学の洞察を適用することで、求

職者の行動を変えることができるかどうか調査することにした。

▶介入

職業紹介所で2群試験を実施した。777人の求職者を2つの異なるグループの職業コンサルタントに無作為に割り当てた。1つのグループ（対照群）では、求職者は既存の雇用促進プロセスを受ける。そのプロセスでは、求職者は1度か2度、職業コンサルタントと面談して、求職計画と進捗状況について話し合う。職業コンサルタントは求職者に適していると思われる求人と就職面接があった場合に、求職者に連絡を取る。

もう1つのグループでは、求職者に求職プログラムへの参加を勧めた。そこでは求職者は主体的に求職計画を作成し、職業コンサルタントと最大5回面談する。このプログラムでは次の行動科学の手法を活用した。

- **コミットメントデバイス**：求職者は（求職者が希望する言語の）求職ブックレットを受け取り、表紙に署名することで求職プログラムへの自らの関与を表明した。

- **チャンキング**：求職ブックレットの指示により、求職者はコンサルタントとの次回の面談まで、これから1～2週間の間に実施する具体的な求職活動について計画を立てた。そうして求職プロセスを一連のもっと小さなタスクに分解することで、最終的に仕事を手に入れることにつながると考えられる。求職者はコンサルタントと達成状況を見直さなければならず、その際に積極的な行動の強化に役立つフィードバックを受けた。

- **誘因**：前進しているという意識を生み出すために、各セッションを完遂した求職者にスタンプを与えた。求職者は5回のセッションを終えるか職を見つけた場合、どちらが早くても、100シンガポールドルのクーポンを受け取った。

- **社会規範とプライミング**：求職者に無意識のうちに動機付けとなるメッセージを"前もって与える（プライム）"ように、介入群用のコンサルティングルームにも手を加えた。職業紹介所で就職に成功した人の数を、星を使って視覚的に表示し、求職者が求職プロセスに対する約束を書くボードを設置した。また、「最新の求人」に関する顕著な情報や、上位の求人についての統計データ、給与の平均額を掲示して、求職者が仕事に対しくより現実的な期待を持つように一押しした。

結果については、再設計した労働力開発庁の職業紹介センターに来庁してから3か月以内に就職した求職者の割合を、グループごとに算出して比較することで評価した。

▶結果と影響

標準的な雇用促進プロセスを受けた求職者と比較して、行動科学の手法から情報を得た求職プログラムに参加した求職者の方が、就職率は大幅に高かった。

第10章　行動インサイトの事例研究：労働市場

職業紹介所に来庁してから3か月後、この最新のプログラムを受けた**求職者の49％**が仕事を見つけたが、それまで通り通常の雇用促進プロセスを受けた求職者では、仕事を見つけた者は32％のみであった。

このことから、求職プロセスにもっと**主体性**を持つよう求職者を動機付け、求職プロセスでの活動を再構成して求職活動をもっと**取り組みやすいもの**にし、**意欲**を向上させ、求職者が仕事に対してもっと**現実的な期待**を抱くよう支援することが、就職できる求職者を増やすのに有効であると判明した。

就職率が向上しただけでなく、面談回数を増やして求職プロセスを構造化することで、職業コンサルタントと求職者の間により強固で建設的な関係が育まれたようである。求職者からの定性的フィードバックによって、求職者はコンサルタントが彼らのことを気にかけ、親身になって就職活動を手伝ってくれていると感じていることがわかった。

さらに、今回の試験から、共同設計のメリットも明らかになった。試験には相互介入が必要であり、職業コンサルタントは様々な方法で求職者とやりとりしなければならなかった。そこで、コンサルタント自身を従事させるために行動インサイトの基本的な概念について彼らに訓練を行うこと、またコンサルタントを介入の共同設計に参加させて強固な関与とサポート、試験の円滑な実施を確保することが重要であった。

また、職業コンサルタントは当初、求職者がブックレットを置き忘れたり、面談に持ってこなかったりするのではないかと懸念していたが、介入群の求職者全員が当事者意識と責任感を育み、求職相談に来庁したときは必ず求職ブックレットを持っていたことが、試験で明らかになった。このことから、何が有効で何が有効ではないのかについて既存の仮説を検証するために、行動インサイトを取り入れた介入を利用する重要性が明確になった。

シンガポールにある労働力開発庁の5か所の職業紹介所すべてで実施した場合、試験で適用した方法で雇用促進プロセスを再設計することで、職業紹介所に来庁してから3か月以内に仕事を見つける**求職者が毎年4,000人増える**可能性がある。

▶機関

人材開発省はシンガポール政府の省で、国民がより良い仕事と退職後の経済的安定を得られるように、生産的な労働力と進歩的な職場の開発に責任を負っている。同省はエビデンスに基づく政策設計のツールとして行動インサイトを活用し、利用者の行動と意思決定環境への理解を深めることで、利用者のニーズにこれまで以上に応じた政策とサービスを設計・実施している。検証を実施して行動インサイトにおいて何が有効なのかを究明することは、同省がその資源の有効利用を徹底するのにも役立っている。

同省には行動インサイト設計ユニット（Behavioural Insights and Design Unit）と呼ばれる中心的なユニットがあり、行動インサイトは同ユニットを通じて組織全体で適用されている。同ユニッ

トは設計、会計学、経済学、商慣行、社会学、心理学など、多様な専門分野出身の職員で構成されている。同省は民間のコンサルタント会社や学術機関とも提携して、行動インサイトの様々な専門知識を活用している。

注

1. 2016年、シンガポール労働力開発庁は人材開発省の下で再編成され、新たな法定機関・ワークフォース・シンガポール（Workforce Singapore）となった。

第10章　行動インサイトの事例研究：労働市場

中小企業メンターの研修

国	英国
分　野	企業
機　関	ビジネス・イノベーション・技能省（Department for Business, Innovation and Skills: BIS）
目　的	中小企業にメンタリングを実施するボランティアにオンライン研修の受講を促す。
方　法	ボランティア・メンターを対象にした無作為化比較試験（RCT）
適　用	ボランティア・メンターに研修を修了するよう促すEメール通知に行動ナッジを適用した。

第10章

▶問題

　BISは小企業を対象としたメンタリング制度を創設した。その目的は、世間に認められた経営者や実業家の経験を役立てるために彼らをメンターとして教育し、その専門知識を新規成長企業と共有することで、そうした企業の成功率を高めることである。

　小企業経営開発イニシアティブ（Small Firms Enterprise Development Initiative: SFEDI）が提供するゲット・メンタリング（Get Mentoring）キャンペーンは、中小企業のために1万5,000人のボランティア・メンターに研修を行うことを目指した。しかし、大勢の人がメンターになるために登録したものの、必要な研修を修了した者はかなり少なかった。

　BISはメンターとのコミュニケーションに行動科学から得た洞察を活用することで、ボランティアのメンタリング研修受講率を改善できるかどうか究明することにした。

▶介入

　ウォーリック・ビジネス・スクールのレアンドロ・ガリ（Leandro Galli）が一連のRCTを実施して、ボランティアに研修を修了する動機を与えるのに様々なナッジがどの程度有効かを検証した。ボランティア・メンターに送信するEメール通知にナッジを適用した。

　Eメールに用いたメッセージとフレーミングは以下の通りである。

- ボランティアの価値に関するアダム・スミスの言葉を取り入れた**利他主義のプライミング**

- 未来のメンティーへのサポートまたは経済成長への寄与の点からの**感謝の表明**

328

行動インサイトの事例研究：労働市場　第10章

- 未来のメンティーをサポートすることでどれほどの誇りを感じられるか、**予測される誇り**についてのメッセージ

行動インサイトから情報を得たEメール通知を受け取ってメンタリング研修を修了したボランティアの割合で、結果を評価した。

ボランティア・メンターは企業・起業家研究所（Institute of Enterprise and Entrepreneurs: IOEE）にメンバー登録することもでき、それによって学習・研修資料を利用できるようになる。ボランティア・メンターにメンバー登録を促すために送信するEメールにも、行動インサイトを適用した。

▶結果と影響

RCTによって次のことが明らかになった。

- **利他主義のプライミング**は、メンタリング研修を修了するボランティアの人数を18％引き上げることに成功した。

- **予測される誇り**についてのメッセージも、メンターになるよう説得する効果があることが実証された。

- しかし、**感謝の表明**は利他主義のプライミングと併用した場合にのみ有意な効果を示し、単独で用いた場合は有意な効果を示さなかった。さらにRCTによって、謝意の伝え手と恩恵の受け手を「一致」させる重要性が明らかになった。たとえば、BIS大臣からの謝意の場合、強調する恩恵は経済への恩恵でなければならず、メンティーからの謝意の場合、強調する恩恵はメンティーにとっての恩恵でなければならない。メンターになる見込みのあるボランティアは、大臣よりもメンティーからの謝意のメッセージの方に良い反応を示した。

RCTによって、様々なメッセージに対する男女間のレスポンスの差異も明らかになった。予測される誇りについてのメッセージに関して、女性から男性と同等のレスポンス率を得るには、女性へのメッセージに感情規範を組み合わせる必要があったが、男性の場合、感情規範を併用しても統計的に有意な差は生じなかった。今回のキャンペーンの結果、mentorsme.co.ukを通じてアクセスできるメンターが1,855人増えた。

▶機関

BISは事業規制と消費者問題のほか、研修・訓練と技能開発を含む高等・継続教育、科学と研究を担う英国政府の省であった。現在はエネルギー・気候変動省（DECC）と統合されてビジネス・エネルギー・産業戦略省（BEIS）となっている。成人技能と高等教育の管轄は現在、教育省に移行しており、教育省が成人の技能と知識のための行動インサイト研究センター（ASK）を監督している。

第10章　行動インサイトの事例研究：労働市場

　BEISは研究、設計、実施において行動インサイトを利用し、政策立案に対するエビデンスに基づくアプローチに寄与している。行動科学には、消費者行動、エネルギー利用、企業行動、およびコンプライアンスなど、BEISが担当する多数の政策分野に影響を与える大きな可能性がある。

　BEISには行動インサイトを専門に扱う小規模な中央ユニットがあり、組織全体にわたる実務者の非公式ネットワークも管理している。行動インサイトに関する入門研修は、組織の全職員が利用できる。

行動インサイトの事例研究：労働市場　第10章

メンタリングに対する中小企業の需要を高める

国	英国
分　　野	企業
機　　関	ビジネス・イノベーション・技能省（Department for Business, Innovation and Skills: BIS）
介入開始	2013年2月
介入終了	2013年5月
目　　的	メンタリングに対する中小企業の態度を改善して需要を高める。
方　　法	調査の一環としての実験
適　　用	行動インサイトから情報を得たメッセージを用いて、政策立案者が中小企業に送る通知文の内容をフレーミングする。

第10章

▶問題

　英国では中小企業は、民間部門の全企業の99％以上を占めている。競争を促進し、イノベーションを刺激し、民間部門の雇用の59.3％を構成して、経済成長に重要な役割を果たしている。

　BISは事業規制と消費者問題のほか、研修・訓練と技能開発を含む高等・継続教育、科学と研究を所轄する英国政府の省であった。BISの重要な責務は、小企業の成長を支援し、そうした企業の創立や成功を左右しかねない市場の失敗に対処する方法を見いたすことであった。

　その一環として、BISは小企業を対象としたメンタリング制度を創設した。その目的は、世間に認められた経営者や実業家の経験を役立てるために彼らをメンターとして教育し、彼らの専門知識を新規成長企業と共有することであった。

　経営者や実業家は同輩による個人に合わせた非公式の学習を好むことをBISは突き止めた。メンタリングはリーダーシップスキルや経営計画など、広範な分野に恩恵をもたらすことが証明されている。ビジネスメンターをこれまでに利用したことがある、または現在利用している中小企業は、ビジネスメンターを利用することで、売上と利益の点で業績を向上させることができると報告している。

　中小企業が利用できる、研修を受けたメンターの供給を増やすために、BISが「ゲット・メンタリング（Get Mentoring）」キャンペーンを打ち出した結果、mentorsme.co.ukを通じて利用できるメンターが1,855人増えた。また一方、BISは利用可能なメンターを実際に利用する小企業を増やしたいとも考えた。

331

第10章　行動インサイトの事例研究：労働市場

▶介入

　全般的に見て、予防プライミング（prevention priming）よりも**促進プライミング**（promotion priming）の方が、**用いられたメッセージのタイプにかかわらず**、メンタリングに対して前向きな認識を持つ結果につながったことが無作為化比較試験（RCT）で判明した。

　こうした結果が得られた理由として、**促進プライミングと機会認識**の関連性が考えられる。促進プライミングを受けた場合、人は傾向として利益に焦点を合わせ、より広範に思考することがエビデンスに示されている。メンタリングが表すのは、企業家の目標の実現に影響を与えうるサポートと指導を受ける機会であるため、促進に焦点が置かれた場合、起業家がメンタリングに前向きな態度を報告する傾向が強かった理由を、それらの関連性で説明することができよう。

　さらに、人に自分の希望や願望について考えさせると、前向きな思考がもたらされることもある。こうした前向きな心的状態が、ひいてはメンタリングに対する回答者の評価に影響を与えたと考えられる。

　追加分析により、促進プライミングと予防プライミングの間で観察された差異は、中小企業経営者のタイプ（次の3種類）が原因であることが判明した。

1. 長期間（つまり20年を超えて）事業を行っている経営者

2. 前年に営業収入の増加を経験した経営者

3. 完結欲求の低い経営者（つまり調査で完結欲求尺度のスコアが中央値を下回った者）

　促進プライミングによるメッセージを受け取った中小企業経営者は、予防プライミングによるメッセージを受け取った経営者よりも、メンタリングに対する態度に関して、態度尺度のスコアがわずかに高かったが、差は有意ではなかった。

　このことから、いったんプライミングを受ければ、メンターを持つメリットを予防と促進のどちらで表現するかということは、メンタリングに対する認識に概して重要ではないことがわかる。

　この実験で検証したのは、プライミングとメッセージの伝達が調査の回答にどのような変化をもたらすかであり、それらが長期的な態度の変化や行動にどのように関係するかは不明である。

▶結果と影響

　全体的に見て、予防プライミングよりも**促進プライミングの方が、用いられたメッセージのタイプにかかわらず**、メンタリングに対して前向きな認識を持つ結果につながったことがRCTで判明した。

　こうした結果が得られた理由として、**促進プライミングと機会認識**の関連性が考えられる。促進プライミングを受けた場合、人は傾向として利益に焦点を合わせ、より広範に思考することがエビ

デンスに示されている。メンタリングが表すのは、企業家の目標の実現に影響を与えうるサポートと指導を受ける機会であるため、促進に焦点が置かれた場合、起業家がメンタリングに前向きな態度を報告する傾向が強かった理由を、それらの関連性で説明することができよう。

さらに、人に自分の希望や願望について考えさせると、前向きな思考がもたらされることもある。こうした前向きな心的状態が、ひいてはメンタリングに対する回答者の評価に影響を与えたと考えられる。

追加分析により、促進プライミングと予防プライミングの間で観察された差異は、中小企業経営者のタイプ（次の3種類）が原因であることが判明した。

1. 長期間（つまり20年を超えて）事業を行っている経営者。このタイプの場合、企業家は経験を積めば積むほど、徐々に希望や願望を見失ってしまうため、促進プライミングのプラス効果が高まるということから説明できる。

2. 前年に営業収入の増加を経験した経営者。このタイプの場合、彼らの希望や願望がより手の届きやすいものになるため、プライミングの効果が高まると考えられる。

3. 完結欲求の低い経営者（つまり調査で完結欲求尺度のスコアが中央値を下回った者）。このタイプの場合、他と同程度の確実性を求めていなかったと考えられ、それゆえ広く思考しやすく、機会の探求を厭わなかった。

促進プライミングによるメッセージを受け取った中小企業経営者は、予防プライミングによるメッセージを受け取った経営者よりも、メンタリングに対する態度に関して、態度尺度のスコアがわずかに高かったが、差は有意ではなかった。

このことから、いったんプライミングを受ければ、メンターを持つメリットを予防と促進のどちらで表現するかということは、メンタリングに対する認識に概して重要ではないことがわかる。

今回の試験結果は、行動インサイトを用いて企業家とのコミュニケーションに寄与し、中小企業の間でメンタリングの需要を高める方法について、政策立案者に助言を提供するために利用された。

▶機関

BISは事業規制と消費者問題のほか、研修・訓練と技能開発を含む高等・継続教育、科学と研究を担う英国政府の省であった。現在はエネルギー・気候変動省（DECC）と統合されてビジネス・エネルギー・産業戦略省（BEIS）となっている。成人技能と高等教育の管轄は現在、教育省に移行しており、教育省が成人の技能と知識のための行動インサイト研究センター（ASK）を監督している。

BEISは研究、設計、実施において行動インサイトを利用し、政策立案に対するエビデンスに基づくアプローチに寄与している。行動科学には、消費者行動、エネルギー利用、企業行動、およびコンプライアンスなど、BEISが担当する多数の政策分野に影響を与える大きな可能性がある。

第10章　行動インサイトの事例研究：労働市場

　BEISには行動インサイトを専門に扱う小規模な中央ユニットがあり、組織全体にわたる実務者の非公式ネットワークも管理している。行動インサイトに関する入門研修は、組織の全職員が利用できる。

行動インサイトの事例研究：労働市場　第10章

Eメールニュースレターを読んでもらう

国	英国	
分　野	企業	
機　関	ビジネス・イノベーション・技能省（Department for Business, Innovation and Skills: BIS）	
介入開始	2013年	
介入終了	―	
目　的	Eメールニュースレター・グレート（the GREAT）の開封率とクリック率を引き上げる。	
方　法	無作為化比較試験（RCT）	
適　用	英国の中小企業に配信するEメールニュースレター・グレートの件名と内容を変更する。	

第10章

▶問題

英国では中小企業は、民間部門の全企業の99％以上を占めている。競争を促進し、イノベーションを刺激し、民間部門の雇用の59.3％を構成して、経済成長に重要な役割を果たしている。

BISは事業規制と消費者問題のほか、研修・訓練と技能開発を含む高等・継続教育、科学と研究を所轄する英国政府の省であった。BISの重要な責務は、小企業の成長を支援し、そうした企業の創立や成功を左右しかねない市場の失敗に対処する方法を見いだすことであった。

BISは、購読を申し込んだ既存および設立予定の中小企業約1万8,000社にニュースレター（グレート）を配信しており、ニュースレターを開いて、リンクをクリックしてコンテンツを移動する企業数を増やすことが可能かどうかを検証するための実験を実施した。

▶介入

ウォーリック・ビジネス・スクールのレアンドロ・ガリ（Leandro Galli）が、ニュースレター・グレートの件名とコンテンツに行動インサイトを活用した様々なメッセージを使って、その効果をRCTで検証した。この試験の目的は、**ナッジ**を利用することで、月次配信するニュースレターの開封率とクリック率を向上させられるかどうか、そのためにはどの介入が最も効果的かを明らかにすることであった。

4種類のニュースレターを配信して、制御焦点理論から得た心理学の概念の適用を検証した。

335

第10章　行動インサイトの事例研究：労働市場

1. **価格／費用は無料**：Eメールの件名に「無料」という言葉を用いる。

2. **促進プライミング**：行動のプラス効果という点からのメッセージを記載した。

3. **予防プライミング**：経済情勢の改善を前にして行動を起こさないマイナス効果という点からのメッセージを記載した。

4. **企業家としてのアイデンティティ**：ニュースレターの読者の企業家としての自己像に訴えて、Eメールを彼らにとって個人的に関連性が高いものに見せる。

結果は、配信した各ニュースレターの開封率とクリック率を算出して、具体的な介入を適用せずに配信したニュースレターのものと比較して評価した。

▶結果と影響

ニュースレターのコンテンツへの**予防プライミング**の適用が最も効果が高く、起業前の企業の場合、リンクへのクリック率が30％増加した。

一方、ニュースレター内の情報と助言について「**無料**」という言葉を件名で利用しても、開封率とリンクへのクリック率にプラスの効果はなく、実のところ**促進プライミング**と組み合わせた場合、顕著なマイナス効果が見られた。

企業家としてのアイデンティティのプライミングは、ターゲットとする企業の性質によって相反する効果が見られた。起業前の企業と新規企業の場合、企業家としてのアイデンティティのプライミングは開封率を23％引き下げたことから、起業家志望者と起業したばかりの企業家は、実際にはまだ自分たちを企業家だと見なしていないことが読み取れよう。

▶機関

BISは事業規制と消費者問題のほか、研修・訓練と技能開発を含む高等・継続教育、科学と研究を担う英国政府の省であった。現在はエネルギー・気候変動省（DECC）と統合されてビジネス・エネルギー・産業戦略省（BEIS）となっている。成人技能と高等教育の管轄は現在、教育省に移行しており、教育省が成人の技能と知識のための行動インサイト研究センター（ASK）を監督している。

BEISは研究、設計、実施において行動インサイトを利用し、政策立案に対するエビデンスに基づくアプローチに寄与している。行動科学には、消費者行動、エネルギー利用、企業行動、およびコンプライアンスなど、BEISが担当する多数の政策分野に影響を与える大きな可能性がある。

BEISには行動インサイトを専門に扱う小規模な中央ユニットがあり、組織全体にわたる実務者の非公式ネットワークも管理している。行動インサイトに関する入門研修は、組織の全職員が利用できる。

行動インサイトの事例研究：労働市場　第10章

政府プログラムの利用を促す

国	英国	
分　野	企業	
機　関	ビジネス・イノベーション・技能省（Department for Business, Innovation and Skills: BIS）	
介入開始	2014年	
介入終了	2015年	
目　的	ビジネスアドバイス補助金（Growth Vouchers）プログラムへの申し込みを促す。	
方　法	無作為化比較試験（RCT）	
適　用	政府プログラムに関する情報と行動インサイトから情報を得たメッセージを政府が英国の小企業に送付するEメールに取り入れることで、そうした企業にとってメリットになる可能性のある政府プログラムの利用を促す。	

第10章

▶問題

　BISの重要な責務の1つに、英国の小企業に対する支援の提供があった。BISはこうした企業の成長を後押しするための多数のイニシアティブを開発した。

　そのうちの1つが「ビジネスアドバイス補助金」であり、3,000万ポンドを予算とするマッチファンディング（matched funding）プログラムであった。企業は財務状況、人的資源、ビジネスプロセスにおけるITの利用、経営陣のスキルアップによって生産性を向上させる方法といったテーマについて、専門家の助言を得るための費用を助成する補助金を申請することができた。このプログラムは、企業のサポートニーズをアドバイザーが直接、あるいはオンラインアンケートによって分析するといった、サポートを提供する様々な仕組みの有効性の検証も目的としていた。

　ビジネスアドバイス補助金は、英国の企業支援の分野でこれまで実施された中でも最大規模の試験の一部を構成していた。イニシアティブ全般は英国財務省とBISが主導し、内閣府の行動インサイトチーム（BIT）が支援した。両省は小企業の成長支援を目的とした多様な政府介入を検証したいと考えていた。今回のRCTの目的は、英国歳入関税局のEメールのデータセットを利用して、同プログラムへの企業の申込数を増やす方法があるかどうかを突き止めることであった。

▶介入

　BISは、種々の行動ナッジの利用に、ビジネスアドバイス補助金プログラムへの申し込みを促す効果がどの程度あるのかを明らかにするため、RCTを実施した。

337

第10章　行動インサイトの事例研究：労働市場

RCTでは英国歳入関税局のEメール配信リストに登録されている小企業から37万6,738社を無作為に抽出し、行動インサイトから情報を得たメッセージを用いて、ビジネスアドバイス補助金プログラムへの申し込みに関するEメールを配信した。介入群用の4種類のEメールで強調したのは次の4点である。

- インセンティブ

- 社会規範

- 申込期限

- 選ばれて同プログラムに関する情報を受け取っていることを企業に通知

- フォーカスグループと一緒に作成した「平常業務通り」のメッセージ

対照群には「平常業務通り」のメッセージを配信した。結果は、介入を含んだメッセージを受信した企業が、ビジネスアドバイス補助金プログラムの諸条件を調べるためにリンクをクリックしたクリック率を、対照群のクリック率と比較して評価した。

▶結果と影響

RCTによって、標準的なEメールを受け取った企業と比較して、行動インサイトから情報を得たメッセージを含むEメールを受け取った企業の方が、クリック率が大幅に高いことが明らかになった。全般的に見るとメッセージの単純化が功を奏した。

しかし、特定の種類のメッセージは他よりも効果的であった。今回の研究から、自社と同じ形態の企業が**選ばれて**同プログラムに関する情報を受け取っていることを企業に通知することが、最も効果的であることが判明した。

相対的な効果量は大きかった。"選ばれて"Eメールを配信された企業は、対照用のメッセージを受け取った企業よりも、クリック率が40％以上高かった。

非常に多くのEメールが配信されたことで、同プログラムへの申込数も大幅に増加したことが、Eメール配信後に需要がピークに達したことによって証明されている。今回のRCTによって、政府のEメールチャネルから送信されるメッセージに行動インサイトを利用することで、政府プログラムの利用が促される可能性があることが実証された。

▶機関

BISは事業規制と消費者問題のほか、研修・訓練と技能開発を含む高等・継続教育、科学と研究を担う英国政府の省であった。現在はエネルギー・気候変動省（DECC）と統合されてビジネス・エネルギー・産業戦略省（BEIS）となっている。成人技能と高等教育の管轄は現在、教育省に移行

しており、教育省が成人の技能と知識のための行動インサイト研究センター（ASK）を監督している。

BEISは研究、設計、実施において行動インサイトを利用し、政策立案に対するエビデンスに基づくアプローチに寄与している。行動科学には、消費者行動、エネルギー利用、企業行動、およびコンプライアンスなど、BEISが担当する多数の政策分野に影響を与える大きな可能性がある。

BEISには行動インサイトを専門に扱う小規模な中央ユニットがあり、組織全体にわたる実務者の非公式ネットワークも管理している。行動インサイトに関する入門研修は、組織の全職員が利用できる。

第10章　行動インサイトの事例研究：労働市場

調査回答件数を最大限に増やす

国	英国
分　野	企業
機　関	ビジネス・イノベーション・技能省（Department for Business, Innovation and Skills: BIS）
介入開始	2014年
介入終了	2015年
目　的	ビジネスアドバイス補助金（Growth Vouchers）プログラムの評価の一環である調査への回答率を最大限に高める。
方　法	ビジネスアドバイス補助金プログラムに登録した小企業7,000社をサンプルとした無作為化比較試験（RCT）
適　用	ビジネスアドバイス補助金プログラムに登録した小企業に送付する調査票の文言を修正する。

第10章

▶問題

　BISの重要な責務の1つに、英国の小企業に対する支援の提供があった。BISはこうした企業の成長を後押しするための多数のイニシアティブを開発した。

　そのうちの1つが「ビジネスアドバイス補助金」であり、3,000万ポンドを予算とするマッチファンディング（matched funding）プログラムであった。企業は財務状況、人的資源、ビジネスプロセスにおけるITの利用、経営陣のスキルアップによって生産性を向上させる方法といったテーマについて、専門家の助言を得るための費用を助成する補助金を申請することができた。このプログラムは、企業のサポートニーズを直接、あるいはオンラインアンケートによって分析するといった、サポートを提供する様々な仕組みの有効性の検証も目的としていた。

　ビジネスアドバイス補助金プログラムは、英国の企業支援の分野でこれまで実施された中でも最大規模の試験の一部を構成していた。イニシアティブ全般を主導したのは英国財務省とBISで、両省は小企業の成長支援を目的とした多様な政府介入を検証したいと考えていた。この介入の有効性評価に役立てるため、BISはプログラム登録企業に電話調査を実施した。しかし、企業から調査への回答意欲を引き出すのは今なお課題となっており、この分野で行動インサイトを検証すれば非常に有益であり、より広範な効果が得られると考えられた。

▶介入

　BISは行動「ナッジ」を利用して、調査への回答率を最大限に引き上げられるかどうかを検証す

るため、試験を実施した。

ビジネスアドバイス補助金プログラムに登録した小企業7,000社以上を電話調査のために抽出し、5つの異なるグループに無作為に振り分けた。各グループは調査について異なる導入説明を受けた。導入説明は行動科学から得た以下の原則を用いて修正した。

● コミットメントのリマインダー

● 社会規範

● 文章の単純化（対照用の文章がベース）

1つのグループ（対照群）は「通常業務通り」の調査の導入説明を受けた。続いて、他のグループ（すなわち介入群）の回答率を、通常業務通りの導入説明を受けた企業の回答率と比較した。

▶結果と影響

行動インサイトに基づくメッセージの中でも、特にコミットメントのリマインダーを用いて調査についての導入説明を行うと、標準的な調査の導入説明を用いた場合と比較して、調査回答率が5ポイント上昇したことが明らかになった。

このことから、行動科学の原則を利用することで、英国政府のビジネスアドバイス補助金プログラムに登録している小企業に、活動への参加をうまく促せることが実証された。

今回の試験から最も有効性が高いことが判明した文言を、ビジネスアドバイス補助金プログラムの登録者に今後送付する追跡調査に取り入れた。

▶機関

BISは事業規制と消費者問題のほか、研修・訓練と技能開発を含む高等・継続教育、科学と研究を担う英国政府の省であった。現在はエネルギー・気候変動省（DECC）と統合されてビジネス・エネルギー・産業戦略省（BEIS）となっている。成人技能と高等教育の管轄は現在、教育省に移行しており、教育省が成人の技能と知識のための行動インサイト研究センター（ASK）を監督している。

BEISは研究、設計、実施において行動インサイトを利用し、政策立案に対するエビデンスに基づくアプローチに寄与している。行動科学には、消費者行動、エネルギー利用、企業行動、およびコンプライアンスなど、BEISが担当する多数の政策分野に影響を与える大きな可能性がある。

BEISには行動インサイトを専門に扱う小規模な中央ユニットがあり、組織全体にわたる実務者の非公式ネットワークも管理している。行動インサイトに関する入門研修は、組織の全職員が利用できる。

第11章

行動インサイトの事例研究：公共サービスの提供

　本章では、OECD諸国とパートナー諸国において、国民への政府サービスの提供方法を改善するとともに、規制対象組織のコンプライアンスを向上させるためのツールとして、行動インサイトがどのように適用されてきたかについて、一連の詳細な事例研究を取り上げる。本章で提示する事例研究では、資源集約的な無作為化比較試験から、それほど資源集約的ではない文献レビューまで、幅広い実験的方法が用いられている。何が有効で何が有効ではないのかについてのオープンで透明性のある共有は、質の高い研究と研究結果の広範な共有を確保するのに不可欠である。

第11章

第11章　行動インサイトの事例研究：公共サービスの提供

オンラインでの運転免許証の更新

国	カナダ
分　野	公共サービスの提供
機　関	オンタリオ州政府／ ロットマン経営大学院実践行動経済学（Behavioural Economics in Action at Rotman: BEAR）センター
介入開始	2014年1月
介入終了	2014年2月
目　的	オンラインで提供される公共サービスの利用を促す。
方　法	更新通知を送付予定の車両所有者62万6,212人をサンプルとした無作為化比較試験（RCT）
適　用	オンタリオ州の車両所有者に送付するナンバープレートステッカーの更新通知を再設計する。

第11章

▶問題

　オンタリオ州では車両所有者は運転免許証の保有が義務付けられており、免許証は年に1度更新される。毎年、車両所有者には、ナンバープレートステッカーの更新を促す通知が送付される。ステッカーの有効期限と更新通知が発行されるタイミングは、車両所有者の誕生日に関連付けられている。免許を更新する方法は2通りあり、車両所有者はサービスカウンターでもオンラインでも手続きを行うことができる。

　オンタリオ州政府は、ナンバープレートステッカーの更新手続きの効率を改善するため、BEARセンターと協力して、より多くの車両所有者にオンラインでのステッカーの更新を促すことができるかどうか検証することにした。

▶介入

　オンタリオ州政府の行動インサイトユニットはRCTを設計して、発行する通知に**顕著性**や**利得／損失フレーミング**など、行動科学の文献で立証されている原則を適用することで、サービスカウンターではなくオンラインでの更新手続きを選択する人が増えるかどうかを検証することにした。

　RCT実施時に更新通知が送付される予定の同州の車両所有者から、無作為に抽出した62万6,212人をサンプルとして、行動科学による洞察から情報を得て修正を加えた手紙を送付した。手紙の中では、目立つように背景色を青にしてこのウェブサービスに関する情報を記載して、顕著性の適用を検証した。そして、時間の節約になるなど、オンラインでの更新手続きのメリットを強調して、

利得および損失フレーミングの適用を検証した。

検証した介入条件は3種類であり、ナンバープレートステッカーを更新予定の車両所有者に送付する更新通知に、次のような変更を加えた。

1. ウェブサービスの記載場所の**顕著性**を高めた。

2. ウェブサービスの記載場所の**顕著性**を高めて、オンラインサービスについての宣伝資料を、オンラインサービスを利用する**利得**でフレーミングした。

3. ウェブサービスの記載場所の**顕著性**を高めて、オンラインサービスについての宣伝資料を、オンラインサービスを利用しない場合に生じる**損失**としてフレーミングした。

対照群の車両所有者が受け取った標準的な更新通知には、元々オンラインサービスのウェブアドレスが記載されており、介入群と同じ場所に宣伝資料が掲載されていた。結果は、変更を加えた手紙を受け取った車両所有者がオンラインで実施したナンバープレートステッカーの更新手続きの件数を、変更を加えていない標準的な通知を受け取った車両所有者がオンラインで実施した更新手続きの件数と比較して評価した。

▶結果と影響

最も効果が高かったのは、**顕著性**と**利得フレーミング**を両方取り入れた介入、つまり背景色を変えてオンラインサービスの情報を目立たせて、オンラインで更新するメリットを強調した介入であった。このタイプの通知を送付した場合、オンラインで手続きを行った車両所有者の比率は、変更を加えていない通知を送られた車両所有者と比較して4.3ポイント高かったことが判明した。オンラインで手続きをした車両所有者の比率は、更新総数の10.3％から14.6％に上昇した。

顕著性と**損失フレーミング**を適用した介入では、オンラインサービスを利用した場合の利得ではなく、利用しない場合の損失でフレーミングしており、効果はわずかに減少したものの、オンラインで更新した車両所有者の比率は対照群と比較して3ポイント高かった。

顕著性のみを用いた場合、増加したのは1.3ポイントのみであったことから、オンラインサービスの情報を目立たせるために更新通知上で視覚的表現を変更しても、そのメリットについて説明しなければ、フレーミングを組み合わせた他の2つの介入よりも効果が少なくなることがわかった。

この試験により、オンタリオ州政府は、市民に送付する通知におけるウェブサービスの**顕著性**を高めて、オンラインサービスを利用する利得を説明することで、同サービスの利用を促すことができると結論付けることができた。サービスカウンターに出向くのではなくオンラインで免許の更新を行う車両所有者が増えた結果、8週間の試験だけで2万8,000カナダドルの取引手数料を回避することができた。こうした結果を受けて、オンタリオ州政府は**顕著性**と**利得フレーミング**を利用した介入を、同州の車両所有者に送付するすべての更新通知に適用している。

第11章　行動インサイトの事例研究：公共サービスの提供

この介入を実施して以降、修正を加えた通知を利用することで、オンラインサービスの利用率が前年比で約1ポイントずつ伸びていることが、分析によって明らかになった。この評価には差分の差分法を用いて、介入の実施直前と直後の期間を12か月前の同時期と比較したものであり、公共サービスの設計に寄与するために行動科学を用いた効果が継続する可能性を実証している。

▶機関

オンタリオ州はカナダで2番目に大きな州である。オンタリオ州政府はエビデンスに基づく公共政策とサービス設計という全体戦略の一環として、行動科学の洞察を適用して同州の公共サービスのいっそうの有効化を図っている。中でも注目すべきものとして、行動インサイトを活用して、同州の貧困削減戦略、オープン・フォー・ビジネス・イニシアティブ（Open for Business Initiative）の一環としての規制削減、サービスオンタリオ（ServiceOntario）の現代化に寄与している。

オンタリオ州政府には中心となる小規模な行動インサイトユニット（Behavioural Insights Unit: BIU）が存在する。BIUは行動科学の中でも特に組織行動学の専門家から成っており、今回の調査を実施した。さらに、BIUは行動インサイトの実務者による公式ネットワークや、学術パートナーからの支援を活用している。

BEARはトロント大学ロットマン経営大学院にあるセンターで、意思決定における数十年に及ぶ研究を、実証的に検証されたツールと融合させて行動変化を促している。同センターは社会・経済問題について行動科学のレンズを通して考察し、インセンティブや刑罰を用いたり情報を提供したりする従来のアプローチを超えた解決策を設計する。

BEARは最先端の学術研究とフィールド調査を実施し、より良いタッチポイントと介入を通じてパートナーが行動変化を実現するのを支援し、幅広い教育・アウトリーチ活動に従事している。BEARが重視しているのは、選択の自由を残しながら、人々をより良い決定に導く非財政的で非規制的な（法による禁止ではない）解決策である。BEARは「ラストマイルの問題」を解決することで、社会福祉と事業収益性を改善しようとしている。BEARのDNAの中核は科学的な検証であり、フィールドおよび実験室でRCTを利用して、測定可能な結果を出そうとしている。また、ロットマン・デザインワークス（Rotman DesignWorks）にあるデザインスタジオと密接に協力して、行動情報に基づく選択環境を創出している。

BEARはオンタリオ州政府のBIU設立に貢献した。

資料

Castelo, N. *et al.* (2015), "Moving Citizens Online: Salience and Framing as Motivators for Behavioral Change", Behavioral Science and Policy, Vol. 1/2, pp. 57-68.

行動インサイトの事例研究：公共サービスの提供　第11章

企業登記申請書の不備

国	デンマーク
分　野	企業
機　関	デンマーク産業庁（Danish Business Authority）
介入開始	―
介入終了	2014年に報告書を発表
目　的	手続きを進めるのに必要な添付書類を欠いたままデンマーク産業庁に提出される会社登記申請書の数を減らす。
方　法	登記申請書のフォーマットを変更する実験：2週間の対照期間を挟んで2回、2週間の期間で実施——サンプルサイズは申請1,070件
適　用	今後の実験では、登記申請書の作成をサポートする専門家（ミスの減少が証明されている）を利用しない企業に的を絞る。

第11章

▶問題

　デンマークで特定のタイプの会社を設立または変更したい場合、「企業登記申請書（Company Registration Form）」の作成が義務付けられており、この書類をデンマーク産業庁は手作業で処理している。企業登記申請書は、画面上で作成し電子署名を使って提出しても、印刷して普通郵便で送付しても構わない。

　企業から申請書が提出されると、同庁の企業支援（Business Support）部門が登記処理を行う。しかし、申請書の処理に必要な添付書類が不足していれば、申請は処理されない。登記担当職員は申請を却下して、手続きを進めるのに必要な提出物を指示する手紙を企業に書くか、申請を保留にして、処理を進めるまでに提出しなければならない書類を明記した手紙を企業に送付する。

　デンマーク産業庁には、毎日新たに約80件の企業登記申請書が提出される。しかし、提出されて手作業で処理される申請書と添付書類には、いくつもミスや不備があることが多く、処理を進めるのに必要な資料が不足していることが頻繁にある。その結果、企業が正確な書類を提出するまで手続きを進められないため、同庁は企業に正確な書類を提出させることに多くの時間を費やす。手計算によると、ミスは申請書のおよそ20％に見られ、たいていは添付書類が不足している。

　デンマーク産業庁は、企業が「企業登記申請書」を用いる最初の時点から、正確な書類（添付資料）を提出してほしいと考えた。添付資料が足りない申請書の件数が減れば、保留件数も、企業からの電話での問い合わせ件数も、申請書の訂正を求めて送付する手紙の枚数も減るだろう。それはひいては、登記処理に要する時間全体を短縮することにもなるだろう。

347

第11章　行動インサイトの事例研究：公共サービスの提供

▶介入

　企業支援部門と企業の負担を減らすため、デンマーク産業庁は企業登記申請書そのものに、行動情報を活用していくつか変更を加え、その効果を検証する実験をすることにした。こうした変更によって、企業がこれまでより完全かつ正確に申請書を作成する後押しになるかどうかを突き止めたいと考えた。

　まず、同庁は分析を行って、当該企業が当初から申請書を正確に作成するのを妨げている行動バイアスを明確にした。そして、申請書を分析、分類、評価して、変更することでメリットが生じる部分を特定した。

　同庁は2つの大きな問題を見つけた。

1. **署名欄の位置**：企業は「細字部分」など、申請書の特定の構成要素を見過ごす傾向にある。署名してから添付書類を同封するという現在の順序は、作成者に添付書類の同封を思い出させるのに有益ではなかった。なぜなら、署名欄は申請書の8ページ目の下部にあるが、添付書類の同封について注意を喚起し、言及し、確認させる記述は、10ページ目までなかったからである。署名を求められた時点で、それは届出人にとって申請書の作成が終わったという合図になった。署名欄の後に添付書類の同封について記載することは、添付書類を同封しなければならないことを見過ごしやすくするため、適切ではなかった。

2. **最後にすべきことについての指示の欠如**：署名が申請書の作成の終了を表すことを考えると、署名欄は届出人に必要な処理を忘れていないか検討させるのに適切な場所であるといえる。それについては元々の申請書も、「この申請書の署名者は情報が正確であること、および変更が生じればデンマーク産業庁に報告することをここに宣言します」という記述の横のチェックボックスへのチェックを義務付けることで対応している。しかし、チェックが義務付けられているこのボックスは、添付書類の同封や届出人が犯す恐れのあるその他の一般的なミスについて、届出人に注意を喚起してはいなかった。このボックスの位置は、デンマーク産業庁が届出人に取ってほしいと考える適切な行動への注意を引く場所として適していると考えられる。

こうした分析に基づき、同庁は申請書に次の変更を行った。

1. 署名欄を最後の（別の）ページ、つまり添付書類の同封ページの後に移動させた。

2. 「私はこの申請書に必要な添付書類をすべて同封したことをここに宣言します」という文と一緒に、チェックを義務付けたボックスを署名欄に追加した。これは**成功フィードバック**（success feedback）という行動原理を利用して策定した。この文は、申請書を完成させるにはボックスへのチェックが必要であることを具体的に考慮させ、チェックを入れることで行動が完了することを明示することで、届出人に目標を達成したという感覚を与える。

3. 署名欄に次の文を追加した。「二度手間を避けましょう。正確で適切な添付書類を確実に同封

していない場合、もう一度この申請書に記入していただくことになります」。この文は**損失回避**を発動させた。

4. 署名欄に次の文を追加した。「同封すべき添付書類についてご不明な点がありますか？ その場合、7220 0030にお電話ください」。サポートの申し出は正確な添付書類を同封する重要性を強調する一助となった。

デンマーク産業庁は変更を加えた登記申請書を用いて、2週間の対照期間を挟んで2週間の実験を2回行った。

2回目の実験では、他の介入と併せて、申請書にチェックリストも追加した。チェックリストは署名欄の直前の最終ページに追加し、すべてのボックスにチェックを入れることを義務付けた。チェックリストを利用することになったのは、（ボックスにチェックを入れることで）添付書類への注意を引き、他の一般的なミスをなくし、行動についてより包括的な最終指示を出して成功フィードバックを与えるという考えを踏まえてのことであった。

▶結果と影響

実験は添付書類の不備の減少という期待した効果をもたらさなかった。対照期間中に提出された申請書と比較して、実験期間中に提出された書類のミスの数に有意な差は見られなかった。データ収集過程でデータの大半が失われてしまったことも、結果の評価を困難にした。

実験で添付書類の不備の数が減少しなかった理由として、添付する必要のある書類がどれか企業がわかっていないということが考えられた。したがって、届出人が申請書を作成し終わる前に添付書類を添付する必要性に注目させることは、適切な解決策ではないことが判明した。しかし、今回の企業登記申請書は多様な申請に利用されるため、当該申請にとってどれが正確な添付書類なのかについて、届出人に情報を与えるのは複雑な作業になろう。

登記申請書のミスの数は誰が登記申請書を提出したかによって変わることが追加データに示されていた。データ収集過程から、企業そのものではなく専門家（弁護士や会計士）が届け出の責任者である場合、ミスが少ないことがわかった。

申請に当たって企業が専門家のサポートを利用しない場合にミスが多く発生していることから、最大の利益が生じるのは、専門家のサポートを受けずに会社登記申請書を作成する届出人に着目することであり、新たな実験ではこうしたグループを対象にすれば有益な結果が得られるだろうことが実験で明らかになった。

▶機関

デンマーク産業庁はデンマークにおいて企業関連の規制を管轄し、同国での成長に有効な条件を創出する責任を負っている。

第11章　行動インサイトの事例研究：公共サービスの提供

　同庁は業務で一貫して行動インサイトを活用し、最も容易で最も費用効果の高い方法でデンマーク企業と同庁との相互作用を可能にする法律とサービスの仕組み作りに役立てている。同庁の業務の中心は行動情報を活用した介入を設計してそれらを試行することであり、行動インサイトを利用して問題を調査し、解決策を設計し、新たな介入を実施している。

　こうしたデンマーク産業庁の取り組みは中心的なプロジェクトチームに定着しており、プロジェクトチームは様々なイニシアティブの開発や、同庁内での行動インサイトの適用を支えるツールの開発を監督している。同庁は個々のプロジェクトに加えて、従事する職員に行動インサイトに関する研修プログラムを実施している。

　同庁内部では、行動に関する試験によって、「新しい」形態のコミュニケーションやプロセスにさらされることになる企業が、それを受け入れるかどうかについて、また、それが予測できない問題を引き起こすかどうかに関して、一部で懸念が生じた。特定のイニシアティブや実験によって同庁の職員に追加で生じる仕事の有無についても批判が生じた。しかし、行動インサイトに基づくイニシアティブの導入全般は、おおむね前向きな姿勢で受け入れられた。

　潜在的な懸念事項に対処するために、同庁は企業のニーズと同庁のニーズのバランスを保つイニシアティブを考案しようとしてきた。主にコンプライアンスと、現行法の遵守の容易化・単純化に取り組んでいる。政治的に非常に慎重な対応が求められる分野に関しての実験は実施しておらず、組み合わせた場合に測定可能な変化を生み出すもっと小規模なイニシアティブに重点を置いている。実施されたすべてのイニシアティブは、ビジネスコミュニケーションに対する政府の権限内に入るものである。

　同庁は行動科学に関連した取り組みにおいて、常に効果とデータを注視しているため、実験中に意図せぬ結果や副作用が検出された場合に修正をすることが可能である。プロジェクトグループは各イニシアティブのプロセスと結果について、時間をかけて準備・説明し、いかなる懸念にも耳を傾け、それらを反映させている。データとフィードバックに着目することで、予期せぬ問題が発生しないように徹底している。

　デンマーク産業庁はデンマーク・ナッジング・ネットワークと協働しているほか、ロスキレ大学と博士課程パートナーシップを結んで、2017年9月まで行動インサイトのための政策モデルを開発している。

行動インサイトの事例研究：公共サービスの提供　第11章

手紙を修正して企業からの回答率を向上させる

国	デンマーク
分　野	企業
機　関	デンマーク産業庁（Danish Business Authority）／コペンハーゲン・エコノミクス（Copenhagen Economics）
介入開始	―
介入終了	2014年に報告書を発表
目　的	デンマークの企業に手紙を送付した際に、デンマーク産業庁が受け取る回答数を増加させる。
方　法	実験：手紙の目的と期待について受取人の理解を促すナッジを取り入れて作成し直した600通近くの手紙を企業に送付
適　用	企業への最も効果的な対応方法を学ぶことは、明瞭性を改善させるため、同庁も企業も運営費を削減し、同庁とやりとりする企業の満足度を向上させることができる。

▶問題

　多くの企業や個人が、公共機関からの手紙にまったく回答しないか、公共機関が意図していたようには回答しない。こうしたことは、企業だけでなく公共機関にとっても不必要な運営費の発生につながっている。

　こうした状況を受けて、プロジェクトチームは、産業庁が公共のデータベースであるニュートリション・ベース（Nutrition Base）への登録を促すために、特定の企業に送付する手紙への回答率の引き上げを目的として、実験を実施したいと考えた。

　介入前は、手紙を受け取った企業の半数しか回答せず、ニュートリション・ベースに登録した企業はさらに少なかった。その結果、産業庁は別の手紙で、最終的には非難文書で対応せざるをえなくなったが、そのどちらも追加費用が必要である。

▶介入

　まず、プロジェクトチームは元々の手紙を分析して、回答が少ない原因となっている行動障壁を明らかにした。そして、元々の手紙の次の要素を、企業が手紙に回答するのを妨げている可能性のある障壁として特定した。

- 調査票が個人宛てではなく一般的であった。

351

第11章　行動インサイトの事例研究：公共サービスの提供

- 文章の構成が複雑であった。

- 重要情報が強調されていなかった。

- 要請通りに行動しない場合の損害が明確ではなかった。

- 企業の側に具体的な行動（ニュートリション・ベースへの登録）を要請していることが明記されていなかった。

　最初の分析後、プロジェクトチームは以下のナッジを利用して新たな手紙を作成した。ナッジはこれまでの行動経済学の経験によって、同種の手紙の回答率の引き上げに成功したことが証明されているものである。

- 個人または企業に名前で**明確に呼びかける**。

- ニュートリション・ベースへの登録基準に当てはまるかどうかの判断を**容易化する**チェックボックスを追加する。

- 重要情報を**目立たせて**、回答しない場合の損害を強調する。

- **行動指向的な方法**で、また説明図例を用いて、ニュートリション・ベースへの登録方法を示す。

- 自社がニュートリション・ベースの登録対象ではない理由を主張する選択肢を1ページ目から2ページ目に移動させることにより、**選択肢を再配置する**。

　無作為に選定した3つの企業グループに手紙を送付した。これらの企業は本来ならばいずれも元々の手紙を受け取ることになっていた。合計で600社近くの企業が手紙を受け取った。元々の手紙、すなわち対照用の手紙は200社近くの企業に送付され、別の200社には新しい手紙が白色の紙で送付され、残りの200社には新しい手紙が赤色の紙で送付された。

▶結果と影響

　変更を加えた新しい手紙を送付した結果、回答率が有意に上昇した。元々の手紙を受け取った企業（対照群）では、ニュートリション・ベースに登録するか、登録する必要がない理由を説明するかして（企業に可能な回答はこの2通りであった）、57％が回答したことが明らかになった。新しい手紙を白色の紙で受け取ったグループの回答率は65％であったが、新しい手紙を赤色の紙で受け取ったグループはさらに高く、69％であった。

　また、新しい手紙を受け取った企業の方が、実際にニュートリション・ベースに登録する割合がずっと高かった。対照群の企業の場合、29％がニュートリション・ベースに登録したが、新しい手紙を白色の紙で受け取ったグループの場合は35％、新しい手紙を赤色の紙で受け取ったグループの場合は42％であった。

　この実験の結果は驚くべきものである。今回の実験結果に基づき、新しい手紙を標準的な手紙と

して利用する費用と効果を推定して、実際の投資対効果検討書を作成することができた。

▶機関

デンマーク産業庁はデンマークにおいて企業関連の規制を管轄し、同国での成長に有効な条件を創出する責任を負っている。

同庁は業務で一貫して行動インサイトを活用し、最も容易で最も費用効果の高い方法でデンマーク企業と同庁との相互作用を可能にする法律とサービスの仕組み作りに役立てている。同庁の業務の中心は行動情報を活用した介入を設計してそれらを試行することであり、行動インサイトを利用して問題を調査し、解決策を設計し、新たな介入を実施している。

こうしたデンマーク産業庁の取り組みは中心的なプロジェクトチームに定着しており、プロジェクトチームは様々なイニシアティブの開発や、同庁内での行動インサイトの適用を支えるツールの開発を監督している。同庁は個々のプロジェクトに加えて、従事する職員に行動インサイトに関する研修プログラムを実施している。

同庁内部では、行動に関する試験によって、「新しい」形態のコミュニケーションやプロセスにさらされることになる企業が、それを受け入れるかどうかについて、また、それが予測できない問題を引き起こすかどうかに関して、一部で懸念が生じた。特定のイニシアティブや実験によって同庁の職員に追加で生じる仕事の有無についても批判が生じた。しかし、行動インサイトに基づくイニシアティブの導入全般は、おおむね前向きな姿勢で受け入れられた。

潜在的な懸念事項に対処するために、同庁は企業のニーズと同庁のニーズのバランスを保つイニシアティブを考案しようとしてきた。主にコンプライアンスと、現行法の遵守の容易化・単純化に取り組んでいる。政治的に非常に慎重な対応が求められる分野に関しての実験は実施しておらず、組み合わせた場合に測定可能な変化を生み出すもっと小規模なイニシアティブに重点を置いている。実施されたすべてのイニシアティブは、ビジネスコミュニケーションに対する政府の権限内に入るものである。

同庁は行動科学に関連した取り組みにおいて、常に効果とデータを注視しているため、実験中に意図せぬ結果や副作用が検出された場合に修正をすることが可能である。プロジェクトグループは各イニシアティブのプロセスと結果について、時間をかけて準備・説明し、いかなる懸念にも耳を傾け、それらを反映させている。データとフィードバックに着目することで、予期せぬ問題が発生しないように徹底している。

デンマーク産業庁はデンマーク・ナッジング・ネットワークと協働しているほか、ロスキレ大学と博士課程パートナーシップを結んで、2017年9月まで行動インサイトのための政策モデルを開発している。

コペンハーゲン・エコノミクスは北欧地域の主要な経済コンサルタント会社である。2000年創業

の同社には70人以上のスタッフがいて、世界中で業務を行っている。グローバル・コンペティション・レビュー（Global Competition Review）誌はコペンハーゲン・エコノミクスを、2006年以降ずっと世界トップ20の経済コンサルタント会社の1つに挙げている。

コペンハーゲン・エコノミクスは立証済みの研究手法に基づいて中立的な助言を提供している。同社の専門家は経済分野に深い知識を擁している。

行動インサイトの事例研究：公共サービスの提供　第11章

政府サービスを提供する一般アクセスポイント

国	スペイン
分　　野	公共サービスの提供
機　　関	財務・行政省（Ministry for Finance and Public Administrations）
介入開始	2013年7月
介入終了	2014年10月
目　　的	オンラインと対面での国民と行政の相互作用を改善する。
方　　法	外部専門家の招聘と他国の他の経験についての文献レビュー
適　　用	介入から得た洞察を利用して、一般アクセスポイント・プラットフォームとソーシャル・メディア・アカウントを設計する。

▶問題

　経済・財政危機という状況の中、スペインの閣僚評議会（Council of Ministers）は2012年、行政改革委員会（Commission for the Reform of Public Administrations: CORA）を設立した。その目的は、行政をより簡略で有益で実効的なものにするための研究と提言の作成であった。CORAが2013年6月に提出した最終報告書には、行政改革のための217の提言が含まれていた。

　CORA報告書の主要部分では、行政手続きを簡略化するためのデジタルツールを設計・導入するための措置について取り上げていた。国民による提言で最も評判の良かったものの1つは、1つのポータルサイトで政府サービスにアクセスできる一般アクセスポイント（General Access Point: GAP）の構築であった。財務・行政省の行政大臣によって創設されたGAP（administracion.gob.es）により、関心を持つ人なら誰でも行政の活動・組織・措置に関する情報にアクセスできるようになった。このウェブポータルのおかげで、国民も企業も行政手続きを利用しやすくなっている。

　またCORA報告書は、スペイン中央政府によるソーシャル・メディア・アカウントの創設と公の意思決定プロセスにおける国民の協議を促進した。スペインの行政組織は複雑である——公的権限が中央政府、自治行政区、地方団体の間に分散されている——ため、GAPの導入には異なる行政機関の間で協議機関や作業部会を通じた広範囲にわたる協調が必要であった。

▶介入

　CORAチームは広範な協議プロセスを実施した。そこでは国民はツイッターのほか、060情報オ

第11章

355

第11章　行動インサイトの事例研究：公共サービスの提供

フィス（060 Information Office）で直接、または電話番号060番を利用して、あるいは今回の改革プロセスのために特別に創設されたオンライン協議プラットフォームを通じて、意見を寄せることができた。

　政府はデータを分類して、国民が行政機関との相互作用に際して直面する負担の種類とそうした負担を除去するための国民からの提案を検討した。ひとたび情報分析を終えると、負担を軽減するための措置を提言した。

　政府はこうした提案を受け取るのに構造化した行政体制を利用し、国民にテーマ、すなわち改革の内容と提言について説明してもらうことで、提供された情報の分析を円滑化した。

　国民から1,000件を超える提案が寄せられた。そこから専門家グループが900件を選んで、それぞれの重要性と一貫性を考慮して、それらの提案の研究を進めた。政府は、デジタル行政、法改正、負担となる行政手続きの簡略化／削減、国民の情報、行政上の負担の種類、影響を受ける公共団体、実行可能な解決策など、様々なカテゴリーを用いて提案を半自動的に分類した。

▶結果と影響

　財務・行政省は今回の介入で得た結論を利用して、国民とのデジタル・コミュニケーション・チャンネルを改善し、バックエンド管理体制を向上させることにした。

　政府にアクセスするためのGAPの設計は現在も引き続いて行われている。それは可能な限り最善の方法で、設計上の問題（国民にわかりやすい設計、使いやすいブラウザ、正確で理解しやすい言葉遣い）と、コンテンツ（関心のあるイベントやガイドなどを重視した内容）に関する国民のニーズに応じるためである。

　この介入の結果、国民と政府のコミュニケーションが改善している。行政プロセスの効率も向上している。

▶機関

　財務・行政省は次の分野におけるスペイン政府の政策の設計と実施を担っている。国家財政・予算・歳出、公営企業、行財政制度、地域・地方自治体との協調、自治体における中央政府代表者と副代表者の支援、行政事務、公務員の採用と研修、中央政府の行政手続きの改革と組織化、サービスの監督、デジタル行政の促進、公共政策の評価、公共サービスの改善。

行動インサイトの事例研究：公共サービスの提供　第11章

コンプライアンスの奨励：
相互会社からFCAへの提出を改善する

国	英国	
分　野	金融サービス／相互会社	
機　関	英国金融行動監視機構（Financial Conduct Authority: FCA）	
介入開始	2013年	
介入終了	2014年	
目　的	相互会社（FCAによる登録を受けなければならない会社の一形態）がFCAに期限通りに年次報告書を提出するよう促す。	
方　法	相互会社7,984社を異なるメッセージを受け取る3つの介入群と1つの対照群に分けて無作為化比較試験（RCT）を実施	
適　用	FCAと規制対象セクター間の今後のコミュニケーションのタイミングと内容に寄与する。	

▶問題

第11章

　FCAは相互会社から、こうした会社の登録機関という立場で（金融規制機関としてのFCAの役割とは異なる）、年次報告書と年次会計報告書を受け取る。相互会社はそれぞれの会計年度末日に基づき、1年の特定の時点で年次会計報告書を提出しなければならない。会計年度末日は歴史的に12月31日に設定されているが、相互会社は希望する場合、変更することができる。これまでのところ、すべての相互会社が報告書を期限通りに提出してきたわけではなく、なかにはまったく提出していない会社もある。期限を経過しての提出や不提出により、FCAは時間と資源を費やして会社に催促しなければならない。会社はFCAの起訴を受けて、登録を取り消されたり、罰金を科されたりする結果にもなる。

　相互会社が年次報告書を期限通りに提出しない理由は多数考えられる。相互会社は少数のボランティアが運営する小規模な団体であることが多い。惰性が見られる場合もあり、これまで年次報告書を提出したことのない会社には、今提出に取り組む刺激となるものがほとんどない（サンプルによると、8.55％が報告書を一度も提出したことがなく、7.73％が過去3年間提出していなかった）。ほかの理由として失念も考えられる。年度末の後、会社に提出が認められている期間は7か月間であり、この時期は会社の秘書が交代する時期でもあるため、新任の秘書は退任する秘書から年次報告書と年次会計報告書を提出しなければならないということを知らされていない可能性もある。

　FCAは相互会社と連絡を取る際に、会社の注意を引き、期限通りの提出を促すために利用できる**具体的なメッセージ**があるかどうかを明らかにしたいと考えた。

357

第11章　行動インサイトの事例研究：公共サービスの提供

▶介入

FCAは相互会社[1] 7,984社をサンプルとして手紙を送付した。その際、これらの会社を団体の種類、会計年度が終わる月、最後に提出した年によって層化して、種々の介入群と対照群に無作為に振り分けた。介入は次の通りである。

- **箇条書き（顕著性）**：顕著な箇条書きと罰則に関するメッセージの記載：「昨年、御社のような相互会社は該当する報告書を期限通りに提出しなかったことで、最大3,000ポンドの罰金を科されました。」

- **注意書き**：封筒に注意書きを追加：「同封の書類に記入して返送することは法律上の義務です。」

- **タイミング**：異なる日（5月26日、6月3日、または7月8日）に手紙を送付した。そうすることで、FCAは手紙の送付日と提出期限までの時間の長さがコンプライアンスに与える影響を推測するのに役立った。

これらの介入の目的は、受取手に罰則や法的要求事項に対して注意を促すことなど、他の状況では有効であったいくつかの行動インサイトを検証することであった。

またFCAは介入を組み合わせて12通りのグループを作った。たとえば、1つのグループには箇条書きも封筒に注意書きもせずに5月26日に手紙を送付したが、別のグループには箇条書きを用いたが封筒に注意書きをせずに6月3日に手紙を送付した。

箇条書きと注意書きの効果を検証する目的で、対照群を構成する会社には箇条書きも封筒の注意書きもない手紙を送付したが、手紙は上記の3つの日付すべてに送付した。タイミングの効果を検証する目的で、対照群は第1コーホート（5月26日に手紙を送付したグループ）としたが、すべてのグループには箇条書き、封筒の注意書き、その両方あり、両方なしの手紙を受け取った人が同数含まれた。

FCAは手紙を送付した10か月後、会社が2通りの方法でFCAとやりとりしたかどうかを評価した。会社がFCAに年次報告書を提出したか、会社の登録状況が相互会社としての登録を失う方向に変わったか（会社またはFCAの主導で会社が閉鎖することを意味する）の2通りである。

▶結果と影響

試験の対象になった相互会社のうち、6,456社（80.9％）が行動を起こしたが、1,528社（19.1％）は何の行動も起こさなかった。

各介入を検証した結果、FCAは箇条書きによる介入と注意書きによる介入は、対照群と比較して、相互会社の行動を改善しなかったことを明らかにした。しかし、手紙を送付するタイミングは、会社の対応に影響を与えた。7月に手紙が送付された会社（それゆえ期限までの期間が概して短い

——中央値は5月の場合は66日、6月の場合は58日であるのに対して、7月の場合は23日）は、手紙に対して行動を起こす確率が2.4ポイント高かった。グループ全体では、期限までの期間が短い会社の方が、長い会社よりも行動を起こす傾向が強かった。

またFCAは、行動を起こす確率と、会社が決算を行う会計期末の日を自分たちで選択するか初期設定のままにしておくかの間に関連性があることも明らかにした。決算日を自分たちで選択した会社の方が、12月31日という初期設定を維持している（それゆえに提出期限は7月31日である）会社よりも、行動を起こす確率が低かったが、考えられる季節的影響を分離することは困難である。

▶機関

FCAは英国の独立した金融規制機関であり、金融サービス産業に従事する事業者に賦課する課徴金を財源としている。市場の健全性の向上、適切な水準の消費者保護の確保、競争の促進を3つの法定目標としている。行動科学を他の規制ツールと併せて研究および政策立案に積極的に活用し、運営目標を達成する。

FCAには経済学者、コンピューター科学者、心理学者からなる専門的なユニットとして「行動経済学・データサイエンス・ユニット（Behavioural Economics and Data Science Unit: BDU）」がある。BDUは独自の研究を実施して、FCAによる行動インサイトの適用を支援している。チーフエコノミストの属する部課や政策部門担当者など、FCAでは行動経済学が他にも広く日常業務に適用されている。FCAが行うすべての試験と研究は、堅牢なレビュープロセスを踏み、その過程で倫理的リスクやその他のリスクが評価され、必要に応じて緩和される。

注

1. 具体的には産業共済組合。

資料

Smart, L. (2016), "Full Disclosure: a round-up of FCA experimental research into giving information", Financial Conduct Authority (FCA), *Occasional Paper 23*, https://www.fca.org.uk/publication/occasional-papers/op16-23.pdf（2017年1月12日アクセス）.

第11章　行動インサイトの事例研究：公共サービスの提供

┌───┐
│   │
│ ヘルプはここにあります：企業の許可申請をサポート │
│   │
└───┘

国	英国
分　　野	金融サービス
機　　関	英国金融行動監視機構（Financial Conduct Authority: FCA）
介入開始	2015年
介入終了	2016年
目　　的	FCAのEメールに対して許可申請企業からの関与を引き出す。
方　　法	無作為化比較試験（RCT）：注意を引き惰性を打破する目的で作成したEメールの件名を一連のA／Bテストで検証する。
適　　用	企業にとって有益なEメールの閲覧を促すのに最適なEメールの件名を突き止める。

▶問題

　2014年4月、FCAは公正取引庁（OFT）から消費者金融に関する責任を引き継いだ。それはつまり、これまでOFTからライセンスを受けていた5万社近くの企業が、消費者金融事業を継続したい場合は、FCAの許可を申請しなければならないということであった。2014年4月1日から2016年3月31日にかけて、FCAは消費者金融業者から3万7,000件近くの許可申請書を受け取った。

　各企業には3か月間の申請期間が与えられ、FCAはこの期間の前と間に、企業の申請をサポートする一連のEメールを送付した。Eメールでの情報提供に伴う問題点の1つは、関与である。多数の企業がEメールを開くことすらしなかったため、Eメールに記載されている情報から恩恵を受けることができなかった。

　FCAは、申請手続きについてよくわかる動画へのリンクを張ったEメールの1通に対して、企業からの関与を引き出すために、一連の簡単なRCTを実施した。

▶介入

　送信するEメールごとに、FCAはEメール配信ソフトウェアを使って、受信者を無作為に2つのグループに分けた。各グループは注目を引き惰性を打破する目的で作成された異なる件名のEメールを受け取った。その後、FCAはEメールの開封率をグループごとに算出した。

　これを反復A／Bテスト（つまり、最も効果の高いメッセージを、続いて新しいメッセージと比較すること）により、異なる企業からなる4つのコーホートに繰り返した。A／Bテストは最も単

純な形態のRCTであり、ある選択肢を対照用の選択肢と比較してその結果を評価する。ある期間のコミュニケーションを時間と費用をかけずに検証して改善することが可能であり、ウェブサイトやEメールなどのデジタルメディアで特に利用されている。

今回のA／Bテストでは、FCAは以下のメッセージを利用した。

- 貴社のFCA申請について：申請書を完成させるためのヘルプがここにあります。

- 当機構の新・申請手順ガイドビデオをご覧ください：許可申請をお手伝いします。

- ビデオ：申請書の作成に役立つFCAの新ガイド

- NEW：申請書の作成に役立つ手順ガイドビデオ

- [企業名]、申請書を完成させるためのヘルプがここにあります。

FCAが選んだのは、過去の事例で実務者による事例証拠があるメッセージのほか、**宛先の個別化**（personalisation）（「[企業名]、申請書を完成させるための……」）、**顕著性**（「貴社のFCA申請……」）、斬新性（「当機構の新・申請手順ガイドビデオを……」「ビデオ：申請書の作成に役立つFCAの新ガイド」「NEW：申請書の作成に役立つ……」）など、行動学的エビデンスに基づくメッセージであった。

▶結果と影響

FCAは「貴社のFCA申請について：申請書を完成させるためのヘルプがここにあります」という件名を他の6つの介入と比較した結果を発表した。試験1と3では統計的に有意な結果が得られ、この件名が、「当機構の新・申請手順ガイドビデオをご覧ください：許可申請をお手伝いします」「ビデオ：申請書の作成に役立つFCAの新ガイド」よりも多くの企業がEメールを開く結果につながったことが示された。

多くの試験が有意な結果を示さなかったのは、コーホートサイズの制約により検定力が低かったためである。コーホート全体が比較的同質であるため、可能な場合はサンプルサイズを拡大するために同じ件名を用いて実験を繰り返した（試験2と3、5と6）。試験3は試験3だけの場合でも、試験2と合わせた場合でも、統計的に有意な結果が得られたが、試験5と6を合わせた場合は有意な結果は得られなかった。合計で、今回のA／Bテストでは1,686件のEメールが送信された。

全体として見ると、最も効果的な件名は元々の「貴社のFCA申請について：申請書を完成させるためのヘルプがここにあります」とともに、「[企業名]、申請書を完成させるためのヘルプがここにあります」であることが明らかになった。上記のメッセージではFCAという名称の提示（顕著性）と宛先の個別化が関与を促すのに効果的であったと考えられるが、件名は2つ以上の属性を変更されたため、正確に測定することは困難である。今後の実験では、もっと規則的に件名を変更してみる価値があるかもしれない。そうすれば、見られた効果を分離して特定の行動原理に帰することが

第11章　行動インサイトの事例研究：公共サービスの提供

可能になるだろう。たとえば、「申請書を完成させるためのヘルプがここにあります」を「［企業名］、申請書を完成させるためのヘルプがここにあります」と比較して宛先の個別化の効果や、「貴社のためにビデオを作成しました。こちらをクリックしてください」を「ビデオ：こちらをクリックしてください」と比較して互恵性の効果を検証するとよいだろう。

　今回は限られた効果しか得られなかったが、Ａ／Ｂテストの利用は、特に情報を変化させるための技術がすでに存在しており、結果についてすでに日常的に測定されていて、反復的なアプローチによってわずかな改善をもたらすことが可能な場合、組織がコミュニケーションを改善する安価で効果的な方法であるといえる。

▶機関

　FCAは英国の独立した金融規制機関であり、金融サービス産業に従事する事業者に賦課する課徴金を財源としている。市場の健全性の向上、適切な水準の消費者保護の確保、競争の促進を3つの法定目標としている。行動科学を他の規制ツールと併せて研究および政策立案に積極的に活用し、運営目標を達成する。

　FCAには経済学者、コンピューター科学者、心理学者からなる専門的なユニットとして「行動経済学・データサイエンス・ユニット（Behavioural Economics and Data Science Unit: BDU）」がある。BDUは独自の研究を実施して、FCAによる行動インサイトの適用を支援している。チーフエコノミストの属する部課や政策部門担当者など、FCAでは行動経済学が他にも広く日常業務に適用されている。FCAが行うすべての試験と研究は、堅牢なレビュープロセスを踏み、その過程で倫理的リスクやその他のリスクが評価され、必要に応じて緩和される。

資料

Smart, L. (2016), "Full Disclosure: a round-up of FCA experimental research into giving information", Financial Conduct Authority (FCA), *Occasional Paper 23*, https://www.fca.org.uk/publication/occasional-papers/op16-23.pdf（2017年1月12日アクセス）.

行動インサイトの事例研究：公共サービスの提供　第11章

政府サービスへの信頼を向上させる

国	米国
分　　　野	ボストン市公共事業局
機　　　関	ボストン市長新都市機構オフィス（Boston Mayor's Office of New Urban Mechanics: MONUM）（米国マサチューセッツ州ボストン市）
介入開始	2014年9月
介入終了	2015年9月
目　　　的	政府への信頼・支持・参加を拡大する。
方　　　法	携帯電話アプリのシティズンズ・コネクト（Citizens Connect）を用いて、ボストン市民を対象に実施した自然実験
適　　　用	公共事業を画像で市民に伝えて、市政運営の透明性を高める。

▶問題

　ボストンはマサチューセッツ州最大の都市で州都でもある。MONUMは市庁の都市革新を担う部署であり、市民と政府の連携を強化し、すべての人の機会と経験を大幅に改善することができる新たな技術・設計・政策の探求を目指している。

　公共事業局の主要関心事の1つは、有権者による市政への参加を改善することである。そのために、MONUMはまず政府に対する市民の信頼を改善する必要があり、そうすることで市民が市政により積極的に参加するようになるだろうと考えた。そこで、そのための方法を検証することにした。

▶介入

　MONUMは**市政運営の透明性**が政府に対する市民の信頼・支持・参加の拡大に与える効果を検証した。利用したのはシティズンズ・コネクトと呼ばれるモバイルアプリで、このアプリによって市民は市政府に公共サービスに関する要望を提出することができ、市政府は市民から寄せられた、路面のくぼみを直してほしい、落書きを消してほしい、街灯を修理してほしい、といった公共サービスに関する要望に対して、どのような取り組みが行われているかを画像でボストン市民に提示した。今回の調査では、運営の透明性が顧客の価値認識と行動に与える影響に関する先行調査を参考にした。

　介入の影響は、画像を見た後、市民1人当たりが1か月間に提出した公共サービスに関する要請の件数と要望のカテゴリー数を記録することで評価した。行われている事業の画像を見なかった市

第11章

363

第11章　行動インサイトの事例研究：公共サービスの提供

民は対照群として機能した。

▶結果と影響

　介入を受けた数か月間に、市民が市政府に提出したサービスに関する要望の件数は**19.6％**、カテゴリー数は9.3％増えた。このことは、公共事業の画像を用いることによる**市政運営の透明性**が、ボストン市民の市政に対する信頼と参加にプラスの効果をもたらしたことを示している。

▶機関

　MONUMは市政府内部の研究開発グループである。市が資金を拠出したこの組織は2010年に創設され、市政府の都市革新を担うグループとして機能している。フィラデルフィア市とユタバレー大学を含む都市革新オフィスのネットワークにも参加している。

　MONUMは市のサービスの質を大幅に向上させる可能性をもたらす実験を主導している。チームにはハーバード大学大学院経営学研究科やシカゴ大学の研究者らがおり、共同で行動インサイトに関する多数の論文を経営・心理学・政治学の雑誌に発表している。

　MONUMが重点を置く主要問題分野は、教育、参加、都市の景観、経済開発の4つである。これらの分野でパイロットプロジェクトを設計・実施・評価するために、MONUMは有権者、学術関係者、企業家、非営利組織、市職員と連携を築いている。

第12章
行動インサイトの事例研究：税

　本章では、OECD諸国とパートナー諸国において、税法の遵守を向上させ、滞納税の納付を促すツールとして、行動インサイトがどのように適用されてきたかについて、一連の詳細な事例研究を取り上げる。本章で提示する事例研究では、資源集約的な無作為化比較試験から、それほど資源集約的ではない文献レビューまで、幅広い実験的方法が用いられている。何が有効で何が有効ではないのかについてのオープンで透明性のある共有は、質の高い研究と研究結果の広範な共有を確保するのに不可欠である。

第12章

第12章　行動インサイトの事例研究：税

非課税貯蓄口座の限度額の遵守を向上させる

国	カナダ
分 野	税
機 関	カナダ歳入庁（Canada Revenue Agency: CRA）
介入開始	2014年5月
介入終了	2015年7月
目 的	非課税貯蓄口座（TFSA）への法定限度額を超過した貯蓄を減らすことで、TFSAに関する規則の遵守を促進する。
方 法	限度額を遵守していないTFSAの口座主1万4,822人を対象にした無作為化比較試験（RCT）
適 用	CRAから法定貯蓄限度額を超過しているTFSAの口座主に送付する通知を作成し直す。

▶問題

TFSAはカナダで個人が生涯にわたって非課税で資金を蓄える制度として、2009年に始まった。TFSAへの貯蓄金は所得税の控除対象ではなく、口座には1年間に貯蓄できる限度額がある。

CRAはこの限度額を超えてTFSAに貯蓄している口座主がいることに気づいた。2013年、カナダでTFSAを保有している全口座主1,000万人のうち、約0.2％が法定限度額を75〜149.99カナダドル超過してTFSAに貯蓄していた。CRAはTFSAに関する規則の遵守を徹底させて、限度額を超過した入金をやめさせる方法を見つける必要があった。

▶介入

CRAは、口座主に送付する通知への行動「ナッジ」の利用が、限度額を超過した貯蓄件数を減らすのに有効かどうかを調べる実験を設計した。限度額を守っていないTFSAの口座主1万4,822人を4つのグループに分けて、次の通知を送付した。

1. **グループ1**にはTFSAの口座主の大多数が限度額を守っていることを強調したメッセージを含む手紙を送付して、**社会規範**の原則を利用したメッセージが遵守の向上に与える影響を検証した。

2. **グループ2**には**単純化**した情報を含む手紙を送付して、**単純化**の原則が遵守の向上に与える影響を検証した。

行動インサイトの事例研究：税　第12章

3. **グループ3**には**コンプライアンス**レターを送付した。

4. グループ4（対照群）には、当時CRAが利用していた標準的な書簡を送付し、超過貯蓄額に課される税金を支払うための記入済み納税申告書を口座主に届けた。

結果は各グループの次の指標を対照群のものと比較して評価した。

● **コンプライアンスの向上**：超過していた貯蓄額を自発的に引き出した件数

● **レスポンス率**：CRAコールセンターに寄せられた電話、CRAに送付された回答書、緩和依頼、提出されたTFSA納税申告書、および超過貯蓄額に課された税金の納付の各件数

● **「過剰な修正」**：TFSA口座から必要以上に引き出された件数

コンプライアンスの向上はCRAの重要な政策焦点の1つである。しかし、CRAはこの分野で介入を実施する際、強権的と見なされる恐れのあるアプローチに著しく留意してきた。こうした状況の中、同庁は行動インサイトの利用を進める前に、そのリスクとメリットを慎重に検討し、実施するプロジェクトの明確な目標を設定し、厳密な方法論を利用して、同庁の政策立案に行動インサイトを利用することに関して、考えられる過剰な反応を回避しようとしている。今回の試験のようなアプローチは、コンプライアンスの向上という成果を実現するために行動科学を利用するというかなり不介入主義的な方法の典型である。

▶結果と影響

試験の結果、グループ1に送付した**社会規範**を利用したメッセージとグループ2に送付した**単純化した手紙**は、どちらもTFSA口座からの超過貯蓄額の引き出しを促した点で、コンプライアンスレターよりも大幅に効果が高かった。

グループ1〜3に送付した手紙はいずれもCRAへのレスポンスを引き下げる効果があった。行動情報を活用したこれら3つの手紙のいずれかを受け取った口座主のうち、CRAに連絡を取ったのは14〜16％のみであったが、記入済み納税申請書のみを受け取った口座主の場合は51％であった。RCTの後、前年には過剰に貯蓄していたTFSAの口座主の大多数が、2014年には限度額を超える貯蓄をしなかった。したがって、新たな介入を受ける前に「自己修正した」のである。

2014年9〜12月にかけて、引き出さなければならない超過貯蓄金のあった4,000人のうち、**社会規範**または**情報の単純化**を利用した手紙を受け取った口座主の47％が自発的に口座から資金を移動させたが、**コンプライアンス**レターを受け取った口座主の場合は41％、記入済み納税申請書のみを受け取った口座主の場合は38％であった。このことから、どちらのナッジでも、利用した方が納税申請書のみを送付する場合よりも効果は有意に高かったが、コンプライアンスレターの場合はそうではないことが判明した。

CRAは実験から、**ナッジ**──中でも**社会規範**と**単純化**──を活用した**メッセージ**を含む手紙を利

367

用することは、TFSAの口座主の遵守を向上させる有効な手段といえると結論付けることができた。ナッジに基づく手紙は、限度額を超過して貯蓄しているTFSAの口座主に同庁が送付する"提案される納税申告書パッケージ"の標準的なカバーレター[1]に代わって用いられることになった。

▶機関

CRAはカナダ連邦政府の機関であり、連邦政府およびほとんどの州と準州に代わって税法を運用し、税制を通じて提供される種々の社会的・経済的便益とインセンティブプログラムを管理する。同庁はカナダ政府全体によるエビデンスに基づく政策重視の一環として、コンプライアンスの向上と国民サービスの改善という目的を支援するため、行動インサイトに基づく多数のプロジェクトを実施している。

2015年1月、CRAが創設したビジネスソリューション加速化ラボ（Accelerated Business Solutions Lab）は、行動インサイトの利用などを通じた同庁全体でのイノベーションを重視している。同ラボは心理学と経済学の専門家で構成され、様々な行動インサイトプロジェクトの開発において、同庁の部局や管区と協力しているほか、行動インサイト関連の情報の同庁全体への普及に責任を負っている。

同ラボはCRA内での行動科学に関する知識の増進を目的に、特別講演者を招聘して行動インサイト関連のトピックを提供するほか、2015年春には独自の行動インサイトワークショップを開催した。

CRAは連邦政府内での横の集まりである行動インサイト実践コミュニティの共同議長を務めている。同コミュニティは行動インサイト分野における情報の共有、方法論の研究、プロジェクトの更新に重点的に取り組んでいる。2016年3月には、枢密院事務局のイノベーション・ラボと協力して、行動インサイトに関する会議を開催した。

また、徴収・調査局（Collections and Verification Branch）と大西洋州（Atlantic Region）を含むCRA内の他の部局や管区も、行動科学の情報を活用した独自のプロジェクトを実施している。その中にはすでに完了しているものも、同庁全体で実施しているものもある。

注

1. 2013年の超過貯蓄額に対して75〜149.99カナダドルの納税債務のある個人が少数であることを考えると（TFSAの全口座主の0.2％）、これらの手紙による影響の実務的有用性は、提案される納税申告書の使用の制限または中止を正当化するものではないとプロジェクトチームは結論付けた。それにもかかわらず、"提案される納税申告書パッケージ"の標準的なカバーレターに代わって、ナッジに基づく手紙を翌年から送付することが決定された。

行動インサイトの事例研究：税　第12章

オンライン登録を完了させる

国		カナダ
分　野		サービス
機　関		カナダ歳入庁（Canada Revenue Agency: CRA）
介入開始		2014年7月
介入終了		2015年9月
目　的		税と給付に関する電子サービスの登録を始めた納税者に、セキュリティコードを入力して登録手続きを完了するよう促す。
方　法		2014年2～7月の間にコードの発行を依頼したが、コードを使用していない20万人を対象にした無作為化比較試験（RCT）
適　用		電子サービスの登録を始めたが、登録プロセスを完了していないマイアカウントの利用者に連絡を取る。

▶問題

　CRAはカナダ国民を対象に、税と給付に関する無料の電子情報サービスを提供している。マイアカウントを作成すれば、納税者はインターネット上で納税申告書を閲覧・変更し、還付状況を確認し、給付・手当ての受給をチェックし、口座振り込みを設定するなどの機能を利用することができる。

　このサービスに登録するにはアクセスコードが必要であり、コードはインターネット上でマイアカウントの登録を始めて5～10日以内に郵送される。利用者は登録手続きを完了させてサービスにアクセスするには、コードを入力する必要がある。しかし、CRAは実のところコードの発行を依頼した人が全員コードを入力して登録手続きを完了させているわけではないことに気付いた。

▶介入

　CRAは実験を設計して、マイアカウントの登録手続きを開始したがまだ登録を完了させていない利用者に追加で通知を送付すれば、そうした人々に手続きの完了を促すことになるかどうかを調査することにした。手続きを完了させていない利用者に送付する通知文として、次の3種類を作成した。

　1. 登録を完了させることが**簡単**であることを強調した、**ナッジ**を利用したハガキ

　2. **意欲を引き出すカラフルな**手紙

369

3. CRAが送付する一般的な手紙

手紙は、**わかりやすい言葉遣い**と**目立つ**イラストや図、**容易性の強調**の利用など、行動科学によって確認された原則に基づいていた。2014年2～7月にかけて、20万人がコードの発行を依頼したものの、発行されたコードをまだ使用していなかった。これらの人々を無作為に4つのグループに振り分けて、そのうち3つのグループにはそれぞれ1種類の通知文を送付したが、4番目のグループは対照群として、まったく連絡を取らなかった。

各種の通知文の有効性は、コードが送付されてから何の連絡も受けなかった利用者グループと、連絡を受けた3つのグループそれぞれのマイアカウント登録の完了件数を比較して評価した。

▶結果と影響

RCTによって、CRAが送付する一般的な手紙を受け取った利用者と**意欲を引き出す**手紙を受け取った利用者は、まったく連絡を受けなかった利用者よりも、マイアカウント登録を完了させる傾向が強いことがわかった。しかし、ハガキの場合、完了件数の増加は連絡を受けなかった場合とあまり変わらなかった。完了件数は**意欲を引き出す**手紙によって9％、一般的な手紙によって6％増加したが、ハガキの場合は3％のみであった。送付は1月または2月に実施され、送付後の即効性は、これら2種類の手紙を受け取った者の方が、ハガキを受け取った者と何も受け取らなかった者の間で観察されたものよりも高かった。

そのため、CRAは適時に簡略な通知を利用者に送付すると、マイアカウント登録手続きの完了を促す効果があると結論付けることができた。同様のナッジを用いた手紙を、もっと多くの人々への通知に利用することにすれば、マイアカウントへのセキュリティコードの入力を有意に増やすことができるだろう。

▶機関

CRAはカナダ連邦政府の機関であり、連邦政府およびほとんどの州と準州に代わって税法を運用し、税制を通じて提供される種々の社会的・経済的便益とインセンティブプログラムを管理する。同庁はカナダ政府全体によるエビデンスに基づく政策重視の一環として、遵守の向上と国民サービスの改善という目的を支援するため、行動インサイトに基づく多数のプロジェクトを実施している。

2015年1月、CRAが創設したビジネスソリューション加速化ラボ（Accelerated Business Solutions Lab）は、行動インサイトの利用などを通じた同庁全体でのイノベーションを重視している。同ラボは心理学と経済学の専門家で構成され、様々な行動インサイトプロジェクトの開発において、同庁の部局や管区と協力しているほか、行動インサイト関連の情報の同庁全体への普及に責任を負っている。

同ラボはCRA内での行動科学に関する知識の増進を目的に、特別講演者を招聘して行動インサ

行動インサイトの事例研究：税　第12章

イト関連のトピックを提供するほか、2015年春には独自の行動インサイトワークショップを開催した。

　CRAは連邦政府内での横の集まりである行動インサイト実践コミュニティの共同議長を務めている。同コミュニティは行動インサイト分野における情報の共有、方法論の研究、プロジェクトの更新に重点的に取り組んでいる。2016年3月には、枢密院事務局のイノベーション・ラボと協力して、行動インサイトに関する会議を開催した。

　また、徴収・調査局（Collections and Verification Branch）と大西洋州（Atlantic Region）を含むCRA内の他の部局や管区も、行動科学の情報を活用した独自のプロジェクトを実施している。その中にはすでに完了しているものも、同庁全体で実施しているものもある。

第12章

未納税金の徴収

国	カナダ
分　野	税務行政
機　関	オンタリオ州政府
介入開始	2014年4月／2015年4月
介入終了	2015年3月／2016年3月
目　的	未払いになっている税金を雇用主から徴収する。
方　法	オンタリオ州において納付が遅れている雇用主全員を対象とした無作為化比較試験（RCT）で、翌年にも実施した。
適　用	健康保険税（EHT）申告書の提出期限が経過したオンタリオ州の雇用主に送付する督促状を作成し直す。

▶問題

　未払いになっている税金を納期限通りに政府に納付するよう雇用主に促すにはどうすればよいだろうか？　EHTはカナダのオンタリオ州で従業員と元従業員に支払われた給与に課される給与税である。オンタリオ州では、雇用主は各税制年度にEHT年次申告書を翌暦年の3月15日までに提出することが義務付けられている。

　2014年、オンタリオ州では7,021人の雇用主が期限を過ぎてEHT申告書を提出した。2015年にはその数は6,800人であった。オンタリオ州政府は、行動科学から得た原則を雇用主との連絡に利用することで、徴税効率を改善できるかどうかを検証することにした。

▶介入

　オンタリオ州政府は、納付が遅れている雇用主との連絡に**実行意図**を取り入れることで、雇用主に行動を起こして支払うべき税金を納めるよう促す効果がどの程度あるのかを検証することを目的として、RCTを実施した。

　RCTは2014年と2015年に1回ずつ、合計2回実施された。どちらのRCTでも、申告が遅れている全雇用主を調査の対象にした。期限経過勘定を有する雇用主に、期限を過ぎた年次申告書をどこに、どのように、いつ提出すべきか、具体的な詳細を含めて修正した督促状を送付した。どこに——ウェブサイト、サービスセンター、郵送先の住所——、どのように——具体的な手続き——、いつ——期限——年次申告書を提出しなければならないかについて、直接的かつ詳細な手順を記載

行動インサイトの事例研究：税　第12章

することによって、雇用主の実行意図に働きかけることを目的としており、それによって雇用主に行動する動機を与えようと考えた。

この修正の効果は、修正版の督促状を受け取った雇用主で、督促状を受け取ってから1か月以内に年次申告書を提出して未納になっている税金を納めた雇用主の人数を、これまで送付していたのと同じ督促状を受け取った対照群の雇用主で、同様の行動を取った者の人数と比較して評価した。

▶結果と影響

介入の結果、納税申告は修正を加えていない督促状を送付した場合と比較して、2014年は4.2ポイント、2015年は6.1ポイント増加した。督促状を受け取ってから1か月以内に申告書を提出した雇用主の比率は、オンタリオ州財務省から**実行意図**を取り入れた督促状を受け取った雇用主の場合、2014年は45.7％から49.9％に、2015年は46.9％から53.0％に上昇した。

雇用主に、いつ、どこに、どのように申告書を提出すればよいか明確な手順を提示することで、期限を過ぎていた申告書を提出する比率が上昇することが、RCTによって結論付けられた。オンタリオ州政府はこのRCTから得たエビデンスを利用して、2016年に2015税制年度の申告書に関して、この督促状を用いた介入を実施することを決定した。完全に実施した場合、この行動情報を活用した介入によって、年間約1万2,000カナダドルの経費を節約できると算出された。

▶機関

オンタリオ州はカナダで2番目に大きな州である。オンタリオ州政府はエビデンスに基づく公共政策・サービスの設計という全体戦略の一環として、行動科学の洞察を適用して同州の公共サービスのいっそうの有効化を図っている。中でも注目すべきものとして、行動インサイトを活用して、同州の貧困削減戦略、オープン・フォー・ビジネス・イニシアティブ（Open for Business Initiative）の一環としての規制削減、サービスオンタリオ（ServiceOntario）の現代化に寄与している。

オンタリオ州政府には中心となる小規模な行動インサイトユニット（Behavioural Insights Unit: BIU）が存在する。BIUは行動科学の中でも特に組織行動学の専門家からなっており、EHTの徴収に関する今回の調査を実施した。さらに、BIUは行動インサイトの実務者による公式ネットワークや、学術パートナーからの支援を活用している。

第12章　行動インサイトの事例研究：税

中小企業のコンプライアンスを向上させる

国	アイルランド
分　野	中小企業／税
機　関	国税庁
介入開始	2012年11月
介入終了	2013年3月
目　的	景気動向調査への中小企業の回答率を向上させる。
方　法	景気動向調査票を送付した中小企業のサンプルを対象とした無作為化比較試験（RCT）
適　用	国税庁が今後実施する調査で調査票と一緒に宛先を個別化した手紙を送付するほか、別の状況でも納税者に働きかける。

▶問題

第12章

　アイルランドの中小企業セクターは同国の経済活動と雇用に重要な貢献をしている。中央統計局による最新のアイルランド景気動向調査（2011年）によると、中小企業は活動中の企業の99.8％、雇用の62.0％、売上高の50.1％を占めていた。

　中小企業セクターは競争、資金調達、規制、税負担全般など、多様な課題に直面している。国税庁は可能な限り納税者のコンプライアンスの容易化を目指し、同庁の手続きを簡略化し、租税と関税の義務を果たすのに必要なコストを引き下げ、質の高い納税者サービスを提供することで、中小企業セクターを支援している。

　国税庁は調査を実施して、アイルランドの中小企業に関する多数の課題の定量化を試み、国税庁の納税者サービスに対する中小企業の満足度や中小企業が直面している行政上の負担、コンプライアンスに影響する要因などを評価しようとした。国税庁は中小企業のコンプライアンスに影響する要因を調べる1つの方法として、景気動向調査そのものを利用することにした。そこで、**宛先の個別化**によって中小企業の調査回答率にどのような効果が生じるのかを明らかにしたいと考えた。

▶介入

　国税庁は企業のコンプライアンス行動に対する理解の改善という目的に従い、**宛先の個別化**が調査の回答率にどのような影響を与えるのかを検証するため、RCTを実施することにした。

374

行動インサイトの事例研究：税　第12章

　国税庁から国民に送付する通知文書の大半は、大量に郵送される一般的なものであるが、新た
な研究により、文書を個人的なものにすることで一定のメリットが生じる可能性が明らかになった。
そこで、国税庁は国際的な行動研究文献のエビデンスに基づき、宛先を個別化した手書きの付箋を
貼って、納税者に送付する調査票への回答を求める効果を検証する実験を設計した。

　景気動向調査票を送付する法人納税者2,000社のサンプルのうち、15％を無作為に介入群に振り
分けて調査票と一緒に宛先を個別化したメモを送付し、残りの85％を対照群として調査票のみを送
付した。介入群のうち、1通目の手紙で回答しなかった者には、回答を催促するリマインダーも送
付した。リマインダーには3種類の手紙を利用し、宛先の個別化と社会規範の両方を、3種類目と
して対照用の手紙を用いて検証した。

▶結果と影響

　実験で得られた主な結果は、宛先を個別化したメモを添付した場合、調査票への回答率が大幅に
向上したほか、回答の送付も早かったというものであった。最初の15日経過後の回答率は、介入群
が36.0％であり、対照群の19.2％と比較して88％高いことがわかる。結果として、宛先を個別化し
たメモを同封することで回答率が2倍近くに伸びたことになる。

　また、時間的な影響もある——回答率に対する宛先を個別化したメモの有効性は、手紙を送付し
た直後の数日間の方が高く、その後徐々に減少する——ことも結果に示されている。第1週の終わ
りまでに、介入群は対照群の2倍を上回る率で回答が得られた（103％高かった）。しかし、国税庁
がリマインダーを送付する頃には、宛先の個別化の効果は大幅に減少していた。

　リマインダーそのものは回答率に対して統計的に有意な差をもたらさなかった。調査期間全体で
は、調査票と一緒に宛先を個別化したメモを受け取った企業の**59.7％**が回答を送付したが、メモ
がなかった企業の回答率は43.5％に留まった。

　実験結果は、国税庁において今後実施する調査に政策的な意味を有している。送付する手紙をす
べて個人宛てにすることは非現実的であるが、ターゲットにした事例で回答率の向上を実現するの
に有益であるといえよう。さらに、これらの調査結果はもっと一般的に適用することも可能である。
宛先の個別化は納税者の行動に大きな影響を与えると考えられることから、この取り組みを別の状
況にも拡大して納税者に働きかけることができるだろう。

▶機関

　国税庁はアイルランドで租税と関税の賦課と徴収、税関管理の実施を管轄している。

　国税庁は業務に有益な影響を及ぼすために行動インサイトを利用してきた。同庁が実施したエビ
デンスに基づく複数のRCTは、近年の税務行政の効率化と自発的なコンプライアンスへの寄与が期
待されている。

375

第12章　行動インサイトの事例研究：税

税の徴収に関わる相互作用

国	ニュージーランド
分　　野	税
機　　関	内国歳入庁
介入開始	2012年
介入終了	2014年
目　　的	納税滞納者・学生ローンの返済滞納者との徴収過程での相互作用の質を改善する。
方　　法	通常の債権回収業務の一環として割り出した債務者概要からサンプルを無作為に抽出し、無作為化比較試験（RCT）を実施
適　　用	全徴収チームを対象に第一線で業務に当たる職員向けの研修を開発。2013〜2014年にかけて全国で徴収チームに行動研修を実施した。

▶問題

　ニュージーランド内国歳入庁の主要な責務は税の徴収である。同庁は多数の徴収チームを擁しており、徴収チームは納税義務者と学生ローン債務者に連絡を取って、彼らがニュージーランド政府に支払うべき債務を回収する責任を負う。

　内国歳入庁、それにニュージーランド政府は、国民とのやりとりにおいて、より国民中心的なアプローチを目指して取り組みを行っている。行動インサイトを利用して、国民の行動とともに国民に対応する際の政府機関の行動も理解し、それによって国民による政府省庁全般との関わりを改善しようとしている。

　こうした取り組みの一環として、内国歳入庁は債務者に対する徴収チームの対応方法を変更し、そうした変更によって、延滞している債務者から税金やローンを回収する際、どの程度効率と効果を改善できるか調査することにした。

▶介入

　2012〜2013年にかけて、内国歳入庁は収納対策チーム（Collections Customer Contact teams）を対象にして一連のRCTを実施した。その目的は行動に関するヒントを特定し、それらを適用して納税滞納者・学生ローンの返済滞納者に対するチームの対応の質を改善することであった。

　RCTは、滞納者との債務に関する話し合いに焦点を合わせるのに役立つ応用行動モデルとともに、

債務の解決という状況に合わせた認知行動的アプローチによって組み立てられた。このアプローチは認知行動に関する標準的な事例から取ったものであるが、債務の解決を取り巻く徴収の状況に合わせて修正した。

介入群の徴収チームは、このアプローチに基づく行動研修を受けてから、滞納者と連絡を取り、延滞分の納付を求めた。チームと滞納者との電話の結果を、対照群——チームは研修を受けず、連絡を取った滞納者に標準的な徴収活動を行った——と比較した。内国歳入庁は通常の債権回収業務の一環として割り出した債務者概要から、無作為に抽出したサンプルを利用した。

結果の評価には次の指標を用いた。

1. 債務の解決を実現するために滞納者との連絡に要した平均時間

2. 回収された債権額

▶結果と影響

RCTの結果、研修を受けたチームは研修を受けなかった対照群と比較して、債権回収に関する成果が**7〜10％**向上した。行動研修の結果、債務の解決を実現するために要した平均通話時間が**1分27秒短縮**された。

この調査から、債務者の行動に影響する要因としての行動要因に関する理解の改善は、ニュージーランド内国債務庁に対するコンプライアンス結果の効果的な改善方法として利用できること、また国民に対する理解の不十分さを認識することは、コンプライアンスを実現する上で重要な要素になりうることが実証された。

チームによる債務者との対応において見られた改善と効果の程度は、内国債務庁の徴収部門の責任者によって大幅なものであると見なされた。国民との接触時間の短縮と債務の解決という点で見られた利益は、徴収部門の責任者が研修を実務ユニット全体に拡大するよう要請するのに十分なものであった。その結果、この試験を受けて、行動理解を利用して国民とのやりとりを改善するための徴収チーム全体に及ぶ研修プログラムが誕生し、2013〜2014年に全国的に適用された。

▶機関

ニュージーランド内国歳入庁は同国の徴税を管轄するとともに、多数の社会的支援事業を運営する政府機関である。同庁は、国民による同庁や政府全体との相互作用と関与に対する国民中心的なアプローチに向けて、組織的な取り組みの一環として行動インサイトを利用している。

内国歳入庁は、研究・評価、設計、マーケティングとコミュニケーション、顧客洞察・戦略をはじめとして、複数のチームに様々な行動インサイトの専門家を雇用している。2010年以降、同庁には6人の専門家からなる小チームが存在し、徴税と社会政策のインターフェイスにおいて、国民の

関与をこれまで以上に重視するのを支援し、国民と同庁との相互作用を改善するために、行動インサイトを適用することを職務としている。同チームは他の実務分野も扱っており、同庁の実務ユニット全体で行動インサイトを重視した取り組みに助言と支援を行っているほか、他の政府省庁や機関とも連携している。その目的は、同庁を通じて公式および非公式のネットワークを構築することである。

内国歳入庁は同庁が行動科学から得ている洞察を利用して、同庁が担当する徴収・社会政策全般での国民との相互作用の性質と品質を改善したいと考えている。そのためには、国民のコンプライアンスとコンプライアンス違反に関わる要因の行動学的な理解や、同庁の国民への対応に影響を与える行動要因への理解を向上させる必要がある。

同庁には実務改革（Business Transformation）プログラムの一環として、国民中心＆情報主体（Customer Centric & Intelligence Led）のワークストリームがあり、行動科学は同庁のアプローチの基盤の一部として組み込まれているほか、その適用を通じて洞察をもたらしている。この組織的に適用される国民戦略の一部をなす新たなコンプライアンスモデルが、税と行動に関するOECDの諸原則を組み合わせて設計された。

内国歳入庁の直接的なサービス同様、同チームのより広範な目的は、国民のニーズをより良く満たすにはどのようにすればよいかを政府の観点全体から理解することである。そのため、機関間の活発な協力組織である実践コミュニティ（Community of Practice）を利用するなどして、行動分野を研究している他のニュージーランドの機関と積極的に関与している。

ニュージーランド内国歳入庁は行動学的な適用に伴う相互利益の分野で、オーストラリア、英国、および欧州の課税機関と継続的に交流を持っている。行動インサイトを生み出した複数の研究や、行動インサイトを適用しRCTによって評価された多数の介入がある。

行動インサイトの事例研究：税　第12章

インフルエンザ予防接種プログラムの利用を促す

国	ニュージーランド	
分　野	税	
機　関	内国歳入庁	
介入開始	2014年3月	
介入終了	2014年8月	
目　的	内国歳入庁職員にインフルエンザの予防接種を促す。	
方　法	ニュージーランド全国の内国歳入庁地域事務所で実施した無作為化比較試験（RCT）	
適　用	インフルエンザの予防接種に関して、対象を絞った個人宛てのEメールを内国歳入庁職員に送信する。	

▶問題

　2012年、ニュージーランド内国歳入庁は政府省庁内で病気休暇の平均取得日数が2番目に多く、11.2日であった。インフルエンザの予防接種はインフルエンザによる欠勤を減らす1つの手段である。過去7年間、内国歳入庁は外部で受けられるインフルエンザ予防接種プログラムを提供してきた。しかし、このプログラムに参加するには、クーポンを取得する、外部の一般医診療所に予約を入れる、休みを取って予防接種を受けに行く、といった潜在的障害がいくつかあった。

　2013年、1,700人の内国歳入庁職員がインフルエンザ予防接種クーポンを取得したが、利用されたのは1,250枚だけであることから、意図と行動に30％のギャップがあるとわかる。利用されたか否かにかかわらず、取得されたクーポン1枚につき管理手数料が発生するため、このギャップは財政的な影響ももたらした。内国歳入庁は職員に予防接種を促すため、行動科学から得た洞察を利用することで、この意図と行動のギャップを埋めることにした。

▶介入

　内国歳入庁はインフルエンザの予防接種を受ける資格のある同庁職員に送付する個人宛てのEメールを作成して、政府プログラムとして運営される予防接種を受けるよう促した。Eメールで利用した言葉は行動科学から得た洞察に基づいており、職員に行動を促すことを意図していた。利用した行動インサイトの手法は次の通りである。

- 宛先の個別化

379

第12章　行動インサイトの事例研究：税

- 積極的選択

- 報酬

予防接種を受ける場所も外部から職場で管理できる場所に変更して、職員が**容易に**受けられるようにした。介入の有効性は、介入後の同庁職員間のインフルエンザ予防接種状況によって評価した。この介入はニュージーランド全国の内国歳入庁地域事務所で検証された。

▶結果と影響

行動情報を活用して変更が実施された事務所で、予防接種を受けた職員は**75％**増加して、2013年の1,250人から2014年には2,100人になった。インフルエンザの予防接種を受けるためにクーポンを入手した人と、実際にクーポンを使って予防接種を受けた人の間の意図のギャップは60％縮小し、2013年の30％から2014年には7％になった。

まとめると、介入の結果、**資格のある内国歳入庁職員でインフルエンザの予防接種を受けた人は、**2013年では19％に過ぎなかったが、2014年には**33％**になった。したがって、試験を実施したチームは、容易で単純化された予防接種プロセスは、インフルエンザの予防接種を促す重要な要因になったと結論付けることができた。

▶機関

ニュージーランド内国歳入庁は同国の徴税を管轄するとともに、多数の社会的支援事業を運営する政府機関である。同庁は、国民による同庁や政府全体との相互作用と関与に対する国民中心的なアプローチに向けて、組織的な取り組みの一環として行動インサイトを利用している。

内国歳入庁は、研究・評価、設計、マーケティングとコミュニケーション、顧客洞察・戦略をはじめとして、複数のチームに様々な行動インサイトの専門家を雇用している。2010年以降、同庁には6人の専門家からなる小チームが存在し、徴税と社会政策のインターフェイスにおいて、国民の関与をこれまで以上に重視するのを支援し、国民と同庁との相互作用を改善するために、行動インサイトを適用することを職務としている。同チームは他の実務分野も扱っており、同庁の実務ユニット全体で行動インサイトを重視した取り組みに助言と支援を行っているほか、他の政府省庁や機関とも連携している。その目的は、同庁を通じて公式および非公式のネットワークを構築することである。

内国歳入庁は同庁が行動科学から得ている洞察を利用して、同庁が担当する徴収・社会政策全般での国民との相互作用の性質と品質を改善したいと考えている。そのためには、国民のコンプライアンスとコンプライアンス違反に関わる要因の行動学的な理解や、同庁の国民への対応に影響を与える行動要因への理解を向上させる必要がある。

同庁には実務改革（Business Transformation）プログラムの一環として、国民中心＆情報主体

（Customer Centric & Intelligence Led）のワークストリームがあり、行動科学は同庁のアプローチの基盤の一部として組み込まれているほか、その適用を通じて洞察をもたらしている。この組織的に適用される国民戦略の一部をなす新たなコンプライアンスモデルが、税と行動に関するOECDの諸原則を組み合わせて設計された。

内国歳入庁の直接的なサービス同様、同チームのより広範な目的は、国民のニーズをより良く満たすにはどのようにすればよいかを政府の観点全体から理解することである。そのため、機関間の活発な協力組織である実践コミュニティ（Community of Practice）を利用するなどして、行動分野を研究している他のニュージーランドの機関と積極的に関与している。

ニュージーランド内国歳入庁は行動学的な適用に伴う相互利益の分野で、オーストラリア、英国、および欧州の課税機関と継続的に交流を持っている。行動インサイトを生み出した複数の研究や、行動インサイトを適用しRCTによって評価された多数の介入がある。

第12章　行動インサイトの事例研究：税

社会規範を利用して迅速な納税を促す

国	英国
分　　野	税のコンプライアンス
機　　関	行動インサイトチーム（Behavioural Insights Team: BIT）
介入開始	2012年
介入終了	2012年
目　　的	納税が遅れている自己申告納税者で、納税する者の割合を引き上げる。
方　　法	納税が遅れている自己申告納税者20万人をサンプルとした無作為化比較試験（RCT）
適　　用	納税が遅れている自己申告納税者に対して英国歳入関税局（HMRC）が送付する督促状に、社会規範を用いたフレーミングを取り入れる。

▶問題

　納税予定者の納税遅延が原因で、英国政府は毎年多額の税収を失っている。納期限通りに納付しない2つの主な理由は、現金の不足と単なる先送りであるようだ。英国では、納付が遅れている納税者に対して、納税義務を思い出させるためにHMRCが手紙を送付する。

　英国のBITは政府の政策イニシアティブの有効性を高めるために、多数の試験を実施しており、行動ナッジの利用がこうした手紙の有効性を高め、より多くの納税者に納税を促すことができるかどうかを調査することにした。

▶介入

　BITはHMRCの債務管理・銀行チーム（Debt Management and Banking Team）と協力してRCTを実施した。RCTでは、課税所得を申告したがまだ納税していない20万人の自己申告納税者に対して、5種類ある督促状の中から1種類の督促状を送付した。督促状には様々なレベルで具体的に表現した**社会規範**または**公益**に触れるナッジのどちらかを取り入れた。

　利用したのは次のいずれかである。

- **基本的な規範**：「10人中9人が納期限通りに納付しています。」

- **国レベルでの規範**：「英国では10人中9人が納期限通りに納付しています。」

- **少数派の規範**：「英国では10人中9人が納期限通りに納付しています。あなたは現在、まだ納税していないごく少数派に属しています。」

- **公共の利益**：「納められた税金によって、私たち全国民は国民保健サービスや道路、学校といった不可欠な公共サービスを利用できます。」

- **公共の損失**：「税金が納められないと、私たち全国民は国民保健サービスや道路、学校といった不可欠な公共サービスを利用できなくなります。」

6番目の対照群には、従来通りの納税を促す手紙を送付した。

BITはすべきことを説明する**記述的規範**に基づくメッセージを利用する効果を、他人によってすべきだと考えられていることを説明する**命令的規範**に基づくメッセージと比較して検証した。

- **記述的規範**：納税は正しい行動であると記載する。

- **命令的規範**：大部分の人が納税は正しい行動であると考えていると記載する。

行動インサイトを活用した介入を受けて修正した手紙を受け取った納税者の納付率と、HMRCによる従来通りの手紙を受け取った納税者の納付率とを比較して結果を評価した。

BITは創設間もない頃、一部からの懐疑論に直面したため、手紙やEメールの修正を基本とする今回のような小規模な介入を実施することで、BITの取り組みに対して考えられる過敏な反応に対処し、その後、ジョブセンターでの試験のように、より規模の大きな介入に移行することができた。それによって、BITは設立当初と比較して、その取り組みに大きな支持を得ている。

BITはその取り組みに対して、プロジェクトの的確性と品質を保証する強固なプロセスのほか、倫理的な支持を得るプロセスも保持しており、実施する多数の試験が外部の倫理委員会の審査を受けている。

▶結果と影響

BITは、規範に基づくメッセージも公益に触れるメッセージも、支払うべき税金を納税者が納付する確率を引き上げたが、規範に基づくメッセージの間には大きな差が観察されたことを明らかにした。

- 手紙の送付から23日以内に、**基本的な規範**を用いたメッセージは納付率を1.3％引き上げ、**国レベルでの規範**を用いたメッセージは**2.1％**引き上げた。

- **少数派の規範**を用いたメッセージは効果がさらに大きく、納付した納税者は**5.1％**増加した。

- **利得・損失フレーミング**を基に公益に触れたメッセージは、どちらも納付率を**1.6％**引き上げた。

● **記述的規範**の方が命令的規範よりも納付に大幅に大きな効果をもたらした。

この実験的な介入の結果、HMRCは23日間で、この介入を用いなかった場合よりも900万ポンド多く徴収できたと推定された。そこで、BITは社会規範は税のコンプライアンスを促す効果的な方法といえるとの結論を下すことができた。

今回のRCTを受けて、HMRCは行動インサイトに基づくメッセージの適用を徴税関連の手紙に実施した。その後、追加試験が展開され、この試験で最も効果の高かったメッセージを、他のタイプのメッセージと比較した。当時BITが実施した一連の税に関する試験において、2012～2013会計年度に推定で2億1,000万ポンドが徴収された。

▶機関

英国のBITは英国内閣府と職員、イノベーション関連の財団である国立科学技術芸術国家基金（Nesta）が共同所有する社会目的企業である。行動科学の研究と適用を専門に行う世界初の政府機関として、英国政府内に設立された。その目的は、行動インサイトを英国政府の政策に適用して、厳密な研究手法の使用を通じて何が有効なのかを評価することである。

BITは専門分野の異なる専門家が属しているが、行動科学と行動経済学の専門知識はすべての専門家が有している。そのほか、共同で試験を行い、ピアレビューを提供する他の学識経験者からなるアカデミック・アドバイザリー・パネル（Academic Advisory Panel）を有している。また、BITは多数の博士課程の学生を雇用しており、彼らはリサーチフェローとしてチームと協力している。

BITはあらゆる政策領域を対象にしており、他の政府の省や機関と共同で、ここで詳述した事例のように、具体的な政策アジェンダに関してプロジェクトに取り組んでいる。

第13章
行動インサイトの事例研究：情報通信

　本章では、OECD諸国とパートナー諸国において、情報通信市場での消費者の保護と選択を改善し、規制対象事業体のコンプライアンスを向上させるためのツールとして、行動インサイトがどのように適用されてきたかについて、一連の詳細な事例研究を取り上げる。本章で提示する事例研究では、資源集約的な無作為化比較試験から、それほど資源集約的ではない文献レビューまで、幅広い実験的方法が用いられている。何が有効で何が有効ではないのかについてのオープンで透明性のある共有は、質の高い研究と研究結果の広範な共有を確保するのに不可欠である。

第13章

第13章　行動インサイトの事例研究：情報通信

コロンビアにおける消費者保護

国	コロンビア	
分　野	情報通信	
機　関	コロンビア通信規制委員会（Comision de Regulacion de Comunicaciones: CRC）	
介入開始	2013年	
介入終了	継続中	
目　的	消費者ニーズにより良く応える消費者保護制度を再設計する。	
方　法	OECDと協力した聞き取り調査、アンケート調査、実験の後、改革のための分析と提言を実施した。	
適　用	CRCは情報通信消費者保護制度に関する規制の改正案を作成した。	

▶問題

　CRCはコロンビア政府の情報通信規制機関である。その責務は携帯電話・電話通信・インターネット・テレビ放送サービスへの実効性のある規制を通じて、情報通信分野で消費者を保護することにある。

　CRCは最近OECDと協力して、消費者保護の枠組みを見直して改革するための措置を講じてきた。消費者保護制度の再設計において、CRCはその規制戦略の焦点を「権利の保護」から、利用者を重視し最適に機能する市場の確立へと移すことを目指している。そのために必要なのは、市場で提供するサービスの質と料金を改善するよう情報通信事業者に促し、何がどのように提供されているのかについてあらゆる人の（ほとんどは利用者の）理解の向上を進めることである。その目的は、利用者が自らのニーズを満たし、選択の際にバイアスを回避することができるようにすることである。

　この目的を実現するために、電話・インターネット・テレビ放送サービスの利用者の認識、理解、困難、真のニーズの明確化において、行動インサイトが重要な役割を担ってきた。利用者からの苦情や彼らが権利を有効に行使する際に直面する困難に対処するため、CRCはまず、利用者と情報通信事業者との関係と既存の規制の枠組みに影響を及ぼす認知的限界と利用者のヒューリスティック・プロセスを分析して、新しい保護制度の中でそれらに適切に対応できるようにする必要があった。

▶介入

　第1段階として、CRCはアンケート調査と聞き取り調査を実施し、コロンビアのコンラート・ロ

ーレンツ大学基金（Konrad Lorenz University Foundation）の心理学部と共同で様々な消費者心理実験を行い、異なる地域に跨がるコロンビアの文化的・背景的特徴に合わせた多数のシナリオで、利用者の意思決定プロセスを調べた。

コンラート・ローレンツ大学と協力してCRCが開発した実験の目的は次の通りである。

● 情報通信サービス利用者の意思決定プロセスの特徴を明らかにする。

● 情報通信サービス利用者の権利と義務に関する情報公開の仕組み、彼らの意思決定プロセス、および保護のために利用可能な資源の利用が有する様々な影響を説明する。

● CRCによって利用者のために開発された種々の情報要素と利用者の意思決定プロセスの間と、消費者保護のために利用可能な多様な資源の評価と意図された利用の間にある特有の関連性を明らかにする。

● 利用者の社会人口学的特徴と置かれたやりとりの状況のタイプに照らして、利用者の意思決定プロセスの特徴を見分ける。

コロンビアの8つの自治体——パスト、バランキンジャ、ブカラマンガ、ボゴタ、サンアンドレス、メタ県グラナダ、キブド、モコア（4つの県都とめったにサービス調査の対象にならない4つの町）——で20の調査を実施した。オンラインでの定性調査では、各都市で電話通信・インターネット・テレビ放送サービスの利用者にフォーカスセッションを実施し、フォーカスセッションで持ち上がった重要な点についてさらに調査を進めるため、深層インタビューを実施した。この記述的・相関的・定量的な調査方法によって、この研究のために特別に開発されたアンケート調査を通じて、全国的な調査データを得た。ボゴタでのみ追加実験が実施されたが、その目的はアンケートやフォーカスセッションで答えが得られなかった問題の答えを得ることであった。2013年から2014年にかけてコロンビアの17の地域で合計25回の実験を行い、3,700件以上の回答を得た。

第2段階では、消費者保護に対するCRCの取り組みを、これらの調査から得られた結果のほか、追加実験や規制政策・行動経済学・デジタル政府・データ分析におけるOECDの専門家からの助言に基づいて分析した。この分析から、利用者への情報提供・消費者サービスの仕組み・消費者の消費管理の仕組み・バンドル型サービスの分野で、コロンビアの情報通信市場における新たな消費者保護制度開発のための有望な指針について、多数の提言を作成した。

▶結果と影響

情報通信サービス利用者の行動に関して次の認知バイアスが確認された。

● 選択肢過多

● ヒューリスティクス

● 授かり効果

第13章　行動インサイトの事例研究：情報通信

- デフォルト

- 損失回避

- 双曲型割引

OECDはこれらのバイアスと、社会人口学的要因とコロンビアの情報通信市場特有の関係との相互作用を基に分析を行った。その結果、CRCは規制ツールと非規制ツールを組み合わせて利用することで、通信市場での消費者福祉の向上を目的として、通信事業者と利用者の行動改善に資するインセンティブを形成できることが明らかになった。OECDの報告書は、望ましい結果を実現するために適切な規制介入が必要な事例を明確化した。そして、通信事業者から提供される情報を消費者がより良く理解するのに役立つ可能性のある解決策について、そのいくつかを検証するための追跡実験に関する具体的な提言を行った。

OECDの分析に基づき、CRCは情報通信消費者保護制度のための規制の改正案を作成した。この新しい「情報通信サービス利用者の権利保護・利用者保護のための総合制度（Integral Regime for the Protection of the Rights of Users of Communications Services User Protection）」(2016年提出)は、実施された行動経済学の調査結果を受けて確立されたものであり、集約された制度を形成するために構造と内容の修正を支持して、電話サービス・インターネット・テレビ放送サービス市場の特徴とニーズに対処しようとしている。それについては、文言と手続きの単純化を通じて実施されることになり、規定の内容は、利用可能なサービス・プラン・通信事業者からの利用者による自由な選択と、利用者の権利・保証の行使可能性とを強化することを目的としている。この法案は現在、採択の手続き中である。

CRCは2016年5月から8月にかけて、消費者と通信事業者とのオンライン協議や作業部会会合を通じて、消費者保護制度に関する規制の改正案について、ステークホルダーと協働した。CRCはこの協議期間中に国際フォーラムも開催して、ステークホルダーに改正案の重要要素を提示し、国際的な慣行を共有し、追跡と改善の必要な分野を特定した。このプロジェクトは、こうした分析を専門とする民間企業（Yanhaas S.A.）が実施する消費者心理調査によって、さらに検証が進められているところである。

消費者理解を深め、総経済価値を社会全体にとってプラスになるよう徹底するために、CRCは「新情報通信消費者保護制度（New Consumer Protection Regime of Communications）」プロジェクトの最終段階に着手しており、そのための消費者心理調査を新たに実施しているところである。この段階を実施する目的は、CRCが提案し（OECDに有効性が確認され）た料金と、通信事業者が提示した料金に対する利用者の認識を理解することであり、そのために費用対効果分析を行って、公表すべき最適な措置を模索している。

▶機関

CRCはコロンビア政府の通信規制機関である。行動インサイトを用いた取り組みを通じて、市場

388

規制、利用者保護、規制の簡素化に重点的に取り組んでいる。

CRCは行動経済学のツールを用いて、行為主体の中でも情報通信サービス利用者の経済行動と消費決定を研究している。行動インサイトによって、CRCは利用者の真のニーズを満たすようにより効果的に資源を向けることができるため、利用者はニーズに応じた決定を下し、権利を行使することが可能になる。

行動インサイトに基づく規制措置を採用することで、CRCは消費者に質の高いサービスを確保しやすくなった。消費者は権利と義務を理解・顧慮・行使する効果的なツールを得て、そうしたサービスから情報に基づく自由な選択をすることができる。CRCは簡素化され、それゆえに理解しやすく思い出しやすい文書や規則によって通信事業者（供給者と利用者）の義務を明示することで、コンプライアンスを確保し、相互利益と相互信頼の環境を築いている。

通信規制委員会2016（Commission for Communications Regulation 2016）の規制上の課題に対して、種々の措置の発表が予定されている。それらの措置は行動科学から得た洞察に基づいて構築されており、例として、情報通信サービス利用者の権利保護のための新制度、固定通信サービスを提供するための標準契約書の策定、固定通信サービス契約の最低期間に関する条項を対象とした措置の確立、バンドル型サービスの条件の策定などがある。

CRCは毎年5万5,000件の全国電話調査を実施して、固定・携帯電話、インターネット、有料テレビ放送の提供に対する利用者の認識への理解を深めようとしている。2014年、CRCは同セクターでの協議に基づき、規制簡素化（Regulatory Simplification）プロジェクトによって規制緩和のプロセスも推進した。

また、ポータル・フォー・ユーザーズ（Portal for Users）の設計と実施など、ほかにも活動を実施している。ポータル・フォー・ユーザーズは現在の市場における利用者の権利、サービスの質、料金、プランについての情報を与えて利用者の立場を強化し、端末機器の認証、陳情・苦情の申し立てなど、利用者に種々の手続きを行う手順を提示することになっている。

CRCは研究と介入の実施に際して、心理学者、経済学者、統計学者のほか、市場調査コンサルタントなど多くの分野のエキスパートからなる専門的なグループなど、行動経済学の専門家から支援と助言を得ている。こうしたアドバイザーはコロンビアのコンラート・ローレンツ大学基金の場合のような学術関係者や、通信会社を通じて入手したデータを評価できるYanhaas S.A.などの調査・市場分析会社である。OECDは通信会社と利用者の関係に関して、コロンビアの情報通信サービスが抱える主要な問題の特定に際し、CRCに助言と協力を行い、そうした問題に適用すべき規制案の作成を支援している。

第13章　行動インサイトの事例研究：情報通信

電話・インターネットサービス契約書の簡略化

国	コロンビア
分　　野	情報通信
機　　関	コロンビア通信規制委員会（Comision de Regulacion de Comunicaciones: CRC）
介入開始	2015年
介入終了	2016年
目　　的	インターネット・電話サービス利用者が、サービス提供条件を読み、理解し、記憶するのを促す。
方　　法	行動分析を実施し、契約書を簡略化する。
適　　用	携帯電話・インターネットサービス契約書の簡略化

▶問題

　CRCはコロンビア政府の情報通信規制機関である。その責務は携帯電話・電話通信・インターネット・テレビ放送サービスへの実効性のある規制を通じて、情報通信分野で消費者を保護することにある。

　CRCは、コロンビアの携帯電話・インターネットサービスの利用者が、消費者の権利と義務について一般的に非常に乏しい情報しか有していないことに気づいた。消費者はプランの条件についても、そしてそれゆえに携帯電話・インターネット事業者と結んだ契約についても、はっきりと覚えていない。ポストペイド契約を結ぶ利用者の多くが、結ぼうとしている契約の法律用語について、表面的な知識さえも持たない状態で書類にサインしている。こうしたことは、消費者が選択肢や、そうした契約を結んだことで起こる結果についてほとんど、あるいはまったく理解していないために、消費者が下す決定において大きなリスクファクターになる。

　CRCは情報通信サービス契約に関して消費者の理解が不十分である原因を分析し、契約書そのものの簡略化と簡潔化によって、状況を改善して関係者の保護を強化することができるかどうかを明らかにしたいと考えた。CRCは契約書を簡略化することで、インターネットサービス・携帯電話利用者による権利行使のための真のツールとなる文書を作成して、情報通信事業者とサービスプランに関する意思決定を強化しようとした。この文書は情報通信事業者と利用者の関係を左右するため、契約書の簡略化は両者の関係を大幅に改善する出発点にもなると考えられた。

行動インサイトの事例研究：情報通信　第13章

▶介入

　CRCはコンラート・ローレンツ大学（Konrad Lorenz University）と連携して、携帯電話サービス（電話およびインターネット）の規則・サービス・権利・義務に関する利用者の理解・意見・期待・認識を調査する出発点として行動理論を利用することで、次の4段階での介入に取り組んだ。

1. 携帯電話事業者とやりとりするための規制の枠組みについて、利用者がどの程度理解し分析しているかを突き止める。

2. その規制の枠組みの理解と、サービス利用者が抱いている意見・認識・期待とを結び付ける。

3. 携帯電話事業者と利用者とのやりとりの際に生じる最も一般的な問題を特定する。

4. 理解・記憶しやすくなるように契約書の設計を簡潔化する。

　この分析段階では、携帯電話利用者851人をサンプルとして、多数の実験を実施した。サンプルは異なる社会経済階層（2〜5）に属する男女で、年齢は18〜65歳、様々な携帯電話事業者のプリペイドプランとポストペイドプランを契約していた。合計10回のグループセッションを実施したことで、研究者らは利用者と携帯電話事業者とのやりとりに見られる特徴と、情報通信サービスを契約する意思決定プロセスへのそれらの関連性を明らかにすることができた。

　意思決定に適した情報または性質の欠如と関連して、限定合理性の原則を分析に適用した。分析では消費者の教育水準も考慮に入れたが、それは携帯電話事業者の契約書と利用者の関係に関する先入観に所得水準が関係していると考えられるように、契約書の理解に個人の教育年数と社会階層が関係している可能性があるためである。

　契約書の簡略化は2015年6月1日に実施されたが、簡略化の実現に際して、シーゲル（Siegel）とエツコーン（Etskorn）による簡潔性に関する手法が用いられた。CRCはその手法を利用して、1種類の携帯電話契約書を設計した。これは1枚の契約書に、利用者に関係するすべての情報が明瞭で論理的にまとめられていて、約12分で読むことができた。

　簡略化した契約書の効果は、2016年に市場調査会社が、現在携帯電話を利用していて、前年に契約を変更した18歳以上の850人の男女に対して世帯調査を実施して評価した。参加者は集合ごとに層化され（多段抽出法）、各調査の最長時間は15分であった。また、3人のモデレーターを利用して20回の深層インタビューを実施した。

　引き続き実施した実験では、利用者に契約書を見せて、i）神経生理学的手法（アイトラッキング）とii）投影的手法（マーキングカラー）という2つの方法を組み合わせたアイトラッキングを利用して読んでもらい、契約書の署名プロセスで利用者に生じる認識を調査した。

▶結果と影響

　研究者は次の結果を得た。

第13章　行動インサイトの事例研究：情報通信

- 読む時間と契約書の重要性は、関与レベル（知覚リスク－投資資金）に関係しているため、社会人口学的側面は認識に影響を与えない。

- 検証したフォーマットが明瞭で馴染みのある言葉と読みやすいフォントサイズを用いていたことが認められた。

- 前置きとなるタイトルを用いることで、内容を概念化しやすく、契約書の理解と読むという選択を促した。

- 用いられた言葉によって概して理解が可能になったため、契約書の理解において教育水準は大きな影響因子にならなかった。

- サービスの購入条件について学ぶ際、信念のある利用者の間に無関心が見られた。通常、量（分当たりのデータ量）に関して同意した通りに契約したサービスで提供されるため、彼らは携帯電話事業者との取り決め内容に「信頼」を表明した。

- 一方、利用者の認識に関して、ある程度の学習性無気力があることがわかった。契約書に関して何かを変更できるのは彼らではなく、彼らは携帯電話事業者が取り決めた通りに条件を受け入れるしかないと考えていた。

- 利用者は読むことに慣れておらず、口頭でのコミュニケーション（説明担当アドバイザー）を好むため、時間を割いて契約書を読んで理解するという行動にほとんど妥当性を見いださなかった。

　調査結果を総合して、情報通信サービス利用者向けの契約書を簡略化するという措置の成功は、消費者心理、行動経済学、ビジュアルコミュニケーション技術など、多様な変数の組み合わせに左右されるとの結論をCRCは下すことができた。

▶機関

　CRCはコロンビア政府の情報通信規制機関である。行動インサイトを用いた取り組みを通じて、市場規制、利用者保護、規制の簡素化に重点的に取り組んでいる。

　CRCは行動経済学のツールを用いて、行為主体の中でも情報通信サービス利用者の経済行動と消費決定を研究している。行動インサイトによって、CRCは利用者の真のニーズを満たすようにより効果的に資源を向けることができるため、利用者はニーズに応じた決定を下し、権利を行使することが可能になる。

　行動インサイトに基づく規制措置を採用することで、CRCは消費者に質の高いサービスを確保しやすくなった。消費者は権利と義務を理解・顧慮・行使する効果的なツールを得て、そうしたサービスから情報に基づく自由な選択をすることができる。CRCは簡素化され、それゆえに理解しやすく思い出しやすい文書や規則によって情報通信事業者（供給者と利用者）の義務を明示することで、

行動インサイトの事例研究：情報通信　第13章

コンプライアンスを確保し、相互利益と相互信頼の環境を築いている。

通信規制委員会2016（Commission for Communications Regulation 2016）の規制上の課題に対して、種々の措置の発表が予定されている。それらの措置は行動科学から得た洞察に基づいて構築されており、例として、情報通信サービス利用者の権利保護のための新制度、固定通信サービスを提供するための標準契約書の策定、固定通信サービス契約の最低期間に関する条項を対象とした措置の確立、バンドル型サービスの条件の策定などがある。

CRCは毎年5万5,000件の全国電話調査を実施して、固定・携帯電話、インターネット、有料テレビ放送の提供に対する利用者の認識への理解を深めようとしている。2014年、CRCは同セクターでの協議に基づき、規制簡素化（Regulatory Simplification）プロジェクトによって規制緩和のプロセスも推進した。

また、ポータル・フォー・ユーザーズ（Portal for Users）の設計と実施など、ほかにも活動を実施している。ポータル・フォー・ユーザーズは現在の市場における利用者の権利、サービスの質、料金、プランについての情報を与えて利用者の立場を強化し、端末機器の認証、陳情・苦情の申し立てなど、利用者に種々の手続きを行う手順を提示することになっている。

CRCは研究と介入の実施に際して、心理学者、経済学者、統計学者のほか、市場調査コンサルタントなど多くの分野のエキスパートからなる専門的なグループなど、行動経済学の専門家から支援と助言を得ている。こうしたアドバイザーはコロンビアのコンラート・ローレンツ大学基金の場合のような学術関係者や、通信会社を通じて入手したデータを評価できるYanhaas S.A.などの調査・市場分析会社である。OECDは通信会社と利用者の関係に関して、コロンビアの情報通信サービスが抱える主要な問題の特定に際し、CRCに助言と協力を行い、そうした問題に適用すべき規制案の作成を支援している。

第13章

393

第13章　行動インサイトの事例研究：情報通信

電話番号の請求書：管理費の支払いを期限通りに

国	オランダ
分　　野	情報通信
機　　関	オランダ消費者・市場機構（Netherlands Authority for Consumers and Markets: ACM）
目　　的	企業にサービス電話番号の管理費を期限通りに支払わせる。
方　　法	政策介入：企業への請求書に同封する送付状を変更する。
適　　用	サービス電話番号を利用している企業への通知を修正する。

▶問題

　ACMは企業間の公正競争を確保し、消費者の利益を保護する規制機関である。その目的は企業と消費者の双方に、より多くの機会と選択肢を創出することである。

　ACMは情報通信市場をはじめとして、オランダの多数の市場の監督を担っている。一連の特別な電話番号の利用者は、毎年ACMにそうした電話番号の管理費として少額の手数料を支払う。これらの電話番号のほとんどは、ACMが企業に割り当てるサービス電話番号である。こうした番号を割り当ててそれらの所有者を登録するほか、これらの番号の利用を規制することは、ACMの責務である。ACMはこうした電話番号の利用者全員に、特定の番号にかけた消費者に請求する最高額を守るなど、規則の遵守を徹底させている。

　ACMは同機構に期限通りに管理費を支払う企業の比率を改善したいと考えた。そこで、企業に期限通りの支払いを求める通知文書への行動ナッジの利用を検証した。

▶介入

　英国の行動インサイトチームが実施した税に関する試験やオランダの課税機関から得た洞察を利用して、ACMは企業宛てに送付する年間手数料請求書に同封する手紙に修正を加えた。

　ACMは次の修正を実施した。

- 管理費の実際の支払いに対する**最重要情報**を強調する。

- ACMにどのように支払うべきかではなく、どのような支払い方法があるかを伝えて、**反感を防ぐ**。

394

行動インサイトの事例研究：情報通信　第13章

- **社会規範**を用いて、ACMの経験では大多数の人が期限通りに支払っていることを伝える。

- 余計な情報を削除して重要性の低い情報を付録に移動させることで、同封する手紙を**短いもの
  にする**。

- 送付状をきちんとした手紙に変更して、挨拶文句と署名を追加する（**宛先の個別化**）。

- 手紙の右上に青いボックスを追加して要請をまとめる（**顕著性**）。

- ACMが企業からの問い合わせ専用の電話回線に人員を配置していることを明確にする。

こうした修正実施後の支払い率を、行動インサイトに基づく修正を加えていない送付状を請求書
に同封していた前年の支払い率のデータと比較した。

▶**結果と影響**

今回の行動介入は前年と比較して支払い率にプラスの効果を与えていないようであった。しかし、
ACMが受けた（正式な）苦情は減少した。

全体としては、ACMは介入の実施中に大量のデータを紛失したため、前年との比較を正確に実
施することができなかった。研究者らはデータが不足していたことと、請求書が異なる状況で異な
る時期に送付されたことから、統計的に有意な結論を導き出すことができなかった。

ACMは管理費の支払い率を改善できる要素を明らかにするため、企業に送付する次回の請求書
セットに関して無作為化比較試験（RCT）の実施を計画している。

▶**機関**

ACMはオランダの競争と市場を規制する機関である。消費者の保護と企業間の公正競争の促進
に取り組んでいる。市場をより効果的に監督するために、行動インサイトを積極的に活用している。

ACMが大きな関心を持っているのは、特にエネルギー・情報通信・郵便の分野において行動イ
ンサイトを利用し、消費者の意識と積極性をさらに高めて、企業のコンプライアンスを向上させ、
規制対象企業から情報を引き出すことである。

ACMには10人からなる行動インサイトチーム（Behavioural Insights Team）がある。職員なら
誰でも利用できるワークショップと管理者を対象にした情報会議を開催している。行動インサイト
に関する知識を組織として高めるために、ACMは行動インサイトを適用している大学や他の規制
機関、政府団体との国際会議やネットワークにも参加している。

初期の頃、ACMによる行動インサイトの利用に関して、組織の全階層にある程度の懐疑論や異論、
倫理的懸念があったものの、行動インサイトの利用が広がるにつれて、徐々に減少していった。

第13章

395

第13章　行動インサイトの事例研究：情報通信

情報通信分野における消費者のための価格フレーミング

国	英国
分　　野	情報通信
機　　関	通信庁（オフコム）（Ofcom）
介入開始	2009年3月
介入終了	2009年10月
目　　的	経済学における実験が消費者行動の理解に果たしうる役割についてオフコムが理解するのを支援し、5つの異なる設定、すなわち介入（価格透明性の向上を目的とした異なる政府介入）における消費者行動を検証する実験例を提供する。
方　　法	通話料情報のフレーミングに関する室内比較実験及び、消費者調査における実験の利用に関する導入的概観
適　　用	調査は政策開発における実験的手法の適用に関してオフコムに情報を与えるために利用された。

▶問題

　本報告書の発表に先立ち、オフコムは行動経済学とそれが規制に与える影響について、ある程度の調査を実施していた。そうした調査から得た重要な洞察は、実際の消費者行動に関するエビデンスが、消費者が種々の市場の特徴にどのように反応するか、また成功する見込みの高いのはどのような対応策かについて理解するのに有益であるということであった。こうした調査の一環として、オフコムは同庁が規制する市場を対象とした政策開発における実験の利用を検討していた。消費者行動の理解における実験の有望な利用方法について調査し、同庁の業務に関する実験の潜在的メリットの理解を改善するために、ロンドン・エコノミクスとユニヴァーシティ・カレッジ・ロンドン（UCL）に報告書を依頼した。

　その報告書の一環として、通話料金情報のフレーミングに関する室内比較実験が例として実施された。この特定の実験は、通話料を資金源とするサービスの選択時に、消費者の理解を改善するための多数の選択肢を検討することが目的であった。消費者は様々な方法で通話料を知ることができ、費用は利用者に情報が伝達される1つの手段であるため重要である。

　英国では、「一般条件（General Conditions）」によってすべての電話会社は通話料について明瞭であることが義務付けられており、適切な場合は、通話料の詳細を公表することが求められている。しかし、一般的に消費者は、電話をかける前に必ずしも正確な通話料がわかるわけではなく、オフコムはこれを消費者の不利益につながりうる不透明性と見なした。料金情報の伝達と理解が不十分であれば、消費者はニーズに最も適した選択をし損ねる恐れがある。

行動インサイトの事例研究：情報通信　第13章

オフコムはこれまでにこの潜在的な不透明性に対処する政策の開発を考察したことがあった。しかし、考察した政策は、消費者が自発的に電話会社の料金を調べない限り、電話をかける前に正確な通話料がわからないままであることが多かった。オフコムはこの分野で特定された**価格透明性**に関する消費者の懸念に対応する選択肢を検討していた。今回の実験の目的は、発信者が電話をかける際により良い選択をするよう、種々の介入がどの程度影響を及ぼせるかを理解することであった。

▶介入

オフコムのために実施された室内比較実験は、価格フレーミングが消費者への電話料金情報の提供にどのような影響を与えるかを調査しようとするものであった。その目的は、料金がすぐにわからず、性質上、通話時間が推測である状況で、電話をかけることの意味が持つ本質を捕らえることであった。これは、消費者が実際に非地理的電話番号を利用する際に直面する状況を反映していた。

研究者らは参加者に携帯電話環境と固定電話環境の両方で、通話料を種々の方法で通知した。そうしたのは、これらの2つの環境が主として、料金情報を調べるのにかかる費用が異なるほか、価格の分散の程度が違うために関連リスクが異なるからである。携帯電話環境では調べるのに固定電話環境の3倍の費用がかかり、携帯電話を持って「移動」し、それゆえに携帯電話を使って料金を調べるのに、自宅でインターネットを使った場合と比較して、より多くの困難（より多くのコスト）に直面するという現実世界の特徴を示している。通話料の提示方法は以下の通りである。

- ベースラインの介入は、通話料に関する料金情報がほとんどなく、料金を調べるのが容易ではない状況での消費者行動を調査する。

- 通話にかかる正確な料金について通話前に発信者に通知する。

- 通話にかかりうる上限の料金について通話前に通知する。

- すべての電話番号について全通話料が列挙された一覧表形式の月額請求書で料金情報を通知することにより、消費者は原則的に、関連するあらゆる料金情報を容易に利用できる。

- 短縮コードによって、消費者は各通話に要した料金を大幅割引価格で容易に知ることができる。

実験は2×4で設計され、合計で8つの介入が実施された。すべてのシナリオにおいて、参加者にまずベースラインの工程を完遂してもらい、次に介入を適用した。どちらの状況でも、被験者は電話をかけて異なる「タスク」を完遂しなければならなかった。これらのタスクは抽象的に表現されていたが、取引銀行への問い合わせや宅配ピザの注文といった実生活での作業を摸したものであった。

合計で211人の大学生に実験に参加してもらった。彼らに上記の9つのタスク（ベースラインと8つの介入）を実施してもらい、それぞれを完遂すると謝礼を支払った。その謝礼は銀行から望ましい情報を入手したり、注文したピザを食べたりするという利益を摸するためのものであった。9つのタスクが合わさって1つのタスクサイクルを構成し、2段階の実験はそれぞれ14のそうしたサイクルで成り立っていた。

第13章

第13章　行動インサイトの事例研究：情報通信

▶結果と影響

報告書の重要な結論として、オフコムはすでに実施したかなりの消費者調査を補完するのに実験的な手法が有用であると考えた。しかし、他の研究手法同様、実験にはメリットとデメリットがあり、適切かどうかは状況によって異なるだろう。実験の実施がすべてのケースで有用であるとはいえない。そうしたことから、オフコムは実験によって、この状況で最も効果が高そうな介入のタイプについて、いくつか有益な示唆を得たが、可能性のある介入がすべて検証されたわけではなかった。

価格フレーミングによる実験で得られた結果は次の通りである。

- 料金情報がすぐに入手できないベースラインと比較して、実験で検証したすべての介入が消費者福祉を大幅に向上させた。

- それぞれの介入を比較した場合、通話前に正確な通話料を通知しオプトアウト（通知をオフにすること）ができる介入が、固定電話・携帯電話環境の両方で最も効果が高かった。消費者は料金を効率良く知り、その後、だいたいは通知をオフにした。

- 次に効果が高かったのは短縮コードを用いた介入であった。

- 月額請求書での料金の一覧表示も、通話にかかりうる上限の料金を通話前に通知することも、効果はあまり高くなかった。

- 上限の料金を通話前に通知する介入は、消費者福祉に関する尺度から見て最も効果が低かった──予想通りの結果であった。

参加者が積極的に料金情報を調べていたことも実験から明らかになった。さらに、参加者は調べた料金情報を利用して、電話をかける際により良い選択をした。つまり、調べれば調べるほど、安い番号にかけるようになった。しかし、調査行動のプラス効果は減少するため、過剰な調査による費用が発生した。

また、参加者は実験の間に学習し、それには（予想外に高額の）請求書を見てショックを受ける「ビルショック（bill shock）」が重要な役割を果たした。ビルショックによる学習は、1分当たりの通話料で計算される通話料だけでなく、総額を見た結果からも引き起こされた。請求総額が高額であれば、そのことが参加者の注意を引き、行動変化につながった。つまり、重要な関係があるのはビルショックであり、それを引き起こすのは請求書の総額であるということであった。

オフコムは非地理的電話サービスの規制に対するアプローチを見直す際に、こうした結果を考慮して、規制の枠組みがサービスの範囲と、費用と料金の明瞭性と妥当性の点で、消費者に最善の成果をもたらすよう徹底するつもりだと述べた。

▶機関

オフコムは英国の情報通信規制機関である。テレビ・ラジオ・ビデオオンデマンド分野、固定回線電話、携帯電話、郵便業務のほか、無線機器が利用する電波を規制する。英国の法人と個人が、利用する情報通信サービスから最善のサービスを受けられるようにするとともに、彼らを詐欺行為・詐欺商法から保護する。適切な場合には、消費者に良い成果をもたらす基盤として競争を支持する。通信、競争、消費者保護に関する法律を実施・施行する。

オフコムは行動インサイトを利用して、情報通信市場に関連する多数の分野での政策開発に情報を得てきた。上級レベルなど、多数のレベルで経済学者を雇用しており、多くが行動経済学と行動バイアスの理論に精通している。

資料

Duke, C., S. Huck and B. Wallace (2010), "Experimental Economics Research: Final Report", Ofcom, https://www.ofcom.org.uk/__data/assets/pdf_file/0023/31865/experiments.pdf(2017年1月12日アクセス).

第13章　行動インサイトの事例研究：情報通信

情報通信市場での消費者による乗り換え

国	英国	
分　野	情報通信	
機　関	通信庁（オフコム）（Ofcom）	
介入開始		
介入終了	2010年——最終報告	
目　的	"乗り換え先主導"の乗り換えプロセスの方が、現在の"乗り換え元主導"のプロセスよりも、消費者に良い成果をもたらすかどうかについて、政策議論に情報を提供する。	
方　法	室内比較実験により、情報通信サービス市場の種々のプロセスの有効性を調査する。	
適　用	実験の結果は多数の異なる分析から得られ、消費者と競争に関する成果の点で、乗り換え先主導のプロセスが乗り換え元主導のプロセスよりも好ましいというオフコムの長期的な戦略的展望を形成するのに寄与した。	

▶**問題**

　今回の調査はロンドン・エコノミクスがオフコムのために実施したものであり、報告内容は、情報通信サービス市場における消費者の乗り換えプロセスの種々の特徴を調べた経済実験の結果である。この経済実験では、乗り換えプロセスの主要な2形態である乗り換え先主導のプロセスと乗り換え元主導のプロセスが、消費者福祉と、ニーズに最も適した契約を選ぶ消費者の比率に与える影響を調査した。実験は**注意力の限界**と**選択肢過多**の影響を検証するように設計されたが、それは消費者が最適な契約を選択するためには大量の情報を処理する必要があるためであった。

　乗り換え先主導のプロセスと乗り換え元主導のプロセスの主な違いは、乗り換えを望む消費者が取らねばならない種々の連絡の数である。乗り換え先主導のプロセスの場合、消費者は乗り換えたいと思う新しい電話会社に連絡をするだけでよい。それゆえ、乗り換え先主導のプロセスの方が消費者にとってわかりやすく、消費者は乗り換え元の電話会社からの引き留め圧力を回避できる。一方、乗り換え元主導のプロセスでは、消費者は乗り換えプロセスの間に3回の連絡を取る必要がある。これによって乗り換え元の電話会社には消費者を引き留めるために対案を提示し、圧力をかける機会が得られる。

　今回の調査の目的は、消費者の乗り換えに関わるオフコムの計画に情報を与え、オフコムが別の乗り換え先主導・乗り換え元主導プロセスでも消費者経験を理解するために利用している定量・定性調査など、他の手法を補完することであった。

行動インサイトの事例研究：情報通信　第13章

▶介入

室内比較実験では、ユニヴァーシティ・カレッジ・ロンドンの大学生119人を被験者として、消費者がニーズにより適した契約を提供する競合会社にどのようにして乗り替えたいと考えるかを検証した。最初、消費者には毎月どの程度の通話をしそうか（ニーズ）がわからない状態で、ニーズに合わない高額の契約を結ばせて乗り換えるように仕向けた。毎"月"、被験者は彼らの実際の通話件数を見て、3つのニーズ区分（高、中、低）のいずれかに準じて自身のニーズを把握した。具体的には、実験では次の6種類の乗り換えプロセスを検証した。

1. 乗り換え先主導のプロセスで、スラミング[1]の可能性があり、早期解約金に関する注意がないなど、確認がなかった。

2. 乗り換え先主導のプロセスで、スラミングがないことは確認があったが、早期解約金に関する注意はなかった。

3. 乗り換え先主導のプロセスで確認があり（それゆえスラミングがなく）、乗り換え元の会社の最低契約期間内である場合、早期解約金が発生する恐れがあることが、乗り換え先の会社から消費者に知らされるという早期解約金に関する簡単な注意があった。

4. 乗り換え先主導のプロセスで確認があり、消費者に発生する早期解約金の正確な額について知らせる厳密（または完全）な早期解約金に関する注意があった。

5. 乗り換え元主導のプロセスで、乗り換え元である会社は消費者に正確な早期解約金を通知し、消費者が契約を考えている別の会社の新規契約と類似した対案を出した。

6. （5）と同様、乗り換え元主導のプロセスであるが、消費者の気持ちを挫きかねないある程度の時間の遅延があった（乗り換えをしようとする際、乗り換え元の会社によって引き留められる場合など）。

第13章

実験は6サイクルで進められ、1サイクルは48か月を表した。各サイクルの間、消費者のニーズの区分は固定され（高、中、または低）、次のサイクルの開始時に無作為に再設定された。実験における1か月の間に、消費者は2つの行動を取ることができた。1つは、他の電話会社の料金を調べることであった。1つの電話会社の料金を調べるごとに、被験者には実験で用いた通貨単位で100単位の費用がかかった。これは実生活で料金情報を調べるのにかかる費用を表した（店舗を訪れる、インターネットで検索する、または直接販売の資料を理解する）。

消費者は実験期間中、いずれの時点でも電話会社を乗り換えることができた。しかし、現在の最低契約期間が過ぎる前に乗り換えた場合、早期解約金を支払わなければならなかった。実験のこの要素は、完全に合理的な消費者ならば、早期解約金が「高額」であり現在の契約を継続する方が低コストであるため、最低契約期間経過前に乗り換えないだろう価格に設定された。

401

第13章　行動インサイトの事例研究：情報通信

▶結果と影響

　この実験で得られた結果から、スラミングの可能性がある場合を除いて、乗り換え先主導のプロセスの方が、乗り換え元主導のプロセスよりも消費者に高い福祉を生み出すことがわかり、その差は、乗り換え先主導のプロセスと比較して、乗り換え元主導のプロセスでは、被験者の福祉が平均で20％低下したという大きなものであった。さらに、乗り換え先主導のプロセスでは、消費者はより好ましい乗り換えを選択した。つまり、乗り換える場合、自分に最も適した契約を提供する電話会社に乗り換える傾向が高かった。報告書で注目している通り、これは特に一般的な経済学の観点からすると驚くべきことであった。その理由として、乗り換え先主導のプロセスによる介入と乗り換え元主導のプロセスによる介入の間には、関連情報の差異がなく、そのことが消費者による最適な契約の選択に役立ったと考えられ、それによってこの結果が説明できるからである。さらに、介入全体では（自発的な）乗り換えに差は見られなかった。

　同様に研究者らは、乗り換え先主導のプロセスで確認のない介入は、好ましくない乗り換えの選択につながったことも明らかにした。いったんスラミングされた場合、乗り換えた被験者は最適な電話会社に乗り換える可能性が低く、契約の選択に関して適切性の低い決定をする傾向にあった。これもまた一般的な経済学の理論では説明できないものであった。なぜなら、スラミングによる介入を受けた被験者も、自分のニーズに関して、他のすべての介入を受けた被験者と同様の情報を利用できたからである。

　研究者らは、早期解約金に関する注意が乗り換え先主導のプロセスでも乗り換え元主導のプロセスでも、有益ではなかったことも明らかにした。同様に、IQが高い消費者の方が、IQの低い消費者よりもずっと適切な選択をし、消費者が経験を積めば積むほど選択が改善されることも突き止めた。これは常識的な見方からすると驚くことではないかもしれないが、認知的限界がないことを前提とする一般的な経済学の予測を裏切るものであった。

　一般的な経済学の理論とは対照的に、研究者らは情報が大量に提示されることで注意力が抑制される**注意力の限界**によって、最善の意思決定が困難になった、と結論付けた。結果として、早期解約金に関する注意からの追加情報や節約行動からのさらなる料金選択という潜在的に有益な効果は、こうした特徴が誘発する追加的な複雑性によって、帳消しになった。同様に、スラミングは消費者への直接的なマイナス影響以外に、契約選択の質の低下を引き起こすかなりの混乱を招いたようであった。実験後のアンケート調査で、早期解約金に関する注意があると乗り換えプロセスがわかりにくく感じられ、引き留めるための対案を出されると最善の契約を選択するのがさらに難しくなったと被験者が報告したことから、IQと経験に関する調査結果が裏付けられた。

　実験の結果は多数の異なる分析から得られ、消費者と競争に関する成果の点で、乗り換え先主導のプロセスが乗り換え元主導のプロセスよりも好ましいというオフコムの長期的な戦略的展望の形成につながった。

▶機関

オフコムは英国の情報通信規制機関である。テレビ・ラジオ・ビデオオンデマンド分野、固定回線電話、携帯電話、郵便業務のほか、無線機器が利用する電波を規制する。英国の法人と個人が、利用する情報通信サービスから最善のサービスを受けられるようにするとともに、彼らを詐欺行為・詐欺商法から保護する。適切な場合には、消費者に良い成果をもたらす基盤として競争を支持する。通信、競争、消費者保護に関する法律を実施・施行する。

オフコムは行動インサイトを利用して、情報通信市場に関連する多数の分野での政策開発に情報を得てきた。上級レベルなど、多数のレベルで経済学者を雇用しており、多くが行動経済学と行動バイアスの理論に精通している。

注

1. スラミングとは、消費者の認識や同意なしに別のサービス業者に消費者を切り替えさせることをいう。

資料

Huck, S. and B. Wallace (2010), "Consumer switching: Experimental economics research", London Economics, https://www.ofcom.org.uk/__data/assets/pdf_file/0021/68043/economics-research.pdf（2017年1月12日アクセス）.

第13章　行動インサイトの事例研究：情報通信

自動更新契約

国	英国
分　野	情報通信
機　関	通信庁（オフコム）（Ofcom）
介入開始	2008年12月31日
介入終了	2010年3月31日
目　的	自動更新契約が消費者にも情報通信市場の競争にも損害を与えているという懸念を検証する。
方　法	英国の固定電話サービス提供者を変更する消費者の決定に、自動更新契約が与える影響を計量経済分析する。
適　用	計量経済分析は検討の要となり、自動更新契約を禁じるオフコムの決定に寄与した。

▶問題

　多くの情報通信会社が提供する「固定期間契約」（または単に「期間契約」）では、顧客は直前の通知で解約可能な柔軟な契約に課される料金と比べて割り引かれた料金で利用できる代わりに、最低契約期間の間、継続してサービスを利用しなければならない。2008年2月、BT（元「ブリティッシュ・テレコム」）は、「ロールオーバー（繰り延べ）契約」つまり「自動更新契約」を導入した。この契約は、そうした12か月間の最低契約期間を設けただけでなく、元々の最低利用期間中に契約世帯がオプトアウトする選択をしない限り、最低利用期間をさらに12か月間、自動的に更新するというものであった。その代わりに、契約世帯はプロモーション特典を受けた（これも「ロールオーバー」された）。

　固定期間契約が経済市場の機能に与える影響については、賛否両論があった。サービス提供会社は、サービス提供にかかるあらゆる固定費を、固定期間契約によって最低契約期間全体に分散させることができるため、消費者の前払い費用を引き下げ、利用を促進させることができると主張した。しかし、最低契約期間には早期解約金も付随するため、事業者を乗り換える費用が高くなる。そうした乗り換え費用は、消費者が目先のことしか考えていない場合や、それらが新サービスへの提供に消費者の関心を向けにくくすることで、製品や市場参入の費用に悪影響を及ぼす場合は特に、社会的福祉を低下させる恐れがある。自動更新契約は、ある時点にある企業において最低契約期間中である顧客の割合を引き上げることで、市場全体の乗り換え費用を押し上げるように思われる。

　今回の研究目的は、BTの自動更新契約が顧客による他の固定音声電話サービス会社への乗り換えの決定に与える因果効果を推定することであった。調査では観測データの計量経済分析に重点を

行動インサイトの事例研究：情報通信　第13章

置いたが、行動的影響が原因で消費者が自動更新契約に対して異なる対応をする可能性があることに着目した。たとえば、オプトアウトが必要な契約環境は、自動更新契約の顧客にとって**デフォルトオプション**を変更することであり、「**現状維持バイアス**」を引き起こして通常よりも多くの顧客が最低契約期間に留まる可能性があった。また、オプトアウトは適切なタイミングで（つまり、次の最低契約期間が始まる前に）実施しなければならない。BTは、オプトアウトは最低契約期間の11か月目に書面で行う必要があることを顧客に通知したが、**短見、失念、現代生活の差し迫った必要性**のいずれかまたは複数が原因で、顧客は期限を逃し、通常よりも多くの顧客が最低契約期間を継続することになりうる。

▶介入

ESMTコンペティション・アナリシス（ESMT Competition Analysis: ESMT CA）がオフコムのために用意した計量経済学モデルは、顧客による固定音声電話サービス会社の乗り換えの決定に対して、BTの自動更新契約が与える因果効果を測定する調査において、次の2つの懸念事項に対応するものであった。

1. 調査には個々の世帯の乗り換え行動に関する詳細な非集計データが必要であった。このデータは外部の分析者には一般的には入手不可能であった。

2. 調査では、自動更新契約そのもの以外に、世帯による切り替え行動の決定要因を正確に説明する必要があった。それらの最も重要なものとして考えられるのは、継続期間（すなわち、ある顧客がBTと契約していた期間）、顧客がBTから他のサービス（ブロードバンドアクセスなど）を購入したかどうか、料金割引の影響、「自主的選択」（または単なる「選択」）、自動更新契約の決定に相関しうる世帯の乗り換えの可能性における観察されていない差であった。

オフコムの職員と協力して、ESMT CAはBTから顧客レベルの詳細な請求データを入手して、2008年12月31日時点でのBTの固定音声電話回線の顧客約18万人の無作為サンプルを抽出した。データクリーニング後、サンプルは14万4,861人に減少したが、請求データにはこれらの顧客に関する198万4,406件の月間データも含まれていた。こうしたデータには、各世帯のBTとの取引履歴に関する詳細情報のほか、2008年12月31日から15か月間（2010年3月31日まで）の音声プラン、契約、支払い金額（割引額の情報を含む）、最低契約期間が含まれていた。ESMT CAはこれを、マクロ経済動向と類似サービスを提供する競合他社の料金に関する市場の集計情報を用いて増幅させた。その結果得られた総合データセットは、個々の世帯レベルでの乗り換え行動の分析に利用できる最適な情報を提供した。

このモデルは上述の測定上の問題に対処することを目的として、大規模なサンプルを用いた。それによって、ESMT CAは継続期間など、乗り換えに影響を与える可能性がある他の多数の要因を調整しながら、自動更新契約が乗り換え行動に与える影響を有効に推定するのに十分なデータを得た。

405

第13章　行動インサイトの事例研究：情報通信

▶結果と影響

BTと自動更新契約を結んでいる顧客で最初の最低契約期間終了後に乗り換えた顧客は、標準契約の同等の顧客より34.8％少なく、自動的に更新されない固定期間契約を結んでいる同等の顧客よりも54.8％少なかったことが調査から明らかになった。

さらに、定性的な結果は以下の取り入れに対して、すなわち継続期間の制御変数、世帯がBTから他のサービスを購入していたかどうか、自動更新契約で提供される割引、世帯によるそうした契約の自主的選択の取り入れに対して、頑健であったことも明らかになった。継続期間、割引の効果、ブロードバンドサービスの購入は、いずれも経済的に大きな影響があった（世帯のBTとの契約継続期間の倍加、最も一般的な自動更新契約で提供されているのと同じ21％の割引の提供、BTからのブロードバンドサービスの購入は、それぞれ推定で62.3％、21.9％、52.8％乗り換えを減少させる）こと、また自主的選択の統計的に有意なエビデンスがあったことを明らかにした。しかし、継続期間、料金割引、ブロードバンドサービスの購入、自主的選択の影響を調節した後でも、BTと自動更新契約を結んでいる世帯は、乗り換えが標準契約の同等の顧客より34.8％少なく、自動的に継続されない固定期間契約を結んでいる同等の顧客よりも54.8％少なかったことが明らかになった。

このエビデンスはBTの自動更新契約が、固定音声電話市場における乗り換え費用と参入費用の両方、またはいずれか一方を大幅に引き上げているという見解と一致するものであった。

▶機関

オフコムは英国の情報通信規制機関である。テレビ・ラジオ・ビデオオンデマンド分野、固定回線電話、携帯電話、郵便業務のほか、無線機器が利用する電波を規制する。英国の法人と個人が、利用する情報通信サービスから最善のサービスを受けられるようにするとともに、彼らを詐欺行為・詐欺商法から保護する。適切な場合には、消費者に良い成果をもたらす基盤として競争を支持する。通信、競争、消費者保護に関する法律を実施・施行する。

オフコムは行動インサイトを利用して、情報通信市場に関連する多数の分野での政策開発に情報を得てきた。上級レベルなど、多数のレベルで経済学者を雇用しており、多くが行動経済学と行動バイアスの理論に精通している。

資料

Crawford, C. and EMST Competition Analysis (2010), "Empirical analysis of BT's automatically renewable contracts", EMST Competition Analysis, http://e-ca.com/sites/default/files/annex_07.pdf（2017年1月12日アクセス）.

行動インサイトの事例研究：情報通信　第13章

ブロードバンドの速度に関する
消費者向け情報とインターネット中立性

国	英国
分　野	情報通信
機　関	通信庁（オフコム）（Ofcom）
介入開始	データなし
介入終了	2011年5月——最終報告
目　的	類似する様々な情報が提示された場合に、消費者が適切なブロードバンドパッケージを購入する能力を評価する。
方　法	室内比較実験により、情報とその提供方法が消費者によるブロードバンドパッケージの選択に与える影響を直接比較する。
適　用	結果を利用して、消費者への情報提供における課題の理解を改善し、オフコムによるそうした情報の監視に寄与した。オフコムは、通信事業者によるトラフィック管理の利用に関して、十分な透明性を確保するためのより正式な介入の可能性も残した。

▶問題

　コンサルタント会社であるロンドン・エコノミクスがオフコムに代わって実施したこの調査は、ブロードバンドの特徴に関する情報の種々の提示方法について、その相対的な影響をオフコムに報告することが目的であった。

　報告時、英国にはブロードバンドパッケージの選択肢について、消費者に情報を提供する標準化された方法が存在しなかったため、通信事業者によって提供する情報量が異なり、往々にして提供方法も異なった。これはつまり、複数の通信事業者によって提示される選択肢がしばしば比較しにくく、提供される情報が複雑で専門的であることが多い、ということであった。

　こうした状況を受けて、実験では**情報過多**と**複雑性**の影響を調査することにした。これらが原因で、消費者は技術的データに関する情報を、消費者が受けるサービスの質として理解するのが困難になっていた。具体的には、実験では消費者が利用したいサービスの質——すなわち、視聴したいビデオの質——にとってどんな意味があるのかを理解するために解読しなければならない技術的情報——すなわち、速度、サービスの優先順位付け、通信量の上限——が、消費者に提示される方法を検証した。

▶介入

　今回の研究で利用した室内比較実験の目的は、消費者へのパッケージ情報の提供方法が選択に与

える影響と、余分な情報（選択には重要ではない情報）の提供が消費者の選択に影響を与えるかどうかを調査することであった。実験では、2×2設計の4種類の介入を検証した。基本となる2つの処置変数は次の通りである。

- **コード化**：パッケージ情報を詳細な数値で、またはダウンロード速度などの重要な特徴を色分けして提供する。

- **情報**：パッケージの説明文に余分な情報、つまり消費者の選択を左右しないはずの情報がある（またはない）。

この室内比較実験では、色と数字でコード化したパッケージを比較し、また余分な情報がある場合とない場合の介入を比較しようとした。実験の参加者には、1人の架空のインターネットユーザーとしてユーザーの必要条件を与えてから、ブロードバンドパッケージの選択肢を2つ提示した。参加者はインターネットの利用に必要な自分の条件を考慮して、適切な方のパッケージを選択しなければならなかった。また、パッケージを選択する前に、そのパッケージについてさらに情報を探すかどうかを選択しなければならなかった。この種の設計をすることで、研究者らはブロードバンドパッケージの選択行動における差異の原因を突き止め、ある場合は交互作用効果——コード化と情報の変更が組み合わさった効果——を特定することが可能になった。

156人の被験者をユニヴァーシティ・カレッジ・ロンドンの学生被験者群から選定した。各被験者にはコード化と情報の1つの組み合わせを提示して、ブロードバンドパッケージを50回選択してもらった。毎回2つのパッケージを作成し、実験当時、市場で販売されていた速度にほぼ対応した3レベルの通信量を基準にして、「最大」ダウンロード速度として宣伝した。各レベルのパッケージには、「平均ダウンロード速度」「アップロード速度」「月間通信量の上限」「料金」「トラフィック管理」に関して分散があった。実験が半分過ぎたところで、被験者には選んだ選択肢のうち、適切ではなかった選択肢の数がフィードバックされた。

情報を処理できた被験者にとって、色分けされた情報の方が大雑把であるため、数値表示の方が結果が良いだろうと研究者らは予想した。また、余分な情報は決定を改善せず、不適切な決定を引き起こす可能性があるとも予想した。一方で、消費者が認知的限界や情報過多を持っている場合、重要な変数を色分けすることが、利用可能なデータをより効率的に処理するのに役立つと考えられた。

▶結果と影響

重要な基準枠として、被験者が情報の提供方法や種類に関係なく、大部分の事例で自分の必要条件に適していないパッケージを選択したことが研究から判明した。しかし、数値での情報提供は消費者が色分けよりも概して適切な選択をするのに有益であることも明らかになった。最適な選択をする頻度はおよそ6ポイント増加した。

色分けの影響は一様ではなかった。一方では、色分けは傾向として消費者に過剰に調べさせる結

果になった。その一方で、消費者はこのようにして必要以上に調べたことで恩恵を受けた。重要情報が色分けされている場合、自由に利用できる見出し情報に基づき決定をするはずが、引き続き調べた消費者の方が、最適なパッケージを選択する傾向が強かったことが研究で判明した。このことから、良い選択をするのに本当に必要な情報はどれなのか、消費者があまり確信していない状況において、色分けに潜在的に有益な効果があることが実証された。

予想されていた通り、余分な情報は重要な変数が数値で提示されている場合は特に、不適切な選択が増える傾向にあった。

別の重要な結果は、被験者が自分たちの条件を考慮した場合、安価なブロードバンドパッケージが同等に良いか勝っている場合に、高価なパッケージに引き付けられる傾向があるということであった。そうした消費者行動は、より低い価格を提供するインセンティブを大幅に減少させるため、激しい競争がある場合でさえ過度に高い価格につながる恐れがある。

最終的に、時間の経過とともに選択の質に著しく大幅な改善が観察された。実験の途中で提供されたフィードバックを受けて、最適な選択をする頻度が実験の前半から後半にかけて8ポイント増加した。消費者は自分たちの条件を考慮した場合に最適なパッケージを選択していないことに気づいたとき、彼らはその後いっそうの努力を注いだようであった。

全体として見ると、情報を適切に提示することで、最適なブロードバンドパッケージを選択する消費者の能力が改善される可能性があること、また消費者に合わせて情報を調整することがより良い決定を促すことが、調査によって裏付けられた。すべての重要情報が色分けされているが、同時に詳細な数値情報に容易にアクセスでき、余分な情報が削除されている状況では、ブロードバンド市場における消費者の選択の質が最大限に高められることが、結果から読み取れる。しかし、情報の効果的な提供が大きな課題であることも明らかになった。

結果として、オフコムは消費者への情報の提供方法の監視を決定する一方で、通信事業者によるトラフィック管理の利用に関して、十分な透明性を確保するためのより正式な介入の可能性を残した。

▶機関

オフコムは英国の情報通信規制機関である。テレビ・ラジオ・ビデオオンデマンド分野、固定回線電話、携帯電話、郵便業務のほか、無線機器が利用する電波を規制する。英国の法人と個人が、利用する情報通信サービスから最善のサービスを受けられるようにするとともに、彼らを詐欺行為・詐欺商法から保護する。適切な場合には、消費者に良い成果をもたらす基盤として競争を支持する。通信、競争、消費者保護に関する法律を実施・施行する。

オフコムは行動インサイトを利用して、情報通信市場に関連する多数の分野での政策開発に情報を得てきた。上級レベルなど、多数のレベルで経済学者を雇用しており、多くが行動経済学と行動バイアスの理論に精通している。

第13章　行動インサイトの事例研究：情報通信

資料

Huck, S. and B. Wallace (2011), "Consumer information on Broadband Speed and Net Neutrality Experiment: Final Report", London Economics, https://www.ofcom.org.uk/__data/assets/pdf_file/0027/68841/consumer_information1.pdf（2017年1月12日アクセス）.

行動インサイトの事例研究：情報通信　第13章

消費者に通話料情報を提示する最適な方法

国	英国
分　野	情報通信
機　関	通信庁（オフコム）（Ofcom）
介入開始	
介入終了	2011年8月──最終報告
目　的	非地理的電話サービスに関して利用者への可能性のある介入を検証する。
方　法	1）非地理的電話番号への通話料の上限を設定する、2）通話料を電話回線利用料とサービス料に分ける、という2種類の介入を室内比較実験で検証する。
適　用	調査結果はエビデンスベースの一部として、オフコムが情報通信事業者に非地理的電話番号への通話料の個別提示を要請することにつながった。

▶問題

　2011年、オフコムは特に非地理的電話番号への通話に関して消費者のより良い選択を促す目的で、可能性のある規制介入を検討していた。非地理的電話番号の局番には03、08、09、および118がある。これらはカスタマーサポート、テレビ投票用の回線、電話番号案内サービス、電話星占い、チャットラインなどのサービスに利用されている。その目的のため、オフコムは次の2種類の介入を考案し、実験的に検証したいと考えた。

- 非地理的電話番号への通話料に上限を設ける。これによってサービス提供事業者は通話料を「1分当たり最大Xペンス」と消費者に伝えられるようになる。しかし、正確な通話料を知るには、消費者はその事業者のウェブサイトや料金表などを利用して調べる必要があるだろう。

- サービス料と回線利用料を分ける。各発信通信事業者は回線利用料を設定し、各サービス提供事業者はサービス料を設定することになる。通話料の総額は、回線利用料とサービス料を合計したものになる。この介入では、消費者は利用している発信通信事業者の回線利用料を覚えておく必要がある。サービスの広告としては、「通話料は1分当たりZペンスのサービス料に、ご契約会社の回線利用料を加算したものになります」といった形態になる。電話をかける時点で消費者が持っている情報（厳密には「説明書」）にサービス料が記載されていない場合、消費者は一定のサービスにかかるサービス料を正確に知るには調べる必要が生じる。

　オフコムはコンサルタント会社のロンドン・エコノミクスに協力を求めて、これらの2種類の介入を検証する実験を実施した。介入では、**情報を増加させて**顧客が情報を調べる必要性を低減させ、

411

第13章　行動インサイトの事例研究：情報通信

複雑性を減少させる影響を調査した。その際、形式や複雑性、提示方法などの情報の属性が意思決定の形成の中心的役割を担うことが研究で証明されていることから、消費者が適切な情報を適切な時に適切な形式で得られるようにする必要があった。

▶介入

　検討中の介入が消費者行動にどのような影響を与えるかを調べるために、実験は次の特徴の調査を目的として設計された。

- 消費者が電話をかける選択をした時点で有している情報。この情報には次の３つのバリエーションがある。

  - 消費者は電話をかける決定をした時点で、１分当たりの通話料に関する情報を何も持っていなかったが、正確な通話料を調べることができた（たとえば、発信通信事業者のウェブサイトで調べるなどして）。

  - 消費者は発生しうる１分当たりの通話料の上限を知らされたが、これは正確な通話料ではなかった。正確な通話料を知りたい場合は、消費者は調べる必要があった（たとえば、発信通信事業者のウェブサイトで調べるなどして）。

  - 消費者は電話をかけようとする時点で、発信時に提供される広告などで、１分当たりの正確な通話料を知らされた。個別表示シナリオでは、被験者に伝える通話料の個々の要素を変更した。

- 回線利用料とサービス料が合算されているかいないか。

  - 現在の市場慣行と同様のシナリオで、消費者には回線利用料とサービス料が一括して請求されるため、消費者が目にするのは合算された１つの請求金額であった。

  - もう１つは個別表示シナリオで、消費者には一定の回線利用料と個々の通話にかかるサービス料が別々に請求された。そのため、消費者が目にするのは２つの料金であった。

　ユニヴァーシティ・カレッジ・ロンドンの大学生が合計181人実験に参加した。コンピュータ化した実験環境で、被験者は通話から生じる「報酬」（決定を下す前に知らされた）と、通話料に関して利用できる情報に基づき、電話をかけたいかどうかを判断した。通話料情報を調べた場合、調査費用が発生したが、これはウェブサイトやその他の広告類を調べるのに費やした時間を反映している。

　参加者はどの料金表で契約するかも決定する必要があった。料金表は5種類あり、それぞれ異なる情報通信事業者が提供していた。そのため、料金表の選択は、消費者による発信通信事業者の選択を摸していた。各料金表は月額契約料と回線利用料（すなわちマークアップ価格）が異なった。参加者には月額契約料が知らされた。個別表示シナリオでは、回線利用料も知らされた。

行動インサイトの事例研究：情報通信　第13章

実験では、上述の条件に応じて異なる6つの全シナリオで、このプロセスを実施した。各被験者は6つの介入のいずれか1つで、8つのタスクを24ラウンド実施した。

▶結果と影響

全体として見ると、この実験から得られた最も有力な結果は、消費者が電話をかける決定をした時点で利用できる料金情報を改善し、したがって料金情報を調べる必要性を低減する介入は、いずれもこの実験で見られたように実際に消費者にとって有益だと考えられるというものであった。そうした料金情報は、有益であるためには包括的である（すなわち総額である）必要がないことも、調査で確認された。

通話の選択に関して、主に次の3つの結果が得られた。

1. 参加者が電話をかけるかどうかを決定する時点で通話料情報を提供することは、参加者の決定を大幅に改善するのに役立った。

2. 参加者が電話をかけるかどうかを決定する時点で通話料の上限情報を提供することは、情報がまったく提供されない（が、参加者は調べることができる）シナリオと比較して、参加者がより良い決定をするのに役立った。

3. 通話料情報が提供された場合、料金が個別表示された場合の方が、参加者の決定はわずかに悪くなった。

参加者が適切な料金を選択する頻度に関して、次の3つの結果が得られた。

1. 電話をかける時点で一括表示した通話料情報を提供すると、参加者は適切性の低い料金を選択する結果になった。

2. 個別表示した通話料情報は参加者がより良い料金を選択するのに役立ったことが、ある程度表れていた。

3. 参加者の料金選択に与える影響を考慮した場合、種々のシナリオに対して得られた実験結果の差を過度に強調しないことが重要であった。

最終的に結果を総合すると、料金の選択に関するシナリオのランク付けの結果は、上記の通話の選択に関するシナリオのランク付けの結果と類似していた。適切な通話を選択することが参加者の報酬に大きな影響を与えたことから、これは特に驚くことではなかった。通話の選択に関するシナリオのランク付けとの唯一の相違点は、シナリオ3（料金の上限）とシナリオ1・6（一括表示または分割表示で、通話時点で料金情報がまったくない）との間に統計的な有意差が存在しない点であった。

調査結果はエビデンスベースの一部として、オフコムが情報通信事業者に非地理的電話番号への通話料の個別提示を要請することにつながった。最終的な決定は、情報通信事業者のための移行

413

期間を経て、2015年6月に実施された。オフコムは現在、変更の影響を監視しているところである。オフコムは非地理的電話番号を単純化することに関する最終的な政策的立場をhttps://www.ofcom.org.uk/consultations-and-statements/category-2/simplifying-non-geo-noで発表した。

▶機関

オフコムは英国の情報通信規制機関である。テレビ・ラジオ・ビデオオンデマンド分野、固定回線電話、携帯電話、郵便業務のほか、無線機器が利用する電波を規制する。英国の法人と個人が、利用する情報通信サービスから最善のサービスを受けられるようにするとともに、彼らを詐欺行為・詐欺商法から保護する。適切な場合には、消費者に良い成果をもたらす基盤として競争を支持する。通信、競争、消費者保護に関する法律を実施・施行する。

オフコムは行動インサイトを利用して、情報通信市場に関連する多数の分野での政策開発に情報を得てきた。上級レベルなど、多数のレベルで経済学者を雇用しており、多くが行動経済学と行動バイアスの理論に精通している。

資料

Huck, S. and B. Wallace (2011), "Experimental work on potential interventions in relation to non-geographic calls: Final Report", London Economics, https://www.ofcom.org.uk/__data/assets/pdf_file/0031/56983/interventions-non-geographic.pdf（2017年1月12日アクセス）.

第14章
行動インサイトの事例研究（追加）

　本章では、OECD諸国とパートナー諸国において、多様な政策分野で消費者にもたらされる成果を向上させ、組織の行動を改善させるためのツールとして、行動インサイトがどのように適用されてきたかについて、一連の詳細な事例研究を取り上げる。本章で提示する事例研究では、資源集約的な無作為化比較試験から、それほど資源集約的ではない文献レビューまで、幅広い実験的方法が用いられている。何が有効で何が有効ではないのかについてのオープンで透明性のある共有は、質の高い研究と研究結果の広範な共有を確保するのに不可欠である。

第14章

第14章　行動インサイトの事例研究（追加）

政府プログラムの報告手続き

国	オーストラリア
分　野	知的所有権
機　関	産業・イノベーション・科学省（Department for Industry, Innovation and Science: DIIS）
介入開始	データなし——試験はまだ開始されていない
介入終了	データなし
目　的	コマーシャライゼーション・オーストラリア（Commercialisation Australia）の利用者によるプログラム終了後の報告書の提出率と質を改善する。
方　法	フィールド試験（保留中）
適　用	コマーシャライゼーション・オーストラリアの利用者にプロフラム終了後の報告フォームへの記入を求めて送信するEメールを改善する。

▶問題

　コマーシャライゼーション・オーストラリア（現在はアクセレレーティング・コマーシャライゼーション（Accelerating Commercialisation）に取って代わられた）は、オーストラリアにおいて革新的な知的所有権の商業化を支援するためのプログラムであった。オーストラリアの「新興の」中小企業や研究者は、「斬新な製品やプロセス、サービス」の商業化を後押しする補助金や支援を申請することができた。

　このプログラムの利用者には、終了後のデータ収集フォームの作成が義務付けられていた。しかし、プログラムから得たデータを見ると、初年度の報告以降、プロジェクト終了後の報告書の提出率が低下しており、全体的な提出率は44％を下回っていた。さらに、過去の評価から、収集したデータの質が低いことも明らかになった。

▶介入

　オーストラリア政府DIISは、プログラム終了後の報告の質と量を改善するためのプロジェクトを考案することにした。まず、コマーシャライゼーション・オーストラリアの利用者が終了後の報告プロセスを通じて同省とどのようにやりとりするかを、同省職員との議論、過去の評価の見直し、抽出した利用者22人への聞き取り調査によって理解しようとした。その後、こうした情報を基に、行動インサイトのレンズを通して、利用者が下す決定を検討し、利用者が経験する負担の軽減方法を見いだそうとした。プロジェクトの最終段階では、いくつかの介入案を検証するためのフィール

416

行動インサイトの事例研究（追加）　第14章

ド試験の設計も組み込まれた。

　試験そのものは保留になっており、行動インサイトの理論から得たよく知られているヒューリスティクスとバイアスに基づき、**顕著性、複雑性と摩擦の低減、締め切り効果**の原理など、特定の介入を無作為化比較試験で検証することになろう。

　コマーシャライゼーション・オーストラリアの利用者で介入の対象となるグループには、**これまでより短く、所定の提出日を強調し、要請に従うのに必要なステップをわかりやすく説明した**修正版のEメールを送信する予定である。対照群には修正前のEメールを送信することになる。DIISが最も効果的で効率的な介入としてこの方法を選んだのは、Eメールは同省にとって変更を加えやすく扱いやすいためである。結果は、修正版のEメールを受け取ったグループからの報告書の提出率と質を、修正前のEメールを受け取ったグループのそれらと比較して評価する予定である。

▶結果と影響

　この試験そのものはまだ保留されているが、DIISは行動インサイトの理論を適用したことで、補助金を受給する企業の規制上の負担を軽減する手段、遵守を容易にすることで規制上の要件へのコンプライアンスを改善する手段、コンプライアンスが改善した場合に、同省による補助金の管理、すなわち報告の縮小が可能かどうかを調査する手段を新たに得た。プロジェクトから得た洞察と提言は、同省による関連プログラムであるアクセレレーティング・コマーシャライゼーションにも適用されている。プロジェクトはプログラム担当者の知識の向上に寄与しており、今後、担当者が企業との関与方法を設計するのに役立つだろう。

▶機関

　オーストラリア政府DIISは、同国における科学と商業化を支援するほか、企業投資の拡大や企業能力の向上に取り組んでいる。規制の設計と提供の改善策を見いだすことで規制を合理化するという課題の一環として、行動インサイトを利用している。

　行動インサイトは、DIISが行政上の負担の低減と報告要件に対するコンプライアンスの改善可能な分野を特定する際に役立っている。行動インサイトプロジェクトの範囲はこれまでのところかなり限られていたが、主に規制改革政策に促されて、同省の上級管理者は行動インサイトを業務に取り入れることを支持するようになっている。

　これまでのところ、DIISは外部の行動学の専門家を活用して、利用者の聞き取り調査を実施し、行動インサイトの助言を提供してきたが、その一方で同省内の行動インサイトの組織的な適用能力も構築しているところである。また、このテーマについて政府間グループや双方向の知識共有に参加している。

第14章　行動インサイトの事例研究（追加）

学生ローン返済補助の再申請

国	カナダ
分　　野	政府出資の奨学金
機　　関	カナダ学生ローン・プログラム（Canada Student Loans Programme: CSLP）
介入開始	2013年
介入終了	2014年
目　　的	学生ローンの返済管理に困難を抱えており、返済補助を受けている債務者に対して、より効果的な返済管理を支援する。
方　　法	パイロット無作為化比較試験（RCT）によって、6か月間の返済補助期間の終わりに近づいている学生を対象に検証した。
適　　用	返済補助を受けている学生ローン債務者に、返済補助の再申請を促す通知を送付して、ローンのより効果的な返済管理を支援する。

▶問題

CSLPは経済的困難を抱える中等後教育の学生に、貸付と給付という形で奨学金を提供している。実施機関はカナダ雇用社会開発省（ESDC）である。

カナダでは学生ローン債務者の一部が、学生ローンの返済管理に多少の困難を経験している。返済補助計画（Repayment Assistance Plan: RAP）は1回につき6か月間、毎月の返済額を減額することで、債務者の学生ローンの債務管理を容易にする。CSLPは6か月間の補助期間が終了する前にRAPの受益者に通知を送付すれば、債務者が再申請して期限通りにローンを返済しやすくなるかどうかを調査したいと考えた。問題のパイロット試験は、学生ローン債務者がローンの支払い不履行に陥る割合を引き下げるためのより大規模な取り組みの一部であった。

問題のパイロット試験は、学生ローン債務者がローンの支払い不履行に陥る割合を引き下げるためのより大規模な取り組みの一部であり、政府への学生ローンの返済に補助を受けている学生に的を絞った。返済補助を受けている学生は、6か月ごとに補助を再申請する必要がある。CSLPは6か月間の補助期間が終了する前にこうした債務者に通知を送付すれば、債務者が再申請して期限通りにローンを返済しやすくなるかどうかを調査したいと考えた。

▶介入

CSLPは返済補助を受けていて、6か月間の補助期間が終わりに近づいている債務者に、再申請を

促す通知または返済日が近づいていることに注意を促す通知を送付した。試験で適用したのは、通知における**情報の魅力化**という原則と「**行動要請**」利用の原則であり、個人の注意を引くことと、債務者に望ましい行動を起こさせやすくすることを目的とした。このアプローチは英国の行動インサイトチームが実施したナッジを用いた試験を基に設計された。

▶結果と影響

試験から肯定的な結果が得られた。資源集約的ではなく、簡単な電子コミュニケーションを利用した介入で、目前の課題──この場合は補助の再申請──に学生ローン債務者の注意を引き付けることは、介入による便益が費用を上回る可能性が非常に高いという結果になった。返済補助を受けている学生ローン債務者への通知の送付は、今では学生ローン債務者のローン返済管理を支援するために、CSLPの標準的な業務に取り入れられている。

▶機関

CSLPはESDCが提供している。CSLPでは、学生ローン債務者の意思決定に良い影響を与える最善の方法を特定するのに役立つ調査プロジェクトの設計に、行動インサイトを利用している。そうした調査プロジェクトの結果は、行動インサイトの原則を活用して、学生ローン債務者が情報に基づく建設的な決定を下す後押しができるように、政策を変更するために利用される。

CSLPによる行動インサイトの利用は、カナダ国民がカナダ政府と相互に作用する進歩的で効率的な方法を提供するためのESDCによる包括的なコミットメントの一部である。そのため、ESDCは行動インサイトを利用して、正確で時宜を得たサービスを提供し、便益とそれらを受ける資格を得る方法について国民の認識と知識を向上させ、国民をより効率的で費用効果の高い方向に向かわせて費用を低減させることに努めてきた。

ESDCは行動インサイトの開発と利用において同省の諸部門を正式に支援するイノベーション・ラボ（Innovation Lab）を設立した。イノベーション・ラボは支援の提供をさらに進めるために、実務者の非公式ネットワークや研修・指導ネットワークも確立している。

第14章 行動インサイトの事例研究（追加）

学生ローンを期限通りに返済させる

国	カナダ
分　野	政府出資の奨学金
機　関	カナダ学生ローン・プログラム（Canada Student Loans Programme: CSLP）
介入開始	2014年7月
介入終了	2015年1月
目　的	学生ローンの返済管理が困難な債務者に期限通りの返済を促すのに最も有効なアプローチを見つける。
方　法	4タイプの学生債務者を対象にしたパイロット無作為化比較試験（RCT）
適　用	学生ローン債務者に送付する通知に変更を加えて、より効果的なローン返済管理に役立てる。

▶問題

　学生に期限通りにローンを返済させるには、どのような方法が最も有効だろうか？ CSLPは経済的困難を抱える中等後教育の学生に、貸付と給付という形で奨学金を提供している。実施機関はカナダ雇用社会開発省（ESDC）である。

　カナダでは学生ローン債務者の一部が、学生ローンの返済管理に多少の困難を経験している。CSLPは、ローンの返済段階が近づいている様々なタイプの債務者に、義務と選択肢を説明するために連絡を取る標準的慣行を、債務者に第1回の返済を期限通りに実施するよう促すのに役立つ行動ナッジを用いて改善する方法を明らかにしたいと考えた。

▶介入

　CSLPは学生ローン口座の管理サービスを提供する民間の第三者と協力して、カナダ全土の学生ローン債務者を対象とした4つのパイロット試験を設計した。各パイロット試験では、業務で標準的に行っている方法で連絡を取る対照群と、具体的な行動ナッジを用いて修正した通知を送付する介入群を設定した。検証した行動ナッジは次の通りである。

- 適時の情報提供によって、個人に望ましい行動を起こしやすくする。

- 個人に行動を起こす旨を"公約"させて、行動を社会的なものにする。

- 「行動要請」を出すことで個人に行動を促す。

行動インサイトの事例研究（追加）　第14章

　第1回の返済延滞率（学生ローンの返済期間が始まったが、債務者が支払わなければならない第1回の返済を履行しなかった割合）を、特定のナッジの利用が学生の返済管理の支援にどの程度有効かを測る指標として用いて結果を評価した。

　実施したパイロット試験は次の通りである。

- **パイロット試験1**：私立専門学校または公立大学に通っていた債務者で、潜在的にリスクが高いと評価された者に、標準的慣行の場合よりも2週間早く連絡を取って、債務者が望ましい行動を取るのを**容易にする**と考えられる**適時の情報提供**の有効性を検証した。

- **パイロット試験2**：潜在的にリスクの低い債務者と評価され、通常はこうしたキャンペーンで連絡を取らない単科大学と総合大学の債務者に連絡を取り、債務者が望ましい行動を取るのを**容易にする**と考えられる**適時の情報提供**の有効性を検証した。

- **パイロット試験3**：私立専門学校または公立大学に通っていた債務者で、返済補助の申請または復学した証拠の送付をカスタマーサービスエージェントに**約束**したが、まだ行動を起こしていない債務者に連絡を取り、行動を**社会的**なものにする効果を検証した。

- **パイロット試験4**：2014年7月にローンの返済を始めなければならない学生ローン債務者に、SMSまたはテキストメッセージで自動的に毎月返済を通知するリマインダーを送付し、債務者に「**行動要請**」を出す効果を検証した。

　各試験のサンプルは、ターゲットとするタイプの債務者から無作為に選出し、対照群と介入群に無作為に割り当てた。

▶結果と影響

　全体として見ると、学生債務者に連絡して、取るべき行動を通知することは、第1回の返済延滞率の低下に奏功した。

　パイロット試験1、2、4は第1回の返済延滞率に好ましい結果を示し、**適時の情報提供**と「**行動要請**」が学生債務者のローン返済管理に役立つ効果があることを実証した。しかし、パイロット試験3は、**公約**をしていた学生に連絡を取ったが、第1回の返済延滞率が他の試験よりも高かったことから、**社会的**要素を望ましい行動に取り入れても、必ずしも個人に行動を促すとは限らないことを示唆している。

　続く1年を通してパイロット試験の参加者を追跡し、ローンの債務不履行といった他のローン返済行動に対するあらゆる変化をモニタリングしたが、この追加期間に観察された結果は有意なものではなかった。

　その後の段階での不履行に関して、別のパイロット試験が2015～2016年に実施されており、CSLPは大幅に（4か月以上）毎月の返済が遅れている学生ローン債務者に対して、様々なメッセー

第14章

421

第14章　行動インサイトの事例研究（追加）

ジが与える影響を検証している。この試験の目的は、**情報を魅力化**して、**行動要請を出す**有効性と、**文体**と**語調**を変える効果を検証することである。パイロット試験の第1の要素として、債務者に書留郵便によって滞納通知書を送付する。第2の要素として、親切な語調のEメールか、不払いがもたらす結果について強調するEメールのどちらかを債務者に送付する。この試験の結果については現在調査が行われているところである。

▶機関

CSLPはESDCが提供している。CSLPでは、学生ローン債務者の意思決定に良い影響を与える最善の方法を特定するのに役立つ調査プロジェクトの設計に、行動インサイトを利用している。そうした調査プロジェクトの結果は、行動インサイトの原則を活用して、学生ローン債務者が情報に基づく建設的な決定を下す後押しができるように、政策を変更するために利用される。

CSLPによる行動インサイトの利用は、カナダ国民がカナダ政府と相互に作用する進歩的で効率的な方法を提供するためのESDCによる包括的なコミットメントの一部である。そのため、ESDCは行動インサイトを利用して、正確で時宜を得たサービスを提供し、便益とそれらを受ける資格を得る方法について国民の認識と知識を向上させ、国民をより効率的で費用効果の高い方向に向かわせて費用を低減させることに努めてきた。

ESDCは行動インサイトの開発と利用において同省の諸部門を正式に支援するイノベーション・ラボ（Innovation Lab）を設立した。イノベーション・ラボは支援の提供をさらに進めるために、実務者の非公式ネットワークや研修・指導ネットワークも確立している。

第14章

行動インサイトの事例研究（追加）　第14章

最新の企業データを確保するための
ポップアップ・プロンプト

国	デンマーク
分　野	企業
機　関	デンマーク産業庁（Danish Business Authority） デンマーク・ナッジング・ネットワーク（Danish Nudging Network） アイナッジユー（iNudgeyou）
介入開始	—
介入終了	2014年に報告書を発表
目　的	企業に登録データを最新の状態に保つよう促すことで、デンマーク会社登記簿（Danish Business Register）のデータ基盤を安定させる。
方　法	ポップアップ・プロンプトを使用して、企業経営者に重要な登記データを確認または訂正させる。プロンプトは1万4,377回表示され、結果として7,000件以上の確認と3500件以上の更新を得た。
適　用	年間スケジュールで実施することで、登記簿を可能な限り最新の状態に保つ。

▶問題

　デンマークの企業は、デンマーク産業庁が監督・管理するデンマーク会社登記簿に基本的な会社データを登録し、データを常に最新の状態にしておく義務がある。登録すべきデータには、住所、付加価値税（VAT）の支払者番号であるVAT番号、連絡先、会社種別、事業分野などがある。しかし、企業が住所や連絡先を最新のものに変更していない場合、それらを訂正してもらうためにどうやって連絡を取ればいいのだろうか？　この問題に他の業務から資源が奪われており、解決策が見つかれば、貴重な人員をもっと重要な業務の処理に当てることができるだろう。登記簿のデータは一般公開されており、多くの企業が日常の取引で利用しているため、データは信頼できる質の高いものであることが非常に重要である。

　登記簿のデータがどの程度正確であるかを推測するのは、登記簿の性質ゆえに非常に困難である。そこで、登記簿を可能な限り正確な状態に保つため、企業が自社データに注意するのに役立つ**ナッジを用いた介入**が考案された。

▶介入

　介入の有効性を高めるため、適切なタッチポイントを特定する必要がある。今回の場合、選ばれたタッチポイントは、デンマーク産業庁のホームページvirk.dkであった。ここでは企業は政府から助成金を得るための申請書やVAT申告書を提出するなどしている。ほとんどの企業が毎年数回

第14章　行動インサイトの事例研究（追加）

virk.dkを訪れるため、ウェブサイトで作業をするときに、データに関するリクエストをすぐに処理することができる。

アイナッジユーとデンマーク・ナッジング・ネットワークの協力を得て問題を分析したところ、2つの分析結果が得られた。それによると、企業経営者が企業データを最新のものに保つのを妨げている行動障壁として、次の2つが見つかった。

- **注意不足**：企業は連絡担当者が異動または変更になった後でデータを更新する必要があった。

- **理解不足**：企業データの更新手続きについての理解不足。一部の企業経営者は、公共システムの1か所で住所を変更すれば、すべての公的な記録簿で変更されると考えている可能性があった。

これら2つの分析結果に、企業情報の変更手続きが比較的複雑でわかりにくいことが相まって、企業データの最新化に関する主な問題になっていると考えられた。

提案された解決策は、企業経営者がvirk.dkにログインした直後に、データベースに登録している現在の企業情報の確認または変更を促すポップアップ・プロンプトを表示することであった。このプロンプトには企業データとともに、それが正しいものであると確認するためのボタンと、データを変更するためのボタン、ログイン者が責任者ではないことをシステムに通知するためのボタンがあった。

ログイン者が「確認」ボタンをクリックした場合、システムはそのデータが正しいものであると確認されたと認識し、同じ企業IDでログインされた場合、もうプロンプトを表示させない。ログイン者が「変更」ボタンをクリックした場合、データを修正するための画面に移動する。ログイン者が「私は企業データの責任者ではありません」というボタンをクリックすると、プロンプトはその人には表示されなくなるが、同じ企業IDを使って別の人がログインした場合には表示される。

この介入は、分析結果を2つとも考慮に入れて、注意と理解に関する2つの問題を解決した。

▶結果と影響

ポップアップ・プロンプトは20日間の試験期間中に1万4,377回表示された。プロンプトが表示されたユーザーの52.5％が現在の企業データが正しいことを確認し、41.6％が「修正」をクリックした。責任者ではないと答えたユーザーは約6％のみであった。介入期間中に実施された修正のほとんどが、Eメールアドレスと電話番号に集中していた。実のところ、介入期間中、これらの情報にベースラインと比較して2倍の修正が見られた。

しかし、「修正」をクリックしたユーザーの42％が修正を行わず、企業データの修正を完了する前に、修正のフローから離れてしまった。その原因として2つの説明がある。1つは、企業経営者はプロンプトを消してログインした目的を果たすために「修正」をクリックしたというもので、もう1つは、企業データの修正プロセスを普段と違うと感じて放棄するというものである。後者の説はこ

れまでにユーザーエクスペリエンス研究で裏付けられており、もし企業経営者がページを移動したいだけであるのなら、「私は企業データの責任者ではありません」をクリックすればよかったのである。今回の状況では、2番目の説明が当てはまると考えてほぼ間違いないだろう。

調査結果から、プロンプトから意図した結果が得られたことがわかる。プロンプトは——多忙な企業経営者の第1の焦点ではないかもしれない問題への簡単な解決策を備えており——即座の行動を引き起こし、公共の登録簿により質の高いデータをもたらすことが可能である。しかし、プロンプトによって意図した結果を完全に引き出すには、促している行動の効果的なフローを確保することが重要である。

▶機関

デンマーク産業庁はデンマークにおいて企業関連の規制を管轄し、同国での成長に有効な条件を創出する責任を負っている。

同庁は業務で一貫して行動インサイトを活用し、最も容易で最も費用効果の高い方法でデンマーク企業と同庁との相互作用を可能にする法律とサービスの仕組み作りに役立てている。同庁の業務の中心は行動情報を活用した介入を設計してそれらを試行することであり、行動インサイトを利用して問題を調査し、解決策を設計し、新たな介入を実施している。

こうしたデンマーク産業庁の取り組みは中心的なプロジェクトチームに定着しており、プロジェクトチームは様々なイニシアティブの開発や、同庁内での行動インサイトの適用を支えるツールの開発を監督している。同庁は個々のプロジェクトに加えて、従事する職員に行動インサイトに関する研修プログラムを実施している。

同庁内部では、行動に関する試験によって、「新しい」形態のコミュニケーションやプロセスにさらされることになる企業が、それを受け入れるかどうかについて、また、それが予測できない問題を引き起こすかどうかに関して、一部で懸念が生じた。特定のイニシアティブや実験によって同庁の職員に追加で生じる仕事の有無についても批判が生じた。しかし、行動インサイトに基づくイニシアティブの導入全般は、おおむね前向きな姿勢で受け入れられた。

潜在的な懸念事項に対処するために、同庁は企業のニーズと同庁のニーズのバランスを保つイニシアティブを考案しようとしてきた。主にコンプライアンスと、現行法の遵守の容易化・単純化に取り組んでいる。政治的に非常に慎重な対応が求められる分野に関しての実験は実施しておらず、組み合わせた場合に測定可能な変化を生み出すもっと小規模なイニシアティブに重点を置いている。実施されたすべてのイニシアティブは、ビジネスコミュニケーションに対する政府の権限内に入るものである。

同庁は行動科学に関連した取り組みにおいて、常に効果とデータを注視しているため、実験中に意図せぬ結果や副作用が検出された場合に修正をすることが可能である。プロジェクトグループは各イニシアティブのプロセスと結果について、時間をかけて準備・説明し、いかなる懸念にも耳を

傾け、それらを反映させている。データとフィードバックに着目することで、予期せぬ問題が発生しないように徹底している。

デンマーク産業庁はデンマーク・ナッジング・ネットワークと協働しているほか、ロスキレ大学と博士課程パートナーシップを結んで、2017年9月まで行動インサイトのための政策モデルを開発している。

アイナッジユーは行動科学者のペレ・グルドボーグ・ハンセン（Pelle Guldborg Hansen）が代表を務める社会目的企業である。チームはナッジの開発を——理論的にも応用面でも——専門に行っている。「アイ・ナッジ・ユー（i-Nudge-you）」という名称は、チームが2013年に発表した基礎的論文に由来しており、同論文は社会における行動インサイトの責任ある利用についての倫理的枠組みを構築した。

アイナッジユーは2010年にブログとしてスタートした。すぐに関心を有する読者が多数集まり、ほどなくして向社会的な影響をもたらすナッジに基づく介入の設計を目的として、現実世界で調査を行う積極的な研究チームへと発展した。

アイナッジユーの研究に共通しているのは、応用行動科学から得た洞察の綿密な統合、強固な社会的分析、科学的責務である。実のところ、アイナッジユーのすべての実験が目指すのは、学術的基準に従って知識を創出し、それらを公表することである。

行動インサイトの事例研究（追加）　第14章

出口の選択肢の最適な利用を促す床面標識

国	デンマーク
分　　野	企業
機　　関	コペンハーゲン空港（Copenhagen Airports）／アイナッジユー（iNudgeyou）
介入開始	介入実験は2015年
介入終了	報告書の発表は2016年
目　　的	旅客に税関エリアからの出口を最も効率良く利用させる。
方　　法	2つの出口につながるわかりやすいレーンを設けることで、旅客が右側の出口に集まるのを防ぐ。
適　　用	非常に簡単な洞察——人は今いるレーンに留まる傾向がある——が有効に機能することが介入によって示された。この洞察は他の状況でも有効であると考えられ、実施も検証も容易である。

▶問題

　都市が急成長し重要性を増すという世界的な動向にあって、通勤・通学もますます大きな影響を持つようになっている。人々が往復しなければならないのが異なる都市間であっても同一都市内であっても——通勤や買い物、レジャーのためであっても——イライラさせられることが多い。さらに悪いことに、公共交通機関を利用する場合、チケットを買い、応対を受け、チェックインするのにしばしば列に並んで待たなければならないため、余計な時間を取られる。人の流れの問題は、時として簡単だが効果的な方法で容易に軽減することが可能である。

　年間2,660万人が利用し、旅客受け入れ能力を25年以内に4,000万人に拡大する計画を持つコペンハーゲン空港は、空港全体の人の流れを最適化したいと考えている。人の流れの改善がその拡張にとって重要な要素であるのは、混雑と行列によって忙（せわ）しない雰囲気が増長されて、人々がコーヒーを楽しんだり、空港内のブティックを見て回ったり、時間通りに搭乗したりするのを妨げるからである。したがって、混雑と行列は旅客の満足度に影響を与えるため、空港にとって代償が大きい。人の流れの改善とは、一般的にはボトルネックで発生する混雑の低減または解消を意味する。

　コペンハーゲン空港で考えられるボトルネックの1つは、税関エリアの出口である。ここは、到着したすべての旅客が乗り継ぎの電車やバス、タクシーに急いで向かう前に通らなければならない1つの場所である。このボトルネックは空港に間接的に影響を与えているだけであるが、旅客が出ようとする場所であるため、旅客の流れを改善するための新しい介入を検証するのにうってつけの場所である。

427

第14章　行動インサイトの事例研究（追加）

▶介入

アイナッジユーとコペンハーゲン空港が協力して特定した問題は、出口として2つのドアがあるのに、ほとんどの旅客が1つのドアしか使っていない、ということであった。もっと正確に言えば、約90％の旅客が右側のドアを使っていた。

その理由として次の3通りが考えられた。

1. 申告する物がない状態で税関に入る大半の旅客は、申告デスクを避けるために右側に寄らざるをえない。税関の入り口で右側に寄らざるをえないことで、右の出口を選択することにつながりやすくなると考えられる。なぜなら、それが出口への直行ルートであるからだ。

2. タクシーを利用する必要がある旅客もいる。タクシーの運転手は駐車場で待っているが、駐車場は出口の右側にある。

3. 大部分の旅客が右側の出口を利用するため、旅客の中には左側の出口は閉鎖されていて、右側だけが利用できる出口なのだと考える者もいるかもしれない。それによって、そうした人々が右側の出口に向かうことになる。そして、問題は社会的証明——特定のドアから出ることを選択する大多数が存在する場合、人々はこの行動を模倣して同じドアを選択する——によって悪化した。この洞察がもたらした悪い知らせは、この問題が自己増強しているというものであった。

この問題に対処するには、人々が左側のドアも右側のドアと同じだと考える必要がある。人々は、直線から少し外れればボトルネックを回避できるかもしれないということに気づいていない。

この問題を解決するために、旅客をそれぞれのドアに導く**2本のレーン**（走行斜線を真似た）を設置した。人々はいったん1本のレーンにいることに気づくと、そのレーンに留まる方を好むと考えられるため、コペンハーゲン空港に代わってダクトテープが望ましい行動を示した。さらに、両方のレーンに標示を行い、それぞれのレーンの先にあるドアを使うよう促した。そうすることで、どちらのドアも税関エリアから出るのに同等に適していることを示した。最終的に、左側のレーンの幅を右側のレーンよりも広くして、多くの人が最初から左側のレーンに向かうようにした。

まとめると、ダクトテープと2つの床面標示で標示を行うだけで、旅客に等しく魅力的で直観的に認識できる2本のレーンを設置して、構造を変更したのである。

それに加えて、レーンの色が影響を与えるかどうかも検証した。チームは、ネオングリーンのゴミ箱とその前に描いたネオングリーンの足跡が、コペンハーゲンのダウンタウンでゴミのポイ捨てを減らすのに役立ったというフィードバックを受け取っていた。顕著性に関して、コペンハーゲンで元々用いられていたゴミ箱の色と新しい色を検証することにした。そこで、レーンにダークグリーンとネオングリーンの2色を用いて調査した。ネオングリーンのダクトテープの方が顕著性が高く、それゆえに効果も高いと考えられた。

この介入によって、これまでより均等に旅客が両方のドアを利用するようになるかどうかを検証

行動インサイトの事例研究（追加）　**第14章**

するため、準実験的な事前・事後設計を実施した。左側のドアから出る人と右側のドアから出る人の構成比を調べるため、次の3つの条件で各ドアの利用者数をカウントした。

1. **対照期間**：何の介入も実施しなかった。

2. **ダークグリーンで標示した期間**：ダークグリーンのレーンを用いた介入を展開した。

3. **ネオングリーンで標示した期間**：ネオングリーンのレーンを用いた介入を展開した。

この設計により、研究者らは各介入期間中の各ドアの利用頻度を対照期間中の頻度と比較することが可能になった。さらに、両介入期間を互いに比較することもできた。要するに、1つの介入期間中、左側のドアを利用する人の割合が、対照期間と比較して高いか低いかを検証したのである。

▶結果と影響

チームが数えたところ、問題の出口を通ってコペンハーゲン空港から出た旅客は合計1万895人であった。旅客を"左側のドアから出た"旅客または"右側のドアから出た"旅客として数えて、2値変数を得た。対照期間中、10.75％の旅客が左側のドアを利用した（n=2,949）。ダークグリーンで標示した期間中、16.55％の旅客が左側のドアを利用し（n=3,419）、ネオングリーンで標示した期間中、24.50％の旅客が左側のドアを利用した（n=4,527）。これは、ダークグリーンで標示した期間中は対照期間中よりも53.95％増加したことになる。ネオングリーンで標示した期間中は増加幅がさらに大きく、対照期間中よりも127.91％増加した。

目的は偏りのない頻度を実現する——50％が左側のドアを利用する——ことであったため、対照期間中の10.75％からネオングリーンで標示した期間中の24.50％への増加は、とりわけダクトテープを床に貼っただけで実現したことを考えると、好調なスタートと見なせる。

この結果を解釈するもっと説明的な別の方法は、これらのパーセントポイントを現実世界の変数に当てはめることである。13.75ポイントの増加を対照期間に当てはめて、この増加幅が人数の点でどれほど大きいのかを算出してみると、左側のドアを選択した旅客が405人（追加で）増えることになる。この増加がごくわずかな資源を費やすことで実現したことを考慮すると、介入の効果はいっそう高く感じられる。

もっと広く見れば、この事例研究は、人間行動を認識すれば既存のアプローチを改善できることを見事に実証している。今回の取り組みの結果、人々の行動を観察して（資源の点で）実施が——ほとんどの場合——容易な解決策を考案することができるとわかる。

▶機関

コペンハーゲン空港は、ターミナルを新設することなく年間の旅客受け入れ能力を2,400万人から4,000万人に拡大するというビジョンを持っている。そのためにはイノベーティブになって、現在の

第14章　行動インサイトの事例研究（追加）

インフラを最善の方法で活用する必要がある。そこで、アイナッジユーおよびデンマーク・ナッジング・ネットワーク（Danish Nudging Network）と協力して、行動インサイトを適用して、多数の多様なステークホルダーからの高い要求に応えながら、すべての人にとって最も快適な方法で旅客の流れと行動に対応しようとしている。

　アイナッジユーは行動科学者のペレ・グルドボーグ・ハンセン（Pelle Guldborg Hansen）が代表を務める社会目的企業である。チームはナッジの開発を——理論的にも応用面でも——専門に行っている。「アイ・ナッジ・ユー（i-Nudge-you）」という名称は、チームが2013年に発表した基礎的論文に由来しており、同論文は社会における行動インサイトの責任ある利用についての倫理的枠組みを構築した。

　アイナッジユーは2010年にブログとしてスタートした。すぐに関心を有する読者が多数集まり、ほどなくして向社会的な影響をもたらすナッジに基づく介入の設計を目的として、現実世界で調査を行う積極的な研究チームへと発展した。

　アイナッジユーの研究に共通しているのは、応用行動科学から得た洞察の綿密な統合、強固な社会的分析、科学的責務である。実のところ、アイナッジユーのすべての実験が目指すのは、学術的基準に従って知識を創出し、それらを公表することである。

第14章

行動インサイトの事例研究（追加）　第14章

吸い殻を灰皿に捨てさせるためのナッジ

国	デンマーク
分　野	公共
機　関	コペンハーゲン市（Copenhagen municipality）／アイナッジユー（iNudgeyou）
介入開始	—
介入終了	2015年に報告書を発表
目　的	コペンハーゲン中心部でナイトライフアクティビティ中に通りにポイ捨てされるタバコの吸い殻の量を減らす。
方　法	実験：8か所のバーで灰皿の視覚的顕著性と設置を検証して、それらが吸い殻のポイ捨てにどのような影響を与えるかを評価する。
適　用	どのタイプの灰皿が最も効果的か、またバーの近くにどのように設置すればよいかを知ることで、翌朝拾わなければならない吸い殻の量を大幅に減らすことができる。

▶問題

　街路清掃者にとって路上のタバコの吸い殻を拾うのは、それがコペンハーゲン中心部の多くの通りで普通に見られる敷石道である場合、負担が大きい。拾い上げるのが難しくなればなるほど、その工程は負担が大きくなる。

　ナイトライフでは、騒々しい行動や無頓着に行われる吸い殻のポイ捨てなど、従来の社会規範違反が多く見られる。夜の騒音ときれいとはいえない歩道の組み合わせはしばしば人々に不快感をもたらすため、近隣との関係に緊張が生じる恐れがある。街路清掃者と近隣住民からいくらか負担を取り除くために、コペンハーゲン市とアイナッジユーは歩道や車道ではなく指定された灰皿に吸い殻を入れる人を増やそうと試みた。

▶介入

　2タイプの灰皿が検証された。1つは明るい黄色の灰皿で、もう1つは明るい緑色のステッカーが貼られた灰皿であった。どちらの灰皿でも通りにポイ捨てされる吸い殻の量が減るだろうと予想されたが、実験者らは灰皿の見た目が人々に与える影響についても検証したいと考えた。黄色の灰皿の方が周囲の状況に対して**顕著性が高い**ため、効果が高いだろうという予想も立てられた。

　実験は「被験者内」デザインに基づいて設計され、実験ではすべてのバーが介入のいずれかの時点で対照群にも介入群にもなった。そうすることによって、少数の被験対象（バー）でも信頼でき

431

第14章　行動インサイトの事例研究（追加）

る結果を得ることが可能になった。

すべてのバーで、6週間の期間、週末の夜に両タイプの灰皿を順不同でテストした。研究者らは毎回の介入実施後、一定の範囲内で地面に捨てられた吸い殻と灰皿の吸い殻をすべて数えた。介入期間開始前、地面には吸い殻はない状態であった。

それによって、吸い殻の量と顕著性の点で灰皿の有効性を検証することができた。

▶結果と影響

灰皿は地面に捨てられた吸い殻の量に有意な効果を示した。すべてのバーの平均的な減少率は27.9％であった。しかし、灰皿の色に関して統計的に有意な効果は見られなかった。

▶機関

コペンハーゲン市は世界で最も環境に優しく、清潔で、住みやすい都市の1つになるという野心的な戦略を掲げている。同市は非常に早い段階から、罰金などの刑罰に頼ることなくこうした目標を実現するための行動科学の利点を見いだしている。デンマーク・ナッジング・ネットワーク（Danish Nudging Network）とアイナッジユーとともに、コペンハーゲン市はデンマークにおいてナッジを活用した介入の開発をリードしている。

アイナッジユーは行動科学者のペレ・グルドボーグ・ハンセン（Pelle Guldborg Hansen）が代表を務める社会目的企業である。チームはナッジの開発を——理論的にも応用面でも——専門に行っている。「アイ・ナッジ・ユー（i-Nudge-you）」という名称は、チームが2013年に発表した基礎的論文に由来しており、同論文は社会における行動インサイトの責任ある利用についての倫理的枠組みを構築した。

アイナッジユーは2010年にブログとしてスタートした。すぐに関心を有する読者が多数集まり、ほどなくして向社会的な影響をもたらすナッジに基づく介入の設計を目的として、現実世界で調査を行う積極的な研究チームへと発展した。

アイナッジユーの研究に共通しているのは、応用行動科学から得た洞察の綿密な統合、強固な社会的分析、科学的責務である。実のところ、アイナッジユーのすべての実験が目指すのは、学術的基準に従って知識を創出し、それらを公表することである。

行動インサイトの事例研究（追加）　第14章

納期限通りの納税を促す

国	シンガポール
分　野	雇用と労働
機　関	人材開発省（Ministry of Manpower: MOM）
介入開始	2014年2月
介入終了	2014年4月
目　的	雇用主に外国人労働者雇用税を納期限通りに納めるよう促す。
方　法	外国人労働者の雇用主1,000人をサンプルとした無作為化比較試験（RCT）
適　用	外国人労働者の雇用主に送付する督促通知を作成し直す。

▶問題

シンガポールでは外国人労働者の雇用主の約96％が、自動銀行口座引き落としによって、納期限通りに外国人労働者雇用税を納入している。人材開発省は毎月、外国人労働者の雇用主約8,000人に督促通知を送付している。このコンプライアンス率をもっと改善できないだろうか？　人材開発省は「ナッジ」によって、もっと多くの雇用主に遅滞なく納税させ、延滞金の賦課を回避し、納税滞納者の追求に費やす資源を削減できるかどうか検証したいと考えた。

▶介入

前月の納税を履行していない雇用主に送付する督促通知での「ナッジ」を検証するために、2群試験を設計した。外国人労働者の雇用主で前月の税金を納めていない者を無作為に1,000人抽出した。対照群に利用したのは既存の督促通知で、比較時点で変更を加えていないものを送付した。検証した「ナッジ」は以下の通りである。

- **顕著性**：手紙の新しいテンプレートで四角い囲み枠を利用し、重要な行動ステップに注意を引いて、「貴社の外国人労働者雇用税の納付期限が過ぎています」と明確に知らせる。

- **社会規範**：「外国人労働者の雇用主の96％が納期限までに納税しています。」

- **プライミング**：ピンク色の用紙に督促通知を印刷する。

- **個別化**：外国人労働者の雇用主個人の情報を通知に含める。

第14章　行動インサイトの事例研究（追加）

▶結果と影響

試験の結果、滞納者の納税率は介入群の方が高いことが判明した。

- 行動インサイトを取り入れた通知を受け取った雇用主の76％が全額納付し、85％が一部納付したが、対照群ではそれぞれ71％と82％であった。

- 顕著性を利用したメッセージと社会規範を取り入れたメッセージに、税金を滞納している雇用主の納税を促す効果が認められた。

人材開発省は、督促通知に「ナッジ」を適用すれば、1年間に納期限通りに納付する雇用主が3,800人、納付される税金が約150万シンガポールドル増加することになると推定した。

しかし、興味深いことに、すべてのナッジが有効であったわけではなく、どのような目的でナッジが用いられるかが重要なのである。今回の試験の後、人材開発省の別の部が世帯調査への回答義務を果たすよう促す目的で、回答のないグループにピンク色の督促通知を送付した。当該グループに関して回答率は改善したものの、ピンク色の督促通知では必要以上に不安が煽られると感じた回答者から多数の苦情も寄せられた。ピンク色の用紙を利用することは、受け取った人に行動を促すのに効果的であったが、いくつか欠点があることも示された。

人材開発省は顕著性と社会規範によるナッジを用いた督促通知を、外国人労働者雇用税を滞納している雇用主向けの督促通知全8,000通に適用した。それによってコンプライアンス率が3％向上し、その効果は6か月間持続した。

▶機関

人材開発省はシンガポール政府の省で、同国における労働力に関する労働政策の立案と実施に責任を負う。移民に関する問題を監督しており、外国人労働者の労働許可証、学生査証、旅券、その他の査証を発行し、居住権／市民権を付与するなどしている。

人材開発省は、エビデンスに基づく政策設計のツールとして行動インサイトを利用している。そうすることで、利用者の行動と意思決定環境への理解を深め、利用者のニーズにより適した政策とサービスを設計し実施するのに役立てている。試験によって有効な行動インサイトを突き止めるという実践は、同省がその資源を確実に有効利用する一助にもなっている。

同省には行動インサイト設計ユニット（Behavioural Insights and Design Unit）と呼ばれる中心的なユニットがあり、行動インサイトは同ユニットを通じて組織全体で適用されている。同ユニットは設計、会計学、経済学、商慣行、社会学、心理学など、多様な分野出身の専門家で構成され、英国の行動インサイトチーム（BIT）からの指導に基づき設立された。同省はまた、民間のコンサルタント会社や学術機関とも提携して、資源のいっそうの有効利用を進め、行動インサイトの様々な専門知識を活用している。

434

行動インサイトの事例研究（追加）　第14章

産業統計調査の回答率を引き上げる

国	スペイン	
分　野	その他	
機　関	産業・エネルギー・観光省（Ministry for Industry, Energy and Tourism: MINETUR）	
介入開始	2013年	
介入終了	継続中	
目　的	産業統計調査（Statistical Survey on Industry）に関して、特にオンラインでの回答率を引き上げる。	
方　法	毎月のEメールによるコミュニケーションを変更するなど、「ソフトインセンティブ」とナッジの仕組みを取り入れる。	
適　用	介入によって回答率の向上と行政上の負担の軽減に成功した。	

▶問題

　産業統計調査は月次の定性調査であり、産業に関する信頼できる集約された指標を得ることを目的としている。この調査はスペイン国家統計計画（Spanish National Statistical Plan）の2013〜2016年と2017〜2020年に盛り込まれており、毎月の景況感指数（Economic Sentiment Indicator）を算出する企業・消費者調査EU共同調和プログラム（Joint Harmonised EU Programme of Business and Consumer Surveys）に沿っている。産業統計調査を実施するのは、産業と中小企業を管轄するMINETUR（当時）の研究・分析・行動計画副総局（Sub-Directorate General for Studies, Analysis and Action Plans）である。

　この全国調査では、集約された指標に含まれる3つの主要な変数——受注状況、最終製品の在庫、生産予測——と2つの追加変数——雇用と物価——の水準と動向に関して、スペインの製造業からデータを収集する。現在この調査の対象となっているサンプルは、業務を行っている産業部門（全国経済活動分類（National Classification of Economic Activities）に基づく。製造およびエネルギーを含む）と、従業員数で分類する企業の平均的規模という2つの変数を用いた層別サンプリングによって抽出した2,251社である。サンプルは4年に1度更新される。

　情報は歴史的に、郵便、電話、ファックス、Eメールで収集されており、最近ではインターネットも利用されている。

　MINETURにとっての課題は、特にオンラインでこの調査に回答する企業の割合を引き上げることであった。オンライン調査の数が増加しているのは、2つの理由で望ましいからであった。1つは、調査の相対的な規模が拡大することで、統計的有意性と不偏性の点で質が改善されるからであ

435

第14章　行動インサイトの事例研究（追加）

る。もう1つは、調査に回答する企業にとっても、同省の担当者にとっても、オンラインでの回答の方が容易で行政上の負担の軽減につながるからである。

こうしたことを受けて、MINETURは行動インサイトを適用して、特にオンラインでの産業統計調査の回答率を引き上げようとした。具体的には、罰則と対比した支援など、**ハードインセンティブと対比したソフトインセンティブ**の適切性と、**ナッジ**のテクニックを適用できるかどうかを検証しようとした。

▶介入

回答率の引き上げという目的を達成するために、MINETURは産業統計調査の設計と実施を改善することにした。これは調査に参加する企業の回答率と、回答に際して生じる行政上の負担を改善するための一連の措置の一部であった。

スペイン国家統計計画の一環として、また「公的統計の役割に関する法律（Law on the Public Statistical Function）」によって、処罰を利用することができるため、こうした調査票の回答に関する義務を遵守しない事業体に処罰を科すことができる。しかし、同省はこうした処罰を「強力な負のインセンティブ」であると見なし、「ソフトな正のインセンティブ」という別の仕組みを作りたいと考えた。こうしたインセンティブが基本とするのは、オンラインで調査に回答した企業に対して、企業の個々の回答を、企業が属する経済部門と全産業に関して、世界的な調査結果と比較して評価する個別報告書を提供して報いることである。

さらに、2013年以降、資源を節約してオンライン利用を促進するために、MINETURは有効なEメールアドレスを有し、定期的にオンラインで調査票に回答している企業に対して、従来通りの郵送で月次調査票を送付することをやめた。オンラインで調査票に回答するためのインセンティブを実施すると同時に、調査票を返送するという選択肢を取り除くことで、MINETURは企業がオンラインで調査票に回答する後押しをしようとした。こうした政策変更は、調査票への回答の締め切りを伝えるために毎月企業に配信するEメールの中で企業に伝えられた。

このイニシアティブは、介入前後でのオンライン回答件数の割合の差に基づいて評価した。

▶結果と影響

オンラインでの調査回答率は、介入前は30％であったが、介入後には50％近くに上昇した。この上昇に寄与した原因としては、全般的なデジタル化傾向など、他にも考えられるものの、そのある程度はこの介入によってもたらされたと考えることができる。個別化した正の「フィードバック」を企業に提供することで回答率が上昇したことから、「ソフトな正のインセンティブ」という仕組みが、企業が受け取る情報から恩恵を得られ、調査票の返送にかかる費用が減少するため、企業に質問票に回答するインセンティブを与えたことが明らかになった。

行動インサイトの事例研究（追加）　第14章

　さらに、遵守しない企業に処罰を科したり、調査票の複写用紙を処理したりする費用と比較して、この介入の実施は低コストで済んだ。この措置のためにMINETURに必要なのは、個別化した報告書を作成することだけであった。定性的には、個別化した報告書で受け取った情報に関して企業から表明された謝意と、情報提供がなくなった際に提供を求めて寄せられた要請が相当数に上ったことを基に、MINETURは介入のプラス効果を突き止めた。

▶機関

　旧MINETURは産業と中小企業、エネルギー、観光、電気通信、および情報化社会に関する政府政策の設計と実施を管轄していた。研究・分析・行動計画副総局はその政策研究と分析を担う部門であった。

第14章

437

第14章 行動インサイトの事例研究（追加）

起業の促進

国	スペイン
分　野	その他
機　関	産業・エネルギー・観光省（Ministry for Industry, Energy and Tourism: MINETUR）
目　的	ビジネス・インフォメーション・オフィス（Business Information Office）とエネルギー・観光・デジタル化省の間の行政手続きのデジタル化を推進する。
方　法	ソフトインセンティブの適用とベンチマーキングによって、各オフィスがデジタル化する行政手続きの数を増やす。
適　用	行政手続きの能率を改善する。

▶問題

　MINETUR所轄の中小企業支援副総局（Sub-Directorate General for the Support of SMEs）は、事業活動を始める起業家と中小企業を支援するための「起業家情報ポイント（Punto de Atención al Emprendedor: PAE）」を創設した。PAEの具体的な目的は次の通りである。

- 起業家に事業活動を始めた最初の数年間に、その事業活動の定義内で情報と助言を提供する。

- デジタル・シングル・ドキュメント（Digital Single Document）によって、起業に関する行政手続きの処理を開始する。

　それによって、PAEは新規企業の創設の促進を支援し、企業が事業活動を開始する際に成功するよう後押しし、様々な情報サービス、行政手続きの処理、助言、研修、サポートを通じて企業の発展を支援する。

　PAEは起業家が起業に関する情報を得るためのオンラインポータルとして、また政府または民間によって運営される地域のビジネス・インフォメーション・オフィスの集合として機能する。これらのオフィスの目的は、企業に行政上の支援を提供することによって、特定地域で中小企業支援副総局の業務を補助することである。これらの地域オフィスの業務の重要部分は、行政手続きの開始と処理であり、それらはその後、MINETURに伝達される。能率を改善するため、MINETURはオンラインで完了する行政手続きを積極的に増やしている。

　重要な問題は、特に各オフィスにおいてオンラインで開始する行政手続きの数に関して、こうしたオフィスによる現地新興企業支援の改善意欲をどのようにして高めるかということである。

行動インサイトの事例研究（追加）　第14章

▶介入

　そこで、MINETURはビジネス・インフォメーション・オフィスが行政手続きをオンラインで処理する意欲を高めるために、**ソフトインセンティブ**の形態で行動インサイトを適用しようとした。

　そのために適用したのは、**グループインセンティブとベンチマーキング**という概念であり、PAEの目的を企業活動の強化という目標と結びつけたオンライン業績評価指標・CIRCEシステムを創設して、オフィス間の競争を促した。このポータルシステムでは、同省は毎週更新を行って、その週の間、オンラインで完了した行政手続きの件数をオフィスごとに表示することで、オフィス間の比較を可能にした。このポータルシステムについては、www.circe.es/Circe.Publico.Web/Estadisticas/TramitacionPait.aspxから参照できる。

　したがって、成功を示す重要指標は、PAEネットワークの各ビジネス・インフォメーション・オフィスが1週間に完了した行政手続きの件数である。

▶結果と影響

　この介入により、MINETURは2016年、CIRCEシステムの利用促進に役立てるため、このオンラインシステムにいっそうの機能性を創出した。まず、MINETURは財団（comunidades de bienes）、民事会社（sociedades civiles）、有限責任起業家（emprendedor de responsabilidad limitada）、従業員保有合同会社の創設を可能にした。2017年、MINETURはCIRCEシステムを通じて協同組合についての処理も可能にする予定である。

　次に、CIRCEシステムでは現在、個人事業主の廃業処理ができるようになった。2017年末までには合同会社の廃業処理も可能にする予定である。

　こうしたことを通じて、MINETURはビジネス・インフォメーション・オフィスがCIRCEシステムを活用し、行政手続きをオンラインで処理するためのより容易な経路を創出した。

▶機関

旧MINETURは産業と中小企業、エネルギー、観光、電気通信、および情報化社会に関する政府政策の設計と実施を管轄していた。中小企業支援副総局を通じて、産業と中小企業に関連した政策にも責任を負っていた。

第14章

第14章　行動インサイトの事例研究（追加）

慈善事業への寄付を増やす

国	英国	
分　野	慈善事業への寄付	
機　関	行動インサイトチーム（Behavioural Insights Team: BIT）	
目　的	慈善事業への寄付を増やす。	
方　法	ある投資銀行の職員6,175人をサンプルとした無作為化比較試験（RCT）	
適　用	行動科学から引き出した方法を用いて、寄付をしてくれそうな人に慈善事業への寄付を呼びかける方法を変更する。	

▶問題

　寄付をする動機を人々に与えるのは何であろうか？　お金がある（ナッジ）人はその一部を慈善事業に寄付することに本質的に消極的なのか、それとも適切な方向に「一押し」すれば寄付をするのだろうか？　英国の行動インサイトチーム（BIT）は、寄付をしてくれそうな人への寄付の機会の提示方法に対して、いくつか小さな変更を加えるだけで、慈善事業への寄付を増やすことができるかどうかを調べることにした。

▶介入

　BITは英国のチャリティ援助財団（Charities Aid Foundation: CAF）と大手投資銀行と協力して、投資銀行の幹部職員6,175人を対象にしたRCTを実施して、行動科学から得た原則に基づく寄付者への多数のアプローチ方法の有効性を調査した。RCTでは、幹部職員による慈善事業への寄付の見込みに影響を与える際、**互恵性**、**宛先の個別化**、および**著名人の推薦**の利用を検証した。こうした原則に基づく多様な方法を用いて、幹部職員に1日分の給与を寄付するよう促し、対照群と比較した。

　利用した方法は次の通りである。

1. 銀行の最高経営責任者（CEO）からの個人宛てではないEメール（対照群）

2. フライヤー：募金係が職員にフライヤーを手渡して寄付を促す

3. 著名人：地元の著名人がオフィスに来て、職員に寄付を勧める（**著名人の推薦**）

4. キャンディ：募金係が職員にキャンディを手渡して寄付を促す（**互恵性**）

440

行動インサイトの事例研究（追加）　第14章

5. 個人宛てのＥメール：CEOが寄付を呼びかける個人宛てのＥメールを職員に送付する（**宛先の個別化**）

6. キャンディと個人宛てのＥメール：これは４番目と５番目の試験を組み合わせた方法である（**互恵性＋宛先の個別化**）

　幹部職員を事業部門ごとにクラスター化して、6つの介入群の1つに無作為に割り当てて寄付を呼びかけた。結果は、それぞれのナッジを受けて1日分の給与を慈善事業に寄付することにした幹部職員の人数で評価した。

▶結果と影響

　パック入りのキャンディと個人宛てのＥメール、すなわち互恵性と宛先の個別化の併用が最も有力な介入であり、寄付をした試験参加者の割合が5％から17％に増加したことが試験で明らかになった。個人宛てのＥメールのみの場合と、キャンディのみの場合では、寄付を行った幹部職員の割合はそれぞれ12％と11％であったが、著名人の推薦の場合は効果が少なく、寄付者の割合は対照群と比較して2％増えただけであった。

　介入そのものによって1日で慈善事業への寄付額が75万ポンドに上った。キャンディによる介入だけでは、キャンディに費やした1.50ポンド当たり14.50ポンドの寄付が得られたことが明らかになった。しかし、1年後に同じ試験を再度行い、同じ介入を繰り返し利用する効果を検証したところ、キャンディによる介入は、初めて受け取る人に対しては前年と同程度の効果があったが、以前受け取ったことのある参加者の場合、効果はおよそ半分に減少したことが判明した。このことから、受けている介入についていったん予期するようになると、ナッジの効果があまり顕著ではなくなる可能性があると読み取れる。

　全体としては、行動科学から得た原則を利用することで互恵性を誘発し、コミュニケーションを個別化し、標的行動（つまり寄付）の実行を容易にすることは、慈善事業への寄付を増やす有効な方法であることが、この調査によって実証された。

▶機関

　英国のBITは英国内閣府と職員、イノベーション関連の財団である国立科学技術芸術国家基金（Nesta）が共同所有する社会目的企業である。行動科学の研究と適用を専門に行う世界初の政府機関として、英国政府内に設立された。その目的は、行動インサイトを英国政府の政策に適用して、厳密な研究手法の使用を通じて何が有効なのかを評価することである。

　BITは専門分野の異なる専門家が属しているが、行動科学と行動経済学の専門知識はすべての専門家が有している。そのほか、共同で試験を行い、ピアレビューを提供する他の学識経験者からなるアカデミック・アドバイザリー・パネル（Academic Advisory Panel）を有している。また、

441

第14章　行動インサイトの事例研究（追加）

BITは多数の博士課程の学生を雇用しており、彼らはリサーチフェローとしてチームと協力している。

BITはあらゆる政策領域を対象にしており、他の政府の省や機関と共同で、具体的な政策アジェンダに関してプロジェクトに取り組んでいる。

第14章

行動インサイトの事例研究（追加）　第14章

学生ローンの無理のない返済

国	米国
分　野	教育／学生ローンの返済
機　関	教育省（Department of Education: ED） 社会・行動科学チーム（Social and Behavioural Sciences Team: SBST）
介入開始	2016年
介入終了	2016年
目　的	所得連動型返済（income-driven repayment: IDR）計画を簡略化して利用を拡大させる。
方　法	IDR計画をまだ利用していない300万人の学生ローン債務者を4つのグループに分けて、Eメールを利用した試験を実施する。
適　用	改定版・所得に応じた返済計画（Revised Pay As You Earn: REPAYE）や他のIDR計画の利用を促す。

▶問題

　米国では4,100万人以上の学生ローン債務者が、合計すると1兆2,600億米ドルを超える未払いの連邦学生ローン債務を抱えている。連邦政府はローン利用者に対して、学生ローンの返済を債務者の月間所得に連動させたIDR計画などの種々の返済計画を提供して、返済管理を支援している。

　IDR計画は毎月の返済額を裁量所得の一定割合に抑えたり、可能な債権放棄を実施したりして、学生ローン利用者による債務管理を支援する。近年、IDR計画の利用者は増えているものの、IDR計画の利用者は債務者の15％に満たない。

▶介入

　教育省とSBSTは前回2015年に実施して、IDR申請率の引き上げに成功した試験を拡大することにした。最新の試験では、大規模なEメールキャンペーンを実施して、300万人以上の債務者に、REPAYEや他のIDR計画を利用できることとそれらのメリットを通知した。

　今回のEメールキャンペーンでは、一般的なEメールとともに、債務者の状況に合わせて内容を修正したEメールを送る有効性を検証した。キャンペーンでは、まだIDR計画を利用していない次の4グループの債務者にEメールを送信した。

1. 前回の申請またはローンカウンセリングのときにIDRに関心を示した債務者

第14章

443

第14章 行動インサイトの事例研究（追加）

2. 返済猶予または繰り延べを受けている債務者

3. 滞納中の債務者

4. 連邦家族教育ローンを利用しており、IDR計画を利用する前にローンを整理する必要のある
   債務者

IDR計画に関心を示していた債務者に合わせて修正したEメールでは、**行動を起こすことを強調**し、「あなたは申請適格者であることが保証されています」と記載することで、**受信者の不確実性を低減**した。またEメールは個人宛てになっており、受信者が以前IDR計画に「関心を示していた」ことを伝えた。返済猶予または繰り延べを受けている債務者宛てのEメールは、**損失フレーミング**を利用して、債務者の返済額をどのようにすれば毎月0.50米ドルに留められるかを強調した。滞納中の債務者に対するEメールでは、彼らに「今すぐ行動を起こして」IDR計画に申し込むか、「何もしない」で**場合によっては**信用格付けへの**悪影響と向き合う**かを選択するよう促した。これらの対象を絞ったEメールは、すべてのグループに送信した2種類の一般的なEメールと比較して検証した。

▶ **結果と影響**

全体的に見ると、EメールはIDR計画の申請を促す手段として有効であった。3か月の試験期間で、Eメールを受け取った債務者の5.1％がIDR計画に申し込んだが、対照群では4.7％であった。これは1通のEメールによって、新たに債務者約6,000人（抱える未払い負債額は約3億米ドル）がIDR計画に申請したことになる。

各グループに対象を絞ってメッセージを送付する効果については、それほど明確ではなかった。対象を絞ったEメールが最も有効だったのは、滞納中の債務者であった。しかし、種々のメッセージの効果を、別の債務者コーホートにおいて互いに区別することは不可能であった。SBSTと教育省は引き続き、受信者の特徴に基づきメッセージを調整するメリットを検証する計画である。

▶ **機関**

SBSTは応用行動科学者、プログラム実施職員、政策立案者の機関横断的なグループであり、連邦機関に政策に関するガイダンスと助言を提供する。SBSTは国家科学技術会議の下で大統領府に置かれたユニットである。

SBSTは2015年9月15日にオバマ大統領（当時）が公布した大統領令第13707号、「行動科学の洞察を利用して、米国国民により質の高いサービスを提供する」を受けて創設された。同大統領令は連邦政府の諸機関に、それぞれの政策とプログラムの設計に行動科学の洞察を取り入れることを指示している。

同大統領令は科学技術担当大統領補佐官に対し、SBSTに代わって、大統領令を追求する助言と

政策ガイダンスを諸機関に提供するよう要請した。このガイダンスは、諸機関が連邦政府の政策とプログラムに行動科学の洞察を適用するための有望な機会を特定するのに役立っている。ガイダンスの中心にあるのは連邦政府政策の4つの重要な側面であり、それらに対しては行動要因がプログラムの成果に特に大きな影響を与える可能性があることが研究と実践に示されている。それらの側面とは、プログラムへのアクセスの決定、国民への情報の提示、プログラム内での選択肢の構成、インセンティブの設計である。

教育省は1980年に発足し、教育の卓越性を促進し、平等な機会を確保することで、学生の学業成績の向上と国際競争力の強化を目指している。同省は次の点に尽力している。

- 連邦政府による教育への財政援助政策の確立と、それらの資金の配分および監視

- 米国の学校に関するデータの収集、研究の普及

- 重要な教育課題に対して全国的に着目

- 差別の禁止と平等な教育機会の確保

用語集

行動経済学

　認知的・感情的・社会的・心理的要因と、個人および組織の経済的意思決定・活動との関連を研究する学問である。行動観察を繰り返すことで引き出され、帰納的科学アプローチと称される理論や研究成果など、心理学で用いられる手法を取り入れて、個人や企業が下す決定を説明する。長年にわたり、行動経済学は政策立案者が仮定の行動ではなく実際の行動に基づき、より良い規制を行うのを促すツールとして用いられている。

行動インサイト

　行動経済学または「ナッジ理論」の適用をいう。世界の国々の間で行動インサイトの利用は増加傾向にある。米国と英国がいち早く行動インサイトに関連した取り組みをいくつか実施しており、最近では両国にオーストラリア、カナダ、コロンビア、デンマーク、ドイツ、イスラエル、オランダ、ニュージーランド、ノルウェー、シンガポール、南アフリカ、トルコ、欧州連合が続いている。

行動情報を活用したアプローチ

　行動インサイトによって設計され、開発され、実施されているアプローチまたは介入のことである。こうしたアプローチは通常、政策や規則の形態を取り、実験的に情報を得た意思決定の概念を用いて、国民と消費者の全体的な福祉の改善を目指す。

ブースト

　行動情報を活用した介入のことであり、人々が自分自身で選択する能力を、ひいては主体性を行使する能力を育む。ブーストは人々への情報提供、教育、能力・権限の付与を目的として、行動インサイトを利用する。意思決定に関連する情報をより入手しやすく、透明で、理解しやすいものにすることなどを目指している。例として、患者情報冊子や情報欄における固有振動数の利用がある。ブーストはより健全な金融上の決定、より良い医療上の決定、より健康的な食事に関する決定などのためのわかりやすいルールを身につけさせることで、意思決定能力を育成することもできる。一般化可能な能力を育成することから、長期的に習慣を改善できる可能性がある。

選択アーキテクチャ

　選択に関して決定が行われる環境のことである。リチャード・セイラー（Richard Thaler）とキャス・サンスティーン（Cass Sunstein）による造語であり、消費者の意思決定の改善を促すための

447

慎重な選択肢の設計をいう。選択アーキテクチャはデフォルト、予測される判断ミス、フィードバックの提供という3つの重要要素を中心に展開する。たとえば、セイラーはその著書『行動経済学の逆襲（*Misbehaving: The Making of Behavioral Economics*)』(Thaler, 2015) の中で、通常より暗い赤色に光る白熱電球の使用について言及し、南カリフォルニアの家庭でのエネルギー使用量が高いことを指摘している。

独立性の文化

規制機関の適切な影響力と不当威圧との適正なバランスと、エンドユーザーや省庁、産業などの種々の行為主体との規制機関の相互作用を説明するものである。

帰納的科学手法

自然の一般または複数回の観察から始まり、自然の働きや機能に関して事実に基づく説明を得ようとするものである。具体的には、反復観察を利用して、説明または主張の正当性を証明することをいう。近年、帰納的科学アプローチは経験的基盤とともに、国民や消費者が直面する日常の問題に対して行動に基づく解決策を提供するために、経済学に応用されるようになっている。

知識伝播

個人および組織レベルでの可能性のある採用者に対する知識の拡散または普及のことである。

室内実験

理論や仮定を検証するために制御された環境で実施される実験のことである。制御された環境で実施することによって、調査者は因果関係を正確に測定することが可能になり、それゆえに今後の行動を予測することができる。

覆面調査

シークレットショッパーや覆面消費者とも呼ばれる。製品やサービスの質に関する法規への企業や組織のコンプライアンスを評価するために、機関や官庁が利用する手法である。覆面調査員が収集した情報に基づいて評価が行われ、評価対象である組織や企業、事業体には覆面調査員が誰であるかは知らされない。

自然実験

室内実験とは対照的に、自然環境または調査者の影響の範囲外の対照条件を有する実験のことである。効果がその条件によって生じたとみなせるような条件にさらされている、特徴が明確な部分母集団が存在する状況で利用されることが多い。公衆衛生や教育に関連した問題でしばしば利用される。

非規制措置

規制の中には有益だが重要な目的を達成するには不十分なものもありうるという想定から生じた。非規制措置は環境保護との関連で用いられることが多く、最終目標を達成するための間接的・参加型・権威的アプローチに分類される。

ナッジ

正の強化を利用して、個人や機関に対してその意思決定プロセスにおいて、微妙に影響を与えたり誘導したりするアプローチである。ナッジ理論では、人は往々にして、必ずしも有益な結果をもたらさない心理的ショートカットを取るものだと想定している。そのため、ナッジは選択の自由を抑制することなく、より良い決定を下すように個人に働きかけるような方法で選択肢を提示する。

OECD公共部門イノベーション観測 (OPSI)

様々な国の公共部門でのイノベーションの実例と経験を収集・分析・共有し、有効な解決策を見いだすためのオンラインプラットフォームである。OPSIによって、ユーザーは、1) イノベーション情報にアクセスし、2) 独自の経験を共有し、3) 他のユーザーと協働することができる。

政策サイクル

政策が展開するシステムのことである。特定の制度環境における政策の設計、実施、監視のことをいう。

無作為化比較試験 (RCT)

個人からなる1つのグループを対照群に無作為に割り当てる実験のことである。それによって、実験で用いられるサンプルが分析対象の集団を代表していない場合に生じる選択バイアスを除去する。RCTは特定の医学的介入の効果を検証するために臨床試験で一般的に利用されているため、医療分野ではゴールドスタンダード法と見なされている。

規制の虜

規制者または規制機関が公衆ではなく規制対象である産業やセクターの利益を増進する際に起こる。規制の虜は政府の失敗と見なされており、規制の虜となった機関は「虜にされた規制機関」と呼ばれる。

規制設計

制度、契約上の取り決め、インセンティブ、コストのほか、税に関するものなど、規制の枠組みを改革する体系的な構造のことである。

規制影響評価

　検討中の政策の規制的または非規制的選択肢から生じうる便益と費用を明確化・定量化する体系的なプロセスのことである。費用便益分析、費用対効果分析、ビジネスインパクト分析などに基づく場合がある。規制影響評価は規制影響分析と同義的に呼ばれることもある（『規制政策とガバナンスに関する理事会勧告（*Recommendation of the Council on Regulatory Policy and Governance*)』(OECD, 2012, p.25))。

規制政策

　規制の開発・運営・見直しという明確な目的のために政府が導入した一連の規則、手続き、および制度のことをいう。

監訳者あとがき

　本書は、経済協力開発機構（OECD）より2017年に刊行された報告書*Behavioural Insights and Public Policy: Lessons from Around the World*の全訳である。本書を締めくくるにあたり、本書が我が国の社会に果たすべき役割について考えてみたい。各国の先進的な行動インサイトを基にした政策事例を構造的に認識することは、我が国における新たな政策アプローチの可能性につながると考えられる。なぜなら、本書の原書タイトルにも示されているように、本書には世界各国の行動インサイトの政策事例を学ぶということが意図されているからである。

　本書の第2章では、各国から報告された政策事例159件を政策分野、実施機関、専門人材、政策介入に対する倫理的問題、政策の実践や実験の実施方法、実験結果に対する評価方法など、多様な側面から構造的に評価している。これらの評価結果から得られた知見を我が国の公共政策に活かすことは意義のあることだと考えられる。

　本書に記載されている159件の政策実践事例には、OECD加盟国やOECDパートナー国などの国レベルの実践事例や、欧州委員会（EC）、世界銀行（WB）、国連開発計画（UNDP）などの各国際機関における実践事例が報告されている。これまでは、各国や各国際機関において個別に政策実践の報告が行われていた。しかし、本書は、これらの国や国際機関の実践事例を網羅的に収集するとともに、共通の評価要素を用いて各事例を構造的に比較検証することを容易にしている。

　さらに、第3章においては、第2章で行った各国や各国際機関の政策事例の分析結果を基に、行動インサイトを基にした政策の導入に向けた重要要素を示している。政策に行動インサイトを導入することが効果的であると考えられる介入対象としては、エンドユーザー及び消費者、公共機関における組織変革及び規制対象団体があげられている。エンドユーザー及び消費者に対して必要となる介入は、彼らが陥る認知バイアスを利用した企業組織からの作為的アプローチから、彼らを保護する必要があることが言及されている。また、公共機関における組織変革及び規制対象団体に対する介入としては、組織の清廉性、汚職防止、組織内における協調を高めるために行動インサイトを適用することが効果的であることが論じられている。

　また、行動インサイトを政策に適用するためには、政府機関にこのような政策アプローチを取り入れるための知識と専門人材が必要となり、さらにそれらをマネジメントする組織が必要になる。本書では、国レベルにおける行動インサイトを実践する専門組織の事例として、英国の行動インサイトチーム（Behavioural Insights Team: BIT）による実践例があげられている。BITは、2010年にキャメロン首相が、行動科学の洞察を公共政策に活用するためのアドバイザリー組織として内閣府内に設置したもので、2014年には各国政府や国際機関をパートナーとする国際的なコンサルティング組織へとスピンアウトされている。

監訳者あとがき

米国の事例としては、2014年にホワイトハウス内の国家科学技術会議（National Science and Technology Council: NSTC）に設置された社会・行動科学チーム（Social and Behavioral Sciences Team: SBST）について言及されていた。SBSTは、2015年9月のオバマ大統領による大統領令である「行動科学の洞察をアメリカ国民に役立てるために活用する（Using Behavioral Science Insights to Better Serve the American People）」の下で、行動インサイトの実験的導入が図られている。

オーストラリアでは、政府行動経済学チーム（Behavioural Economics Team of the Australian Government: BETA）が中央政府に設置され、公共政策への行動インサイトの適用が図られている。BETAは、オーストラリア公共サービス（Australian Public Service: APS）の17の機関による共同イニシアティブとして首相内閣省に設置されている。

一方で、本書では政府機関による行動インサイトを基にした政策の実践を支援することを目的とした民間組織についても言及がなされていた。デンマークでは、アイ・ナッジ・ユー（i-Nudge-you）がデンマーク国内における行動インサイトを基にした政策的介入の設計・実施・評価を行っている。

また、米国ハーバード大学に設立されている非営利団体のideas 42は、行動インサイトの知見を基にして、健康、教育、刑事司法、国際開発、行政分野などに生じている社会問題の解決に取り組んでいる。特に注目に値することは、国際開発として、南アフリカ政府及び西ケープ州政府と連携した国際的な実践活動を行っていることであろう。

さらに、公共政策において行動インサイトの知見を導入するためには、専門知識を持った人材の関与が重要となると言える。各国政府は、この政策アプローチを適用するために、大学などの研究機関と連携して、その政策の導入を図っていた。主立った例をあげると、カナダのトロント大学ロットマン経営大学院実践行動経済学（Behavioural Economics in Action at Rotman, University of Toronto）、ハーバード大学ジョン・F・ケネディ行政学大学院パブリック・リーダーシップ・センター（Center for Public Leadership, Harvard Kennedy School）の行動インサイトグループ（Behavioural Insights Group）、ロンドン・スクール・オブ・エコノミクス（London School of Economics）のリスク規制分析センター（Centre for Analysis of Risk and Regulation）などの研究機関が、政府の政策実践や実験実施・評価を支援している。

このように、行動インサイトを基にした公共政策を実践するために、政府機関や国際機関は、専門知識を有する民間組織や大学研究機関と連携を図ることにより、その政策規模、政策効果、社会的インパクトの拡大を図っていることが、本書の記述からうかがい知ることができる。

一方、我が国をみてみると、我が国政府において行動インサイトを基にした政策を銘打った政策プロジェクトは、本書を執筆している2018年6月時点において、環境省が編成している「日本版ナッジユニット」があげられるにとどまっている状況である。この現状を踏まえると、まさに我が国は、世界各国の行動インサイトを基にした公共政策の先行事例から多くを学び取る必要があると言えよう。

監訳者あとがき

　このように、本書は、各国の行動インサイトを基にした公共政策の先行事例を紹介するとともに、それらの政策を多様な側面から比較検討するための情報を読者に提供するものである。本書が、我が国における公共政策の新しいアプローチ導入の誘因になることを願ってやまない。

　最後に、私事になるが、原書の編集にあたっては、私の恩人であるMichael Donohue氏が大きな貢献を果たしている。私は、2012年から2013年にかけて、OECD科学技術産業局（STI：現在は科学技術イノベーション局）のポリシー・アナリストの職に就いていた。その当時、Donohue氏は私の直属の上司であり、手厚く面倒をみてもらっていた。彼に、本書の日本語翻訳版を出版する予定があることを伝えたところ、「とても楽しみだよ」と私に言ってくれた。次回の面談の際にでも、彼に完成した本書を直接手渡ししたいと思う。

　また、本書の翻訳にあたっては、これまでにもOECD報告書の翻訳を数多く手掛けてこられた濱田久美子さんが全体の翻訳をすすめ、その訳稿をもとに私の方で専門の見地から監訳作業をさせていただいた。したがって、濱田さんのご尽力なしに、本書は完成することはなかった。さらに、明石書店の安田伸さんの出版に向けたご調整があったからこそ、本書を書店の書棚に並べることができたのだと思っている。両氏に深く感謝の意を述べたい。

2018年6月4日

自宅書斎にて

齋藤　長行

◎監訳者・訳者紹介

齋藤 長行（さいとう・ながゆき）　SAITO Nagayuki　——監訳

山形県出身。慶應義塾大学大学院メディアデザイン研究科後期博士課程修了。博士（メディアデザイン学）。青山学院大学HiRC客員研究員、経済協力開発機構（OECD）科学技術産業局（STI）ポリシーアナリスト、国立国会図書館非常勤研究員等を経て、現在お茶の水女子大学サイエンス＆エデュケーションセンター客員教授、東京国際工科専門職大学工科学部教授、総務省情報通信政策研究所特別研究員。委員活動として、総務省青少年のインターネット・リテラシー指標に関する有識者検討会委員、OECDインターネット上の青少年保護に関する理事会勧告改定専門家会議委員、環境省日本版ナッジユニット有識者等を歴任。

受賞歴として、文化経済学会若手研究者奨励賞優秀賞、Plaque of Appreciation, ASEAN-Japan Forum on Media and Information Literacy（MIL）、国際公共経済学会学会賞を受賞。著書・訳書・論文等に『エビデンスに基づくインターネット青少年保護政策：情報化社会におけるリテラシー育成と環境整備』（単著、明石書店、2017年）、『サイバーリスクから子どもを守る：エビデンスに基づく青少年保護政策』（著訳、経済協力開発機構（OECD）編著、明石書店、2016年）、『行動インサイトBASICツールキット：ツール・手法・倫理ガイドライン』（監訳、経済協力開発機構（OECD）編著、明石書店、2021年）、『OECD人工知能（AI）白書：先端テクノロジーによる経済・社会的影響』（翻訳、経済協力開発機構（OECD）編著、明石書店、2021年）、『行動公共政策：行動経済学の洞察を活用した新たな政策設計』（翻訳、経済協力開発機構（OECD）編著、明石書店、2016年）、Saito, N.（2015）"Internet Literacy in Japan"（OECD Science, Technology and Industry Working Papers, No. 2015/03, OECD Publishing, Paris）、「消費者保護政策における行動公共政策の有効性の検討—日英の通信役務の自動更新契約に対する規制政策を題材にして—」（『国際公共経済学会誌』第28号，国際公共経済学会、2017年）等がある。

濱田 久美子（はまだ・くみこ）　HAMADA Kumiko　——訳

翻訳家。主な訳書に、『行動インサイトBASICツールキット：ツール・手法・倫理ガイドライン』（経済協力開発機構（OECD）編著、明石書店、2021年）、『教育のディープラーニング：世界に関わり世界を変える』（マイケル・フラン／ジョアン・クイン／ジョアン・マッキーチェン著、明石書店、2020年）、『図表でみる男女格差OECDジェンダー白書2：今なお蔓延る不平等に終止符を!』（OECD編著、明石書店、2019年）、『環境ナッジの経済学：行動変容を促すインサイト』（経済協力開発機構（OECD）編著、明石書店、2019年）、『世界の行動インサイト：公共ナッジが導く政策実践』（経済協力開発機構（OECD）編著、明石書店、2019年）、『〈OECDインサイト4〉よくわかる持続可能な開発：経済、社会、環境をリンクする』（トレイシー・ストレンジ／アン・ベイリー著、OECD編、明石書店、2011年）、『〈OECDインサイト3〉よくわかる国際移民：グローバル化の人間的側面』（ブライアン・キーリー著、OECD編、明石書店、2010年）など。

世界の行動インサイト

公共ナッジが導く政策実践

2018年7月8日　初版第1刷発行	
2021年7月15日　初版第2刷発行	

編著者　経済協力開発機構（OECD）
監訳者　齋藤 長行
訳　者　濱田 久美子
発行者　大江 道雅
発行所　株式会社 明石書店
　　　　〒101-0021
　　　　東京都千代田区外神田6-9-5
　　　　TEL　03-5818-1171
　　　　FAX　03-5818-1174
　　　　https://www.akashi.co.jp/
　　　　振替 00100-7-24505

組版　株式会社ハマプロ
印刷・製本　モリモト印刷株式会社

（定価はカバーに表示してあります）　　　　　　　　　　　　　ISBN978-4-7503-4696-0

行動インサイトBASICツールキット
ツール・手法・倫理ガイドライン
経済協力開発機構（OECD）編著
齋藤長行監訳　濱田久美子訳
◎3500円

環境ナッジの経済学
行動変容を促すインサイト
経済協力開発機構（OECD）編著
齋藤長行監訳　濱田久美子訳
◎3500円

OECD人工知能（AI）白書
先端テクノロジーによる経済・社会的影響
経済協力開発機構（OECD）編著
齋藤長行訳
◎3600円

サイバーリスクから子どもを守る
エビデンスに基づく青少年保護政策
経済協力開発機構（OECD）編著
齋藤長行著訳　新垣円訳
◎3600円

エビデンスに基づくインターネット青少年保護政策
情報化社会におけるリテラシー育成と環境整備
齋藤長行著
◎5500円

行動公共政策
行動経済学の洞察を活用した新たな政策設計
経済協力開発機構（OECD）編著　齋藤長行訳
◎3000円

教育のディープラーニング
世界に関わり世界を変える
マイケル・フラン、ジョアン・クイン、ジョアン・マッキーチェン著
松下佳代監訳　濱田久美子訳
◎3000円

教育のワールドクラス
21世紀の学校システムをつくる
アンドレアス・シュライヒャー著　経済協力開発機構（OECD）編
ベネッセコーポレーション企画・制作　鈴木寛、秋田喜代美監訳
◎3000円

図表でみる教育　OECDインディケータ（2020年版）
経済協力開発機構（OECD）編著
矢倉美登里、伊藤理子、稲田智子、坂本千佳子、元村まゆ訳
◎8600円

図表でみる世界の保健医療　オールカラー版
OECDインディケータ（2019年版）
OECD編著　鐘ヶ江葉子監訳　村澤秀樹訳
◎6000円

図表でみる世界の行政改革
OECDインディケータ（2019年版）
OECD編著　濱田久美子訳
◎6800円

図表でみる男女格差　OECDジェンダー白書2
今なお蔓延る不平等に終止符を！
OECD編著　濱田久美子訳
◎6800円

主観的幸福を測る
OECDガイドライン
経済協力開発機構（OECD）編著　桑原進、高橋しのぶ訳
◎5400円

GDPを超える幸福の経済学　社会の進歩を測る
ジョセフ・E・スティグリッツほか編著
経済協力開発機構（OECD）編著　西村美由起訳
◎5400円

OECD幸福度白書5
より良い暮らし指標：生活向上と社会進歩の国際比較
OECD編著　西村美由起訳
◎5400円

OECDビッグデータ白書
データ駆動型イノベーションが拓く未来社会
経済協力開発機構（OECD）編著
大磯一、入江晃史監訳　齋藤長行、田中絵麻訳
◎6800円

〈価格は本体価格です〉